高等职业教育“十三五”规划教材

高职高专连锁经营类精品教材系列

特许经营管理实务

（第二版）

王吉方 等 编著

科 学 出 版 社

北 京

内 容 简 介

本书从连锁经营的角度出发，系统地介绍了特许经营管理的基本概念和原理，阐述了特许经营的本质和发展力；重点研究了特许人和受许人的基本特征、作用、资格标准和利益要求，分别对特许经营体系的构建、加盟招商管理、总部的门店营运管理、特许经营手册、特许经营的信息系统管理、特许经营人力资源管理等与企业实务相关的环节进行研究论述；此外，还包括中外著名特许连锁企业经营管理的30多个案例及分析。

本书既可作为高等职业院校连锁经营专业和有关商业经营管理专业的教材，也可供连锁企业员工培训和相关管理人员学习参考。

图书在版编目（CIP）数据

特许经营管理实务/王吉方等编著. —2版. —北京：科学出版社，2016
（高等职业教育“十三五”规划教材·高职高专连锁经营类精品教材系列）

ISBN 978-7-03-048837-4

Ⅰ.①特… Ⅱ.①王… Ⅲ. ①特许经营－经营管理－高等职业教育－教材 Ⅳ. ①F713.3

中国版本图书馆CIP数据核字（2016）第134279号

责任编辑：任锋娟 都 岚 / 责任校对：刘玉靖
责任印制：吕春珉 / 封面设计：一克米工作室

科学出版社出版
北京东黄城根北街16号
邮政编码：100717
http://www.sciencep.com
北京鑫丰华彩印有限公司印刷
科学出版社发行 各地新华书店经销
*
2009年3月第 一 版 开本：787×1092 1/16
2016年6月第 二 版 印张：21 3/4
2020年11月第十五次印刷 字数：510 000

定价：54.00元

（如有印装质量问题，我社负责调换〈鑫丰华〉）
销售部电话 010-62136230 编辑部电话 010-62135741（VF02）

特许经营管理实务（第二版）

编写人员

顾　问　裴　亮（中国连锁经营协会秘书长）

孙永浩（沈阳新来福实业有限公司董事长）

郑丹阳（北京凡佳诗管理顾问有限公司董事长）

主　审　高建成（《名牌时报·超市周刊》主编）

张珠花（沈阳新来福实业有限公司总经理）

编著者　王吉方　黄桂芝　寇长华　霍文智　蔡中焕　祁梦华

案例小组　杨　彪　王春祺　朱　莹

总　　序

随着改革开放的不断深入，我国企业在经营体制等诸多方面发生了重大变化，特别是餐饮业、商业等服务业领域更是发生了深刻的变化，其中最明显的就是连锁经营模式的引入、发展及壮大。

连锁经营在我国经过20多年的发展，已从导入期进入蓬勃发展期。作为现代主流商业模式，连锁经营使世界商业的发展出现了质的飞跃，取得了突破性进展，改变和加快了世界商业的发展进程，对世界经济特别是现代商业经济的发展产生了深刻影响。目前，我国已发展成为连锁经营大国，成为世界上特许连锁体系最多的国家，超过始创国美国。连锁经营已经成为我国零售业、餐饮业等众多服务行业普遍采用的经营方式，取得了令人鼓舞的成绩，日益显示出强大的发展潜力。但是由于我国的连锁经营起步晚，发展时间较短，同发达国家和地区相比，无论在经营规模上还是行业领域上都存在着明显的差距。面对国际大型零售企业的竞争，国内的连锁企业如何利用有限的时间加快发展，做大、做强已成为当务之急。

面对新经济、信息化、国际化的社会大背景，面对连锁经营模式下企业的激烈竞争，人才的匮乏显得日益突出。连锁经营人才缺乏，特别是连锁经营中高级管理人才缺乏，已经成为制约企业发展的一个瓶颈，亟待解决。要想彻底解决人才短缺问题，根本还是要从人才培养入手，从基础教育入手。只有培养出大量的基础性人才，才能源源不断地为连锁企业供应新鲜血液，让他们在经营实践中发展成熟，最终成为高级人才和专业人才。

教育部根据我国经济发展对各类专业毕业生的实际需要，结合就业状况，对专门人才培养结构进行了重大调整，对专业设置、课程内容和教学方法进行了必要的整合改造，更加突出实践技能的培养。在市场调研和人才需求分析的基础上，按照教育部的相关指导，编者进行了连锁经营教材系列的策划和组织工作，经过多次研讨，落实了全国几十所高等院校的教师和上海、北京、广州、昆明、南京、沈阳、成都、西安等城市的企业参与编写，并出版了第一批教材。

通过几年的教学实践检验，该教材系列受到全国各地高职院校连锁经营专业师生及社会相关从业人员的欢迎和肯定。根据读者的反馈和近几年连锁行业的发展与变化，编者对该教材系列进行了修订。修订之后的系列教材密切结合连锁经营企业的实际工作，结合连锁经营业务的真实案例，其特点可以概括为如下五个方面。

1. 知识系统

本教材系列从连锁经营管理原理、连锁企业人力资源管理、连锁企业门店营运管理、连锁门店开发与设计，到连锁企业的信息管理系统、物流管理、市场营销、财务管理、仓储与配送等，对连锁企业管理中的诸多环节进行了有理论、有实践的系统探讨，使学生较全面地了解连锁经营所涉及的方方面面。

2. 实操性强

本教材系列选择连锁经营行业中的实际工作案例，引发学生的思考，让学生带着问题去学习相应的理论知识，充分调动学生的学习积极性。针对高等职业院校学生的特点，将抽象的逻辑建构的知识体系形象化、具体化、生活化和职业化，从而可以提高学生的兴趣，这是至关重要的。根据具体的课程特点，本教材系列的相应课程采用“项目—任务”式的编写结构，使教材实用性更强，大大提高学生的学习兴趣，从而激发其学习动力。

3. 编者队伍“产学结合”

本教材系列的编者有来自于教学一线的教师，有身兼企业资深顾问的教师，还有来自于企业的管理人员。他们立足于高职高专的教学特点，将自己的教学和工作经验融入本教材系列当中，使学生能接触到最实际的知识和案例。

4. 中外结合，相互借鉴

本教材系列详细介绍了中外连锁经营的最新现状、未来趋势、操作环节和使用程序，尤其把外国著名连锁企业的最新发展业态和科学的应用信息技术和管理模式引入，对于学生充分掌握中外连锁经营的发展历程、差距、特征和技术具有很好的探索意义。

5. 时代感强，贴近实际

本教材系列的许多资料紧跟我国连锁经营的现状，如我国特许奖、特许品牌、特许案例、特许金牌店长、最具成长特许企业等。附录里的专有名词、术语等资料，有助于学生针对性地进行连锁经营知识学习。

陶行知先生有一句话：“生活即教育，社会即学校，教学做合一。”我们相信，只要我们职业教育界的各位同人共同努力，深化改革，解放思想，追求创新，就能创造卓越。

教材建设是高职高专教育教学改革的重要组成部分，也是体现职业技能培养特色的关键。本教材系列的编写遵循科学发展观，根据学科发展需要、教学改革需要、专业设置需要、课程改革需要，尤其是市场对人才素质的需要，结合国家教育部教育教学改革的精神，结合国家正在启动的大学生就业工程，面向社会、面向市场、面向经济建设、面向用人单位的具体工作岗位，可作为连锁经营管理及其相关专业学生的必修教材，也可作为连锁企业、流通企业的员工的培训教材。

高职高专连锁经营类精品教材系列

编 委 会

序

人们可以选择各种各样的事情去做。今天，只谈关于职业和事业的话题。

做事业，要遵照国家大政方针才有效果。对国家经济发展有帮助的事业，我认为对自己的人生发展也有帮助。

目前，内需经济的活性化对中国经济的发展有很大帮助。我用简单的逻辑来描述。农村的城镇化、个体企业活性化、扩大就业、增加收入、促进消费等，可以刺激内需经济，所以政府大力支持个体企业活跃发展，尽管如此个体事业的失败率仍很高。可以看见，街上更换门头牌匾的商铺变多了。究其原因，不外乎资金问题、产品问题、技术问题、经验问题、经营的专业性问题、方法问题等。失败率高，会使投资者焦虑不安，导致投资者减少，就业率也随之降低，自然会造成社会不安。

学校培训专业人才，个体企业接受专业人才的指导培训，这种模式应该普及，同时也应变得很自然。这样，有助于提高个体企业的生存能力，自然而然提高就业率。

搞好特许经营事业是增强个体企业活性化的方法之一。特许经营失败率很低，特别是签订合同内容合法、合理，并且忠实于合同内容的经营。如果特许经营者没有专业知识，产品存在损害消费者利益的问题，仅仅是以技巧为策略，赚钱为目的的话则不会长久。

咨询特许经营专家来企划或由专家企划的，以良好的产品创造出消费者感动、消费者满足、消费者信赖的企业和按标准化特许经营的标本店铺，使得无经验者只要忠实于特许经营手册也能挣到钱，自然个体企业投资率会提高，就业率和收入也会提高。

在中国内需经济发展的重要时刻，王吉方副教授撰写关于特许经营的教材，对于行业来说是一种幸运。有这样两句话："人根据遇到什么样的人，他的命运也会随之发生不同的变化""改变想法就能改变人生"，我希望读到本书的人不要忘了这两句话。

我是在中国做特许经营事业的韩国人。我从一开始就认为做帮助中国的事情就是等于做了帮助韩国的事情，也是等于做了帮助我自己的事情。我掌握的知识是营销（销售）。我认为我所掌握的知识可以帮到中国。

中国自古就有上门寻找顾客的访问式销售，也叫"货郎式销售"。过去，"丝绸之路"是带着中国商品去找西方消费者的销售之路，也是西方文化流入中国的销售之路。背着中国的丝绸、中国灵丹妙药的包裹，有时会遇到劫匪、海盗抢劫，就这样中国访问式销售延伸到海外。

我写了货郎式销售要走向现代化的文章，也得到过一些人的表扬，也有人很高兴，说在重要的时期我提供了有助于销售政策和方向的有价值信息。

我决心实行特许经营的重要原因之一是，我认为特许经营对中国产业的发展是有帮助的，即有助于刺激中国内需市场的个体企业的活性化。

提到特许经营大部分都是餐饮业，但是我判断对中国产业发展有益的特许经营应该是综合商品，能够实现特许经营国际化也应该是综合商品，所以开始了综合商品特许经营。

起初也有过很多吃力的工作。由于当时服务文化发展仍有不足，消费者对于爱顾客特许经营免费服务、顾客感动、满足顾客、顾客信赖等用语，表现出一种拒绝的态度。

自改革开放以来很多外国企业使用了很多冠冕堂皇的话，大赚一笔就走人了，受害者是消费者，所以拒绝是当然的。但是顾客的拒绝并没有打消我的加强服务文化才能强化国家竞争力和企业竞争力的意志。

服务就是收入，服务就是力量。对店长加强培训的同时，在“北方女性周刊”也写过关于个体企业活性化的重要文章。提高服务能力才是活路、出路和思路，因此反复地对店长们进行了培训。

有资料显示，有人对快乐与消费的关系进行研究。消费既可以带来快乐，也可以带来幸福。无论是快乐还是幸福，都是一种消费文化。中华民族是一个具有深厚文化的民族，在中国经营企业必须首先进行企业文化的经营。所以对店长们反复进行企业文化、店铺文化的培训，即“对顾客拿出更多的爱，带去更多的感动。”

没有感动就没有满足，不要做没有信任的销售。人从相见的瞬间开始，根据态度，信任就开始发芽。亲切、问候、协助、礼让、礼节等生活化，就可以使顾客感动。

使用效果与公司宣传内容不一致的产品，要100%退换。董事长要对店长所说的话和行为负责到底，如果没有这种约定和意志的话，服务文化就不能得以发展。

18年前我逛过北京的百货商店，当时吓了一跳。店员不像是亲切的店员，而是像个管理者，如同部队站哨的军人。

那时我暗下决心，要在中国发展有服务的销售文化。于是我建立新来福销售模式，亲自培训，亲自监督，亲自确认，连结果也是由我来负责。对中国产业发展有帮助的销售模式该是什么呢？我的判断是只有特许经营模式。

特许经营可以分享幸福、喜悦、爱，可以积累感动、满足与信赖，其结果是给顾客和我带来快乐和幸福的事业。

2016年2月3日，特许经营课程的大学教授来访问，我非常感动。因为我首次在中国与研究特许经营的学者见面。我于2月4～23日，计划去韩国和德国出差，所以3日下午本来计划做出差准备的。但是，为了见到感动我的教授，我打算晚上熬夜做出差准备，下午先见王教授。

终于在我简陋的办公室里见到了感动我的教授。王教授是路过新来福店铺时，无意中看到了店铺牌匾，走进店铺跟店长交谈一会儿之后，就决定要与我见面，所以在店长的带领下急匆匆地来到了我的办公室。要知道从石景山到东三环是较远的距离。当时我心里想“我选择做爱顾客特许经营真的是做对了”。

与高明的学者见面，如果不是我从事了特许经营是不可能的事情。

还有一件让我惊喜的事情，就是王教授让我为他的《特许经营管理实务（第二版）》一书写序言。这是一种绝对权威学者在命令我的感觉。所以我糊里糊涂地就答应了，让我写序言这是不可能有的事情啊，所以也苦恼了很久。虽然我在报纸、杂志、书籍上也写过文章，但是有幸能为中国著名学者的著作撰写序文我感到非常激动。

出差在韩国、德国的阿尔卑斯山脉南边的乡村时，我无时无刻都在苦恼着，即使在宾馆和飞机上也无法合眼。

23日到达北京后，25日发觉到我要交稿的3月1日，时间所剩无几了。于是我下定决心，不受顺序和秩序的影响，如实地去写它。只是我有两个由衷的心愿：第一，希望不要有损于王吉方教授的名誉；第二，希望学习该书籍的人在我写的文字里，哪怕有一行内容能为你们带去帮助为盼。

我想拜托对特许经营事业感兴趣的各位，我所认为的特许经营可能与美国人认为的特许经营有所不同，可能与其他学者的见解有所不同。

特许经营可以成为给人们带去利益的所有商业性活动的根据。

今天所说的特许经营以产品为根据展开话题，在未来以商品为中心的特许经营，仍会持续发展。以商品为中心的特许经营，会推动国家产业的发展，会加快国际化的速度。这需要在特许经营领域有潜心研究的专业人士的帮助，重要的是开展特许经营的主体者的姿态。

（1）有产品吗？顾客最终选择的是商品。自产或独家代理的产品，受消费者喜爱，为消费者带去感动的有益的产品，要是受到知识产权保护的产品的话会更好。对消费者能够承诺100%退换的产品，加盟商对顾客有100%退换的意志吗？特许经营不是仅限于销售适当的产品而去挣钱的事业。

（2）对自家开发的产品，面对销售的对象应该做好确切而有效的准备。加盟商应该有效地去开发顾客。

（3）服务。服务也是销售。产品效果明显，是很受消费者欢迎的产品，所以请购买吧！这样的销售时代已成为过去。顾客不断地在变化，如果不清楚顾客需求的变化，将会走向失败。对所有顾客都千篇一律地去服务的时代也已成为过去。现在是为每一位不同顾客，提供相匹配的定制服务的时代。顾客是哲学家又是万物专家。顾客会通过店长的语言、行动、态度去揣摩读懂店长的心理。即使店长提供再好的服务，如果仅以销售为目的提供服务的话，顾客反馈你谢谢后，很难再次光顾你的店。

不以销售为目的，真心想让顾客感受快乐的服务，才会让顾客感动。顾客会愿意敞开心扉听店长说话。

（4）产品故事。顾客对接受的服务得到感动时，会对感兴趣的产品提出问题。这时不要觉得可以卖出产品了。首先要充分地掌握产品知识，要提问自己比顾客好奇的多的问题。如果能站在顾客的立场，对产品不夸大、不虚假、不抱有想卖掉产品的贪心，而是自始至终地进行充分讲解的话，顾客从心底会产生即使借款也要买到该产品的强烈欲望。

（5）以信赖收尾。承诺产品出现与说明有误或产品有一点问题的话，会100%退换，建立与顾客的信赖关系来收尾。店铺不只是销售产品的地方，而应该成为传达服务新价值的空间、传达产品价值的空间。

（6）说不好哪个是先，哪个是后，但是应具备店铺设施。我希望即使店铺并不是很华丽但也要干净、整洁，具有品味的标准、标本化店铺，这需要设计师的协助。

（7）合法合理的加盟合同也可以向专业人士提出咨询，此外专业人士会提供各种主题类印刷品等方面的帮助。

（8）店长的妆容、服装、形象打造、走姿、态度、表情等对店铺形象至关重要，向外界展现自己的方法、对话技巧、人际关系的建立、领导力的培养、人性开发等，还有上述在（1）～（7）项中介绍的内容是需要对店长培训的，所以特许经营企业应具备搞专业培训的教育学院。如果本人不具有专业知识的话，可以向公司经验丰富的专业人士提出申请得到帮助。准备产品开发管理、物流管理、店铺运营系统等是最基础的部分。

（9）本人最少经营店铺1年以后再考虑加盟体系。

（10）特许经营是标准、标本化事业，因此应有时刻监督、确认上述（1）～（8）项内容执行情况的督导体系。

1）在大学接受过特许经营教育的人，在自有资本允许的范围内，以符合自己的产品挑战特许经营，经营1～2年后如果有信心的话，申请备案走向企业化，将会诞生新的特许经营品牌。

2）资金不足的话，加盟有历史和规模的标准、标本化特许经营公司，也会实现你创业的梦想。

3）没有资金的人，可以考虑在特许经营公司或店铺就职。另外的方法是就职后也可以拥有自己的店铺。

中国有5000多家特许经营企业，因此我认为无论是在创业，还是就业方面都提供了广阔的平台。

接受特许经营教育，是能为中国产业发展做贡献，又能实现自己梦想的好机会。

IADSC（国际销售公司协会）常务理事

hHBS特许经营董事长

孙永浩

2016年2月29日

第二版前言

《特许经营管理实务》一书经历了 7 个年头，经沧桑懂瑰宝，历岁月显本色。截至 2015 年年底，我国特许经营体系已超过 5000 多个。特许经营翻天覆地，产业风起云涌，模式不断创新，品牌资源整合。本书虽获大家厚爱，但也要与时俱进。为了适应时代的发展和特许经营的变化我们进行了第二版的修订工作，本书新版特色主要有以下几点：

（1）理论体系基本保持不变。为使大家的学习有一个连续性、系统性，在章节上没有变化，也就是永恒的魅力。

（2）大量采用国内特许企业的案例。因为读者基本是在国内，采用国内企业案例有本土化特色，接地气，易理解，更容易被企业消化吸收。毕竟用得上才是硬道理。

（3）根据产业发展状况来选择内容。我国经济在服务产业领域发展的很快，所以有些企业的例子就安排到了服务业企业，如新来福、福奈特、麦当劳、肯德基、田老师、庆丰包子铺等。这有利于中小企业的发展。

（4）本书对一些企业进行实地采访和调研，是理论与实践相结合的产物。

参与本书修改的除原作者外，还包括案例小组杨彪、朱莹、王春祺。

另外，本书得到韩国企业沈阳新来福实业有限公司董事长孙永浩先生以及连锁协会、行业专家的大力帮助，在此表示诚挚的谢意。

王吉方

2016 年 2 月

第一版前言

特许经营作为一种零售业及其他许多行业的经营模式和制度，是指经营同类商品或服务的若干企业，在不同的产权制度下，以一定的形式组成一个联合体，通过企业形象的标准化、经营活动的专业化、管理活动的规范化及管理手段的现代化，使复杂的业务活动在职能分工的基础上实现相对的简单化，把分散的经营活动组合成整体的规模经营，从而实现规模效应的一种经营模式和组织形式。特许经营是零售业的革命，也是服务业及其他许多行业的经营革命。

随着我国经济的不断发展，国内特许连锁经营蓬勃发展，但经营存在若干问题。我国加入 WTO 后，零售业及许多行业面临跨国集团的竞争，同时外国零售集团的进入又给我国零售业带来了新的管理模式和经营理念。借鉴国外的先进经验，发展和壮大我国的餐饮业、零售业、服务业等行业是当务之急。特许连锁在连锁三类形式中，最具发展潜力，实践证明它是当前我国商业领域发展最快的经营模式。目前，我国已成为连锁经营大国，截至 2008 年年底，已拥有特许连锁体系 3000 多个，成为世界上特许连锁体系最多的国家，超过其始创国美国。运用特许连锁经营的理论指导我国零售业、服务业等行业的发展，在当前具有重要的现实意义。

本书着重突出以下几点：

1．根据高等教育特点，设计新的内容体系。随着我国经济的发展，特许连锁涉及的行业也已从商业、餐饮业发展到修配业、经纪业、制造业、文化业、地产业、洗染业、咨询业、IT 业等近 70 个行业。本书力争适应中国特许连锁的发展状况。

2．结合行业教育特点，注重适用性和可操作性。在内容处理上，本书做到以基础理论“必需、够用”为原则，突出应用性，注重培养学生动手能力，采用了我国大量特许连锁企业的上、中两层经常运用的管理模式和操作技巧。

3．强调案例教学。从多行业、多角度阐述特许经营，并在每章的后面加入一个与本章相联系的案例，供读者学习时参考。

4．体系系统、完整，内容通俗易懂，表述清晰、精练。

首钢大学的王吉方确定本书的整体结构和编写特色，并进行统稿。各章的执笔人分别如下：第一、三、五、六章由王吉方执笔；第二章由北京城市学院的祁梦华执笔；第四、七章由北京工商大学的黄桂芝执笔；第八章由沈阳职业技术学院的霍文智执笔；第九章由北京财贸职业学院的寇长华执笔；第十章由昆明冶金高等专科学校的蔡中焕执笔。

本书由中国连锁经营协会裴亮秘书长、北京凡诗佳管理顾问公司郑丹阳总经理担任顾问，《名牌时报・超市周刊》高建成总编、北京汉鼎联合律师事务所秦甦律师担任主审，他们对本书提出了许多宝贵的意见，在此向他们表示衷心的感谢。此外，还要对给予本书创作工作大力支持的政府领导、业内专家、学者、记者以及出版社的领导、编辑表示衷心的感谢。

由于编写时间有限和特许经营理论与实践的不断发展，书中难免存在不足之处，恳请广大读者批评指正。

王吉方

2009年2月

目　　录

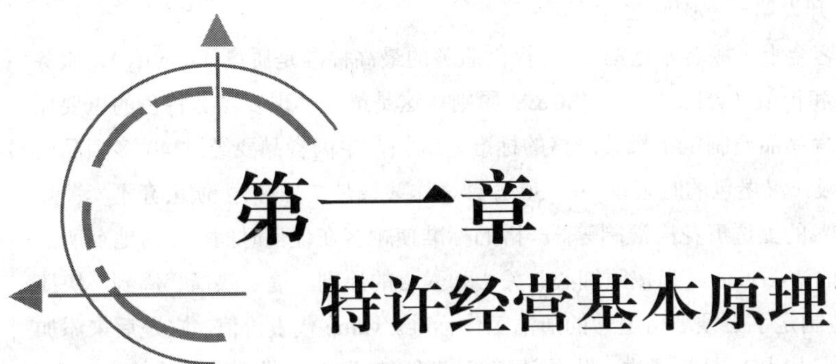

第一章 特许经营基本原理

教学指导☞

学习目标

- 理解、掌握特许经营的含义、相关术语、基本特征、基本原则及类型等；
- 了解特许经营的起源和发展；
- 理解特许经营与连锁经营，特许经营与代理，特许经营与经销、包销、传销以及特许经营与分公司方式的区别。

技能要点

- 能够区别特许经营与其他经营模式的不同。

案例导入

麦当劳的发展秘诀

麦当劳（McDonald's）是全球大型跨国连锁餐厅，1940年创立于美国，截至2015年，在世界上大约拥有3.5万间分店，分布在全球121个国家和地区。主要售卖汉堡包，以及薯条、炸鸡、汽水、冰品、沙拉、水果等快餐食品。在世界各地的麦当劳餐厅按照当地人的口味对餐点进行适当的调整。另外，麦当劳公司还掌控着其他一些餐饮品牌，如午后浓香咖啡（Aroma Cafe）、Boston Market、Chipotle墨西哥大玉米饼快餐店、Donatos Pizza和Pret a Manger。

1940年，理查德·麦当劳与莫里斯·麦当劳兄弟在美国加利福尼亚州的圣贝纳迪诺创建了“Dick and Mac McDonald”餐厅，就是今日麦当劳餐厅的原型。

1948年，餐厅引入“快速度服务系统”原则，简称“快餐厅”。

1955年，行政总裁雷·克洛克在伊利诺伊州的德斯普兰斯以经销权开设了首个麦当劳餐厅，也是公司的第9个分店。第一天的营业额是366.12美元。

1967 年，麦当劳在加拿大开设第一家国际餐厅。

麦当劳的黄金准则是“顾客至上，顾客永远第一”。提供服务的最高标准是质量（quality）、服务（service）、清洁（cleanliness）和价值（value），即 QSC&V 原则。这是最能体现麦当劳特色的重要原则。quality 是指麦当劳为保障食品品质制定了极其严格的标准。例如，牛肉食品要经过 40 多项品质检查；食品制作后超过一定期限（汉堡包的时限是 20～30 分钟、炸薯条是 7 分钟），便丢弃不卖；规定肉饼必须由 83%的肩肉与 17%的上选五花肉混制等。严格的标准使顾客在任何时间、任何地点所品尝的麦当劳食品都是同一品质的。service 是指按照细心、关心和爱心的原则，提供热情、周到、快捷的服务。cleanliness 是指麦当劳制定了必须严格遵守的清洁工作标准。value 代表价值，它是后来添加上的准则（原来只有 Q、S、C），加上 V 是为了进一步传达麦当劳的“向顾客提供更有价值的高品质”的理念。也可以说，QSC&V 原则不仅体现了麦当劳的经营理念，而且因为这些原则有详细严格的量化标准，使其成为所有麦当劳餐厅从业人员的行为规范。这是麦当劳规范化管理的重要内容。

为了使各加盟店都能够达到令消费者满意的服务与标准化，除了上述理念和规范以外，麦当劳公司还建立了严格的检查监督制度。麦当劳体系有三种检查制度：一是常规性月度考评；二是公司总部的检查；三是抽查（在选定的分店每年进行一次）。

麦当劳非常重视员工培训，并建立了较完备的培训体系。这为受许人成功经营麦当劳餐厅、塑造“麦当劳”品牌统一形象提供了可靠保障。麦当劳的培训体系是在职培训与脱产培训相结合。脱产培训主要是由位于芝加哥的汉堡大学（Hamburger University）完成。汉堡大学是对分店经理和重要职员进行培训的基地。汉堡大学提供两种课程的培训：一种是基本操作讲座课程（BOC），目的是教育学员制作产品的方法、生产及质量管理、营销管理，作业与资料管理和利润管理等；另一种是高级操作讲习课程（AOC），主要用于培训高层管理人员，其内容包括 QSC&V 的研究、提高利润的方式、房地产、法律、财务分析和人际关系等。

设立广告基金是麦当劳的重要营销策略。为了能够让麦当劳在更大范围做电视广告，1966 年麦当劳总部决定建立联合广告基金制度，并组建了麦当劳全国加盟者联合广告基金会，基金会的资金来源于参加这一计划的加盟店和麦当劳公司直营店，其额度大约占每年总营业额的 3%～4%。麦当劳除了总公司广告部以外，在各地还有若干个广告基金。这样，品牌宣传的广告经费就充足了。经营者们利用这笔巨大的款项，可以做强势广告宣传。

麦当劳公司的收入主要来源于房地产营运收入、从加盟店收取的服务费和直营店的盈余三部分。由于加盟者一般都没有足够的资金支付 3 万美元的土地费用和 4 万美元的建筑费用，也常无力争取贷款。麦当劳公司就负责代加盟商寻找合适的开店地址，并长期承租或购进土地和房屋，然后将店面出租给各加盟店，获取其中的差额。这是麦当劳公司收入的主要来源。这实质是麦当劳房地产公司（为实施房地产策略而成立的公司）用各加盟店的钱买下房地产，然后再把它租给出钱的加盟店。这种房地产经营策略，实际上是把第一债权人的权利转让给了麦当劳房地产公司，以使它能具备从银行取得贷款的资格。这既解决了加盟者开店的资金困难，又增加了麦当劳公司的收入。

麦当劳在处理总部与分店的关系上非常成功，主要有三个特点：一是麦当劳收取的首期特许费和年金都很低，减轻了分店的负担；二是总部始终坚持让利原则，把采购中得到的优惠直接转给各特许分店；三是麦当劳总部不通过向受许人出售设备及产品来牟取暴利（许多特许组织都通过强卖产品的方式获

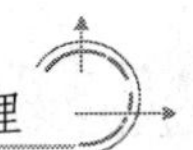

得主要利润，这就容易使总部与分店发生冲突）。

麦当劳的诚意换来了加盟者和供应商的忠诚，麦当劳与加盟者、供应商的关系是相互制约、共存共荣的合作关系。这种共存共荣的合作关系，为加盟者各显神通创造了条件，使各加盟者营销良策层出不穷，这又为麦当劳品牌价值的提升立了汗马功劳。例如，风靡全世界的“麦当劳叔叔”就是一个成功的加盟者与广告公司创造出来、总公司启用并推广的，“联合广告基金会”模式也是由麦当劳加盟者创立、被总公司采用的。

清洁工不停地拖着地板，里面播放着悠扬的流行音乐的麦当劳餐厅，是一个卫生状况值得信赖的空间，麦当劳具有所谓的 QSC&V 精神，其中的“C”表示环境清洁，它的环境清洁主要包括：店铺必须做到窗明几净，环境装饰舒适、优雅，严格的制造与服务的卫生标准，良好的店员精神面貌。

麦当劳的生产美学是一种干净的生产美学。

（资料来源：根据有关资料搜集整理）

案例解析　麦当劳是国际商业模式型连锁经营的创立者，是世界特许连锁企业的标杆。麦当劳的成功基于它的 QSC&V 原则（专业化），基于它的培训体系（标准化）、基于它的检查制度（规范化），最终形成标准化。再加上特许体系主体的良好关系和体系文化（人性化）激发了麦当劳体系的活力。

第一节　特许经营的含义及相关术语

一、特许经营的一般含义

解释“特许经营”不是件容易的事情，因为从它产生起就包含了政治、行政、体育、知识与技术、经济或商业的因素，但这里还是从经济或商业因素考虑特许经营的概念。特许的英文单词是 franchise，最早源于英国的政府特许，我国古代也有官府的盐酒特许，后来被商家借用，一些商家把它们的某些专属权授予其他私人或商家使用并从中获利，从而形成了商业特许。

现在特许经营的含义早已经突破了政治、行政的局限，更多地指企业、个人等的经济行为。在商业上，特许经营通常被理解为特许人（盟主）赋予受许人（加盟商）的一种特权。关于特许经营的定义，到现也没有一个能令各个国家和地区都信服的统一解释。我们认为，虽然这些定义各自强调特许经营的不同方面，但其要表达的意思却大致相同。虽然英文 franchise 的意思是特许权，但我国内的认识有两种：一是连锁经营模式中的一种，即特许连锁，与直营连锁、自由连锁并列；二是与连锁经营模式并列，即特许经营模式。

二、特许经营的定义

关于特许经营的概念，目前世界各国没有一个统一的概念，我们主要介绍四个组织对特许经营的定义。

1. 国际特许经营协会的定义

特许经营是特许人与受许人之间的一种契约关系。根据契约，特许人向受许人提供一种独特的商业经营特许权，并给予人员训练、组织结构、经营管理、商品采购等方面的指导与帮助，受许人向特许人支付相应的费用。

2. 欧洲特许经营联合会的定义

特许经营是一种营销产品、服务和（或）技术的体系，基于在法律和财务上分离和独立的当事人（特许人和他的单个受许人）之间紧密和持续的合作，依靠特许人授予其单个受许人权利，并附加义务，以便根据特许人的理念进行经营。此项权利——经由直接或间接财务上的交换——给予单个受许人商号和（或）商标和（或）服务标记、经营诀窍、商业和技术方法、持续体系和其他工业和（或）知识产权，在双方一致同意而制定的书面特许合同的框架和条款之内。

3. 我国政府的解释

中华人民共和国商务部2004年第25号令《商业特许经营管理办法》：商业特许经营（以下简称特许经营），是指通过签订合同，特许人将有权授予他人使用的商标、商号、经营模式等经营资源，授予被特许人使用；被特许人按照合同约定在统一经营体系下从事经营活动，并向特许人支付特许经营费。

2007年1月31日，中华人民共和国国务院第167次常务会议通过《商业特许经营管理条例》，并于2007年2月6日公布，自2007年5月1日起施行。其中第三条的内容是："本条例所称商业特许经营（以下简称特许经营），是指拥有注册商标、企业标志、专利、专有技术等经营资源的企业（以下称特许人），以合同形式将其拥有的经营资源许可其他经营者（以下称被特许人）使用，被特许人按照合同约定在统一的经营模式下开展经营，并向特许人支付特许经营费用的经营活动。企业以外的其他单位和个人不得作为特许人从事特许经营活动。"

从本条例可以看出，在我国，除商业特许经营以外，政府还允许有其他性质的特许经营，如奥运特许、政府特许等，只是不能以企业特许人的名义从事商业特许经营活动。所以，本书所指的特许经营就是《商业特许经营管理条例》中的商业特许经营。

4. 日本连锁加盟协会的定义

特许经营是指总公司和加盟人缔结合同，将自己的店号、商标及其他足以象征营业的东西和经营诀窍授予对方，使其在同一企业形象下销售其产品。而加盟店在获得上述权利的同时，相应付出一定的代价给总公司，在总公司的指导及援助下，经营事业的一种存续关系。这些体现了商业模式特许经营的特点。

5. 原中国国内贸易部的定义

特许经营的定义为：特许经营是指特许者将自己所拥有的商标（包括服务商标）、商号、产品、专利和专有技术、经营模式等以合同的形式授予受许者使用，受许者按合同规定，在特许者统一的业务模式下从事经营活动，并向特许者支付相应的费用。

经过研究，综合各方的定义，我们的理解是：

1）特许经营是一种新的现代商业运营模式。它适应市场经济的发展，能够更好地为客户服务。它利用知识产权的转让，充分调动了一切有利的资本并将其实现了最优化的组合。受许人在特许人的授权下提供销售或服务。作为一种商业模式，其基本的内涵和核心要点是强调特许人与受许人之间是一种合同关系。

2）特许经营是一种已被公认为有效的经营理念。像“麦当劳”以特许经营方式在全球飞速发展那样，特许经营授权商（即特许人）将其成功的品牌、产品和运作模式传授给特许经营体系中的受许人使用，使受许人获权经营了一种早已获畅销的产品或服务。

3）特许经营是一种许可或连续性关系。特许经营的实质是特许人提供商业模式使用权，受许人支付一定的使用费的商业许可关系。这种关系体现在特许合同中。特许合同描述了特许双方的权利和义务。特许人的义务是允许受许人使用其商号、商标、商誉、企业识别系统等无形资产，以及相关的产品、专利和专有技术，并对受许人提供各种培训。而受许人的义务是在特许人同意的业务模式下，从事经营活动，接受特许人的培训指导，向特许人支付加盟金和权利金等费用。这说明特许经营是一种相互给予、合作的关系。其中，特许人的“帮助”是特许经营得以顺利进展的一个重要条件。可见，从合作双方来看，特许经营是一种“连续性关系”。

三、特许经营的相关术语

1. 特许人

特许人（franchisor）也称盟主，指将特许权授予出去的主体，亦即在特许经营活动中，将自己所拥有的商标、商号、产品、专利和专有技术、经营模式及其他营业标志等授予受许人使用的一方，通常为法人。特许人是特许权的真正所有者。

2. 受许人

受许人（franchisee）亦称加盟商、被特许人等，指加盟某一特许经营体系的独立法人或自然人，亦即在特许经营活动中，通过付出一定的费用来获得其他商业单位的商标、商号、产品、专利和专有技术、经营模式及其他营业标志等一定期限使用权的自然人或法人。

3. 特许权

特许权（franchise）又称为特许经营权，是特许人所拥有的商标、商号、CIS 系统、专利、经营诀窍、经营模式等无形资产，以及有形产品和无形服务等。它是特许经营运作的中心和关键要素。

4. 特许经营费用

特许经营费用（franchise fee）是指在特许经营关系的存在过程中，为使特许经营能成功进行，受许人需要向特许人上交的费用。它分为三类：特许经营的初始费（加盟金）、持续费（包括特许权使用费和市场推广及广告基金）及其他费用（履约保证金、品牌保证金、培训费、特许经营转让费、合同更新费、设备费、原料费、产品费等）。

5. 加盟金

加盟金（initial fee）即特许经营初始费，是指特许人将特许经营权授予受许人时所收取的一次性费用。其主要用途是特许人为使受许人正常开业，而在受许人开业前所为其提供的一系列支持和帮助。它也同时体现特许人所拥有的品牌、专利、经营技术诀窍、经营模式、商誉等无形资产的价值。

6. 特许权使用费

特许权使用费（royalty fee）又称权益金、管理费等，是指受许人在经营过程中按一定的标准或比例向特许人定期或不定期支付的费用。它体现的是特许人在受许人的经营活动中所拥有的权益。

7. 市场推广及广告基金

市场推广及广告基金指特许人按受许人营业额的一定比例或某固定值而向受许人（加盟商）收取的广告基金，该基金一般由特许人统一管理或特许人和受许人双方共同管理，受许人使用该基金时需向特许人提出申请，由特许人审批和统一规划。

8. 履约保证金

履约保证金是受许人签订合同后交纳给特许人的保证金，作为受许人保证遵守所签合同条款的押金，主要用于在受许人不及时支付应向特许人支付的款项时的补偿。

9. 铺货货品保证金

铺货货品保证金是受许人在签署特许经营合同时向特许人缴纳的费用。特许人一般可根据受许人营业面积和区域经济状况等确定铺货货品保证金金额的收取额度。合同期满，受许人无违约现象，保证金如数退还受许人。退还保证金不计利息。

10. 品牌押金

品牌押金又称品牌保证金，是受许人在签署特许经营合同的同时向特许人缴纳的费用，用于约束受许人在特许经营关系持续期间不做有损特许经营体系品牌的事。合同期满、未有违约情况，押金退还。退还押金不计利息。

11. 加盟申请人

加盟申请人指向特许人递交加盟申请的法人或自然人。

12. 准受许人（准加盟商）

准受许人指已与特许人签订了加盟意向书但还没签订正式特许经营合同的加盟申请人。

13. 加盟意向书

加盟意向书是在签订正式的特许加盟合同之前，加盟申请人和特许人之间签订的合作意向。加盟意向书签订后，双方进入谈判的实质性阶段。

14. 特许经营体系

特许经营体系是由特许人和获得特许权的若干受许人企业组成的，在特许人的统一组织、督导及其经营管理模式下从事经营活动、推广产品及服务的体系。

15. 直营店

直营店指特许人或次特许人（分部）用自己的资本建立并管理的单店，前者称为总部直营店，后者称为分部直营店。

16. 加盟店

加盟店指特许经营体系的受许人投资开设的特许经营单店。它又分为特许门店和合作加盟店。

17. 特许门店

特许门店的实体投资（场地、设备、装修等）完全由受许人投入，门店也由受许人进行日常经营和承担风险，特许人收取受许人的特许权使用费。人们通常意义上所指的加盟店就是指这种类型。此种方式比较适合创业型加盟者。

18. 合作加盟店

合作加盟店是指受许人与特许人共同进行加盟店的实体投资。比如，特许人以设备资本作为投资，受许人以场地、装修等资本作为投资，特许人负责加盟店经营并承担经营风险，受许人提取确定利益。此种方式对于受许人来说既可以降低投资门槛又无经营风险，受许人还可以抽身进行其他经营，合作加盟比较适合投资型受许人。

19. 样板店

样板店是用作某区域内特许经营单店样板、示范的特许经营单店，通常是特许人或次特许人的直营店，可被用为潜在或现有受许人参观、学习、接受培训和实习的场所。

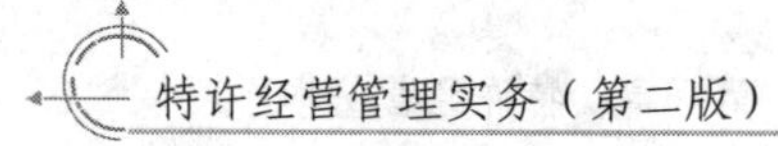

20. 总部

总部是指特许人建立的用于发展、管理和经营特许经营体系的机构，它和单店、配送中心称为特许经营体系的三个基本元素。它可以是特许人，亦即一级法人，也可以是特许人下的二级法人。

21. 分部

分部一般是总部的地方性管理分支机构或办事处。为了更好地管理某个较大区域，特许人总部会按照地理区划来设立分部，分部在总部指定的管理辖区内代为行使总部的指定权利，如管理权、特许经营开发权等。

22. 区域受许人

区域受许人又称多店受许人，指加盟某特许体系并获得在某指定地理区域专有权利的受许人，他有权自己开设直营店，也有权在其专有区域内再发展别的受许人。一般地，特许人会要求区域受许人在指定时间内、在指定的区域内开设指定数目的加盟单店。

第二节　特许经营的特征与原则

一、特许经营的基本特征

特许经营作为一种商业经营模式，把特许人的业务模式授权给其他有意愿创业的受许人。特许经营的特点或特征主要是指这种经营模式与其他商业模式相比的不同之处。无论在权利所属上，还是在其经营过程和方法上，以及有关的制度、规范、法律等方面，都应该进行必要的说明。

1. 从法律的角度看，具有契约性

特许经营是一种特许人与受许人之间的合同关系，是持续性的契约关系。二者之间不存在有形资产关系，而是相互独立的法律主体，有各自独立承担对外的法律责任；契约是维持双方良好关系的基础。

特许人对双方合同涉及的授权事项拥有所有权及（或）专有权，而受许人通过合同获得使用权（或利用权）及基于该使用权的收益权。

2. 从特许经营内容看，具有独特性

特许经营内容的核心是特许经营权问题。而特许经营权不是一个权利，而是一个权利群。特许经营中的授权是指包括知识产权在内的无形资产使用权（或利用权），而非有形资产或其使用权；特许人授予的特许经营权必须具有独特性，与竞争对手相比有明显的优势。

这是特许经营权能够被特许的基础。

3. 从特许经营活动过程看，具有统一性

特许经营权里包括品牌、商标、制度、技巧、诀窍、专利等。而这些在授权的过程中必须是不折不扣地按照特许人的要求去执行，而特许人对所有受许人的要求都是一样的，这就是统一性。统一经营模式是特许经营最基本的特点。受许人必须按照特许人的规范执行，受许人应维护特许人在合同中所要求的统一性。

4. 从特许经营的扩张看，具有品牌扩张特性

特许经营是利用特许人的品牌、专有技术、经营管理模式等与受许人的资本、人力资源相结合来扩大经营规模的一种商业模式。特许经营对特许人来说，是技术和品牌价值和经营模式的克隆，而不是资本的扩张。而对受许人来说，就是利用特许者的品牌、管理模式等为自己谋求经济上的利益；而不是一个全新企业的创建或者品牌的开创。品牌扩张性是特许经营的本质特征。

5. 从特许经营的权利掌控看，管理权至上

特许经营是以经营管理权控制所有权的一种组织方式，受许人投资特许门店而对店铺拥有所有权，但该店铺的最终管理决策权仍由特许人掌握。但成功的特许经营应该是双赢模式，只有让受许人获得比单体经营更多的利益，特许经营关系才能有效维持。这也是特许经营的本质之一。

6. 从双方的关系看，具有相互支持、协调性

特许经营是一种特殊的交易。在特许经营中，进行交易的是一种特许的商品，它包括产品、专利、经营模式等一系列有形的或无形的商品；与一般的交易不同，特许人与受许人签订特许合同后，即意味着双方较长期交易的开始。在合同期内，特许人与受许人要保持紧密、持续的相互支持和配合。

特许人为受许人提供必要的培训、指导和协助；监督和控制整个特许体系的营运标准和形象标准。

受许人有根据双方合同向特许人缴纳费用的义务，这是对特许体系的有力支持，否则特许体系难以维持。

7. 从商业模式的角度看，具有智能型特征

特许经营是一种智能型的商业组织形式。特许经营使特许人能够最充分地组合、利用自身的优势，并最大限度地吸纳广泛的社会资源；对于受许人则是降低了创业风险和时间、资本等创业成本。特许人提供的是品牌、专有技术、经营管理模式等智力资本，而受许人不缺的是资本、物质，需要的恰恰是品牌、专有技术、经营管理模式等智力资本，所以具有智能型特征。

二、特许经营的基本原则

（一）经典的3S原则

3S 原则是特许经营最经典的基本原则，凡是了解特许经营的人都知道这个著名的原则，其他原则其实都可以从此原则上引申、变化出来。特许经营的本质是工业产权和（或）知识产权的转让，而3S原则的执行正是使双方都能获取最大效用的手段。

1. 标准化

标准化（standardization）是为了利于特许经营模式的复制、利于特许经营体系的管理和控制或保持整个特许经营体系的一致性，这是特许经营的优势和竞争力之一。它是指特许人对其业务运作的各个方面，包括流程、步骤、外在形象等方面，经过长期摸索或谨慎设计之后而提炼出的能够随着特许经营网络的铺展而适应各个地区加盟店的一套统一的模式。

2. 专业化

专业化（specialization）就是特许经营体系各基本组成部分的总体分工问题，由于分工的高效，特许经营网络为了保障这个可能很庞大体系的良性运转，必须把不同的职能交由不同的部分来完成，然后各个部分有机协调、合作的结果才能使特许经营体系成为一个具有自我发展和良好适应外部环境能力的有机整体。

3. 简单化

简单化（simplification）指作业流程简单化、作业岗位活动简单化，由此可以使员工节省精力，提高工作效益，以最小的时间和体力支出获得最大的效益。在管理实践中，特许人一般都会对作业流程和岗位工作中的每一细节进行深入的研究，并通过手册归纳出来。著名的麦当劳手册中甚至详细规定了奶昔员应当怎样拿杯子、开机、灌装奶昔直到售出的所有程序。使其所有的员工都能依照手册规定操作，即使新手也可以依照最有章法的工作程序，迅速解决操作问题。

（二）互惠互利原则

特许经营必须以双方都获利为基础，单方有利或双方权利、义务关系的失衡势必导致特许经营体系的瓦解。利益是双方联系的根源和纽带，双赢是特许经营的主要出发点和最终目的。

（三）规范化管理原则

特许经营体系要求加盟店的经营管理模式与特许人的相同，且其产品和质量标准也必须统一。亦即维持统一品牌、统一管理、统一广告、统一配送、统一价格、统一标准的“六统一”。

（四）开放原则或创新原则

发展特许经营应建立开放的市场环境，冲破行业、部门、区域、所有制等的限制。在开放的市场条件下寻找更广泛的发展空间。

（五）循序渐进原则

特许经营的发展需要一个过程，任何一个企业刚开始时都不可能达到盈亏平衡，想要在短期内收回成本是不可能的。

第三节　特许经营的类型

按照不同的类别，商业特许经营也可以进一步细分。

一、按特许内容分类

1. 商品商标特许经营

商品商标特许经营（product and trade name franchising）也称产品和品牌特许经营，是指受许人使用特许人的品牌和营销方法来批发、销售特许人的产品。作为加盟商的受许人仍保持其原有企业的商号，单一地或在销售其他商品的同时销售特许人生产并取得商标所有权的产品。其实质就是，大制造商为名牌化产品寻找销路，授权受许人进行商业开发的权利。此类受许人通常属于零售商一级，在汽车销售、加油站、大众消费品、化妆品等行业较常见。

商品商标特许经营又可细分为商标特许、产品特许和品牌特许。

2. 生产特许经营

生产特许经营（production franchising）是指受许人自己投资建厂，使用特许人的专利、技术、设计和生产标准来加工或制造取得特许权的产品，然后向批发商或零售商出售，受许人不与最终用户（消费者）直接交易。特许人有权维护其企业的信誉，要求受许人按规定的技术和方法从事生产加工，保证产品的质量始终如一，以保护其商标及商号的信誉。同时，特许人有权过问受许人对产品的广告宣传及推销方法。该类型的特许经营往往涉及专利或专有技术诀窍的使用许可。典型的案例有可口可乐的灌装厂。

3. 经营模式特许经营

经营模式特许经营（business format franchising or franchise chain）也称特许加盟连锁公司特许经营（corporation franchise）或交钥匙特许经营（turn-key franchise），即加盟者按总部的全套经营模式进行经营。主要特征是受许人有权使用特许人的商标、商号名称、企业标识及广告宣传，完全按照特许人的模式来经营；受许人在公众中完全以特许人企业的形象出现；特许人对受许人的内部管理、市场营销等方面具有很强的控制。此类特许经营越来越成为当今主导的模式，它集中体现了特许经营的优势。目前在很多行业迅速推广。

经营模式特许经营有两种最基本、最常见的形式。

1）单店特许经营。该模式是指特许人（盟主）将自己成功的单店经营模式许可给某一个受许人（加盟商）（称为单店加盟商）来经营。

2）区域特许经营。由特许人将在指定区域内的独家特许经营权授予受许人，该受许人可将特许经营权再授予其他申请者，也可由自己在该地区开设特许经营点，从事经营活动。区域特许经营模式又分为区域直接特许经营和区域复合特许经营两类。

4. 专利及商业秘密特许经营

专利及商业秘密特许经营是指专利或商业秘密的拥有人通过收取一定费用的形式，允许受许人在一定限制下运营该专利或商业秘密并从中获益。其特许人可以是组织，也可以是个人。

二、按特许双方构成分类

1. 制造商和批发商

软饮料制造商建立的装瓶厂特许体系属于这种类型。具体方式是，制造商授权受许人在指定地区使用特许人所提供的糖浆并装瓶出售，装瓶厂的工作就是使用制造商的糖浆生产饮料并装瓶，再按照制造商的要求分销产品。可口可乐是最典型的例子。

2. 制造商和零售商

汽车行业首先采用这种特许方式建立了特许经销网。在石油公司和加油站之间有同样的特许关系。它的许多特征同经营模式特许经营有相似之处，并且越来越接近这种方式，汽车制造商指定分销商的方式已经成为经营模式特许。

3. 批发商与零售商

这种类型的业务主要包括计算机商店、药店、超级市场和汽车维修业务。

4. 零售商与零售商

这种类型是典型的经营模式特许，代表企业是快餐店。

三、按特许权的授予范围分类

1. 单体特许

单体特许是指特许人赋予受许人在某个地点开设一家加盟店的权利。特许人与加盟者直接签订特许合同，受许人亲自参与店铺的运营，加盟者的经济实力普遍较弱。目前，在该类受许人中，相当一部分是在自己原有网点基础上加盟。单体特许适用于在较小的空间区域内发展特许网点。

1）优点：特许人直接控制加盟者；对加盟者的投资能力没有限制；没有区域独占；不会对特许人构成威胁。

2）缺点：网点发展速度慢；总部支持管理加盟者的投入较大；限制了有实力的受许人的加盟。

2. 区域开发特许（区域直接特许）

特许人赋予受许人在规定区域、规定时间开设规定数量的加盟网点的权利。由区域开发商投资、建立、拥有和经营加盟网点；该加盟者不得再行转让特许权；开发商要为获得区域开发权交纳一笔费用；开发商要遵守开发计划。该种方式运用得最为普遍，适用于在一定的区域（如一个地区、一个省乃至一个国家）发展特许网络。特许人与区域开发商首先签署开发合同，赋予开发商在规定区域、时间的开发权；当每个加盟网点达到特许人要求时，由特许人与开发商分别就每个网点签订特许合同。

1）优点：有助于开发商尽快实现规模效益；发挥开发商的投资开发能力。

2）缺点：在开发合同规定的时间和区域内，特许人无法发展新的加盟者；对开发商的控制力较小。

3. 二级特许（区域复合特许）

特许人赋予受许人在指定区域销售特许权的权利。二级特许人扮演着特许人的角色；对特许人有相当的影响力；要支付数目可观的特许费；它是开展跨国特许的主要方式之一。特许人与二级特许人签订授权合同；二级特许人与受许人签订特许合同。

1）优点：扩张速度快；特许人没有管理每个受许人的任务和相应的经济负担；二级特许人可根据当地市场特点改进特许体系。

2）缺点：把管理权和特许费的支配权交给了二级特许人；过分依赖二级特许人，特许合同的执行没有保证；特许收入分流。

4. 代理特许

特许代理商经特许人授权为特许人招募受许人。特许代理商作为特许人的一个服务机构，代表特许人招募受许人，为受许人提供指导、培训、咨询、监督和支持。它是开展跨国特许的主要方式之一。特许人与特许代理商签订的代理合同是跨国合同，必须了解和遵守所在国法律；代理商不构成特许合同的主体。

1）优点：扩张速度快；减少了特许人开发特许网络的费用支出；对特许权的销售有较强的控制力；能够对受许人实施有效控制而不会过分依赖代理商；能够方便地中止特许合同；可以直接收取特许费。

2）缺点：特许人要对代理商的行为负责；要承担被受许人起诉的风险；要承担汇率等其他风险。

四、按特许权授予方式分类

1. 一般特许经营

这是最常见的形式，特许人向受许人授予产品、商标、店名、经营模式等特许权，受许人使用这些特许权进行经营，并为此支付一定的费用。

2. 委托特许经营

特许人把自己的产品、商标、店名、经营模式等特许权出售给一个代理人，由该代理人代表特许人向其所负责地区内的加盟申请者授予特许权（或特许人授权代理人代表特许人在其所负责地区内为其招募受许人），并为受许人提供指导、培训、咨询、监督和支持。代理人自己并不直接经营，而是采取转嫁他人的方式开发和经营。跨国特许经营往往采取这种方式。

3. 发展特许经营

这是指受许人在向特许人购买了特许经营权的同时，也购买了在一个区域内再建若干家分部的特许权。受许人有了这个权力，一旦事业发展顺利，就可以在该地区内，根据本部经营发展的需要再建若干家分部，而不必向特许人重新申请。

4. 复合特许经营

这是指特许人将一定区域内的独占特许权授予受许人，受许人在该地区内可以独自经营，也可以再次授权给下一个受许人经营特许业务。该受许人既是受许人身份，同时又是这一区域内的特许人身份。受许人支付给特许人的特许费一般根据区域内的常住人口数量确定，若他再将特许权转让给他人，那么，原先该受许人从他人手中收取的加盟费和权益金须按一定比例上交给特许人。

五、按受许人是否可将购买的特许权再特许分类

1. 直接特许

直接特许即特许人将特许经营权直接授予特许经营申请者，获得特许经营权的受许人按照特许经营合同设立特许经营点，开展经营活动，不得再行转让特许权。一般特许经营和发展特许经营属于这种类型。前文所讲的单店特许经营也属于这种类型。

2. 区域特许

区域特许即由特许人将在指定区域内的独家特许经营权授予受许人，该受许人可将特许经营权再授予其他申请者，也可由自己在该地区开设特许经营点，从事经营活动。它又可分为区域直接特许和区域复合特许经营两种类型。

第四节　特许经营与其他经营方式的区别

一、特许经营与连锁经营、直营连锁、自由连锁的比较

1. 特许经营与连锁经营

连锁经营是指流通领域中若干同业店铺，以共同进货或投资特许权等方式联结起来，实现服务标准化、经营专业化、管理规范化，共享规模效益的一种现代经营方式和组织形式。连锁经营是通过一定纽带，将众多分散孤立的经营单位联结在一起，并按照一定的规则要求运作。它包括以下几种形式：

1）直营连锁（或正规连锁，简称 RC），即总公司直接投资开设连锁店。

2）自愿连锁（或自由连锁，简称 VC），即保留连锁商单个资本所有权的联合。

3）加盟连锁（简称 FC），即以经营权的转让为核心的连锁经营，也就是特许经营。特许经营又可称为特许连锁、合同连锁、加盟连锁和契约连锁等。

从国际连锁业发展的历史来看，当直营连锁、自愿连锁发展到一定规模，形成自身的品牌和管理模式后，都转向以特许经营为主。因为直营连锁的发展常常受到资金、地域、时间、地方法规、税收等方面的严格限制，很难适应竞争日趋激烈的市场环境，其发展速度缓慢，所需资金量大，管理难度加大，使总店投资风险增大，如果没有雄厚的资金作为后盾，又不能较快占领市场达到规模经济，就有可能使一些总店发生严重的资金周转不灵或亏损，有些甚至不得不关门或出让。

而特许经营是特许人将自己所拥有的商标（包括服务商标）、商号、产品、专利和专有技术、经营模式等以特许经营合同的形式授予受许人使用，受许人按合同规定，在特许人统一的业务模式下从事经营活动，并向特许人支付相应的费用。很显然，特许经营是一种经营技巧、业务形式的许可，是一种工业产权和/或知识产权的授予，受资金、地域、时间等方面的限制较小，在同一时间可在任何有消费者群的地域发展多家，并以低成本小风险的特征迅速扩张。因此可以得出结论，特许经营是连锁经营发展到一定阶段的产物，是连锁经营的高级形式。

综上所述，可以用表 1-1 简单地示意连锁经营 3 种基本形式之间的主要区别。

表 1-1　连锁经营的 3 种形式之间的主要区别

内容＼形式	特许经营	直营连锁	自由连锁
单店产权人	可能是总部、单店或区域加盟商，或其组合	只有一个，即连锁总部企业	各店各不相同
管理模式	依据合同；各店人事和财务独立；特许人间接管理（支持、督导）	总部对分店的各项事务均有决定权，分店经理仅是总部的一名雇员	依据合同；各店人事、财务独立；总部间接管理（支持、督导、服务、协调）

续表

内容＼形式	特许经营	直营连锁	自由连锁
经营领域	制造业、政府、教育、文化等领域	一般仅限于商业和服务业	一般仅限于商业和服务业
关系	合同双方当事人	自家人的内部事务	合同；自愿联合的伙伴关系
筹资方式	招募独立的企业和个人，空间更大、速度更快	只要有足够的资金、人员即可，易受资金、人员的限制	各店“自负其资”
运作方式	开展的基础是一整套“特许权组合”	只需足够的资金和合适的业务类型就可以进行	只要成员愿意连锁并符合一定的标准即可
发展方式	吸收独立的商人加入而扩大体系	只需做市场调查，有合适的地点、足够的资金就可以了	扩张规模上往往不太积极，可能有排外倾向
自由度	约束力强。进入与退出都有严格限制	几乎完全取决于总部的意愿	自由度大，可自由退出，进入也比较容易

2. 特许经营与直营连锁

直营连锁原来的含义是指公司连锁（corporate chain），即为同一资本所有（指连锁公司的店铺均由公司总部全资或控股开设），经营同类商品和服务，由同一个总部集中管理领导，在总部的直接领导下统一经营，共同进行经营活动的组织化的零售企业集团。欧美一般要求连锁店的数目要在 11 个以上。这个定义中的关键是“同一资本所有”，这也是区别直营连锁与其他经营形式的标准。从中可以看出特许经营与直营连锁在本质上是不同的。

一般特许经营和直营连锁之间的区别主要有如下几个方面。

（1）产权构成不同

直营连锁中各店的所有者或主要控股者只有一个，即连锁总部企业。

特许经营中各店的产权所有者情况则完全不同。各店的产权所有者可能会是总部（亦即总部直营店）、单店加盟商或区域加盟商（亦即区域直营店），也可能是这三者的某种组合（比如总部也可能会在某一加盟店中占有一定股份，那么这个加盟店就是总部和该加盟商共同所有；当然，总部和区域分部之间，区域分部和单店加盟商之间，总部、区域分部、单店加盟商之间，都有可能共同拥有某加盟店的股份）。

（2）管理模式不同

在直营连锁中，总部对各分店拥有所有权，对分店经营中的各项具体事务均有决定权，分店经理作为总部的一名雇员，完全按总部意志行事。

特许经营的核心是特许权的转让，特许体系是通过特许人与受许人签订特许合同形成的，各个加盟店的人事和财务关系是独立的，特许人无权进行直接干涉。特许人对受许人的管理主要依据是特许经营合同，通过支持、督导来间接管理受许人的加盟店，并不直接参与。

（3）涉及的经营领域不同

直营连锁的范围一般仅限于商业和服务业。

特许经营的范围则宽广得多，除了商业和服务业之外，在制造业也广泛应用。在其余方面，如政府、教育、文化、宗教、民间组织甚至个人之间，都可以产生特许经营关系。

（4）法律关系不同

在特许经营中，特许人和受许人之间的关系是合同双方当事人的关系，双方的权利和义务在合同条款中有明确的规定。

直营连锁不涉及这种合同（分店经理与总部的雇用合同则另当别论），总部和分店之间的关系由公司内部的管理制度调整，即属于自家人的内部事务。

（5）筹资方式不同

通过直营连锁扩大规模要筹集足够的资金，配备大批的管理人员，因此，直营连锁的发展更易受到资金和人员的限制。

特许经营则通过招募独立的企业和个人来扩张体系，特许人需要吸引潜在的受许人并对受许人进行选择，为受许人提供培训和服务。特许经营利用他人资源扩大市场占有率，所需资金较少，可以有更大的发展空间和更快的发展速度。

（6）运作方式不同

特许经营业务开展的基础是一整套经营模式或某项独特的商品、商标。特许人把这些东西以特许权组合的形式赋予受许人，有了它，受许人就可以独立开展业务。特许组织的建立也是以开发出上述各项为基础的。

直营连锁实际上只需足够的资金和合适的业务类型就可以进行。当然，对于直营连锁来说，充足的经营管理经验和方法对于其成功是至关重要的。

（7）发展方式不同

特许经营通过吸收独立的加盟商加入而扩大体系，在这过程中，特许人需进行大量的营销工作来吸引潜在的受许人，还需选择加盟者，并为受许人提供培训等各种服务。

直营连锁欲扩大其体系，只需进行市场调查，选择合适的地点，并筹集到足够的资金即可。

（8）自由度不同

进入与退出特许经营体系都有严格的约定。进入的自由度主要取决于特许人对于未来加盟商的选择条件、程序、特许经营本身的加盟店状况，例如大型加盟店的庞大投资显然就会排斥许多资本实力不强的潜在加盟商，要求加盟商有特殊技术或经历的特许经营体系也会拒绝一些加盟商的进入等。退出的自由度主要取决于特许经营合同的约束力，一般而言，为了避免加盟商对自己形成竞争，特许人会严格限制受许人的退出，比如终止特许经营关系的受许人在一定年限内不得从事本行业，退出要交纳一定的补偿给特许人等。因此，受许人不能轻易进入或退出。

直营连锁店的自由度则几乎完全取决于总部的意愿，总部可以根据自己的战略来决定某个单店的进入或退出。

3. 特许经营与自由连锁

自由连锁是指各连锁公司的店铺均为独立法人，各自的资产所有权关系不变，各成员使用共同的店名，与总部订立采购、促销、宣传等方面的合同，并按合同开展经营活动。各成员可自由退出。

与特许经营相比较，自由连锁有如下几个重要的不同方面。

（1）产权构成不同

自由连锁中各店的所有者或主要控股者各不相同，总部只是一个管理、服务或协调的机构，并不对各店拥有所有权。

（2）总部功能不同

各店之间以合同的形式约定总部的功能，即总部为自由连锁的各家连锁店提供某种管理、服务或协调，而更多的是对各店业务促进的服务，因此其强制性管理的力度较小。而特许经营的总部除了服务之外，还具有监督、管理的功能，其管理更具有强制性。

（3）涉及的经营领域不同

自由连锁经营的范围一般也仅限于商业和服务业。

（4）法律关系不同

在自由连锁中，总部和分店之间的关系也是合同约束下的管理，但这种合同的约束力要比特许经营的合同约束力弱，自由连锁的各成员更具有“伙伴”“合作”的平等关系。

（5）筹资方式不同

自由连锁各店一般“自负其资”，亦即各自负责自己的资金管理运作。

（6）运作方式不同

只要成员愿意连锁并符合一定的标准，就可以加入或形成自由连锁。

（7）发展方式不同

自由连锁的扩大依靠的是吸引独立店主的加入，在扩张规模上往往不太积极，并且可能有排外的倾向。

（8）自由度不同

自由连锁中成员店的经营自主权比特许经营加盟店多。特许经营加盟店在合同期内不能自由退出，而自由连锁店则可以自由退出，进入也比较容易。

二、特许经营与代理的比较

代理指的是代理人是根据授权人授权、委托，以授权人的名义或代表授权人意志，同第三方签订买卖合同或办理有关的其他事宜。授权的范围可能很小，只是完成两三种特定的工作；也可能普遍授权，从而代理人有无限制的行动权力。基本上，代理人不是根据自己的利益行事，也不是代理本人产品的买者或卖者。在第三方看来，代理人与本人是没有区别的，代理人所说和所做的对本人有完全的约束力。在代理人和本人之间，双方的权利和义务在合同中有明确的规定，但第三方根本不用考虑这些问题。

在所有的特许协定中，双方都要尽力保证不会有代理关系出现。事实上特许合同中必不可少的一点就是受许人不是特许人的代理人或伙伴，没有权力代表特许人行事。合同中要求受许人明确他的身份，以便在同消费者打交道时不致发生混淆。

综上所述，特许经营中的加盟商（受许人）和代理人的主要区别如表 1-2 所示。

表 1-2　特许经营中的加盟商和代理人的主要区别

内容＼项目	加盟商	代理人
身份	一般必须是法人	可以是自然人
授权范围	商标（包括服务商标）、商号、产品、专利和专有技术、经营模式等	以授权人的名义或代表他同第三人订立买卖合同或办理与交易有关的其他事宜
代表利益	自身利益和特许人利益兼顾	代表授权人（principle）的利益并按其指示行事
行为效力	一般为自己的行为负法律责任，与特许人无关（特许人提供产品例外）	代理行为所产生的权利与义务均直接对授权人发生效力
赢利来源	自己的经营利润	佣金及有关的代理费用
终止关系	特许经营的任意一方均不能自由终止合同关系	可因授权人的主动撤回授权行为而终止
专一	专一经营特许人建议的产品或服务	可同时代理多个授权人
稳定	在合同约束期内，更为稳定	放弃代理关系比较自由

三、特许经营与经销、直销、传销、包销的比较

1. 特许经营与经销的比较

经销是指制造商或批发商将销售某种产品的权利授予某一销售商，由其在约定的期限和地域内销售商品，获得差价利益的一种商业模式。

经销关系的双方不是代理关系，也不是特许经营关系，而是买卖关系。经销商从制造商或批发商处购进产品，支付货款，并向第三方进行销售，赚取转售产品的差价，而不是佣金，经销商需对销售产品的行为自担风险和责任。

在特许经营中经常存在产品的经销（或分销）关系，但产品的经销关系不是特许经营的全部，特许经营模式是由经营资源、经营模式、商业秘密的授权，特许商的监督、管理、支持、服务等一系列关系和诸多要素所构成的综合系统。

特许经营与经销的区别如表 1-3 所示。

表 1-3　特许经营与经销的区别

内容＼项目	特许经营	经销
合同内容	内容详细具体	内容、篇幅较少
合同可谈判性	合同的许多内容不可谈判，具有强制性，不同加盟商之间的合同大同小异	合同的内容可谈判
法律关系	权利的授予与接受关系	独立经营者之间的买卖关系
权利内容	针对完整的商业模式	针对具体的产品

2. 特许经营与直销的比较

直销一般是指直销企业招募直销员，由直销员直接向顾客销售商品的方式，不涉及销

售权的转让问题。其主要目的是要减少厂家与消费者之间的中间环节。

特许经营不是简单的产品销售，而是特许人将商标、商号、专利及某种商业模式的使用权授权给受许人，依赖受许人的努力来销售产品或服务。它涉及某种商业形式的授权使用问题，而直销并不涉及转让销售权问题，一般在固定营业场所之外直接向最终消费者推销产品。

3. 特许经营与传销的比较

传销是一种典型的金字塔式销售模式，经营者层层通过发展人员，组织网络来推销产品（或服务）。经营者的收入不是来自产品的销售利润，而是加入者入门费或认购产品的变相入门费；参加者中上线从下线营销业绩中提取报酬。在法律关系、经营管理和合法性等方面均与特许经营有着本质的不同。

鉴于有不少传销公司故意混淆特许经营、连锁经营与传销的区别，打着特许加盟招牌变相开展传销活动。国家工商总局、公安部将全面贯彻落实《全国打击传销专项行动方案》，自 2006 年 9 月至 2007 年 8 月，用 1 年左右的时间，在全国范围内深入开展打击传销专项行动。

金字塔式销售制度和特许经营的最重要区别在于参与者的目的，即从何处得到利润。在特许经营里，受许人只能从经营快餐、便利店或其他业务中获得利润，而金字塔式销售的参与者则主要从招募新的参与者中获得利润，他们对销售产品并不感兴趣。而受许人从招募他人中得不到任何好处。

4. 特许经营与包销的比较

包销是卖方以协议的形式给予买方在一定期间、一定地区经营卖方某一种或几种产品的权利。买方对这些产品具有独家经营或经营的权利，这种方式同特许经营中的产品特许经营基本相似。其区别之处是产品特许经营的受许人需向特许人支付特许经营费用，包销商没有这种义务。

同时，产品特许经营的受许人可以选择使用特许人的商号经营商业，包销商没有这种选择权。包销与整体业务模式的特许经营差别甚大。虽然包销商与受许人均属独立签约人，但由于后者涉及商标、商号名称及经营管理制度的使用权的授予，必然要受到特许人一定程度的控制。而且特许经营协议期限长，双方买卖关系稳定。受许人是特许人推销网上的一个可靠网点。

包销商一般经营的商品广泛，有的一家同时包销数家不同的商品，因此投机性大，有时会出现包而不销的现象。包销协议一般期限较短，由于包销中不涉及工业产权的转让，所以卖方对包销商的经营管理、财会记账、推销方法等无权进行监督指导，也无权对其出售的价格提出建议。包销商无权要求卖方对其人员进行培训，也没有交纳任何费用的义务。因此，包销方式中双方当事人之间的关系远不如特许经营方式中双方当事人的关系紧密。

特许经营和包销之间的主要区别可以用表 1-4 简要地表示出来。

表 1-4　特许经营和包销之间的主要区别

内容＼项目	特许经营	包销
费用	受许人向特许人支付特许经营费用	没有特许经营费用
名义	受许人必须使用特许人的名称	一般不能使用产品所有者的名称
合同	期限长，特许人单方决定合同权利大	期限不定，双方共同商定合同
关系	更为稳定、紧密	不稳定、松散
专有	受许人只能经营特许人的产品或服务	可同时包销数家的各种不同的商品
管理	特许人实施统一的管理、监督	卖方无权进行监督指导
价格	一般统一的价格由特许人单方决定	包销方可自由决定，卖方无权过问
身份	受许人一般必须是法人	可以是自然人
赢利	受许人靠经营利润	产品差价
培训	特许人有义务培训受许人	卖方无培训义务

总之，特许经营是一种方便的、经济的产品和服务的推销办法。它是一种对已经被试验成功的产品和服务的推销方法，以最小的投资和风险而取得最大商业成功机会，它向厂商提供了一种容易、有效的向纵向一体化发展的良好办法。与传统的推销方式相比，特许经营显示出了新的生命力，所以特许经营对世界各国的厂商正产生着越来越大的吸引力。

四、特许经营与设立分公司的比较

分公司是总公司机体扩展的结果，企业所有权完全属于总公司所有。因此建立分公司，总公司必须直接进行资本投资。如果想大量建立分公司，可想而知投资额将是惊人的，而且总公司要承担投资风险。从分公司的经理到工人都是总公司的雇员。

然而采用特许经营方式却与此不同。特许人和受许人是两个各自独立的法律实体，受许人是其企业的所有人，特许人没有责任和义务为其企业投资，因而也没有投资可能带来的风险。虽然有时特许人帮助受许人筹措资金，但它只属借贷性质或特许人只起中间人作用。受许人不但要自己投资建立企业，而且要对企业进行各种保险。他自当老板，自负盈亏，因此工作积极主动，工作效率高，工作时间长，有时每天工作 14～16 小时。可是，受许人却在一定程度上起到特许人分公司的作用。因为他们要受到特许人的监督、指导和控制，长期地专门推销特许人的产品或服务项目，并且向特许人交纳提成费。这样，当特许人的特许经营制度建立起来以后，就有可能很快地在一定的区域范围内建立起自己产品或服务项目的一体化批发零售网，减少了设立分公司所带来的许多弊病和法律问题。

小　结

本章属于特许经营原理的延伸。首先，介绍了特许加盟的基本特征，强调了特许经营的核心是特许权的转让；特许加盟的纽带是特许授权合同；特许加盟的特点是统一经营模式；特许加盟的前提是受许人支付费用；特许加盟的关键是利润模式的设计。其次，分析了特许加盟最重要的3S原则，即简单化、标准化、专业化；强调了特许加盟的本质是知识产权的转让，而3S原则的遵循，则是使这种转让成为双方都能获取最大效益的手段。再次，归纳分析了特许加盟的发展概况和我国的特许加盟之路，介绍了不同历史阶段特许加盟的形式、特点与标志，明确了特许加盟的未来商业发展主体模式地位。

通过本章学习可以使读者对特许加盟的基本特征有全面的认识，对特许加盟的基本原则有概括的了解，对特许加盟的发展历程有系统的把握。在了解基本原则和把握发展脉络的基础上，可以使初学者和投资者对特许加盟活动有一定的科学判断，可以为特许加盟商审慎投资提供理性的分析。

思考题

1. 特许加盟有哪些基本特征？其核心特征是什么？
2. 简述特许加盟3S原则的基本内容。
3. 特许加盟的统一性原则主要表现为哪几个统一？

案例分析

案例1　综合商品特许经营商：沈阳新来福特许加盟经营策略

案例：特许关键——品牌价值

沈阳新来福实业有限公司成立于1999年9月9日，是集生产、销售于一体的韩国独资企业。公司拥有韩国最尖端的化妆品生产设备，专业生产线与国际接轨。作为唯一的综合商品特许经营备案企业，加盟店网络已拓展至全国17个省、37个市。新来福独创了独特的“二天约会”，为顾客提供二天免费体验韩国美容技术和化妆品、新加坡抑螨化妆品和韩国体内排毒养颜室的机会。新来福公司十几年来全心全意的付出，孜孜不倦的探索和点点滴滴的积累，不仅满足顾客的消费需求。孙永浩会长及全体新来福家族成员，将继续秉承一贯的宗旨与原则，为建立找回顾客权利的销售文化而共同努力。新来福爱顾客亦即给顾客满载了幸福。

新来福发展特许经营事业，主要基于以下几点。

1. 品牌优势

新来福公司本着自我完善、不断改进的宗旨正式通过了ISO9001：2008国际质量管理体系认证，国家商务部特许经营备案企业，中国连锁经营协会团体会员，IADSC国际机构的成员公司，“中国特许经营新锐奖”获奖企业，荣获大韩贸易投资振兴公社（KOTRA）颁发的“全球企业社会责任（CSR）领域的社长奖”。

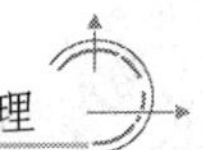

2. 产品组合优势

新来福的产品得到广大消费者的认可，更致力于研发有益于人们身体健康和生态环境的无公害绿色环保产品。企业主营产品包括 DR·QU 天然抑螨美肤系列、富含 EGF 和润肤容因子的韩方爱斯芙莉活肤系列、高效保湿·弹力再生·提高肌肤免疫力的爱斯芙秀红参滋养系列、可以把草药种植进皮肤内的艾乐金天然草本再生美肤系列、缔造完美女性的绝代佳人塑身内衣、世界第一个可以完全逆流清洗滤芯的好日子 DX 净水器、具有独特功效的"UP5"蕴美靓肤仪、"菲丝曼"超导美疗仪、具有力向上提拉腹肉及减肥效果的韩国塑形内衣。

2011 年以来，由韩国新来福生命工程研究院研发的新品陆续在中国隆重上市，产品包括家庭护理卫士 NewHappy898 平衡舒润精华霜；具备体内调理和排毒养颜功效的新来福体内排毒养颜室；美白、祛皱、提升效果显著的 NewHappy 美白紧致面膜；孙大勋会长亲自筹划的按摩疏通经络为顾客带去健康美丽的美健 e 等受到新老顾客的欢迎和认可。

3. 产品研发生产优势

2014 年，新来福引进韩国最尖端设备，打造化妆品专业生产线，与国际接轨。

2015 年 1 月 7 日，沈阳新来福实业有限公司孙大勋会长、张珠花总经理与韩国大田大学，在北京分公司举行产学协力团签署仪式。为共同发展、人才培养与合作，签署了合约书，并达成了共识，为新来福公司研发更优质的产品奠定了良好的基础。

4. 经营文化优势

新来福的社训是"爱心·正直·创造"，公司的经营理念是"满足顾客文化"。公司致力于通过 Franchise 事业在中国创造找回顾客权利的文化。顾客的权利包括：享受舒适的环境、销售好的产品、对售出产品的使用效果负责到底、革新的免费服务文化，享受服务后购买与不购买产品都是顾客的权利。因此，新来福创造了独特的"二天约会"，为顾客提供二天免费体验韩国美容技术和化妆品、新加坡抑螨化妆品和韩国体内排毒养颜室的机会。十几年来，坚持用免费服务的方式让顾客有机会首先体验产品效果，并确认效果后做出选择。

顾客接受了免费的服务，进行产品体验，更深地了解了产品的效果后再进行购买，因此顾客的忠诚度高、转介绍率高、售后问题少。正是由于爱顾客"二天约会"免费服务的文化，造就了新来福有别于其他特许企业的营销创新，新来福公司获得了由中国连锁经营协会颁发的 2013 年度"中国特许经营新锐奖"。

5. 特许加盟：让顾客成为优秀的加盟商

新来福公司是中国唯一一家综合商品特许经营的备案企业，自 2007 年 4 月开展特许加盟店以来，加盟店网络已拓展至全国 17 个省、37 个市。采用单店加盟方式，加盟商投资费用小，开店方式灵活。公司总部负责指导和协助，从店铺的合同签订到店铺开业的各个环节，都有专家的支援。加盟商通过公司总部的培训，学习公司最先进、最有效的加盟店运营管理标准，按照公司的要求，毫无店铺经营经验者也可以经营管理好店铺，并且盈利挣钱。因此，大大缩短了加盟商投资回报的周期，同时保证利润的最大化。

新来福公司最为特别的是：由于公司优质有效的产品组合，以及爱顾客"二天约会"免费服务的文化，造就了无数的忠实顾客，相继开设新来福特许加盟店，成为新来福公司最优秀的加盟商。她们通过使用新来福的产品，不仅让自己变得健康、美丽，更希望通过新来福这份事业，把健康和美丽传递给更多的人。这也是新来福公司能够迅速扩张特许加盟店最主要的原因之一，已然成为新来福公司特许加盟的特色。

6. 国际化的加盟店 VI 形象设计

为了提升品牌形象和服务环境，新来福公司于 2014 年特邀来自韩国的世界顶级设计师，为新来福特许加盟店设计了最新的店面 VI 形象。全新的加盟店形象得到了加盟商和顾客的高度认可。企业要求和协助加盟商更换最新的店面 VI 形象，鼓励加盟商将加盟店开设在一楼沿街，并且能悬挂牌匾的地方。同时，更不惜出资为符合悬挂户外宣传牌匾的加盟店免费制作宣传牌匾。通过企业一系列的举措和创新，更换最新店面 VI 形象，并且悬挂新牌匾的加盟店的销售平均业绩，对比老店同期，业绩的提升率达到 45%以上。

新来福特许经营
——系统致胜

7. 完善的加盟商培训与支援系统

为了提升加盟商的业绩，促进总部与加盟商高效沟通，新来福公司通过不断地优化和完善公司的架构、人力资源配备，对加盟商进行有效的培训和店铺支援。

（1）新加盟店开业前，公司会安排专业的讲师和优秀的加盟商，对新加盟商进行开业前的系统培训。同时，会安排新加盟商到最近的优秀加盟店进行实习，以此来保证新加盟商在店铺还没开业前，已经掌握加盟店的运营管理流程和方法。

（2）新加盟店开业的前 3 个月，每个月都会安排两位资深的优秀加盟商，在店铺为新加盟商及员工进行为期一周的实地培训和现场指导，保证新加盟商能更好地学习和掌握店铺运营的知识和经验，使店铺快速走上正轨，完成销售业绩，快速进入盈利模式。

（3）公司总部的管理层，每个月定期对加盟店进行巡访、检查，对加盟店运营管理出现的问题及时跟进，督促改进，并进行现场培训和后续跟进，以此来不断完善加盟店运营，提升业绩，巡店的覆盖率达到 100%。

（4）公司总部每年组织召开 3 次新来福 Franchise 国际大会和 3 次 Franchise 教育学院。新老加盟商均能达到 100%参加国际大会和教育学院。通过调查数据显示，加盟商对总部培训的满意率达到 100%；业绩的提升率达到 25%以上。

每届国际大会新来福公司都会特别邀请来自国际上的资深营销专家，为全国的加盟商进行营销专业培训，令加盟商受益匪浅。通过培训，提高了加盟商的目标意识、品牌意识，作为销售人员和经营者的双重身份，丰富了经营之道，提高了综合素养；同时，公司会出资对优秀的加盟商进行奖励，以此来肯定和鼓励加盟商能更好地去经营和管理店铺。

每届教育学院的培训，可以说是业内培训最具体、最纷繁的培训之一，是加盟商学习、分享、完善自我、达到标准店铺、实践标本经营、提升业绩最好的课堂。除了公司总部的培训课外，公司精心评选出数位有着经营新来福特许加盟店十几年以上经验的优秀加盟商，为全国的加盟商分享自己经营店铺的成功经验，从产品介绍、美容手法、员工管理、顾客维护、店铺运营等方面，进行全方位的精彩讲解和实操培训。

（5）为了更好地对加盟商进行即时的培训和指导，加强公司与加盟商的互动，公司特别策划了加盟商视频培训模式，即将启动。

1）低廉的开店费用、投资回报快。公司会提供 hHB's 特许加盟店设计方案，统一店铺内部装修方案。加盟商负担店铺设备。单店投资 8 万～13 万元人民币，同时将加盟费调至最低（租赁保证金除外）。

2）运营简单。从店铺的合同签订到店铺开业的各个环节，都有专家的支援。店铺开业前，根据公司自编的店铺管理教科书，对加盟商进行培训。按照教科书的标准，经营店铺管理和销售，因此毫无店铺经营经验者也可以经营好店铺。店铺开业后，经营专家（具有多年经验的公司高参）会亲自对加盟商进行培训和持续支援。

3）伴随店长成长。hHB's 特许加盟店不受人口和距离的限制，进行店铺竞争。这是任何地点都可以开发顾客的事业，任何人都可以通过自己的努力开发顾客。公司制定的标准、标本=统一事业。

顾客、加盟商、公司为了发展中国顾客权利文化，不断对消费者进行培训的事业。抱着"加盟商的失败就是公司的失败"合作伙伴的信念，共同构造、设计各种成长型收益、褒奖制度。

4）社会责任。企业是属于社会的，因此要具有存在于社会的价值。为和谐社会做出贡献是企业的义务和责任。企业开展的事业应该是为顾客而存在，并在顾客中不断创造新的价值。

新来福本着关爱顾客的理念，通过感动顾客开拓中国市场，为中国经济的发展贡献一份力量。同时，新来福以"支持中国教育事业，关注中国未来发展"为信念，积极投身到"希望工程"事业中来。

①"新来福公益基金"接受捐赠。2010 年 1 月 20 日下午，沈阳新来福实业有限公司董事长孙永浩先生及工作人员来到北京青少年发展基金会，将 2009 年 10 月至 12 月顾客参与该公司"消费购物卡，支持公益事业"活动的款项捐入"新来福公益基金"。"新来福公益基金"由北京青少年发展基金会、沈阳新来福实业有限公司联合设立，其宗旨是通过募集款项，为家庭经济困难的青少年提供帮助，促进青少年的健康成长。截至目前"基金"共筹集捐款 104164 元。

②"北京共青团 100365 首善行动——新来福希望阅览室行动"。2011 年 9 月 9 日，"北京共青团 100365 首善行动——新来福希望阅览室行动"，由沈阳新来福实业有限公司捐赠 5 万元，为北京市平谷区南独乐河镇中心小学捐赠希望阅览室，改善其基础教育条件，为丰富孩子们的课余文化知识提供支撑，并为该校 300 余名学生每人赠送一个爱心书包。

③ 新来福"爱顾客·献爱心"活动。2014 年 9 月 12 日，新来福"爱顾客·献爱心"活动，沈阳新来福实业有限公司和加盟商，为北京市平谷区南独乐河镇中心小学捐赠 10 万余元，援建希望电脑室，改善基础教育条件，圆了孩子们拥有一个现代电脑室学习电脑的梦想。同时，新来福还为该校 70 余名教职员工送去了具有纪念意义的"新来福特许经营 15 周年"的精美礼品，慰问全体教职员工。

（资料来源：作者根据沈阳新来福实业有限公司提供的资料整理）

案例解析　新来福取得今天的成就，主要基于以下几点：①它是我国唯一的综合商品特许经营商。②"爱心文化""二天约会"。前瞻性的采取了体验营销和感官经营的策略。③十几年来，坚持免费服务方式让顾客体验产品效果，这是顾客至上，为顾客创造价值的体现。④对顾客的尊重就是对自己的尊重，新来福创造“找回顾客权利”的文化。新来福和顾客共享价值，和加盟商共享收入、幸福的理念很值得连锁企业借鉴。可见，产品是基础，系统是关键，服务是提升，爱心是正道。

案例2 庆丰包子铺发展启示

一、历史积淀

“庆丰包子铺”创建于1948年，起初是一家普通的小饭馆，只因所经营包子口味地道，后专一经营包子。1976年正式更名为“庆丰包子铺”，现在以经营包子、炒肝为主。由于质量上乘，又符合中国人的饮食习惯，成为北京城百姓认可的著名快餐品牌。

二、发展策略

庆丰连锁企业商业服务模式已开始转变，新开张的几家店铺全部采用“一站式”售卖方式，并为店铺注入具有中国特色与现代风格完美结合的装潢设计，开放式后厨让顾客感受到的是华天集团公司的经营宗旨“食以洁为先，放心就餐到华天”，也让庆丰包子铺成为百姓心中放心、安全的就餐场所。

1. 特许连锁策略

2000年以来，通过走中式快餐连锁加盟发展之路，在短短的15年时间，庆丰截至2015年6月共有连锁店铺330家，遍布全国10个省份，近20个城市，其中北京市范围内260家，成为规模最大的包子快餐连锁企业。

2. 产品策略

随着庆丰包子铺连锁规模的进一步扩大，为了更好地对连锁化经营进行管理，庆丰包子铺于2008年底，斥资500余万元在顺义区投资建设了“北京庆丰食品科技研发中心”，对所有连锁店的食材进行统一采购，统一加工，统一储存，统一配送。此外，庆丰食品科技研发中心为庆丰连锁企业的配送基地，庆丰连锁总部聘请有关专家共同研制生鲜速冻包子配送项目，此技术为国内首创，有别于市场上其他速冻产品先制熟后速冻的技术，生鲜速冻包子可以做到保汁、保鲜，提高口味品质。

这不仅保证了品质，也有效地解决了在单店加工中，由于不可控因素造成的口味上的差异，更节约了单店加工所消耗的能源，同时也减小了连锁店的管理难度，让店铺的管理者有更多的时间和精力加强对服务卫生环节的管控。

庆丰包子铺之所以广受顾客喜爱，一个重要原因得益于其优良的产品品质。“庆丰”对包子的制作有着严格的质量标准，从原料产地、馅型调料配伍、打馅手法、包子外观、包子重量、上屉时间等都有严格要求，包子要薄皮大馅，外形美观，食之松软有劲，汁多爽口，味道鲜美等。同时，庆丰包子铺经营品种十分丰富。

3. 管理策略

为管理好拥有几百家加盟商的连锁企业，华天集团公司、庆丰连锁企业于2011年6月9日成立“庆丰包子铺连锁经营事务管理委员会”，聘请加盟商、直营店长为理事成员，并诚邀北京工商大学连锁餐饮研究专家冯俊教授、华天集团公司及庆丰包子铺常年法律顾问李长贵律师，担任庆丰管委会顾问理事。

庆丰管委会旨在打造中国第一包子品牌，以所有庆丰包子铺为服务对象，充分依托企业力量，为庆丰包子连锁企业的发展营造良好的环境；搭建沟通平台，针对发展战略和运营管理的热点问题进行交流、形成共识，共同推动庆丰包子铺连锁事业更好地发展。

三、企业文化

经营理念——品质、清洁、服务、实惠、体验、健康。

企业宗旨——积善余庆，国富民丰。

服务理念——真心出美味，真诚遇顾客。

产品定位——“老少皆宜，价格适中，贴近百姓，服务工薪”的经营定位，走中式快餐连锁加盟发展之路。

2015 年 12 月 22 日，第七届北京影响力揭晓仪式在北京电视台隆重举办。庆丰包子铺作为民族快餐品牌，受到首都北京乃至全国消费者的支持与认可，荣获“第七届北京影响力十大品牌”称号，彰显了庆丰品牌强大的群众基础和广泛深远的影响力。

（资料来源：http://www.qing-feng.com/news_article/60.html）

案例解析 庆丰包子铺的严格管理、优良品质和快速发展，在社会上产生了广泛影响，企业品牌知名度和美誉度不断提升。在庆丰的发展过程中，明显感到特许模式带来的发展动力。同时，不断创新进行产品研发，进行专业化、标准化管理，强化卫生管理和服务质量，完全符合餐饮企业发展的规律，这是我国快餐企业或是其他包子概念企业可借鉴之处。平心而论，庆丰的包子谈不上多美味，但标准化生产确保了品质稳定，安全可控，且就餐环境干净卫生，平均一块多一个包子的价格比 K 氏 M 记等国外快餐亲民，成为大众型消费的稳妥选择。事实上，标准化对庆丰的成长起到关键作用。无论西餐还是中餐，凡是成功的连锁餐饮企业大多有着完善、严格的标准化品控和管理体系，快餐类尤其如此。不仅是庆丰包子铺，其他成功的包子连锁店也都受益于标准化。

实训项目

根据本章所学知识，探讨一下在你的校园内开设一家特许加盟便利店是否可行。请草拟一份建立校园便利店的可行性报告。要求：

1）明确建立校园便利店的目的与意义，3000 字以上。

2）分析本校具备的加盟条件，了解特许人提出的加盟条件。

3）提出具体的加盟方案，分析特许人提出的加盟条件。

4）确立具体的经营范围，提出股份制运作方案及成本核算方法。

5）创建具体和组织管理形式，提出便利店的经营理念。

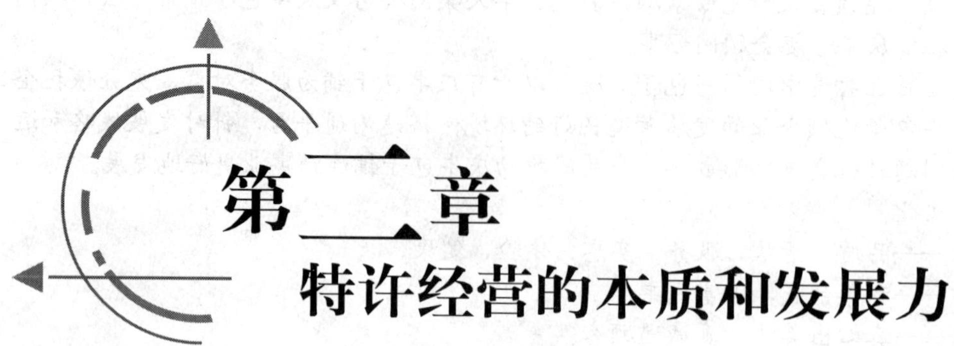

第二章 特许经营的本质和发展力

教学指导

学习目标

- 理解和掌握特许经营的本质；
- 理解和掌握特许经营的发展力、连锁力、执行力、竞争力；
- 深刻领会特许经营优势和劣势，并结合案例进行分析。

技能要点

- 会制定连锁企业连锁力体系；
- 会制定连锁企业执行力体系。

案例导入

迪士尼品牌营销策略

迪士尼是全球知名的娱乐品牌。其核心产品和初级产品是迪士尼乐园。在当今看来，在某一地区经济发展达到一定水平时，体验消费就会提上日程。在企业发展上，迪士尼采取了为游客提供包括感官体验、情感体验、思考体验、行动体验、关联体验在内的五类体验组合策略和特许经营的扩张策略。

一、品牌经营策略

品牌经营是指企业针对市场需求的基本态势，以企业理念为核心，以品牌为手段，通过品牌营销、品牌推广、品牌资产管理等各种经营方式以实现企业利益最大化的最终目标。迪士尼乐园通过实施品牌经营策略获得了巨大的收益。

首先，品牌经营为迪士尼赢得了全世界范围内的忠诚顾客，形成了差异化竞争优势。迪士尼乐园这一品牌在人们心目中就是欢乐的代名词，它树立了良好的企业与产品形象，增强了消费者对迪士尼乐园的认知度，并在世界范围内形成了良好口碑，从而为其带来了广泛的客源聚集效应。

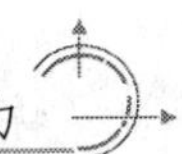

其次，品牌经营加速了集团扩张，形成产业聚合优势。品牌经营是迪士尼乐园加速扩张的重要有效手段之一，它可以摆脱地域限制，以品牌拓展企业发展空间、扩张市场规模，从而促进公司走上快速扩张、规模经营的道路。其主要形式是特许经营，迪士尼总公司通过管理模式、经营理念、商标品牌等无形资产的转让和特许使用这一方式迅速实现集团扩张，它成功地建设、运营了东京迪士尼乐园、巴黎迪士尼乐园、香港迪士尼乐园。

最后，品牌经营促进了产业链延伸，形成多元化经营优势。迪士尼乐园借用其品牌在顾客心目中的形象、声誉，将迪士尼品牌运用于主题产品，消费者出于对迪士尼品牌的信任与偏好会将这种品牌忠诚延伸到新的产品中去，增加了新产品取得市场成功的机会，从而促进了公司迅速形成产品多元化或产业多元化经营的格局。迪士尼乐园与影视媒体企业、玩具商、服装商等合作开发一系列拥有固定主题的产品，包括主题卡通人物、主题玩具、主题服饰、家用电器等，并在全球各地进行品牌授权开设大量的迪士尼专卖店。这给迪士尼乐园带来了丰厚利润，在迪士尼公司的收入中主题公园本身的收入只占约 20%，而品牌产品销售收入所占比例却高达一半左右。

二、服务制胜策略

迪士尼乐园高质量的服务理念与水准已成为各类企业争先效仿的榜样。奥秘在于“SCSE”，即安全（safe）、礼貌（civility）、表演（show）、效率（efficiency），其内涵可以理解为：首先保证客人舒适安全；其次保证职员彬彬有礼；第三是保证演出充满神奇；最后是在满足以上三项准则的前提下保证工作具有高效率。正是由于迪士尼乐园长期坚持“SCSE”经营理念和服务承诺在全体员工中的有效落实，才打造了迪士尼乐园优质、高效、细致的服务水准，赢得了顾客良好的口碑效应和较高的重游率。

在任何情况下，保障游客安全是迪士尼乐园首要的价值诉求。每逢节假日由于客流量增加导致拥挤混乱时，工作人员为了保证游客享受到应有的服务标准以及出于安全考虑会采取诸如限制入园人数以及游客的移动途径等措施以保障游客安全。虽然这样会减少收入，而且会招来等待入园游客的不满，但是安全始终是迪士尼乐园的首要考虑。在一些惊险、刺激的娱乐项目中，公园都会有详细的安全提示，并为有特殊需要的游客提供专门服务。

对于员工礼貌方面的要求，迪士尼乐园可谓做到了细致入微。它要求员工们要热情、真诚、礼貌、周到地为客人服务。迪士尼乐园里，员工的目光必须与顾客的目光处于同一水平线上；如果客人是儿童，员工必须面带微笑地蹲下去把商品递到儿童手里。迪士尼乐园规定在客人游玩的地区是不准送货的，货物通道全部设在地下，游客绝不会看到运货车进出迪士尼乐园。为了不打扰游客游玩，迪士尼不设寻人呼叫。即使是不直接对客服务的员工，迪士尼也十分注重培养其尊重顾客的意识，例如迪士尼规定会计人员在上岗前两三个月的每天早上上班时都要站在大门口对所有进来的客人鞠躬、道谢。

迪士尼乐园将自己的企业价值定位为表演公司，即通过主题公园的娱乐形式为游客提供最高满意度的娱乐和消遣，给游客以欢乐。角色扮演则成为迪士尼乐园营造欢乐氛围的重要手段。在迪士尼乐园中，员工得到的不仅是一项工作，而且是一种角色，是为顾客带来欢乐的角色。在入职培训时，新员工会接触到迪士尼的语言：顾客是“贵宾”；群众是“观众”；上班是“表演”；职务是“角色”；制服是“戏装”；上班是“上台表演”；下班是“下台休息”；人事部门是“分派角色部门”等。这种特殊语言不断强化员工的表演意识，为其以后胜任角色扮演奠定了基础。公园里的每个员工都扮演着主人的角色，他们要用热情、真诚、礼貌、周到的服务为客人制造欢乐。具体表现为对客服务行为上，包括微笑、眼神交流、令人愉悦的行为、特定的角色表演等每一个细节上。

迪士尼乐园懂得娱乐业经营兴旺的奥秘所在：不能让游客失望，哪怕只有一次。因此它不断追求将服务做到精细化。在停车场会有游览车把游客从停车场送到售票处；在公园入口处会有不同的代步工具，童车、轮椅、电动轻便车等一应俱全，供不同需求的游客选用；游客如果带了宠物也可以找到专门的地方代为照看；车钥匙反锁在车里也可以求助于停车场的巡游员，无须给锁匠打电话，无须等候，无须付费。总之，一切细节的服务都被迪士尼做到了完美。

（资料来源：根据相关资料整理）

案例解析 在体验经济时代，企业的发展重点和营销策略正是体验营销，这可追溯到一个人——沃尔特·迪士尼，他通过不断丰富卡通片的体验效应而声名大振，1955 年，他在美国加利福尼亚州创办了第一座现代化的游乐园，取名为迪士尼乐园。这是世界上第一个现代意义上的主题公园。直至今天，迪士尼在全球拥有 7 个特许经营的迪士尼主题公园。这些主题公园不仅提供精彩纷呈的娱乐项目，而且还带领游客们进入到一系列的美妙故事当中。同时，对迪士尼品牌进行延伸，开发迪士尼产品和迪士尼专卖店（渠道），成为重要的利润来源。

第一节 特许经营的本质

关于特许经营的本质，在不同阶段、从不同的角度有不同的理解，它分别具有营销模式、企业经营管理模式和社会经济模式等创造性特点。

一、特许经营是一种有效的企业营销模式

特许经营从其产生到现在是许多企业营销产品的一种传统有效的方式。许多企业做特许经营的直接目的就是利用这种模式来更多、更好地销售产品。在这些企业看来，特许经营就是一种更好的营销模式。从营销渠道来讲，企业销售产品的方式有两种：一种是自己亲自销售；另一种是借助外力销售。第一种销售方式就是企业自己设立销售机构，如销售科、销售处、销售部、销售公司等进行直销。第二种销售方式就是企业利用外取的销售资源进行销售，采用的主要的方式有经销、代理和特许经营等。由此可见，特许经营是一种资源外取方式，企业可通过这种营销模式来扩大自己的市场资源，占领更多的市场，销售更多的产品。

对特许经营而言，它具有资源外取的典型特征，而且特许经营本身还是一种综合式的资源外取，因为特许人外取的受许人资源包括了受许人的许多资源，如受许人的人力资源、财务资源、物质资源、市场资源、技术资源、信息资源、关系资源、宏观环境资源、自然资源、组织管理资源、品牌资源与知识产权资源等。它使特许人充分地借助外在广大的资源为自己服务。

二、特许经营是一种实用的企业扩张模式

企业扩张需要大量资源，如人力、物力、财力、市场资源等，但并不是所有的企业在短期内都能靠自我积累而具备这些资源，尤其是在市场机会转瞬即逝的今天，依靠企业自我积累会因时间拖延而错失良机。企业如果采取贷款、上市融资或与他人合资开办公司的方式，也会由于市场的千变万化而产生不可预测的风险。但特许经营的扩张模式却解决了这些问题。特许经营体系可以通过不断吸引不同的投资主体——受许人加入，借用受许人的资源在短期内成功地实现企业扩张。特许人企业不必向银行贷款、不必上市、不必与他人合资。因此，特许经营无疑是许多意欲扩张而又缺少相应资源的企业实现企业扩张的高效模式。

在特许经营体系中，特许人利用自己的品牌、专利或技术，通过签署特许协议，转让特许权，让受许人利用这些无形资产从事经营活动，从而形成一种联合扩张的发展模式。特许人对受许人既拥有一定的控制，同时应始终尊重对方的自主性。这样特许人可以通过特许权获取收益，并可以利用规模优势加强无形资产的维护，而受许人则可利用无形资产扩大销售，提高收益。

三、特许经营是一种全新的商业经营模式

特许经营是一种全新的经营模式，它是企业突破有形的组织形式，仅以优势的、有限的、关键的资源，将其他功能虚拟化，通过各种方式，整合外部资源，为我所用，借助外力进行整体弥补，最大效率地发挥其有限的资源的一种经营形式。特许经营以其独特的方式，通过遍及各地的大大小小的加盟店与特许总部形成了一个规模庞大的虚拟企业。虽然各个加盟店相对于特许总部是独立的法人实体，但在这个并不实际存在的大企业中，所有受许人和加盟店是在特许人统一的品牌下从事经营活动，执行着原本应该由特许总部直接开设的直营店所应执行的职能。特许总部与各个加盟店各司其职，团结协作，资源互补。

特许经营最大的好处就是，可以实现企业流程优化。企业流程是一系列相互关联的活动、决策、信息流和物流的结合。流程在每个工作步骤和工作环节都要有完成标准任务的时间，节约流程的时间可以给客户带来更多的价值，提高企业的市响应能力，从而强化企业的核心竞争力。在特许经营的实施过程中，企业为成功构建特许经营体系，必须对自己的业务流程进行分析、提炼与成化，这一过程本身就是企业对自己流程的优化。

四、特许经营是一种高效的自主创业方式

人生的职业生涯可以有多种，但基本可以分为受雇就业和个人创业。个人创业可以分为独立创业和特许经营创业。独立创业的方向发展完全由创业者自己把握并自己承担风险和责任；而特许经营创业是在特许人的强大支持背景下的创业，其成功率远远大于其他独立创业方式。因为潜在受许人通过加盟一个成熟的特许人，可以大大缩短创业时间、减小创业失败概率、拥有更多宝贵资源、节省创业成本、迅速打开市场等。总之，与自己单独创业相比，特许经营创业更具优势。所以，特许经营是一种高效的自主创业方式。

第二节　特许经营优劣分析

一、特许经营的优势

（一）对国民经济来说，是无本启动

对社会而言，引进有特色的特许经营项目，就等于直接引进了先进的商业管理经验，花钱不多、收益不小，可以少走弯路。特别是在一个国家经济增长缓慢的情况下，此种方式较为适用。因为小企业和第三产业是经济发展中最活跃和最节省的因素，它们可以推动经济的快速增长，也可以吸纳大量的劳动力就业。而小企业和第三产业联姻的“红娘”就是特许经营，特许经营使其支撑起了第三产业这一新的经济增长点。

（二）对特许人来说，是一本万利

特许经营对特许人而言是一本万利的事情，即一个本钱（模范店或模范产品、服务、品牌）被上万次地利用，利用一次就赚一次钱、扩大一次规模，实现低成本扩张。就像复印机复印一样，也有人将其比喻为扩印底版。

特许经营给特许人带来的利益主要有以下几方面。

1. 特许人不受资金的限制，可以迅速扩张规模

对特许人来说，建立一个特许经营体系能确保它迅速、稳妥地拓展业务，无须投入很多资金。因为开设的每一家特许经营分店都是由受许人自己出资，受许人对分店拥有所有权，特许人只需提供已经成熟的经营方式。特许人通过出售本企业的名称、商标、经营模式等无形资产，不仅开分店无须自己出资，相反还能从受许人手中获得开办费和使用费等，这是一种一本万利、坐收利益的生财之道。由于特许经营受资金限制小，仅凭一纸契约就可以发展新店，迅速扩张规模，这种扩张的速度有时是非常惊人的，而且大大降低了特许人的经营风险。

2. 特许人可以降低经营成本，提高经营管理水平

由于特许经营企业通常具有广泛的销售网络，强大的销售能力，所以特许人可以从供应商那里获得较多的数量折扣和累计数量折扣等优惠条件，降低进货成本，进而可以降低商品售价，增强企业的竞争能力。此外，广告是特许经营成功的一个重要因素，特许人负责广告的策划和实施，广告的开支则分摊到各加盟分店，从而降低了特许人的广告宣传成本。由于特许人无须处理各分店在日常经营中可能出现的各种问题，也无须处理每个分店可能出现的人事纠纷问题，因而可以集中精力改善经营管理，开发新产品，挖掘新货源，做好后勤工作，提高经营管理水平。

3. 受许人积极性高，有利于特许人的事业发展

受许人是加盟店的真正主人，加盟店的经营好坏与自己的切身利益密切相关。他们中间许多人也许拿出了自己大半辈子的积蓄投入到特许经营事业中，一旦破产则会血本无归，即使有些人是从银行贷款投资的，但若无法归还，则贷款时的抵押物也不得不赔进去，这是他所不愿看到的结果。因此，受许人工作非常勤奋努力、非常有责任心，他们在将自己的商店经营得有声有色的同时，也使得特许人的事业、信誉与声望蒸蒸日上。

4. 特许人可以获得政府支持，加快国际化发展战略

特许连锁的高速发展，给很多人带来了投资机会。在欧美等发达国家，70%以上的商业企业是以特许连锁的模式运作的，尤其是在美国，95%的特许连锁是成功的，而独自创业失败率达到 80%。在我国，选择一个成熟品牌做特许连锁，逐渐成为人们创业、投资的首选。

《2005 年中国特许经营发展状况蓝皮书》显示，自 1997 年《商业特许经营管理办法（试行）》颁布以来，特许连锁迅速在国内发展，只用了两年时间就进入快速发展期。至 2003 年年底，中国成为特许体系最多的国家，2015 年年底特许体系总数达到 5000 多个，加盟店总数达到 40 万个，从业人员超 500 万人。由此可见，特许经营日渐受到国家的瞩目。

5. 特许人可以避免经营中的许多矛盾

1）特许人能够在实行集中控制的同时保持较小的规模，既可赚取合理利润，又不涉及高资本风险，更不必兼顾受许人的日常琐事。

2）由于加盟店对所属地区有较深入的了解，往往更容易发掘出企业尚没有涉及的业务范围。

3）由于特许人不需要参与受许人的员工管理工作，因而本身所必需处理的员工问题相对较少。

4）特许人不拥有受许人的资产，保障资产安全的责任完全落在资产所有人的身上，特许人不必承担相关责任。

（三）对受许人来说，是万利一本

特许经营对受许人而言是万利一本的事情，即源源不断的利润皆来自一个本钱：购买一个成功的特许经营模式，大大地降低了创业风险。

特许经营给受许人带来的利益可归纳为以下几点。

1. 受许人可以得到系统的指导，提高成功率

一个企业在创业初期通常很难形成良好的企业形象来得到消费者的认同。在竞争日趋激烈的市场环境中，创业成功的概率很小，但如果加盟特许经营企业，就可以立即得到特许人系统的管理培训和指导，获得一系列的管理技巧、经营诀窍和业务知识经验。同时，

受许人还可以直接从特许人处得到许多帮助，有些特许人甚至还会派专门的工作人员帮助受许人解决企业在开业之初和经营过程中出现的问题，使之集中精力以最有效的方式管理企业。这一切必将使企业成功的机会大大提高。

2. 受许人可以享用特许人著名的商标或服务，节省产品的开发成本

通常情况下，特许经营总部已经建立了良好的公众形象和高质量的商品服务体系，具有较高的品牌知名度，能让产品或服务更容易地进入其他独立企业不易触及的市场，并使消费者信任和接受。受许人加盟了特许组织，就可以分享这些无形资产，提高自己的知名度和美誉度，迅速稳固市场地位。同时，一个新产品从研究、开发到上市，需要投入大量的资金，但受许人可以直接从特许人那里得到已经成功的产品，这就使受许人大大节省了开发产品的成本。

3. 受许人可以获得加盟总部的经销区保护和更广泛的信息来源

特许经营总部通常实行经销区保护的方针，即在一个区域内只接受唯一的受许人，不再建立其他特许经营分店，以避免同商号的恶性竞争。此外，特许经营企业也会将从各加盟店收集上来的信息数据加工后及时反馈给各加盟店，并随时对周围的各种环境做市场调查和分析，使各加盟店能及早采取对应措施。

4. 对消费者来说，是享受优质服务

特许经营总部拥有先进的经营管理方法和技术，是专家们不断研究、开发的成果。作为中小店铺，是没有能力开展这项工作的。如果加盟连锁组织，总部通过对加盟店授予特许权，使卓越的经营方法和技术被广泛应用，店铺短期内就可以“武装”成标准的加盟店，提高了为消费者服务的水平，保证了加盟店提供的商品和服务处于同一水准。这样，不管在同一连锁组织的哪家加盟店，消费者都可以享受到优质、高水平的商品和服务。

5. 发展商特许

发展商特许（developer franchise）即由特许人在特定区域内首先将特许权独占授予发展商，但发展商出于便于业务管理及获得更多利润的考虑，不再将特许权转授他人，而是由自己投资直接设立经营网点。值得一提的是，由于有关国际特许经营的法律问题，外国投资者首次进入一国陌生的市场时，往往更乐于采用二级特许和代理特许两种特许经营形式，以期通过与东道国企业的合作，将成功的特许模式尽快与当地市场经验结合起来。对于开拓发展中国家的潜在市场，外国投资者采用的传统方式是对外直接投资。但是近年来国际特许经营方式越来越受到青睐，在很多方面大有取代直接投资之势。

6. 形成共赢的结局

有人形象地把加盟特许经营比喻成“扩印底版”，即借助特许人的商标、特殊技能、经营模式来反复利用，并借此扩大规模。

1）可以享受现成的商誉和品牌。受许人由于承袭了特许人的商誉，在开业、创业阶段就拥有了良好的形象，使许多工作得以顺利开展。否则，借助于强大广告攻势来树立形象是一大笔开支。

2）避免市场风险。对于缺乏市场经营的投资者来说，面对激烈的市场竞争环境，往往处于劣势。投资一家业绩良好且有实力的特许人，借助其品牌形象、管理模式以及其他支持系统，其风险大大降低。

3）分享规模效益。这些规模效益包括采购规模效益、广告规模效益、经营规模效益、技术开发规模效益等。

4）获取多方面支持。受许人可从特许人处获得多方面的支持，如培训、选择地址、资金融通、市场分析、统一广告、技术转让等。

二、特许经营的劣势

特许经营跟传统经营方式相比虽然有很多的优势，但是不可否认也存在一些劣势。

（一）对特许人来说

1）不容易控制和管理受许人。

2）公司声誉和形象会受个别经营不好的加盟店的影响。特许经营体系中也会有害群之马，受许人中并不一定都是经营此项生意的最佳合作伙伴，极个别受许人的错误行为可能导致整个特许经营品牌或其他受许人声誉受损。

3）特许经营合同限制了策略和战略调整的灵活性，在特许经营地区内企业扩展受到限制。

4）当发现受许人不能胜任时，无法更换。

5）难以保证受许人产品和服务质量达到统一标准。

6）企业的核心能力可能因受许人的违约而流失。

（二）对受许人来说

1）必须提供用于创立和经营分店的资金、再投资资金、遣散费、补贴以及用作遣散费用、失业费用、公司养老金等的保证金。

2）受许人必须与经营分店同呼吸、共生存，工作强度大，尤其在创业初始阶段；同时他还得全身心地致力于学习、建设和维持特许经营并扩展分店。

3）特许人出现决策错误时，受许人会受到牵连。

4）受许人受到了与特许人签订的特许经营合同和协议的限制和监督，缺乏自主权。经营的自主权受到一定限制，因为是在特许人提供的统一管理与经营方式下运作，受许人在生意决策上的自主权受到限制，例如不能自行决定卖什么产品、调整价格等。受许人绝对不能单独做出对整个特许经营或其他受许人形象有影响的决定。不过许多特许人都会在征询受许人的意见才制定决策，这样的做法将有利于多数的受许人。

5）过分标准化的产品和服务，既呆板、无新意，又不一定适合当地情况。

6）因受许人处处服从特许人领导、听从指挥，又会使自己变得过分依赖于总部。

7）发展速度过快时，总部的后续服务跟不上。因为特许经营的复制从时间角度看，不是一个时点关系而是时期的关系。复制的过程需要大量的配套措施，如选址、培训、流程、支持、监督、商品组合、战略单位确定等。如果发展速度太快，总部的相关人员、物流配送、网络系统、督导执行的质量就会下降。

8）需要支付加盟费并从营业额中提取管理费。特许经营受许人如果有自己很好的经营模式，并且效率很高，特许人给予的支持力度不够，支付加盟费或提取管理费对受许人来说，就会加大经营的成本或者说降低利润率。

9）不能担保一定成功。加盟特许经营虽然能让生意更有机会取得成功，但却无法保证一定会成功。生意仍然有无法避免的风险。即使有周详的特许经营计划，受许人也可能因多种因素而失败。这些因素包括了资金不足，缺乏生意头脑，不能保证统一品质与服务，以及地点不好等。

资料链接

特许经营带来的十大优势

1. 国家政策的支持

当前，国家支持创新活动，尤其鼓励个人、企业的创新经营。特许连锁的高速发展，给很多人带来了投资机会。选择一个成熟品牌做特许连锁，逐渐成为人们创业、投资的首选。

2. 发展的空间

在我国特许经营于20世纪80年代初才刚刚出现，合作空间相当广阔。据权威部门调查显示，未来10年和特许经营相关的市场份额，不会低于3万亿元人民币。加上《特许经营管理条例》的出台，国内营销市场的大环境发生了改变，特许经营将是几十年内国内现代商业运营的首选模式。它利用知识产权的转让，充分调动了一切有利的资本并将其实现了最优化的组合，未来的发展增长速度预测不会小于90%。

3. 价格空间

首先以特许经营的形式进行推广，可以在保证统一的优质产品质量的同时，以统一的价格进行销售，不会面临同品牌的价格战，另外特许经营的利润是以加盟商的利益最大化为原则而定。利润没有上限要求。

4. 培训和指导空间

根据《特许经营管理条例》的第十一条第三款规定，特许人都有义务为受许人提供开展特许经营所必须的销售业务或技术上的指导、培训以及其他服务。

加盟后，可由总部负责提供设备及培训，另外店面选址、装修、财务、宣传、促销和采购，都可寻求总部协助。据一项调查显示，在投资者首次创业时，加盟的成功率达80%以上，而投资者自行开店的成功率仅为20%。

5. 商业趋势

所有特许经营都是有一定的经验和固定管理模式的，而且都是在有了成功实例，目前国内特许经

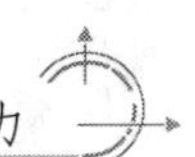

营的增长速度为54%。特许经营被称为商业形态的第三次革命。第一次是农业时代的杂货店；第二次是工业时代的百货超市；第三次是工业时代的连锁——特许经营。

6. 整合的机会

合作、动力和团队精神是特许经营成功的重要构件。当前国内的情况是，不管做传统生意的还是直销的，大部分都不是很稳定，他们急需要有一种成型的经验和机会带动他们解脱现状，特别是直销团队和保险团队。

7. 管理空间

特许人可以降低经营费用，集中精力提高企业管理水平，广告费用由各受许人分担，大大降低了特许总部的宣传成本；特许总部还可以将一些管理费用分散到受许人身上，相应降低了经营成本，特许总部无须处理受许人日常经营中出现的人事纠纷等各种问题，因而可以集中经理改善经营管理、开发新产品、挖掘新货源。

8. 竞争的优势

许多初次创业者缺乏资金和市场经验，特许经营可以让不熟悉开店之道的人以相对较小的风险一圆当老板的梦想。特许经营是条双赢之路，受许人可以“借牌生财”，而连锁总部更可利用加盟资源来弥补资金、人力、店面等的不足，迅速扩张规模。

9. 宣传的空间

凡特许经营，都有公司统一广告宣传和企划活动，在大型的广告媒体上的广告费用由大家平摊，可以降低成本的同时收到较大的宣传效果。宣传渠道还有小区咨询、健康知识讲座、专家热线、专兼职业务员的宣传等。

10. 团队建立渠道

对于特许经营的企业以加盟商来说，终端顾客本身是一个比较大的营销市场，同时也可以从媒体上招募业务员，或者联合一些想借由一套成功的经营模式和管理模式来个人创业的人，另外可以借助现阶段的这个特殊时期（直销两例的出台）使特许经营的企业销售队伍发展壮大。

（资料来源：www.puer188.com/market/zslm/200712/3796.html）

第三节 特许经营的发展力

特许经营的发展力实际就是特许总部扩大特许体系、管理特许体系、运作特许体系、通过特许体系与对手展开竞争的能力和实力。其中包括连锁力、执行力与竞争力。这三者相辅相成，缺一不可。其中最重要的是竞争力。

一、特许企业经营的连锁力

所谓企业的连锁力，指的是受许人和特许总部之间的关系。一方面是“连”的能力，即特许连锁企业拓展市场吸引受许人的能力；另一方面是企业纵向“锁”的能力，即特许总部管理、控制特许受许人的能力。

（一）特许连锁力的构成

1）特许企业具有较强的品牌影响力和美誉度，这是企业进行特许经营的基础。
2）准确的市场定位、独特的企业个性、先进的经营理念、健康的企业文化，是企业从事特许经营的灵魂。
3）科学的目标客户战略，既是企业发展特许的市场战略，也是企业对连锁体系控制的主要措施。
4）体系扩大、招商加盟政策和开店支持策略，要具有吸引力和感召力，这是企业从事特许经营的核心。

（二）特许连锁力的作用

1）能更好地增强企业品牌的影响力。
2）与市场拓展力具有正相关性。
3）与企业文化具有相辅相成的作用。
4）促使企业融入式和渐进式扩张而不是征服式扩张。

（三）增强企业连锁力的方法

1）制定有特色的企业文化，加强和受许人的之间的沟通。
2）正确选择受许人，及时了解受许人的需要。连锁企业选择目标市场应该综合考虑各种因素，而不应该仅仅根据某一方面进行粗略的细分；同时也不能贪大求多，盲目增加客户数量。连锁企业应该加强对受许人经营状况的指导。
3）正确行使特许体系总部的职能。体系领导层精干高效、精诚团结、广开言路、善于听取各种意见，会对特许体系成员起到示范作用，有助于企业成员的内部团结，形成一种良好的企业氛围，进而增强企业的连锁力。
4）加强企业总部的规范建设。加强和健全总部本身和总部与受许人之间的企业规范，如财务制度、考勤制度、奖惩制度、质量监督制度、督导制度等，鼓励先进、约束落后，是增强企业连锁力的重要保证。
5）树立真正为受许人服务的经营理念。特许企业要想使体系得到受许人的拥护和支持，一个最根本的问题，就是建立为广大受许人服务的经营理念或企业文化。
6）分配要做到公开公正。利益分配关系到人心向背，企业要增强内部的向心力，必须要在利益分配问题上坚持公开公正、合理合法的原则。不仅要脚踏实地的执行效率优先、兼顾公平的分配政策，而且要搞好企业事务公开，使经济分配完全置于职工的监督之下。
7）建设企业连锁力形成文化。建设企业连锁力要在规范制度的基础上，得到广大职工和受许人的认可，形成良好的口碑，并不断完善。从而形成在以后的体系扩展中，各方普遍认可，遵照执行，形成良性循环。成为体系的思想、理念、灵魂的一部分，成为各方共同遵守的准则。

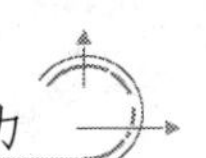

二、特许企业经营的执行力

执行力是指将公司的战略规划落到实处、完成规划和计划中各项任务的能力。执行力的主要内容是企业运营的各种策略、措施、办法等。它是由总部发起，继而带动整个组织体系形成的一种战略执行能力。特许经营的执行力本质上是一套系统化的流程或完整的体系，是建立在发展战略和体系运营流程上的能够体现连锁本质的体系，其衡量的标准一个是执行的效率，另一个是执行的结果。

对于一个特定的管理者而言，执行力主要体现在一种总揽全局深谋远虑的业务洞察力；一种不拘一格的突破性思维方式；一种“设定目标，然后坚定不移的完成”的态度和行为；一种雷厉风行快速行动的管理风格；一种勇挑重担敢于承担风险的工作作风。

（一）特许企业执行力的构架

特许企业执行力的构架主要包括执行力文化、企业经营战略、组织结构、人才战略、组织的绩效管理、物流系统（特殊行业物流属于竞争力范畴）和运营系统等。

1. 执行力文化

特许企业的执行力文化是体系执行的基本条件。执行力文化是特许体系必须建立的，它必须体现在总部的企业文化中。企业的执行力文化表现在两个方面：一是企业领导人的执行意识，二是企业员工的执行素质。优秀企业的“执行文化”首先表现在它们注重承诺、责任心，强调结果导向；更重要的是有凝聚力、高昂的士气和富于协作的精神。所以企业决策层要特别注重培养职工对于企业的成就感和自豪感，提出有吸引力的共同愿景和奋斗目标，提炼一些象征企业精神的口号，确立团队的荣誉，并定期或不定期地举办一些教育宣讲活动，以达到增强连锁力、激发斗志和有效协作的目的。

2. 企业经营战略

战略和执行力对于企业来说缺一不可，二者是辩证统一的关系。战略是企业文化发展的方向，特许企业往往是根据战略来制定自己的计划和各项活动的执行方案。企业全靠战略很难获得成功，但没有战略是不可能成功的。

3. 组织机构

只有科学的组织机构，体系成员才知道自己在组织内的职责范围。要建立竞争优势，必须建立一流的业务流程，这样才会加强门店的运营效率，增强体系的执行力。

4. 人才战略

人才战略即组织成员的素质。组织的战略、策略、任务的执行最终看每个成员的素质，看他们完成任务的执行能力。这里边关键要注意 3 点：一是企业用人一定选择对企业忠诚的人员，这要靠领导、组织平时的观察和员工的表现；二是选择专业人员，专业化是完成工作的必要条件；三是要对职工进行培训，这是现代企业必不可少的内容，更是特许体系的重中之重。

5. 组织的绩效管理

绩效管理对组织成员进行有效的区分，奖励先进，淘汰落后，这是组织有效执行的关键。实施有效的物质和精神奖励是提高执行力的另一项重要措施。

6. 物流系统

特许企业的物流系统不但是保持执行效率的关键，而且是企业竞争力的具体表现。

7. 运营系统

运营系统很大程度上表现为公司组织结构的设置和科学的管理制度。对一个组织来说良好的执行力必须以相应的结构、流程、企业文化和员工素质为基础。

小资料

别让执行力成特许经营的瓶颈

2007年4月1日，为期3天的美信首届全国加盟商大会在海南三亚召开。会上，“沟通”成了美信医药国际连锁中国总部总经理张国芳提及最多的词汇，他认为，“专业化服务和完善的行销系统是美信的核心竞争力，然而没有充分的沟通和加盟商的严格执行，专业化和行销的优势就无从体现”。

据张国芳介绍，免费健康检查、邮寄健康刊物、家庭药物大检查、用药安全教育、专业健康照顾案均是美信区别于其他同行的专业化服务措施。显然，类似的专业化服务需要长期坚持，才能建立起竞争优势。一位美信的加盟商也赞同这一说法：“目前，已经推出的骨质疏松症专业健康照顾案并没带来销售额的明显增长，但这并不意味着我们应该半途而废。”

同样，在行销方面更需要长期坚持，并用足够的行销预算加以支持。按美信的要求，加盟商每年应该投入年销售额的1%～2%用于行销，包括季节行销活动会员邮寄、久未交易顾客追踪、顾客生日卡邮寄、统一抽奖等。对此，一位加盟商坦言：“先抛开不菲的费用不谈，仅琐碎的邮寄工作就足以让我们难以坚持。”其实，不只是在中国，美信在美国的加盟商也有着类似的“抱怨”。

不过，美信已经意识到加盟商的难处，开始推行统一的行销方案，即加盟商在缴纳一定的费用后，原来琐碎的邮寄工作可交由总部来做。这样一来，加盟商就可以专心于药店经营。对此，有人提出了不同的看法，“如果把大部分的行销工作交给总部，加盟商对总部的依赖就会越来越严重。”

实际上，对于美信来说，托管模式才是加盟商最有依赖性的运作方式。据美信北京地区区域代理张立东介绍，目前在北京，已有加盟商把门店完全交给他管理。加盟商只负责财务工作，并参与新店的选址，门店的运营则完全交给张立东来做。在这种模式下，加盟商对总部的依赖性确实加大了，但换来的却是更加轻松的沟通和执行力的强化。比如，每日按时传输营运数据、缴纳行销活动追踪表、执行各种调查等都可以严格按照总部的规定来做。张立东说，“如果所有的加盟商都能按时将营运数据汇总至总部，不仅能帮助总部进行经营分析，指导商品开发和采购，还可能因为数据交易而获得额

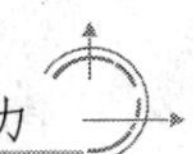

外收入。”正如 Bruce Burnett 所说，“门店独立自主是美信的优点，但要发挥类似直营连锁的力量，加盟商就必须行动得像一个完整的个体。”

“其实，对于加盟商来说，利润的增长才最有说服力，才真正能使他们严格按照总部的经营思路行事，”张国芳说。的确，尽管美信总部与加盟商的沟通还需要进一步深化，在强化门店执行力方面也还有很多工作要做，但“去年（即 2006 年）美信平均 31.9%的毛利率足以能够赢得多数加盟商的信赖了”，一位业内人士如是说。

（资料来源：李帅. 2007-4-9. 别让执行力成为特许经营的瓶颈. 中国医药报，A5）

（二）特许企业执行力的衡量标准

特许企业执行力的 3 个衡量标准：组织系统运作的协调高效、目标的实施、任务的完成情况。

1）组织系统运作的协调高效。它主要是指企业各个部门是否协调统一，也就是协调度要高；否则，将影响执行的效果。

2）目标的实施。企业订立目标后就要制订实施计划。企业的执行过程是否有明确的指导文件和执行记录或电子痕迹，是否有科学的组织机构，是否有人员安排工作表；同时，目标和任务要公开、明晰。

3）任务的完成情况。这里既要有“速度”又要有“力度”。“速度”考虑的是总部的计划在执行中是否经常延误，有些工作甚至不了了之，严重影响了计划的执行速度。“力度”考虑的是执行过程中力度是否越来越小，工作是否善始善终，工作是否都有成效。

（三）执行力常见的问题

1）体系管理者没有常抓不懈。表现为不能始终如一，没有布置检查或前紧后松。

2）管理制度不严谨，仓促出台，朝令夕改，制度形同虚设。

3）制度不符合简单化原则，缺少针对性和可行性，往往事与愿违。

4）执行流程过于烦琐，不合理。要简化上下级之间、各个部门之间的程序化内容，提高作业效率。

5）作业过程中缺少良好的方法。遇到这样的问题，我们的建议是：发挥团队的作用，群策群力，解决问题；二是平时注意作业的积累和总结，建立自己的工作工具模板。

6）工作中缺少科学的监督考核机制。一是没人监督，工作好坏没人管；二是监督方法不对，即监督考核的机制不合理。

7）培训的形式主义。培训必须有 4 个环节：讲解、示范、演练、巩固。但很多企业只做到了培训中的讲解，而后面如何做就没有人过问了，这是培训效果不佳的原因。

8）公司的企业文化没有形成连锁力。企业文化是力图通过影响执行者的意识进而改变他的心态，最终让执行者自觉改变行为的一种方法，是一种更为有效的方法。

9）执行一定要形成反馈机制，形成工作流程的闭环，才能有效运转。

综上所述，培养特许连锁企业执行力应注意以下问题：必须有优秀的管理团队；需要明确管理层的责、权、利；必须建立良好的管理机制。

三、特许企业的核心竞争力

企业的核心竞争力，就是别的企业“学”不走，企业人才流动“带”不走，市面上花钱“买”不来的竞争优势。企业核心竞争力的 3 个基本特征如下：

1）具有竞争对手难以模仿的能力。

2）企业组织内部具有经过整合了的知识和技能。

3）经过企业长时间积累而形成的。

特许企业的核心竞争力应是企业在长期市场竞争中所形成的，对企业的各种资源与市场进行有效整合的核心能力。这就是说，特许企业的核心竞争力是无法从市场上买到的，它是企业根据激烈的市场竞争和企业的实际，在长期的经营管理中所形成的一种特有能力，是企业在连锁力、执行力的基础上升华而形成的核心能力。核心竞争力强的特许企业能根据市场的需要和发展不断地对各种资源进行优化整合，实现市场与企业的有机结合，为企业带来巨大的战略价值，为消费者带来长期利益，提高顾客的忠诚度，从而使企业在长期的市场竞争中保持优势，在激烈的市场竞争中不断发展壮大。

（一）特许企业核心竞争力的构成

1. 品牌力

品牌力即品牌竞争力，是企业长时期形成的，蕴涵于企业内质中的，企业独具的，支撑企业过去、现在和未来竞争优势，并使企业长时间在竞争环境中能取得主动的竞争能力。是指企业独具的、支撑企业可持续性竞争优势的形象和文化整合能力。

品牌是特许企业的生命，是特许企业服务和质量的保证。美国消费者协会曾做过一个调查，问旅游者在一个陌生的地方，有麦当劳和一家本地餐厅，他们选择在那一家就餐。80%以上的被调查者回答去麦当劳，原因是麦当劳作为一个特许经营的品牌代表，每家分店都具有同一种营养与卫生标准的保证。由此可见，特许企业通过长期发展而形成的品牌有其独特之处，是其他形式的企业无法表达到的。

任何一个特许企业之所以取得成功，主要原因就在于市场接受了其品牌形象。对消费者来说，同样的产品，是由知名的特许企业提供还是由一个无名的小企业提供，其价值是不一样的。知名的特许企业由于有其品牌作为保证，消费者对其产品的质量有充足的信心，因此愿意支付更多的费用。在这时，特许企业通过长期发展而形成的品牌形象不仅是其产品质量的保证，更是企业扩大产品销售的根本，也是特许企业获得高额利润的关键。良好的品牌形象可以起到事半功倍的作用。

总之，特许企业通过品牌竞争力表示企业的品牌拥有区别于其他竞争对手或在行业内能够保持独树一帜，能够引领行业的发展，能在市场竞争中显示品牌内在的品质、技术性能和完善服务。

2. 企业文化

所谓企业文化，是指在一定的社会大文化背景下，经过企业领导的长期倡导和员工长期实践所形成的具有本企业特色的，为企业成员普遍遵守和奉行的价值观念、信仰、态度、行为准则、道德规范及传统、习惯的总和，也就是企业的意识形态。实质是以人为中心，以文化诱导为手段，以激发职工的自觉行为为目的的一种管理思想和管理办法。

美国著名历史学家戴维·S.兰德斯曾说过："如果经济发展给了我们什么启示，那就是文化乃举足轻重的因素。"优秀的企业文化，既是一种生产力，同时也是一种强大的精神动力。它对于构建和提高企业核心竞争力，具有极为重要的影响及推进作用，是企业核心竞争力赖以成长和发展的基石。

特许经营并没有一般企业那样严格的隶属关系，相对属于一种松散性的"联邦"性质的组织联合体，特许总部给予分部或者受许人的权利较大。因此特许总部对于分部或者受许人的实际有效管理的难度是比较大的。那么特许企业何以实施高效的管理，维持其强大的生命力呢？除了实行标准化管理以外，另外就是靠特许企业文化的魅力。发展加盟店时，在锁定了标准化的同时，更应该注重特许企业外在的品牌文化。在这一方面做得比较好的是麦当劳、肯德基等国外特许品牌。如麦当劳经营的不仅仅是汉堡和炸鸡等快餐，它的产品的背后有一个巨大的企业文化系统在支持。消费者在麦当劳消费的主要目的不仅仅是吃饭，还在于享受那种独特文化氛围。

日益激烈的竞争环境中"资源是会枯竭的，唯有文化生生不息"。文化与经营管理的关系犹如土壤与庄稼的关系，"文化为公司的发展提供土壤，文化的使命是使土壤更肥沃、更疏松，管理是播种和培育，其使命是开疆扩土、多打粮食"。

3. 管理力

管理力是企业整合多种资源的能力，是慢慢形成和培养的一种能力。这种能力别人是无法模仿的，是企业真正的"专利"。

管理力管理的本质是秩序化、规范化、标准化。因此企业应当重视工作流程，特别是注意建立"主协调单元"和"关键控制点"。在对流程任务的各项指标进行监控之后，还要有围绕标准的任务流向。这要求管理者关注交接环节，分清责任，从而提高工作效率。

特许企业成功、卓越的管理在于把企业的大量管理工作规范化、标准化，使烦琐变得简单、杂乱变得有序。

1）店铺标准化。特许企业实行标准化的门店，统一管理，统一进货，统一标识，统一培训，统一促销，统一价格，统一服务。这有利于保持企业的统一品牌形象，确保消费者对品牌有统一和清晰的认知。

2）业务流程标准化。这包括销售的标准化、库存的标准化、结算方式的标准化及客户服务的标准化等。它有利于确保品牌定位的清晰性，确保对品牌的有效管理；也有利于特许总部加强对分部及受许人的考核和管理。

3）管理方式标准化。它主要包括特许总部对分部或受许人的主要管理人员实行统一的培训，在对各个分店的业绩，用统一指标来考核。管理方式标准化的一个重要特征就是用数字说话，因而又被称为管理数字化。用数字管理企业虽不是最好的，但数据的产生是最真实的；通过数据能够正确认识经营，使管理更加简单化，管理的透明度和可控性将大大提高。

管理的标准化是为了便于进行自身发展过程快速复制，而这需要一个过程，这是包含企业发展战略、流程、服务等贯穿企业管理的一项复杂的系统工程，并要有优秀的人才技术支持，因此，恰恰构成了企业之间难以复制的核心竞争力。

4. 营销力

企业营销力是指企业在营销活动中竞争能力和竞争优势的合力，即企业研究市场、开拓市场，科学制定、运用营销战略和策略，不断创新产品或服务，满足和引导消费者需要，提升自身市场竞争地位和赢利水平，提高市场竞争力的综合能力。显然，企业营销力关系到企业能否驾驭市场和科学运用市场营销战略和策略，及时、准确地把握瞬息万变的市场并最大限度地满足、引导消费需求，从而使企业利润最大化。

特许企业所采取的全员营销和全方位营销均显现了其独特的营销竞争力。

（1）全员营销

特许企业以其优秀而独特的企业理念，通过其全面、科学的培训，使全体员工对企业的产品、价格、渠道、促销（4P）和需求、成本、便利、沟通（4C）等可控因素的理念有了全面、深刻的理解，从而在行为上积极地宣传企业的产品，关注产品的成本和利润空间，切实推行如何降低成本、提高销量的具体举措，以“服务”为中心，最大化地吸引消费者，以便提高销售量。同时全体员工关注或参加企业的整个营销活动的分析、规划和控制，以市场为中心，以顾客为导向，用最佳组合满足顾客的各项需求，使顾客满意度最大化，使公司从中获得市场竞争力，取得长期利润及长远发展。

（2）全方位营销

特许企业的全方位营销包括以下几个方面。

1）供应商营销。特许总部用严格的资格标准选择那些在市场竞争中声誉好、质量高、品牌响、企业形象佳的优秀供应商成为自己的合作伙伴，开展供应商营销。

2）特许加盟店营销。各加盟店是特许企业的主体，特许总部使用种种途径和方法与特许加盟店的负责人进行平等的合作和思想交流，加强双方的意向互通度，并能为各分店创造尽可能好的经营条件、营销环境，以获取各加盟店积极主动的支持和配合。

3）内部营销，又称为职员营销。特许企业通过种种途径来提高职员的特许经营意识、工作技能、服务水平、增强其敏感性及顾客融洽相处的自觉性和艺术性；还要求领导者要善于搞好与职员的沟通，理解并尽量满足他们的要求，重视并采纳他们的合理化建议，从而激励他们在工作中发挥最大的潜能。

4）最终顾客营销。特许企业作为服务特色鲜明的商业企业，有自己独特，有效的目标顾客战略。

5）传媒营销。特许企业利用自己店名统一、包装统一、标识统一、价格统一等特点和优势，对传播媒介开展营销活动，鼓励传媒做有利的宣传。

6）大众营销。特许企业拥有众多网点，经常策划实施以社会教育机构、社会福利机构，社会公益性事业部门或广大潜在消费者为主体的工艺活动或举措，目的是长期增强企业形象力的一种谋略。

7）关系营销。特许企业通过向受许人或顾客提供高附加值的方式与其客户、受许人、员工、供应商和生产商建立成功的合作关系。

全员营销和全方位营销是靠企业理念和员工对企业的认同形成的，是无法复制的，它形成了独有的竞争优势，成为企业发展的核心竞争力。

5. 技术力

技术是特许企业开展经营活动的基本手段，每一家特许企业都有其独特的核心技术和保密措施。所以，特许企业的技术优势应是竞争对手难以模仿的，技术力同样构成了特许企业的核心竞争力，特许企业的技术力主要表现为产品的创新力、配送力和信息力三个方面。

1）创新力。特许企业在经营管理中加大科研投入、不断创新，一方面保持了其技术在同行业的领先地位，确保产品的技术优势；另一方面运用了新的技术解决顾客的困难和问题，从而激发市场新需求，间接开发了市场。

2）配送力。与其他类型企业相比较，支撑特许企业快速发展的一个重要因素就是强大的后方物流配送支持系统。沃尔玛能成为世界500强的首位，原因之一就是有强大的物流配送力。

3）信息力。特许企业的经营管理涉及数量众多的供应商、加盟店及消费者，他们之间的沟通和管理需要用先进的信息技术来支撑。随着信息技术发展，信息力在特许经营中的地位与作用越来越重要，现已成为构建特许企业核心竞争力的重要组成部分。沃尔玛先后花费巨资建起了自己的信息化和卫星系统。借助于这套庞大的信息、通信系统，沃尔玛的各部门沟通、各业务流程都可以迅速而准确地畅通运行，因此。强大的信息力是特许企业在激烈的市场竞争中持续发展的法宝之一。

6. 财务力

企业的财务核心竞争能力可以定义为：一种以知识、创新为基本内核，扎根于企业财务能力体系中的某种专用的、优异的、动态发展的公司理财学识。

首先，特许企业在其经营过程中形成了强大的、符合自己企业特色的财务管理体系，使企业在财务活动中具有独特的竞争优势。

其次，特许企业在进行特许活动中通过特许总部与各个受许人资源的有效整合，一方面财务实力增强，扩大其竞争优势；另一方面发挥了规模效应，同样增强了财务竞争力。

7. 人才力

人才战略是特许企业做强战略的核心。特许企业在人才的吸纳上通过一系列合理的人才引进机制，拥有一大批有理念、会管理、懂技术、能整合、掌握现代营销和物流知识的复合型人才，以适应特许企业迅速发展的需要。在人才培养上，特许企业的优势主要体现在以下方面。

1）从整体上重视对从业人员基本素质和职业道德的教育。

2）对高级管理人员不惜重金进行专门培养，对一般职工主要培养对企业的忠诚度。

3）以自己培养为主，提高企业的凝聚力，通过送出去、请进来的多种途径，促进管理人才的迅速增长。

4）在管理方法上，既强调刚性政策，又注重柔性管理；既强调金钱刺激，又注重情态感化。在人才绩效评定上，制定了一系列人才激励竞争措施。

8. 创新力

企业创新力是指企业根据市场和社会的发展变化，在原有基础上重新整合人才、技术、资本和管理等资源，进行新产品开发，更有效地组织生产经营，不断创造和适应市场，从而实现企业的更大发展。创新力是决定特许企业核心竞争力的要素，因为特许企业的核心竞争力的特征之一是竞争对手难以模仿，从而突出竞争优势。在激烈的市场竞争中要取得竞争优势，除了自然垄断，就只剩下了创新之路。

特许企业主要通过技术创新、组织创新和管理创新来提高其竞争力。

（1）技术创新

特许企业通过源源不断的技术创新，不断向市场推出新产品，不断提高产品的知识含量和技术含量，改进生产技术，降低成本，进而提高产品的价值，提高产品的市场竞争力和市场占有率，并适时开拓新的市场领域。另外，企业在竞争过程中不断引进新的流通技术，不断创新竞争手段，进而提升企业的竞争力。

（2）组织创新

特许企业进行组织结构重组和创新，从经营到管理，从商流到物流，从形式到内容的全面调整和变革，调整人力配备，重构企业职能，更好地认识环境，适应环境，能动地作用于环境，使企业在市场竞争中立于不败之地。

（3）管理创新

特许企业引进新的管理思想、管理方式、管理制度、管理技术，通过管理创新把各项创新有机地结合在一起，从而全面提升企业核心竞争力。

总之，特许企业的核心竞争力是企业在长期市场竞争中所形成的，对企业的各种资源与市场进行有效整合的核心能力。它是特许企业根据激烈的市场竞争和企业的实践，在自己的经营管理中所形成的一种特有能力，是在一般竞争力的基础上升华而形成的能力。

（二）特许企业核心竞争力的构建

在现代市场竞争中，特许企业的核心竞争力是企业保持竞争优势的源泉，但特许企业核心竞争力的形成不是一种短期行为，而是一项长期的根本性战略。具体来说，营造企业竞争优势，构建企业核心竞争力，必须在做好连锁力和执行力的基础上，做好以下几个方面的工作。

1. 开发企业核心竞争力

构建特许企业核心竞争力，就是要将潜在的核心能力转化成现实的核心能力。核心竞争力作为特许企业能力中最根本的能量，是特许企业成长最有力、最主要的驱动力，它提供竞争优势的源泉。因此，开发核心竞争力首先要明确战略意图。核心竞争力突出体现着特许企业的战略意图。特许企业在全面、深入地分析市场未来发展趋势的基础上，通过拟定发展战略、确定企业的战略目标、明确企业核心能力的技术内涵，将核心竞争力实现为核心产品。其次，建立合理战略结构。特许企业根据既定的战略意图，协调管理人员的工作，优化配置企业的各种资源。设立相应的协作组织，平衡内部资源的分配，同时更有效吸收企业外部的可用资源。最后，实行战略实时控制。特许企业根据既定的战略意图和战略结构，具体组织开发核心竞争力，对开发进行实时控制。

2. 维护和巩固企业核心竞争力

核心竞争力是通过长期的发展和强化建立起来的，核心竞争力的丧失将给特许企业带来无法估量的损失。特许企业必须通过持续、稳定的支持，维护和巩固企业的核心竞争力，确保企业核心竞争力的健康成长。

（1）实施特许企业战略管理

特许企业通过本行业专注和持续投入，精心培育核心竞争力，把它作为企业保持长期充分的根本战略任务。联邦快递把现代物流技术这个核心竞争力作为根本战略来构建，所以取得了空前的成功。

（2）加强组织管理体系的建设

客观上，随着时间的推移，特许企业核心竞争力可能会演化为一般能力。这就要求特许企业安排专职管理队伍全面负责，加强各部门沟通，将各种分散的人力和技术资源组织起来，协同工作，形成整体优势。定期召开企业核心竞争力评价会，保持企业核心竞争力的均衡性。

（3）信息体系的培育

特许企业在整个生产经营过程中，不断收到来自企业内外的各种信息。信息作为重要的战略资源，其开发与利用已成为企业竞争力的关键标志。这就需要大力提升特许企业的信息力。为此，首先要提高认识、转变观念，要树立在市场经济条件下信息力就是生命力的观念，认识到加强信息力的建设是特许企业在激烈的市场竞争不断生存发展的基础。其次，要加大对信息建设的投入，引入先进的网络技术和电子技术，形成具有特色的信息网络，以促进特许经营的发展。

（4）知识技能的学习和积累

要让特许企业核心竞争力永不削弱，企业员工的个人知识技能，整体素质与知识技能结构尤为重要。通过各渠道培训员工技能、积累企业的技术和管理经验，使企业实现“学习—持续改进—建立持续性竞争优势”的良性循环发展。

（三）特许企业核心竞争力的创新

随着技术进步和企业经营环境的变化，特许企业核心竞争力终究会逐渐演变成为一般能力，这就要求企业重视核心竞争能力的创新，以保证企业的可持续健康发展。

1. 通过技术和管理能力的创新，培育新的核心竞争优势

特许企业可以通过采用最新技术，更先进的管理方法和管理体制，提高员工整体业务素质等手段不断增强研究与开发能力，满足顾客不断变化的需求，力争在原来的基础上培育新的核心竞争力。

2. 完善组织管理体制，实施战略管理

特许企业可能通过建立“竞争力促进中心”的方式，对核心竞争力实行全过程、动态化管理，随时根据经营环境的变化对核心竞争力进行重新评估，并提出整改意见。

3. 重视企业文化建设和人力资源管理

塑造优秀的特许企业文化和价值观。以价值观为核心，激发员工的责任心和创造性，同时为优秀人才的脱颖而出创造良好的内部环境，企业员工的潜能得到最大限度地挖掘，企业的各种资源得到最佳的配置，这是保证特许企业具备持续核心竞争力的前提和基础。

4. 着力在新领域打造核心竞争优势

水无常式，兵无常形。特许企业要随时根据环境的变化，及时调整发展战略，寻找培育核心竞争力的新生长点。企业通过管理、技术、营销人员、细分市场，找出本企业技术、管理、营销等能力的领先竞争优势所在，对构成上述优势的技术和技能进行分解、归纳，经过测试，确定为核心竞争力的生长点。借用科研机构和高等院校的科技优势建立研究与开发的合作关系，引进相关的技术人才、争取尽快在新的领域在核心技术、管理能力及整合能力等方面形成核心竞争优势。

小结

本章首先分三个方面：第一是特许经营的本质；第二是特许经营的优劣分析；第三是特许经营的发展力。特许经营的本质从体系营销、企业扩张、商业运营、自主创业等方面进行分析。特许经营的优劣主要从特许人、受许人两个方面进行优势、带来的利益和不足或带来的不利进行分析，目的是分别为特许双方提供运营中可供借鉴的思路。特许经营的发展力是特许企业连锁力和执行力发展的必然结果，其核心竞争力的构成要素和特许企业核心竞争力的构建与创新是分析的重点。

思 考 题

1. 如何理解特许经营的本质?
2. 特许经营的优势有哪些?
3. 特许经营的不足有哪些?
4. 如何构建特许经营的连锁力?
5. 如何确保特许经营的执行力?
6. 如何构建特许经营的核心竞争力?

案 例 分 析

新东方发展的战略和核心竞争力

——新东方教育科技集团董事长兼总裁俞敏洪演讲

今天是第一期"挑战企业家"。他们跟我商量说让我来做,我就变成了第一个吃螃蟹的人。

第一个是"自我表扬"。在大部分人的心目中,它就是一个英语培训机构,既不像学校,也不像企业。新东方从一个小小的培训班到现在号称"新东方教育集团",在这个过程中,我又把自己弄得特别的"四不像"。刚开始的时候,我觉得我自己像一个老师,后来又号称是校长,后来有人把我叫作教育商人,现在有人把我定为"企业家"或者是"教育企业家"。现在,我自己都不知道自己是什么了。(业态交叉进行创新)。

新东方的公关宣传部和"挑战企业家"组委会给我出了一个很大的题目,叫作"新东方发展的战略和核心竞争力"。上面说"每一个企业潜在中都有核心竞争力。如果它没有战略和核心竞争力的话,它确实是做不下去的。"新东方如果没有这些东西,也做不到今天。但是,如果做一个明确的总结,又让我感到力不从心。我这个人有一个习惯,做任何事情基本上是走一步看一步,不习惯想得太远。对细节问题我非常关注和着迷;对大的战略想法,则需要一个逐渐进入角色的过程。

新东方可以说是从零做起来的。从零做起的企业,刚开始只是为了生存。这样的企业一般不太容易去想未来的战略,或者说冷静地思考核心竞争力这样的问题。

把新东方做到现在这个状态、做到现在这么大,我现在60%以上的时间都在做我自己并不喜欢做的事情。但是不管面对什么样的困境,我必须对自己有信心,对新东方有信心。对于一个企业的管理者来说,他永远要给底下的员工这样的信心:我们一定能取得成功。我发现比较厉害的企业家,在企业最低谷的时候,依然拼命地对他们的股民、员工宣扬着自己未来一定能取得胜利的信念,而这些人到最后常常取得了胜利。现在我们也面临这样一种情

况，就是我们永远要在新东方说我们能够取得胜利。（企业家的魅力）

英语里是这样定义战略的：从国家角度来说，战略就是利用一个国家的全部力量，运用可以动用的手段、科学的技术和艺术，来执行已经被大家统一了意见的计划。它包含三个含义：一是要有大家一致同意的一个计划。一个企业，今天你想搞歌厅，明天我想办培训班，后天我想办厨师学校，这个企业基本上就完了；二是要用所有的力量，有了一个计划，没有力量是不行的，但只有力量也不行，就像公牛冲进了瓷器店，把那里搅和的一塌糊涂；三是它必须是一门科学、一门艺术才行。任何一个机构只要围绕这三点去做事情，大概就能够取得成功。（做到专业化）

新东方在中国教育类集团或者教育类公司中，第一个做成了某种意义上可扩张的模式。当初新东方采取了一个非常正确的策略，就是没有采取连锁经营的模式。如果我们办连锁经营，把牌子卖给别人，就死活不管的话，大概一年也就挣几个亿，这是挣钱的办法。新东方没有这么做，新东方投资的每一家机构都是直营的，而且全是股份（新东方在线采取的就是特许加盟方式，在全国进行业务推广）。现在所有新东方员工的股份都在新东方总集团里面确认，下面的分支机构没有和任何股份分开，因为我觉得在中国，任何股份的分开都会形成利益上的冲突，利益的冲突就会形成离心力，到最后就变成了七零八落的状态。在中国，很多的外籍连锁机构到最后都没有做成功，原因就是连锁经营的管理权没有掌握在最核心的管理人手中。

2012 年，美国的一家投资基金调查了 100 多家能够在中国排上号的教育机构，最后只确认了新东方一家是可以投资的。因为新东方已经建立了一个可以扩张的模式。

新东方发展战略的四个阶段如下：

第一阶段是个体阶段。也就是探索阶段。当时的目的非常简单：把新东方变成全中国唯一的托福和 GRE 培训单位。当时新东方的危机是老师之间互相较劲的现象，比如徐阿姨的逻辑和数学我是不能教的，她想既然就她一个人能教，就希望得到更多的回报。解决的方法是我把我能讲的课备完，老师走了我就自己讲课；我讲不了的课就多花钱配备两到三名老师，如果一个老师提出不合理要求的话，我就有另外一个老师替代。（侧重于产品设计）

第二个阶段是合伙人阶段。也就是成长阶段、商业模式确立阶段。1995 年我陷入了一个困境，总觉得自己一个人干事情没劲，想要有一帮人一起干。当时是没有任何资源系统的，我唯一可以投入的就是我大学的几位朋友。1995 年年底我到了加拿大，后来又去了美国，到了很多同学的家里。他们听了我的故事以后，相信这个故事，就回来了。我当时的想法是既然我们一起干，最好能够把利益和权利分清楚，我觉得朋友之间最好没有利益关系，也不要有上下级的关系。后来我学会一个简单的方法，这样就形成了几个格局，每个人分到了一块。我给他们的要求是：交完了国家的税收、付完了成本以后，剩下的钱就都是你们的。结果一年下来，有的人能赚几十万，有的只能赚一两万。但是都同样地高兴，因为这是自己努力得来的，没有努力到那个点就少拿点，大家也高兴；努力到那个点就多拿一点，也心安理得。就是这样一种状态，非常的原始，但是却没有利益冲突。（侧重于组织机构设计）

第三阶段是曲折阶段。也就是成熟阶段、调整阶段。到 2000 年的时候，就开始出问题

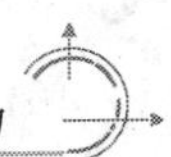

了。新东方怎么继续发展？比如说新东方想进入图书出版业，想搞电脑培训，像这样的新产业出现的时候，到底交给谁去做？为此新东方做了两个工作，第一个工作是先把部分产业股份化。紧接着大家发现每一个股份都不一样，有的人多，有的人少，所以大家讨论说把它们放到一起，这就形成了新东方真正全面的结构改造。首先是结构调整，把利益放到一起，把饭放到一个锅里再重新分配。这一阶段从2000年年底开始一直到2003年年底结束，是新东方发展历程中最痛苦的阶段，很多次都差一点崩溃。但是，就是在这么一个阶段，新东方把握了一个比较不错的发展方向：坚持以英语短期培训为主，逐步发展和完善了国内考试、国外考试、基础教育、远程教育、图书出版等多个点。围绕教育，新东方自己本身有了很多的支撑点。一个点下降的时候，另外一个点会上升。这个布局最后形成了新东方的核心。从某种意义上说，新东方已经基本达到了一个良性循环的状态。(不得不寻找多元化)

第四阶段：跨国经营阶段。新东方在2004年1月做了一个决定，把新东方推入到第四个阶段。那就是新东方在保留自己所有核心项目的同时，争取拿到国际资本，从而进入海外上市的通道。2004年12月24日，按照国外的日历，我们是最后一天拿到了钱。(遇到瓶颈后的突破阶段)

新东方未来的战略目标，实际上就是通过新东方自己的努力，在不违反新东方长远发展计划、不违反新东方整个价值体系的要求之下，来创造新东方更加完善的、能更好地为学生服务的也更能为自己赚钱的教育体系。

我觉得可以用三句话来描述新东方的发展历程：第一句是“成为中国优秀的英语培训机构”，第二句是“成为中国民办教育的典范单位”，第三句是“成为中国企业化运作教育的示范单位”。新东方现在已经是一个企业化运作教育的示范单位，是不是成功我们还不敢说。新东方的核心竞争力可以概括为这么两点：第一，新东方是一个体现价值观和信仰的企业。新东方是一个理想集团，不是一个利益集团。我们想得到很多利益，但是我们以理想为引导来得到利益，不是以利益本身来引导。第二，新东方积累了一批能比较深刻地理解我刚才说的价值观并确实能够体现这种价值观的人。新东方是一个“人”的企业，没有任何高科技的含量。新东方的英语教学技巧所有的学校都可以模仿，但是为什么新东方到现在为止依然还能够做得不错？这是因为新东方的文化内涵和氛围大部分机构没法模仿。(定位策略)

现在新东方的威胁在什么地方呢？我认为是没有把新东方的核心竞争力制度化。这种制度化不是指财务工作的制度化，不是指人力资源工作的制度化，也不是指市场营销的制度化，指的是文化的制度化。而文化的制度化可以说是任何一个企业都比较难做的事。因为，它跟人密切相关，而要摆脱人为因素的影响是更难的事情，这需要一段时间。

最后，我想说的是，必须要把新东方好好地做下去，我也深刻地知道新东方应该做得更好，而不是做得更坏。

谢谢大家！

(资料来源：根据余敏洪的2013年的演讲稿整理)

案例解析　“新东方可以说是从零做起来的。从零做起的企业，刚开始只是为了生存，为了个人赚一些钱。”这是俞敏洪的心里话。在这篇演讲中，俞敏洪用直白的语言将新东方的成长与成功过程从头至尾做了完整的叙述。语言虽朴实无华，但亲切自然，有着很强的感染力。

实训项目

结合本章内容和相关的知识，对世界著名企业家乐福进行核心竞争力分析。

1）家乐福核心竞争力的源泉是什么？

2）家乐福是如何发挥其核心竞争力的？

3）家乐福是如何保持和创新其竞争优势的？

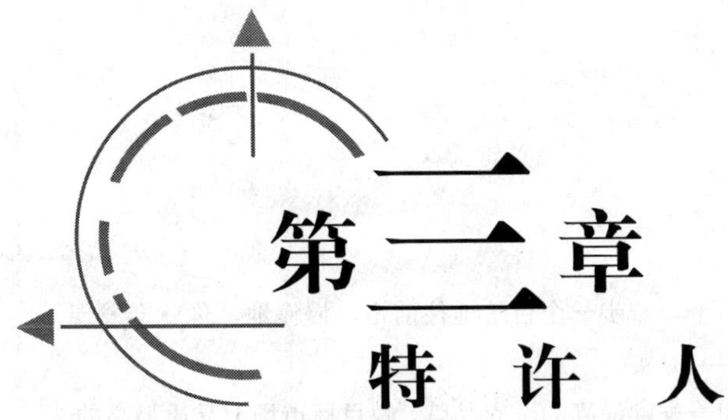

第二章 特许人

教学指导☞

学习目标

- 掌握特许人的基本理论知识、特许人的资格标准，明白特许人的利益要求；
- 了解特许总部、特许体系的构建的相关内容。

技能要点

- 会制定特许人运作的操作流程；
- 会进行特许人经营项目的市场调查，确定必需的基本条件；
- 会制定特许人利润流的来源计划。

案例导入

福奈特的特许之路

福奈特，品牌洗衣店，洗衣店中都挂有马蹄莲广告画，表达着企业要将高贵与典雅的服务感受带给每一位光临福奈特洗衣店的顾客。

一、简介

品牌名称：福奈特

宣传语：为了干净

经营方式：加盟

福奈特形象标志：马蹄莲

二、品牌介绍

1. 形象标志

马蹄莲的花语是高贵与典雅

在福奈特系统中，马蹄莲具有三种象征意义

FORNET 高贵典雅的顾客

FORNET 高贵典雅的服务

FORNET 高贵典雅的员工

2. 企业文化

不是所有的污点都可以去掉。——诚信

福奈特座右铭：你每天为满足顾客的愿望做事，一步一个台阶地往前走，慢慢地，你就会发现，你已与别人拉开了距离，你已经赢得了顾客。——务实

福奈特的品牌目标是做目标市场上知名度和美誉度最高的洗衣品牌，做目标市场上品质最高的洗衣店。——追求卓越

让每一位光临福奈特的顾客满意而归。——服务宗旨

为了干净！——社会宗旨

三、成立背景

福奈特诞生于一个很偶然的机会：一天，几个在欧洲生活的华裔商人在巴黎的一家咖啡馆里招待一位来自北京葡萄酒厂的领导，客人不小心将整杯的咖啡洒在了自己的身上，大家都十分尴尬，不知该怎么办，后来服务生替他们解了围，告诉他们在咖啡馆的旁边就有一家洗衣店，很快就能把衣服洗好。不到一个小时，当客人拿到熨烫挺阔的西装时，他惊讶的眼神使他们不禁想到："为什么不把这种洗衣店引入到中国？"就这样，在接下来的两年时间里，福奈特的原创股东们对法国和中国的洗衣市场进行了深入细致的研究，聘请了法国资深的洗衣行业专家，与欧洲洗衣店、供应商、连锁企业进行了广泛的接触和洽谈，最终一致确定了创建自己的洗衣品牌"FORNET 福奈特"，并确定了福奈特洗衣店的设计原则：以法国的洗衣技术和模式为核心，配置世界最大的干洗机制造集团 FMB 集团生产的并被欧洲洗衣店广泛使用的 FIRBIMATIC 干洗主机，选择使用欧洲最领先的洗涤助剂生产厂家德国 KREUSSLER 公司的洗涤助剂。在经过了法国洗染协会的培训后，1997 年，在中国北京的西单大街上，第一家中法合资的福奈特洗衣店诞生了。

四、品牌定位

洗衣店定位——一个追求品质的洗衣店，一个让顾客放心的洗衣店。

顾客定位——25～60 岁，追求生活品质的消费人群。

五、服务特色

- 现代化的店面形象设计

——专业化气息浓郁。

- 前店后厂透明式经营

——使顾客感到安全、放心。

- 五、六档的洗衣价格（浅色、加急不加价）

——价格简单合理，更具人性化，与其他洗衣店有明显的区别。

- 先进、完备的硬件设施

——设备与欧洲发达国家同步，是洗衣质量的硬件保障。

- 安全、有效的干洗剂及助洗剂

——选用德国克施乐公司的去渍剂和干洗助剂，使洗衣更具较高的安全性与洁净度。

- 专业、全面的洗衣技术

——每一位上岗员工都必须经过总部持续而专业的岗位技能培训。

- 高质、快捷的洗衣服务

——福奈特每个店内均配备有独立的、全套的洗衣设备，保证了顾客能够在最短的时间内取到洗好的衣服，福奈特的承诺是24小时后即可取衣。这样的洗衣模式尤其适合现代人的生活节奏。

- 便利、人性化的服务方式

——尽力让每一位顾客满意，提供细致入微的人性化服务关怀。

- 科学、统一的管理模式

——规范化、标准化的营运管理，充分体现了特许经营的魅力。

（资料来源：根据福奈特官网等资料整理）

案例解析 “FORNET”是由两个法文单词组合而成的，其中“FOR（T）”是“有力、非常”的意思，“NET”表示“干净、整洁”，两个单词组合起来表示“非常干净”。FORNET标志采用蓝绿色为背景，选取的是太平洋小岛周围纯净的海水颜色，它色彩明快，色泽鲜亮，给人以突出的视觉效果，象征了企业永远不变的服务宗旨——为了干净。

服务是福奈特知名度、美誉度和顾客忠诚度获得的有力保障。服务行业，应该以服务为本。服务和创新对于任何企业都至关重要，对于服务型企业更是举足轻重，它们是服务业的两条腿。只有两腿的密切科学配合，才能走好企业的发展之路。但是，只有服务，而没有创新，企业就不能发展。创新让福奈特公司在技术上和服务上都取得了一些独有的竞争优势。通过几年的努力，福奈特不仅赢得了消费者的信赖，同时也获得了广泛的声誉。

第一节 特许人概述

在我国2005年2月1日起生效的《商业特许经营管理办法》中，对特许经营的定义是：商业特许经营（以下简称特许经营）是指通过签订合同，特许人将有权授予他人使用的商标、商号、经营模式等经营资源，授予被特许人使用，被特许人按照合同约定在统一经营体系下从事经营活动，并向特许人支付特许经营费。在这里特许经营双方是特许人和被特许人，是特许合同和特许经营的主体，是特许合作存在的组织基础。

一、特许人的概念

（一）特许人的含义

1. 特许人的定义

特许人（franchisor）又叫盟主，指将特许权授予出去的主体，亦即在特许经营中，将自己所拥有的商标、商号、产品、专利和专有技术、经营模式及其他营业标志等授权予受许人使用的一方，通常为法人。特许人是特许权的真正所有者。

要理解特许人，还必须对受许人加以介绍。

受许人亦称为加盟商、被特许人等，指加盟某一特许经营体系的独立法人或自然人。亦即在特许经营活动中，通过付出一定的费用来获得其他商业单位的商标、商号、产品、专利和专有技术，经营模式及其他营业标志等一定期限使用权的自然人或法人。

特许人和受许人之间的关系是围绕特许经营权展开的，特许经营权又叫特许权，是特许双方关系的标的物，是特许人所拥有的权利，主要包括商标、商号、CIS 系统、专利、经营诀窍、经营模式等无形资产，以及有形产品、无形服务等。它是特许经营运作的中心环节。

2. 对特许人的理解

由于特许经营不是一个行业，是一种商业模式，是销售商品或服务的方法，所以对特许人的理解应本着公平、协商、对等的原则。

1）特许人应是法人。虽然没有规定特许人必须是法人，但在特许经营过程中，自然人承担责任和义务的能力有限，而自然人的权利受干扰因素太多，所以特许人通常为法人（专利技术除外）。

2）特许人必须拥有商标、商号、产品、专利和专有技术、经营模式及其他营业标志。

3）特许人在获得法律认可的情况下，可以是共有人。

4）特许人必须有特许经营的主观意志，并有一定的特许的活动。

5）对特许人的理解，不能是抽象的，而应当指向某一个或几个具体企业或企业联盟，直观性很强。

6）特许人的载体应该是总公司、总部、总店或区域总部、区域总店。我们可以从理念识别、行为识别、视觉识别等方面对载体加以甄别，以判定特许经营的真伪。

（二）特许人的特点

通过对特许人的分析和实际特许企业的管理状况可知，特许人（盟主）主要有以下几个特点。

1）在特许经营中起主导性。在特许经营过程中，招募受许人、物流配送、技术出让，产品销售主要由特许人负责运营，离开特许人，不可能有完善的特许体系。

2）以经营特许权为主要运营内容。在特许过程中，商标、商号、无形服务等是经营运作的中心环节，其授予别人使用的过程，实质是前期投资的回报过程，也是成本回收过程，所以是一种利益交换。

3）不直接投资。特许经营这一模式本身决定了特许人一般不直接投资开店，而是利用受许人的资金，由受许人自己开店，来扩大企业体系规模，促进产品销售或业务扩大，这样特许双方在一定程度上是风险共担。也有些特许企业把直营店变为特许店，如肯德基在中国“零风险特许”。

4）具有广泛性特点。从现在我国目前的情况看，特许人所涉及的行业已经达到 60 多个，主要包括餐饮业、修理业、汽车业、零售业、化妆品业、房地产业等。

5）特许人的实力差别较大。纵观中外特许企业，特许人有的是刚刚起步的小企业，如百圆裤业等；也有存在上百年的大企业，如可口可乐公司。特许人经营时间的长短是特许经营调查的重要内容和标志，长时间的检验可以说是一条真理。

二、特许人的作用

特许人的作用主要指特许人在特许经营活动过程中应发挥的功能。由于特许经营复杂性，特许人在特许经营活动中有以下作用。

1. 授权功能

授权功能也就是将特许权授予被特许人使用的活动。

2. 支持功能

特许人对受许人的承诺，在合同期间不是阶段性任务，而是应当给予全程的支持，因为这既是双方合作的需要，也是双方利益的必然。支持的主要内容有管理培训、人员辅导、技术支持、网络服务、品牌支持、物流配置支持、管理支持等。

3. 监督功能

在特许经营过程中，受许人由于受到利益的诱惑，往往不按照特许合约的内容和特许原则去经营，并会导致侵犯特许人权益的后果。为了维护特许人的利益，维持特许经营体系的规范化运营，特许人会派出督导人员对加盟店进行监督检查，有时还会以“神秘顾客”形式进行暗查。

4. 创新功能

特许人之所以进行特许授权，关键在于有独特的、别人难以模仿的特许权。特许权包括商标、商号、CIS 系统、专利、经营模式等无形资产以及有形产品、无形服务等。专利是有年限的，技术也可以攻关突破。商号有时会随时代发展改名，商标、CIS 系统也会随着时代和环境的变化，而略显陈旧或保守，这些在消费者心目中都有可能造成不良印象。经营诀窍和经营模式在特许合同到期后，服务手段和方法也可以照搬。所以，特许人为了在特许经营过程中稳固特许体系，必须不断创新，把自己的特许权不断增加新的内涵，才能吸引受许人，达到控制受许人，维持加盟体系的目的。

5. 营销功能

任何企业都必须进行营销，从营销 4Ps 策略到 4Cs 策略，特许人都必须认真对待，产品价格、产品质量、渠道、促销等营销策略，只有特许人去做，才能符合特许经营模式的特点和效率、效益原则，一个单店只能在营销方面起配合作用。品牌营销更是特许人的重中之重，只有不断塑造品牌，扩大品牌影响力，给品牌注入新活力，企业品牌的价值才会不断地丰厚和积累，受许人才会从中获益。

三、特许人的市场载体——特许总部

特许人是我们理论上的称呼，那么在特许经营过程中，特许人（主要是法人）以什么形式出现在市场中呢？主要是以特许经营总部（或总店）的形式出现的。特许总部是指特许人建立的用于发展、管理和经营特许经营体系的机构，它和单店、配送中心共同成为特许经营体系的 3 个基本元素。它可以是特许人，亦即一级法人或说企业的总管理机关，也可以是二级法人或总店。它是和分部相对而言的。

四、特许人的主要任务

特许人在模式扩张准备和扩张活动中的任务主要有以下几点。

（一）特许经营的可行性研究

要发展自己的特许经营组织，制定完备的特许经营规章，首先必须制订出尽可能完善的特许经营计划，并对企业实行特许经营体制的可能性进行认真而谨慎的研究，从中获取足够的市场、企业本身（特许人）、受许人等方方面面的信息，使企业能够做出是否特许的经营决策。其内容见表 3-1。

表 3-1　特许经营的可行性研究项目内容

项　目	内　容
内容简介	概括总结特许经营可行性研究中所包含的信息
企业现状	描述特许企业的现状与发展状况
营销管理	产品、地点、目标市场、定价策略、促销和广告、开发受许人的营销手段准备
管理组织	人力资源管理的政策与实践 相关的政策与工作程序 企业的机构设计能力与经验
财会、税收	特许组织财会制度的建立，财会部门人员与工作制度的建立
法律、政策	业务结构、合同、许可证、特许合同、双边法律关系情况

（二）组建特许组织

在对企业特许经营做出详细的设计后，就应当开始逐步着手建立特许经营组织了。其主要步骤见表 3-2。

表 3-2 组建特许组织的步骤

步 骤	内 容
试点经营	在建立特许制度前进行市场的尝试，以确定真正的市场需求状况
特许权组合开发	将经营业务所涉及的各个方面因素组合为特许权组合，反映特许权人的全部经营经验
制定操作手册	包含以书面形式提供的经营特许业务的详细方法，日常经营业务所需的各个细节的详细资料
制定营销特许权	用以展示特许人想法正确与成功的最好方法就是营销
选择受许人	选择受许人的技能必须从经验中发展而来

1. 试点经营

在建立任何一种特许经营制度以前，最好的方法是先进行尝试，以确定真正的市场需求状况，通过尝试发现此特许业务的优点。

一般在特许人将确定的经验提供给受许人之前，必须在不同的地点做试验。另外也有必要使试点经营的期限超过一年，这样经营中的季节因素可被完整地考虑进去，使已拥有业务的特许人可以从目前分店的经营中获取经验。

如果特许人没试验过他的制度是否能成功，也没有冒风险投入自己的资金，那他就没有权力出售特许权。凭自己主观想象去建立特许组织是很危险的事。

试点经营能完成以下功能：

1）检验和发展特许制度的生命力，促使消费者从内心接受它。

2）确定可能出现问题的领域，以便找到相应的解决办法。

3）使特许人能够发现对分支店内外装修的最佳方法。

4）可获得实际经营经验和不同类型地点的经营潜力方面的认识，包括最佳营业时间、各岗位所需人手、日常费用的支出方式等。

5）从试点经营中可发展出最具效率的财会制度、存货管理和存货控制方法等。

6）为制定一本详尽全面的操作手册提供基础。

2. 开发特许权组合

成功的试点经营是制定特许权组合的基础。从建立和经营试点业务中得到的经验为组织特许权的内容提供了根基。在特许权组合中包括经营业务所涉及的各方面因素，以一种可转交的方式反映了特许人的全部经营经验。在这一过程中，可考虑聘请一家专业咨询公司。

应当对以下影响在特定地点开展业务活动的因素进行仔细调查。

1）街道类型。包括是主干道还是分支道，位于街道的哪一侧，当地的交通状况，有没有塞车，有没有足够的停车设施。

2）环境。环境因素在评估合适的地点时对某些类型的特许开店越来越重要。忽视环境因素可能导致将来的极大风险。

3）客流量和车流量。客流量的因素也绝不能忽略。但客流量和车流量的大小，其意义不是绝对的，要考虑不同的具体情况分别加以分析。例如，火车站附近的客流就是相当大，但如果真要在这种地方特许开店，则还要对行人的构成进行深入的分析。

4）营业场所特征的展示程度。这取决于场所在特许开店中的重要性，但显而易见的是，特征越容易被消费者识别，对特许开店经营就越有好处。

5）区域设施的影响。经营区域内的其他设施会对业务经营产生重要影响，这些设施包括博物馆、学校、电影院、歌舞厅、商业购物区、办公区、体育设施、交通设施和移动设施等。

根据试点经营中获得的经验，特许人应针对各种不同场所的实际需要，修正所提供的设备计划、规格和组合的标准。特许人也应对商店的装饰提出具体意见，以符合整体品牌形象。特许人还应提供内容全面的经营手册，手册中包含受许人所需的全部信息，帮助受许人正确经营业务。大多数手册中都有对受许人各个员工工作的详细指导。经营手册是特许人向受许人转交特许业务过程的基本组成部分。

3. 制定操作手册

在实践中，受许人第一次接触操作手册是在培训时，而后手册被提供给受许人，作为业务经营中的指导。手册中包含以书面形式提供的经营特许业务的详细方法，包括日常经营业务所需的各个细节方面的指导资料。具体说来，一份能提供良好指导的手册应包含如下内容：

1）简介。手册的第一部分应是对业务的基本特征和经营哲学的简要介绍。简介中应概括性地指出受许人对特许人的期望和特许人对受许人的期望。

2）业务体系。手册中说明业务体系的各个细节部分，如业务如何建立，各个组成部分如何相互配合。

3）设备。手册中应该专门说明业务经营所需的设备，应详细解释需要的设备、设备的功能及如何操作；设备失灵或有缺陷时的维修指导；手册中应提供设备供应商和维修商的电话。

4）经营指令。此部分内容包括：营业时间；交易方式；员工工作安排；标准工作形式和程序；对员工仪表的要求（如制服）；员工培训程序；招聘和处罚员工的程序及需遵守的义务；定价政策；采购政策与交货安排；产品标准（数量标准和质量标准）；服务标准；员工职责；对每一位员工的职责的详细描述；特许权使用费的支付；计算费用的详细方法；应提供一个样本；会计，包括受许人应采用的会计方法、内容和程序；现金和信贷管理程序；广告和市场营销，包括对售货现场广告、营销和推销技术方面，可以做和不可以做的各种行为的清单；对营业场所风格的要求及使用特许人商标或服务标记的方式；存货控制程序。

5）标准形式。手册中应提供对上述各项的参考样本，如员工的劳动合同、员工保守商业秘密的合同、经营中所需的各种与顾客有关的合同。

6）特许人的信息。包括特许组织的人员构成、与受许人进行联系的人员等。

7）常用的电话号码。

4. 制定营销特许权

常用的特许权营销方法有以下几种。

1）体验营销。特许人把其特许权市场化的最好方法是展示其成功，应建立试点经营，以在实践中证明特许人的想法是正确的。然后让潜在的受许人前去参观，如果在试点经营中，特许人有能力展示其成功，那么这本身就是一种最好的营销。

2）公关营销。在营销过程中，可以在地方或全国性报纸上发表新闻或评论，这是吸引问询的有效途径，当然这需要有新闻价值的材料。一般人对于过高的宣传接受度较低，在心理上都有一种抗拒，但是对于报纸上的消息，则容易接受得多。为报社写消息稿或请记者写时，应该站在报社的立场上，找出一些值得刊登的消息，不要把消息看成是广告稿。

3）机构营销。特许人可以雇用公关咨询公司，能力强，见效快。但这种方法花费很大，特许人在其经营阶段的早期可能支付不起。

4）展会营销。潜在受许人在特许权的展览中遇到了特许人，双方有了了解，达成合作。特许人应设计制作一套有详尽说明的宣传材料。材料应图文并茂，内容丰富，让人对该特许事业有概括性的了解，并对特许人或特许公司的素质和实力有一个感性认识。

5）财务营销。财务问题应谨慎安排，以确保受许人能得到有吸引力的投资回报和劳动报酬。

6）开业营销。第一个受许人的开业仪式应搞得隆重些，最好在地方新闻媒介上大作报道。

7）广告营销。特许人为特许业务的产品或服务做的大众广告，也能起到吸引潜在受许人注意的效果。

其他的方法有：试点经营的一位顾客，想要成为受许人；潜在受许人经参与了特许业务的朋友告知，或与现有的受许人交谈过；潜在受许人对报纸或杂志提及的特许业务做出反应。

5. 选择受许人

对于受许人的选择并不容易，经营常常是吃一堑，长一智，特许经营也不例外，选择恰当受许人的技能必须从经验中发展而来。选择受许人时应注意以下几点。

1）特殊交易。新特许人常犯的一个错误是草率接纳最初的几个申请者，并给他们特殊的优惠。特许人想尽可能快地扩展组织并获得投资回报，但这么做会带来严重的后果。受到特殊待遇的受许人会认为他情况特殊，并会总是向特许人要求种种特殊待遇。特许人只应选择那些符合标准的人作为受许人，而不是谁想加入进来就赋予他特许权。

2）财力。潜在受许人在开始时有足够的资金很重要，但并不是说要有很多钱。受许人可以借一部分钱，其余的依靠他自己。需要记住的一点是，如果受许人没有投入自己的资金，那么他遇到困难时很可能轻易地放弃业务。适度的资金参与既能提供有效的刺激，又是特许权交易中的一个基本特征。

3）组织受许人。有些情况下，大公司也能成为好的受许人，如在旅店业、餐饮业和零售商业中，许多组织受许人经营得非常成功。但大公司作为受许人也给特许人带来了许多棘手的问题。例如，特许人会更难控制其经营诀窍的扩散，而且由于公司受许人的资金实力甚至可能强于特许人，会对特许人附加的一些限制感到难以容忍而破坏体系规范。因此，特许人在选择组织作为受许人时一定要非常慎重，最好是不要选择大组织作为受许人。

4）健康。独立的受许人应身体健康，以便能承受高强度的工作。

5）经验。大多数特许公司不要求其受许人有实际工作经验，因为对他们的业务培训既基本又全面。也有一些特许人认为有工作经验的受许人在建立业务时和与特许人沟通时较容易。

6）婚姻状况。申请人是否已婚，影响到将来特许店发展的稳定性。结了婚的人常表现出某些程度的成熟、稳健、安定，比较不会感情用事。与已婚者面谈时，最好能邀请夫妇一同前来，了解申请人家庭对其的支持程度。

7）独立性。潜在的受许人必须有较强的独立性，以便能自己进行日常管理工作，自己做出各种决策。但他的独立性也不应该强到使他不遵守体系规则或想脱离体系。

8）信任。就特许双方的关系而言，特许人和受许人之间有良好的互信和尊敬是相当重要的。

9）组织能力。申请人须有一定的管理组织能力，这是他经营自己的业务所必需的。

10）和睦相处。特许人和受许人之间毫无疑问会产生高度的相互依赖，因此双方能相互适应与相互尊敬是非常重要的。毕竟，他们为了一个共同的目标，即特许经营的成功而一起工作，对双方来说，对方的成功是非常重要的。

11）最后决策。只有在对申请人作出全面评价以后，才能决定是否选择其作为受许人。特许人要尽可能地谨慎小心，不能为了图省事而草率作决定。

（三）发展特许组织

发展特许组织主要有以下策略。

1. 组织策略

在任何业务类型中，明智的做法是特许人根据其业务发展状况逐步建立和扩大组织。开始阶段，还没有足够的受许人时，保持大量的辅助人员在财务上是不明智的。另一方面，让所有的受许人都受到良好的服务也是很重要的，因此特许人必须保证有经过良好培训的人员，以处理体系的需要。

2. 财务策略

特许人要满足特许经营的要求需要花费一定费用，是必须认真分析的。建立和运营特许业务，在其赢利之前必定要投入大笔资金，而且在最初的一两年经营中，很可能要经历净亏损的局面。下列费用是不可避免的：商标注册、印制小册子、员工薪水、办公费用、差旅费及签订特许合同的费用等。

3. 利益策略

特许人索取过高的首期特许加盟费是不现实的，这样做会阻碍体系的发展，破坏特许经营的好名声。特许人最好从对受许人经营中的服务和受许人经营成功中获取其大部分利益。

1）利益来源。如果一个特许体系的机构运行良好，并得到了切实有效的管理，那么对于特许人来说，每一个受许人都是稳定可靠、不断成长的利益来源。

2）财务（会计）。特许人的财会部门应为受许人开发出一套简单的财会制度，并提出建议。特许人需要了解受许人财务方面的信息，了解这些信息可使特许人知道受许人的经营及受许人应该付的特许费。

4. 营销策略

1）特许权的销售。在开始阶段，特许人应亲自去做特许权的推销和营销工作。特许人更了解特许权的全部细节情况，因此他来完成这项工作更适合。

2）营销产品和服务。在特许经营的早期阶段，不需要额外的市场营销专家的协助。如果公司已有营销部门，应充分加以利用。如果有现成的广告代理商，也应让其在特许计划中发挥作用。

3）经营。特许人在经营方面当然需要人员协助，因为受许人需要大量细节上的帮助。特许人有义务对受许人进行持续的监控并提供建议。所需人员的首要来源是公司内部的经营队伍。在开始阶段最好是有一个实践经验丰富的人，能执行所有方面的任务，并能在开始阶段与受许人一道工作。

（四）特许经营品牌的构建

特许品牌是特许权的核心内容之一，特许人进行特许经营没有著名的企业品牌和产品品牌是不容易发展体系的。

第二节　特许人的资格标准

一、特许人应当具备的基本条件

2007 年 1 月 31 日，国务院常务会议第 167 次会议通过《商业特许经营管理条例》，并于 2007 年 5 月 1 日施行。其中对特许人应当具备的基本条件做出了规定。

知识链接

《商业特许经营管理条例》节选

第七条 特许人从事特许经营活动应当拥有成熟的经营模式，并具备为被特许人持续提供经营指导、技术支持和业务培训等服务的能力。

特许人从事特许经营活动应当拥有至少 2 个直营店，并且经营时间超过 1 年。

第八条 特许人应当自首次订立特许经营合同之日起 15 日内，依照本条例的规定向商务主管部门备案。在省、自治区、直辖市范围内从事特许经营活动的，应当向所在地省、自治区、直辖市人民政府商务主管部门备案；跨省、自治区、直辖市范围从事特许经营活动的，应当向国务院商务主管部门备案。

特许人向商务主管部门备案，应当提交下列文件、资料：

（一）营业执照复印件或者企业登记（注册）证书复印件；

（二）特许经营合同样本；

（三）特许经营操作手册；

（四）市场计划书；

（五）表明其符合本条例第七条规定的书面承诺及相关证明材料；

（六）国务院商务主管部门规定的其他文件、资料。

特许经营的产品或者服务，依法应当经批准方可经营的，特许人还应当提交有关批准文件。

第九条 商务主管部门应当自收到特许人提交的符合本条例第八条规定的文件、资料之日起 10 日内予以备案，并通知特许人。特许人提交的文件、资料不完备的，商务主管部门可以要求其在 7 日内补充提交文件、资料。

《商业特许经营管理办法》第七条规定，特许人应当具备下列条件：

（一）依法设立的企业或者其他经济组织；

（二）拥有有权许可他人使用的商标、商号和经营模式等经营资源；

（三）具备向被特许人提供长期经营指导和培训服务的能力；

（四）在中国境内拥有至少两家经营一年以上的直营店或者由其子公司、控股公司建立的直营店；

（五）需特许人提供货物供应的特许经营，特许人应当具有稳定的、能够保证品质的货物供应系统，并能提供相关的服务；

（六）具有良好信誉，无以特许经营方式从事欺诈活动的记录。

二、成为特许人的充分条件

对于特许人和将来的受许人来说，接受特许必须有利可图，即必须能赚钱。

1. 满足法定要求

特许人开始对经营进行特许时，会向自己品牌的受许人发特许证，在开始提供特许权之前，必须注意以下几点。

1）必须向有关部门提供法律文件。向受许人推销前必须得到有关部门的许可。特许人所做的一切都是为了确定特许经营文件符合所在地区的法律标准。

2）办理手续的快捷不一定是你的项目好。律师办理注册的能力并不能反映进行经营特许的可能性，仅说明他是一个好的法案起草人。

3）了解清楚当地的非法规性规定（惯例）。每个地方都有一些思维习惯、商业惯例、地方规矩，还要了解当地的各种组织和势力，对以后的经营有好处。

4）当公司确定某位客户可否进行特许经营时，一般会在一个特许经营者诊断考试中对其经营进行较大范围的考察。将他的表现与其他特许经营及非特许经营进行比较（列名次），实行分析性考察，进行其他测试——设计这一切都是为了帮助客户确定他能否成为特许人。

2. 良好的原型经营店铺

开展特许经营必须较长时间地运行自己的原型店，确保其运作良好。

1）了解自己店铺的一切。保证了解店铺盈亏、季节性、顾客、供应商、竞争、定位以及品牌形象。

2）拥有自己的商标及服务标志，而且应进行永久性注册。特许经营要对品牌的特许进行管理。要知道自己特许的是什么？现在从下面几点考察自己。

① 向受许人解说店铺设计。包括店面设计、全套陈设、标记、选址标准以及建立计划。

② 开一个店需要花费的资金。不仅是固定开销，还有从特许人见到受许人那天开始到受许人不再从口袋里掏出运营资本那天为止的费用。

③ 特许经营体系的建立。作为一个特许人，是否有一个部门使各个加盟店标准化，形成完整的特许体系。如果能将那些程序归纳到操作指南中，且保证那些程序在任何情况下奏效，那么每一位顾客每次都是以同样的方式获得同样的产品。

④ 向受许人及其员工快速传授特许权。能在一段合理的时间内传授，不能在课堂上花很长时间，否则说明特许人的技术不容易复制，难以操作。

3. 好的产品及服务

即使有好产品和服务也未必能保证会成功，但没有的话却一定不会成功。特许人需要找出以下问题的答案。

1）顾客如何评判我的产品和服务。

2）与竞争对手们的产品与服务相比，我们有哪些差异，或者说更好。

3）产品与服务是否将被别的区域采用，或者跨越国境。

4）如果每天都见到新面孔但又希望一些老顾客会回头，我是否拥有别人想回头购买的产品或服务。

4. 产品与服务有发展潜力

如今情况变化很快。今天热卖好的东西到明天可能就是一段暗淡的回忆了。以下几点需要特许人考虑。

1）顾客采购的模式对产品和服务受欢迎和程度的影响。

2）竞争公司吸收我的产品与服务的优点。

3）产品与服务替代品的情况。

4）准备好适应多变市场的策略。

特许经营并不单纯是最新时尚，特许经营体系必须有生命力，应建立于稳定增长、有保证的消费者需求之上。许多的产品与服务的消失，是因为消费者不再需要它们了，或者不再那么需要它们了。特许人需要确定以下几点。

1）产品和服务的改善会怎样影响消费者对其的使用频率。

2）是否有能力调整价格以弥补较低的使用率？

3）是否会影响行业环境的管理条例的变动？

4）自己能否适应新环境和新形势？

5. 明确自己的竞争者

俗话说：知己知彼，百战不殆。特许既然是经营，就有竞争对手。例如，如果你售卖比萨饼，你的对手是必胜客；可口可乐的对手是百事可乐，国美的对手是苏宁，耐克的对手是阿迪达斯。

作为特许人，其有以下四级竞争对手。

1）品牌竞争者。提供相似的产品和服务，即与受许人及公司直属营业内容针锋相对进行竞争的人。

2）产品竞争者。与特许人的产品与服务在同一个行业里并提供产品与服务的人。

3）普通竞争者。在一个产业或行业里能够满足投资人需求的同自己的产品或服务没有关系的竞争者。

4）愿望竞争者。它是指不同行业里瞄准特许人的目标受许人钱财的其他投资和特许经营机会。

竞争对手的复杂性和竞争环境影响因素的多样性，要求特许人一定明确自己在行业里的地位。

6. 可操作的发展计划

如果经营的只是几个店铺，公司独立经营可能是一条好得多的路。但如果计划是在未来 12 个月里开设 50 个经营店，那么特许经营可能是发展的正确之路。现在许多的媒体宣传各种的商业模式，使人觉得特许经营是一个高速发展的策略。但对于大多数新特许人，它并没有想象中那么快，这取决于行业以及投资范围。典型的特许人在经营的第一年里开设的加盟店少于 10 家，平均可能接近 5 家。一年 5～10 家新店对于一家新公司来说，仍然是一个相当不错的增长率。在制订发展计划时要考虑以下问题。

1）扩展目标与财力支持。

2）发展和管理新的特许经营体系与现有生意的关系。

3）会有可行的计划以达到目标吗？

4）对特许人群的模范作用，会吸引人吗？

5）特许计划与特许经营运作配套性和灵活性。

6）开展业务所需的费用。

7. 了解受许人的技术需要

要拓展特许经营体系，需要能胜任的受许人。需要关注以下问题。

1）自己的特许技术十分专业，受许人是否容易实现？

2）受许人是否能雇用到足够的拥有必需技术的帮手？

3）是否有能力在自身的程序、政策及体系里培训受许人及其员工？

4）培训是否能在一个合理的期限内圆满地完成？

经营特许权需要许多具有潜力的受许人，他们不仅愿意买特许经营权，而且可以按特许标准去开展经营。意味着他们必须有能力招收足够具有一定技术水平可开展工作的员工。有可利用的熟练的劳动力群，能够支持特许经营体系的发展与增长。

8. 明确特许经营权的营销对象——潜在受许人

在发展特许经营之前，应该了解潜在受许人的一些情况，即自身的典型受许人的形象是什么，谁将会被特许机会吸引。

具有潜力的受许人群体可能不符合特许拓展目标的要求。受许人群体可能足够，但对于你提供的条件不是很感兴趣。获得特许经营权的花费是否太高且需时太长。特许人对受许人的财力依靠是否太强，这会影响体系的稳定和特许经营的可持续性。

9. 具备控制特许经营系统的能力

有些特许人可能是专业技术人员出身，或某一方面的专家，或自己的直属公司的生意非常好。但只要未作过特许人，就应该关注以下问题：自己和既有的员工是否能经营与发展这个生意，自己是否有财力再雇用可能需要的其他人才。

有合适的人执行特许经营策略相当重要。如果雇用的是你自己和配偶，那说明自己在管理和发展的具体细节上关注太多，依靠别人控制力不够。

10. 为受许人提供支持

好的特许人会努力向他们的受许人提供成功所需要的元素，而其他的给的却极少。一般情况下，较少的服务可由较低的许可加盟费反映，但对于许多情况，看起来加盟许可费与服务之间并没有太大的联系。

一个体系的竞争优势关键看特许人为体系提供的支持有多少。这意味着持续地提供产品、服务、营销等可使特许经营体系长期在同行中处于领先地位。

1）设置支持项目以协助受许人，并且维持和拓展特许经营体系。

2）提供高标准的特许经营体系所需的持续性培训、现场和总部支持、营销支持、研究与发展、新产品介绍以其他的服务等。

3）研究与开发新产品。要为现时提供的服务附加更多的价值，以保持特许经营的新颖性和高值性，使受许人有利可图。

11. 为特许权设定价格

要具有可特许经营性，必须有一门非概念性的有利可图的可复制生意。但现在一旦这门生意变为特许经营，就需要把近期和远期的收益看清楚。受许人要付给特许人加入的费用（首期特许费）、持续性费用（特许权使用费），以及可能的其他费用，如附加的培训、营销及广告费用。也可能从受许人的产品销售获得收入，或在全系统统购中从生产商那获得收益或回扣。一些特许人租赁设备或财产或者有其他的获得利润的渠道。一旦那些费用从底线扣除，你需要知道以下问题的答案：受许人还有利可图吗？若有，那么受许人会得到可接受的投资回报吗？即使答案都是肯定的，你仍必须考虑其他项目：有足够的能承担特许经营费用的受许人吗？每个受许人的全部上马投资是多少？初始投资需用现金多少？受许人能支援初始投资份额吗？这些是受许人付出的成本。

如果准受许人是个人独资企业，就会比较带来的利益与自己现在经营的收益多少。但是，如果受许人是个老练的投资者，会研究特许经营是否产生持续的、可预见的足够的回报，研究特许经营回报积累模式以及多长时间可以不赚不赔。

三、特许人的特许经营准备

一个企业的经营者，要成为特许人，不是口头上说说，而应表现在实际行动上，只有做好了特许经营准备的企业法人，才可以称为特许人。也就是说做好特许经营的准备是特许人的必备条件，是最重要的资格标准。同时，做好特许经营的准备是构建特许经营体系的第一步。特许经营的准备应包括 4 个方面：可行性研究、特许经营战略规划、组建项目工作组、制订项目组特许经营工作计划。

第三节　特许人的利益来源

特许双方是矛盾的对立统一体，双方在利益上由于所有权的不同而产生矛盾，由于共同的目标而取得一致。所以，双方的利润分配应坚持以下原则：双赢原则；按利润来源比重，保证相同的利润比例；视总部提供的利润多寡，决定利益分配；按业绩和加盟时间长短分配的原则。

特许人的利益主要体现在以下几点。

一、无形利益的来源

1）发挥垂直整合的优越性。如特许人通过特许体系确保特许公司产品的销售渠道；带动特许公司营业额与利益的提升与流通成本的降低。

2）无形资产的累积。主要有：众多店铺的不断累积，成为总部的无形资产；树立了良好的形象，开店愈多，与顾客接触的点就愈多，可以形成点、线、面串联的整体效果，这将在顾客的心中留下强烈而深刻的印象。

3）风险的分散。同分散放鸡蛋的道理一样，这样连锁体系不会因单店经营的好坏而受影响，因而提高了经营的稳定性。

4）特许经营降低了管理费用。由于集中精力提高管理水平，可以提高管理效率。只要建立一个紧密的高效特许体系和培训专业人员即可。

5）由于特许经营在世界上大多数国家都受到当局或政府的明确支持，所以特许人可以获得政府的支持，加快国际化的发展。

6）特许人能以更快的速度发展业务而不受通常的资金限制，以最低限度的再投资就能在分店获得高回报。再投资资源的增长使业务的效益和效率更高，且有最终回购成功的特许加盟分店的机会。

7）增加了关系户。特许人与外部的任何合作都增加自己的关系户，其中的关系资源更是特许人的一笔宝贵财富。

8）特许人遇到的人事问题较少，不需要去处理每个分店中可能出现的人事问题。

9）特许人无须冒太大的风险，也无须处理各分店在日常经营中的各种问题，仍然可以获得可观的利润。原因是受许人直接投资，动力与压力很足，有利于特许人事业的发展。

二、有形利益的来源

企业的经营以获取利润为目的，即使是无形资产的获得，也是为了达到赚钱的目的。特许人相对于加盟店，其本身也是一个个体，是一个独立计算损益的单位，所以其利润来源和独立店一样，也必须从利润的提升与费用的降低着手分析。

1. 规模经济

连锁特许人利润的增加，主要来自规模经济等以下内容。

（1）低价进货及毛利的提高

随着连锁店的拓展，采购数量逐渐增多，连锁总部与厂商的议价能力逐渐加强，这就是以量制价。

（2）营业额提升的利益

本身规模的扩大，在市场上将会发生排挤效应，在市场容量不变的情况下，本店顾客增加，则代表了其他店铺顾客的减少，本店营业额提升，这是一种自然的正增长趋势。

（3）品牌、商标、技术等的授权收入

加盟店有依合同交纳各项费用的义务，这些都是总部应享有的权利。

1）加盟金。连锁总部开发的know-how、名称和商标，是企业的价值源泉和经营之本。这是受许人加盟时必须交纳的第一笔费用，就是加盟金（franchise fee）。加盟金是第一次付完后就不需再支付的。比如，重庆小天鹅 A、B、C、D 四级连锁店的加盟费是 12 万元、18 万元、28 万元、38 万元。加盟金的计算方法在后面章节详细论述。

2）权利金。权利金是店铺开张后按月支付的费用，在美国通常是按营业额的多寡，按固定百分比付给总部，在日本则多是按固定金额支付，在国内则两者皆有，比例多为 3%。例如，永和豆浆的权利金收取，定额为 6000 元/月，比例为月营业额的 3%，两者选一。

3）保证金。连锁加盟时，通常要交纳保证金，尤其在用连锁加盟、自愿加盟体系中的超级市场或便利商店，保证金通常以现金、本票、银行定期存单或不动产来抵押，在合同期满或解约时退还。保证金金额的计算，通常需考虑总部供给加盟店商品或器材的多少，在超级市场或便利商店的连锁加盟中，大约是商店经常性库存的余额。例如，重庆小天鹅 A、B、C、D 四级连锁店的保证金是 3 万元、5 万元、8 万元、10 万元。

4）广告费用。广告费用指总部向各加盟店收取的用于整个连锁体系的广告费用，通常包括广告、促销、海报、传单等费用。

2. 其他项目收入

其他可考虑运用以增加特许人利益来源的有：

1）付款折扣。当市场资金紧张，如总部的资金充裕，可以要求厂商改为现金付款，同时提出给予部分比率折扣的要求，通常折扣下来的金额会比银行的利息高。

2）折让。商品价格议定后，总部购货人员会就业绩、数量与厂商谈判折让条件，销售量越高，折让要求的比率也就越大。总部与厂商谈妥供货价与折让比率后，如果设有物流中心，总部会尽量要求厂商的商品先入到物流中心，并会就物流成本要求“入仓折扣”。物流中心因专业化效率高，其费用率会比总部要求的折扣率低，也可以成为总部的间接收入。

3）新商品特价供应。有些超市对新商品不只要求收取“推广陈列费”（或称上架费），也会要求以特价供应一段期间，这会带动来客数或其他商品的销售。

4）手提袋赞助收入。连锁超市要求在商品的进货金额中，扣 1%作为制作手提袋的赞助款，理由是手提袋费与包装费相当。手提袋的厂商广告费用也很可观。现在商家有偿提供的购物袋，也为其增加部分收入。

5）促销广告赞助收入。办理促销活动，需要一些辅助器材或用品，如陈列器具、POP、DM 和红布条等，这些支出费用，连锁总部要求厂商部分支付。

6）新店铺开张赞助收入。连锁总部经营一段时间后，通常将新店铺开张的赞助标准确定固定的金额。例如一家大型的连锁超市，要求厂商只要超市有新店开张，就从货款扣除 16000 元作为赞助金，总部此举的意思是，“我每开一家新店铺，厂商不费吹灰之力，就得到了卖场，而总部在开设一家新店铺时，需要投入很多人员去开发、评估及设计，同时又要投入很多金钱去购买设备并从事装潢，而新开的店铺，是供厂商陈列商品做生意用的，这些开店费用的支出，要由各厂商共同予以赞助。”

7）周年店庆赞助收入。连锁店铺数多，除各店自行办理的庆祝活动外，还会选择一个黄道吉日，由所有的店铺同时再办理一次店庆活动。店有喜事，厂商自然又要恭贺了。周年庆的赞助目前也已步入标准化，并且成为一种惯例。

8）可以使闲置的设施得到充分利用。例如，批发商可以通过特许经营为其分销的产品增加零售点，使闲置的储存功能和分销设备得到利用。

9）在开发新市场时，特许人可能遇到许多限制和屏障，如国家政策、民族习俗等，这样会增加进入的成本。而利用当地的受许人就可以消除这些屏障，既节省了资金，又能够进入更大的市场。

3. 减少费用支出

由于特许经营特许人是利用受许人的资源发展自己的特许体系，所以自己的投资会比直营店成本、费用大大降低。成本、费用支出的减少，也就是利益的增加，这均源于规模经济。连锁企业规模的扩大，会使整个企业整体管理成本、店内器材及装潢成本、广告宣传成本等费用相对支出的减少。

4. 物流成本的降低

商品的物流成本占很高的比例，降低了物流成本相当于提高了利润空间。日本的7-ELEVEN认为，要在某一地区占有优势，就必须开设100家连锁店，原因在于达到100家连锁店之后，物流费用就可大幅降低。以牛奶、饮料为例，如果对加盟店的服务条件（配送次数）相同，一般流通运输费用占了交货价格17%～18%，当店数达到100家时，流通费用则可降到13%～14%。事实上，连锁店要降低1%的商品成本率都不容易，可见降低4%的流通费用，对经营者的意义多么重大。

小 结

本章主要介绍了3部分的内容，在特许人简述里说明了特许人的概念、特许人的作用、特许总部和特许人的任务。在特许人的资格标准里，讲述了成为特许人的基本条件和充分条件，以及特许人进行特许经营的必要准备。在特许人的利益来源里包含特许人的有形利益来源和无形利益来源。有形的利益来源有：物流成本的降低、减少费用支出、规模经济和其他项目收入。

思 考 题

1. 什么是特许人？特许人的作用有哪些？
2. 特许人的任务有哪些？

3．成为一个合格的特许人应具备哪些条件？

4．特许人从特许经营中获得哪些利益？

5．结合一个实际的案例，分析如何选择合适的受许人。

案例分析

赛百味——世界发展最快的特许品牌

赛百味（Subway）是一间起源于美国的跨国快餐连锁店，主要贩售三明治和沙拉，是世界上扩张最快及最大单一品牌连锁店。

一、发展历史

2007 年是全球第三大的速食餐厅，次于百胜（34 000 间分店）和麦当劳（31 000 间分店）。截至 2015 年 12 月，赛百味已经在全球 100 多个国家拥有 5 万多家店面。

赛百味在诸多评定项目中被企业家杂志评为特许经营机会的首选。在过去的 14 年中，这也是赛百味连续 10 年获此殊荣。它目前是美国最大的特许经营快餐连锁机构，在店数上已经取代了麦当劳的领先地位。

在赛百味，我们以美味的食品和为广大有志者提供出色的特许经营机会而感到由衷的自豪。我们一如既往地努力为消费者提供美味、健康的食品。赛百味是一个正在成长的强大品牌，被公认为是美味，健康的三明治。

1965 年，在美国康涅狄格州的布里奇波特，弗雷德・德卢卡和彼得・巴克博士合作开设了第一家赛百味快餐厅。就在弗雷德和彼得盼望着扩大业务时，他们想到了特许经营，一开始他们忽略了这一点，以为特许经营是对“大公司”而言的。渴望成功的决心促使弗雷德和彼得坚定，特许加盟才是实现目标的关键所在。因此，弗雷德约见了他的朋友布莱恩・迪克森并向他提出了非常丰厚的条件。他向布莱恩提供贷款，要求他购买其中一家快餐店，但为了增加吸引力，弗雷德告诉布莱恩，如果他不喜欢这个行业，可以归还快餐店，两不相欠。

布莱恩就是著名的赛百味首位加盟商，他为赛百味业务模式制定了新标准。这样一来，彼得和弗雷德不仅实现了他们的目标，而且超越了当初的预想。2008 年是他们运营赛百味的第 43 个年头，赛百味快餐店已成为世界上最大的潜水艇三明治特许经营连锁店，在美国、加拿大和澳大利亚的分店数量已超过麦当劳。

二、品牌动力

把盟主与加盟商的关系扩展到周围的相关情境中，成为现代特许经营企业采用的一个好方法。

著名的特许经营品牌赛百味在帮助消费者解决问题方面有一个成功的案例。在 1999 年的一天，美国的一个肥胖大学生来到赛百味的一家店，他表示“自己胖，很惭愧，不敢出门”，希望能够每天免费吃到赛百味食品，并愿意为公司做广告。当时门店的负责人拒绝了这个胖子，但是把这个消息上报到了公司总部，结果总部的执行官马上成立了一个团队，包括营养师在内的专家开始帮助这个胖子管理饮食。一年后奇迹发生了，这个胖子的体重减轻了 185 磅。他开始为赛百味做广告，一时在美国引起了社会轰动，吸引了大量的胖子来到赛百味。这成为一个典型的融入消费者环境，从而使消费者成为品牌的传播者的案例。

美国路易斯安那州立大学教授专门研究如何用创新来化解加盟关系的危机。他认为，盟主与加盟商关系的建立经历了两个阶段：第一个阶段是父母与小孩的关系，双方都在不断地学习和成长，并用大量的时间来进行接触和沟通，他们的关系受到合同的制约和保护。第二个阶段是婚姻关系，盟主与加盟商在合作四五年后，中国一般是三年，双方开始很熟悉，这时挑战出现了，加盟商们觉得自己已经掌握了盟主的商业模式和系统，每个月的租金为什么还要支付呢？

这时盟主需要创新来增进加盟关系，包括不断给加盟者兴奋点。这里涉及品牌建设问题，把盟主与加盟商的关系扩展到周围的相关情境中，包括员工、客人、供应商等不同主体，这也成为现代特许经营企业采用的一个好方法。

《企业家》杂志将赛百味创始人弗雷德里克·德卢卡比作“特许经营王国的国王”，“特许经营业者思考的不是谁将是下一个麦当劳，而是谁将会成为下一个赛百味”。如何在快速发展的特许经营市场抢占一席之地？弗雷德里克讲述了自己的成功之道。

三、顾问制度

对于成功，弗雷德里克表现得非常谦逊：“我起的作用有限。依我看来，我的工作不过是使顾问团稳住阵脚，并增加公司的市场份额。”

《企业家》杂志认为，成立顾问团正是赛百味成功的关键。1998 年，《财富》曾经撰写长文，批评赛百味加盟系统存在的种种问题，特别是赛百味在同一个地区过度扩张，损害了加盟者的利益。为此，加盟者也曾多次控告公司。

弗雷德里克在与加盟者的冲突中学到了教训。1999 年，赛百味决定成立代表公司各个利益团体的顾问团，这个顾问团包含了 5 个部分：广告委员会、加盟者协会、采购合作社、发展代理人以及公司代表。顾问团每 4 个月召开一次会议，讨论公司的重大走向。弗雷德里克说：“顾问团制度有点像联邦政府制：很多人共事、共同做决定。虽然有的事情没做好，但做得漂亮的总是占多数。”

正是这种由个人决策向集体决策的转变，使赛百味获得了成功，正如弗雷德里克自己所说，公司的力量主要来自“挖掘蕴藏在加盟者身上的企业家精神”。

四、成功关键

快餐想要持续吸引消费者，美味是不二法门。在美国，很多人把低脂与难吃画上等号，而赛百味最早逆风而动，独家推出了低脂三明治。2000 年，弗雷德里克收到一封信，一位母亲说他的儿子经常以赛百味低脂三明治为主食，结果一年之后体重从 193kg 减到了 88kg，这位母亲特意写来感谢信向赛百味表示感谢。弗雷德里克抓住这个机会，马上以“不是所有快餐都会肥胖”的广告大做宣传，使得赛百味的名声和业务水涨船高。

在 2004 年，赛百味在便利商店、飞机场，甚至学校和医院等地新设了 175 个连锁店。长期以来，这些地点被视作“非传统地点”而被忽视，但赛百味的这一战略大获成功。弗雷德里克说："我们给人们带来有关门面布局、公司的规模设置等方面不同的理念，我们的创新模式为其他人提供了一个新的选择。"

在自己的著作《小资本创大业》中，弗雷德里克把创新列为成功的关键。他在一次演讲中曾表示，缺乏鼓励集体创新的机制，缺乏自发创新的意识，是中国特许经营权提供者的欠缺之处。

（资料来源：根据百度百科等资料整理）

案例解析 赛百味承诺：秉承美味营养的原则继续丰富赛百味菜单上的选择，为大众提供更营养健康的生活方式；确保赛百味的食品符合最高的质量和安全标准；寻求持续有效的成本管理服务，以适应加盟商的发展需要；持续致力于能源效率，水和资源节约，减少废物，可持续采购和供应链管理的发展；鼓励赛百味的加盟商对他们的社区做出贡献，提供多样性且"环保"的服务及经营方式。通过赛百味的这些承诺，让我们认识到赛百味特许经营的内涵和主要内容，体会到作为特许人应该不断进取和创新，才能建立良好的加盟关系。

实训项目

好利来公司是在全国经营布局的特许经营大型食品连锁集团，拥有 500 多家连锁店，但对于拥有 13 亿人口，以糕点作为高档食品的中国食品市场来说，还是数量太少了。发展迟缓问题是出现了，但原因是什么还不清楚。

如何解决制约好利来发展的条件和资源问题？请大家进行市场调查，找到瓶颈的根源。并制定总部、特许体系的发展规划。

第四章 受许人

教学指导☞

学习目标

- 掌握受许人（被特许人）的基本知识；
- 了解受许人的资格标准和利益要求等内容。

技能要点

- 能够对受许人的资格进行评估；
- 能够为受许人撰写投资计划，并进行相关利益分析。

案例导入

意丹奴服饰有限公司确保加盟商投资成功的法宝

浙江意丹奴服饰有限公司是一家以经营户外休闲服饰为主的企业。自 1996 年在中国国内以特许经营的方式推出首家“ELTENO”休闲服饰专卖店以来，本着“勇于冒险、永不放弃”的企业经营理念，全面实施品牌战略，以虚拟经营和连锁特许专卖为主要经营方式，迅速在全国建立起完整的特许营销网络和物流配送系统。历经八年发展，意丹奴服饰有限公司已在全国开设 205 家专卖店，成立三大区域物流配送中心，在上海、杭州、成都、福州、郑州、宁波、沈阳、中山等城市设立了 8 个分公司或办事处。其发展经历验证了“特许经营”的经典传奇。

意丹奴“五大专业管理支柱”撑起“特许经营”的一片天。好的销售业绩和市场影响力要得益于特许加盟系统全方位的支持。意丹奴特许加盟支持系统由 5 大板块组成，确保每位加盟商的投资收益万无一失。

第一支柱：产品设计中心

“意丹奴”设计机构由设立在广东中山的设计中心和香港设计工作室两大部分组成，其设计师队伍汇聚了香港及国内一批资深服装设计师。产品设计风格既能把握户外潮流，又能充分体现市场销售的商业价值。

第二支柱：市场企划中心

由策划、平面、陈列、工程四大部分组成的企划中心，负责品牌宣传、营销终端的形象建立及维护。制定每一季的促销方案及执行，指导和培训店铺陈列方式，帮助加盟商提升品牌形象及销售业绩。

第三支柱：物流配送中心

“意丹奴”有自己高效快速的物流系统。通过全国网络互联、微机管理系统统一进行销售管理，使货源调配合理，达到进销存信息化。并通过扩大仓储、增加分点配送等手段，使货区之间的配送及时快速。

第四支柱：市场管理中心

市场管理中心由零售、AD 管理、督导、拓展四大部分组成，负责对其专卖网络的运行、促销活动的制定和跟踪管理等全方位服务。市场管理中心也是各专卖店和公司沟通最主要的平台之一。“意丹奴”通过全方位的市场调研来提高各专卖店的特色经营和销售业绩；同时，在对培训新员工工作技能时，使其感受“意丹奴”企业文化，激发团队合作意识与协作精神。

第五支柱：信息网络中心

“意丹奴”非常重视信息资源的发掘，以信息来扩大视野。其营销网络及内部的统计和结算系统均采用信息化的微机网络管理，良好快捷的信息系统提高了营销管理的精准和到达率。各专卖店通过“意丹奴”网站建立的互通平台，使源头与终端有了更多面对面的交流，也使更多人了解其潮流咨询及品牌文化。

（资料来源：祁峰. 意丹奴“特许经营”的经典传奇. 连锁与特许（管理工程师），2004（7））

案例解析 作为受许人，加盟特许体系前，要尽可能详尽地了解特许人的基本情况、企业文化、经营战略等，以判断受许人的基本发展前景。“意丹奴”公司在产品、市场推广、物流支持、信息服务、营运管理等方面为受许人成功加盟提供了有力保障。

第一节 受许人概述

一、受许人的概念

1. 受许人的含义

受许人作为和特许人相对应的称呼，应称被特许人，又叫加盟商，指加盟某一特许经营体系的独立法人或自然人。亦即在特许经营活动中，通过付出一定的费用来获得其他商业单位的商标、商号、产品、专利和专有技术、经营模式及其他营业标志等一定期限使用权的自然人或法人。

2. 受许人的类别

受许人的类别如下。

1）加盟商。它是指与特权人签订了加盟合同后进行合作的受许人。

2）加盟申请人。它是指向特许人递交加盟申请的法人或自然人。

3）准受许人。它是指已与特许人签订加盟意向书但还没有签订正式特许经营合同的加盟申请人。

3. 受许人的身份

受许人作为特许经营的主体可以是法人和自然人。对于受许人我们还可以做以下理解。

1）受许人在特许经营过程中，主要处于被培训、被支持、被授权的被动地位。

2）从特许经营双方的实力讲，受许人的实力并不一定是弱小的，有时受许人的实力会超过特许权人。

3）受许人作为经营者，其追求的是利益，所以不得把受许人作为向市场扩张的工具，而是特许人经营活动的合作伙伴，虽然他处于被动地位。

4）受许人必须具有一定的标准，不是任何企业或法人都可以承担的。

5）受许人与独立创业人不同，是不能按照自己的经营思路进行企业运营管理的，也不能创建自己的品牌。

二、受许人的特征

在特许经营活动中，受许人有其独特的性质：

1）追求利益性。受许人无论是自然人还是法人，其根本目的是短期利益，他们追求的不是自己的品牌，而是利用特许人的品牌为自己追逐利益服务。

2）被动性。在特许经营中，受许人由于其本身品牌实力、技术诀窍、经营管理方法处于弱势地位，所以常常处于受培训、被支持、被授权、被控制的被动地位。

3）行业性。受许人在加盟前应有一定的同行业从业经验，或是成为某一行业的专家，或对技术有一定的研究，这样特许双方更加容易沟通、交流和进入角色。

4）依赖性。这是现阶段特许经营的一个误区。受许人不能把自己的身家性命完全寄托在特许人身上。完全希望于特许人提供全面、细致、周到的支持是不现实的。虽然特许人必须提供支持，但鉴于特许人的本身状况，其支持具有一定限度。受许人关键靠自己在一定约束下的主观性。

5）复制性。特许经营的特色之一就是其品牌技术可以在被允许的情况进行复制，这也是特许经营快速发展、降低成本的秘诀之一。复制程度如何决定了特许经营的发展状况。例如，正餐的复制比快餐复制难度大，所以正餐的特许加盟店远远比不上快餐特许加盟店多。全聚德全国五六十家店，发展了几十年，而北京的老家肉饼快餐不到十年，也发展到了 30 家直营店、180 家加盟店的规模。

三、受许人的功能

受许人的功能与作用应包括：营销功能（扩展市场、品牌发展、服务消费者）、投资功能、学习功能、信息反馈功能和调剂功能。

1. 市场营销功能

特许经营体系当然包括受许人的事业在内，都是特许人事业发展中的一部分，特许经营只是特许人扩展自己的事业，使自己获得更大利益的一种手段而已。特许人从事特许经营的目的是增加他们的市场份额，扩大自己企业品牌的影响力。那么特许人所发展的受许人店铺就承担了为特许人开创市场的作用。同时，受许人在开拓市场的同时，特许品牌也在不断扩大，特许人的无形资产价值得到了提升，这也是受许人不断扩大和努力的结果。

2. 投资功能

由于受许人的逐利性，其加盟当然是带有一定的投资性质，追求回报是根本目的。再就是有些人加盟是因为有闲置资金，拿来投资于加盟店并当作项目来运作，所以，其短线运作的意图很明显。

3. 学习功能

由于特许人在品牌、技术、专利、诀窍、管理方法与模式等方面拥有所有权，那么受许人在特许经营的过程中，必须不断地学习，去接受特许人的培训，从而掌握有关营业管理方法和操作技术。同时，由于特许总部为维持体系的正常运营，给受许人带来更大的价值，必须不断进行创新，创新的内容受许人也是应该了解、学习的。

4. 信息反馈功能

在特许经营活动中，特许人需要获得各种市场、产品管理和消费者的信息。但特许总部市场调查部门的能力有限，所以大量的信息是由特许体系的细胞和触角——连锁加盟店和受许人提供的，因为受许人就是最直面对市场的，是获取经营信息最直接的渠道。

5. 调剂功能

企业经营过程中，各地的市场大小不一，需求表现为不均衡性。特许经营体系同样有在各地区、各商圈、各商业中心的店铺市场大小不一的情况。在有的店铺销量大，供不应求的时候，其他同它相邻的销量不好的特许店铺就承担了商品调剂的作用，在总部的协调下，把自己店里不畅销的产品，调剂给畅销店铺销售，这也是特许体系的重要功能之一，这种调剂比总部的配送要合适，更经济，成本更低。非畅销店解决了产品积压、占据资金的问题，且腾出店面陈列更好的畅销产品，同时解决友邻店铺的供货问题。调剂功能的实行必须借助于电子商务和特许体系的诚信。

四、受许人的类型

受许人的类型是与特许经营的类型密切相关的。特许经营的类型决定了受许人存在的类型。特许经营按授予特许权的方式划分为单体特许经营模式、区域直接特许经营模式、区域复合特许经营模式等类型。相应的，受许人的类型也分为单体受许人和区域受许人。

1. 单体受许人

单体受许人主要适用于单体特许经营模式。这种模式又叫一般特许经营模式。单体特许是指特许人赋予受许人在某个地点开设一家加盟店的权利。特许人与受许人直接签订特许合同，受许人亲自参与店铺的运营，受许人的经济实力普遍较弱。目前，在这类受许人中，相当一部分是在自己原有网点基础上加盟。单体特许经营适用于在较小的空间区域内发展特许网点。

这种类型特许经营的优点是特许人直接控制受许人；对受许人的投资能力没有限制；没有区域独占；不会给特许人构成威胁。其缺点表现为网点发展速度慢；总部支持管理受许人的投入较大；限制了有实力的受许人的加盟。

2. 区域受许人

区域受许人主要适用于区域特许经营模式。

由特许人将在指定区域内的独家特许经营权授予受许人，受许人可将特许经营权再授予其他申请者，也可由自己在该地区开设特许经营网点，从事经营活动。

这种类型的特许经营的优点是：有助于区域受许人尽快实现规模效益，发挥区域受许人的投资开发能力；特许企业扩张速度快；特许人没有管理每个受许人的任务和相应的经济负担；区域主受许人可根据当地市场特点改进特许体系。

缺点是在开发合同规定的时间和区域内，特许人无法发展新的受许人；对区域受许人的控制力较小；把管理权和特许费的支配权交给了区域主受许人，过分依赖区域主受许人，特许合同的执行没有保证；特许收入分流。

五、受许人的风险

1）失去独立性。对于受许人来说，最大的不利在于失去独立性。因为特许经营本身就是所有权与经营权分离的一种经营模式。特许经营体系就是特许人规定了很多限制条件，要求受许人按照其手册和程序运作经营，这使受许人在经营权上丧失独立性。如果想自己对所有的事情做决定，特许经营则不是正确的选择。如果特许人发生决策失误时，受许人会受到牵连。

2）过分依赖性。特许经营中独立性的丧失，如果走向极端，会导致更进一步的劣势：过分依赖特许经营系统。受许人受到资金和情感的激发，而尝试特许经营，当他们把自己的希望完全寄托于特许经营体系时，这种过分依赖性就会引发问题。

3）市场经济带来的风险，使特许人的品牌价值有可能降低。特许总部的后续服务跟不上、研发能力的降低，对受许人的利益会带来不良的后果。

4）利益分配上的不公。特许经营权往往是具有最大价值的工业产权或知识产权。而特许人就是特许权的所有权人，受许人只是购买了特许人的特许权的使用权，而这个特许权可以说就是特许人的产品，受许人是特许人在某地营销业务的“外包商”，因此，在大多数的情况下，在因特许权获得的收益中，受许人只占了其中一小部分，大部分被特许人拿去了。

5）限制将来的发展。特许人为了维护特许体系的完整和统一，在特许经营合同中，常常会在许多方面限制受许人，比如特许经营合同会规定许多不利于受许人发展的条款，包括不得随意创新、不得接受其余企业的业务、在解除合同后一定时间内不得从事所加盟的特许经营行业等。

6）过分标准化的产品与服务，对消费者来说，既呆板又缺乏新意。

7）受许人对于职业经理人来说，必须提供用于创立和经营分店的资金、再投资的资金、遣散费、补贴、社会保险金等资金，这些资金的筹集与投入都有不小的风险。

8）受许人加盟创业必须同自己的店铺同呼吸、共生存，必须全身心投入到店铺的经营中，工作强度大，对受许人的身心是不小的考验。

9）如果自己是区域受许人时，业务如果发展过快，特许总部的服务可能跟不上。

10）难以做成自己的品牌，为他人做嫁衣。特许总部发展的整体规划有时对受许人来说也是一种限制或约束。在无形中，是受许人成为特许人的附庸，自己的努力、动用才智的结果只能增加特许人的品牌价值和实现收益，从而变成真正的幕后英雄。

11）泄露商业秘密。受许人在特许经营的过程中与特许人进行交流、沟通同样也会泄露自己的商业秘密，甚至私人秘密。

针对以上风险，在选择特许人时要进行严格认真的挑选。

六、受许人容易出现的误区

无论在国内还是在国外，每年都有为数不少的特许经营纠纷，在严重时，有人还称为特许经营欺诈。其实，加盟的成败固然有特许人本身的原因，但不可否认，受许人自身缺乏对特许经营的认识、没有掌握购买特许经营权利的科学合理方法也是导致失败的原因之一。主要的误区有以下几个方面。

1）购买特许经营一定可以成功。

2）受许人只需出钱，而不必有其他的任何努力，因为一切都可以完全依靠特许人。

3）受许人拥有了自己的企业，特许经营可以作为安家立命之本，可以传给子孙。

4）特许人以受许人的最大利益为出发点。

5）只要特许人的直营店和所有受许人的加盟店都是成功的，那么加盟这个特许经营体系一定可以成功。

6）特许人提供了完全的培训。

特许经营潜在受许人除了熟悉特许经营的历史、现状、发展趋势，特许经营基本知识，特许经营的利弊，相关的法律法规，常见的案例外，还必须清楚特许经营的一些错误的观念，避开特许经营的误区。

七、受许人创业与独立创业的区别

加盟与独立创业的区别，实际是说明受许人与独立创业者的区别，虽然两者都是创业者，都充满了创业的欲望，也都具有创业的热情，但还是有很大不同。

1. 受许人要谨慎，独立创业人要创新

在加盟过程中，受许人必须按照统一的固定的模式来进行商业运作，特许经营合同使受许人必须在经营上谨慎，以免违约。而独立创业人没有来自特许人的成熟经验和实际运作的有力支持，所以独立创业人必须靠创新，靠自己的努力才能取得成功。

2. 受许人要愿意接受指导，独立创业人要高度独立

特许经营的重要内容就是特许人对受许人的指导和帮助，而受许人作为接受指导、帮助的代价，必须按照合同的规定，接受特许人的管理、控制和指导。而独立创业人由于是白手起家，一切从头开始，所以必须具有高度独立的精神，依赖的性格是不会成功的。

3. 受许人的经营风险低，独立创业人经营风险高

特许人过去对产品、品牌、体系的不断投入，成为受许人宝贵的资源，如经验、技术、知识和市场等，这些大大降低了失败的风险。而独立创业人则没有这些，自然失败的概率大大提高了。

4. 受许人更注重专业的知识，独立创业人需要广博的知识

独立创业人因为在企业运营的所有方面都必须熟悉，所以独立创业人需要有广博的知识。受许人因为可以得到特许人的指导和支持，所以往往会更需要有从事该特许经营行业的专门知识，而不需要面面俱到。

5. 受许人需要和创造的资源较少，独立创业人需要和创造的资源较多

受许人企业发展所需要的很多资源都可以从特许人处获得，而独立创业人企业的产供销、人财物等诸多事项都需要独立创业人自制或外取得来，所以他们对资源的需要以及需要创造的资源方面是不同的，独立创业人往往需要更多。

我国台湾连锁协会关于加盟优势而对受许人的一项调查显示，见表4-1。此表说明了大部分创业者认可特许经营的模式，愿意成为特许体系的一员。也说明了潜在的创业人员趋利避害，力争较短时间成功的愿望。

表4-1　加盟优势调查

加盟优势	赞成者比例/%
特许经营体系可提供吸引顾客的知名商标或名称	100
发展加盟店需要时间较短	98

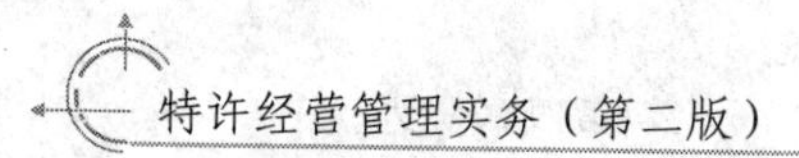

续表

加 盟 优 势	赞成者比例/%
特许经营体系提供验证过的经营模式	98
管理经验积累较为快速有效	98
可接受训练，增加日后自行经营事业成功的可能性	96
比受雇领薪有较大的工作满足感	92
比个人独立经营的风险较小	90
可享有较低廉的进货成本	83
比受雇领薪有较多的独立自主性	81
通过特许经营体系，事业较易扩大	79
时势所趋，可免予被淘汰	60
投入心力较独立经营为少，较为轻松	59
加盟商店的开店成本较独立店低	53
参与加盟较独立经营获利多	39

第二节　受许人的资格标准

特许经营对于势单力薄的投资者而言，确实是一条创业的好途径。从某种程度上来说，它大大降低了投资者个人独立创业的风险，使投资者能够大大缩短单独干时必须付出的漫长的探索阶段，而且摆脱了资金短缺、没有良好的形象、信誉等方面的困境。

世界上每年有成千上万的企业在破产和倒闭，这其中也不乏各种加盟特许经营的企业。因此作为一名受许人，想获取成功，起码应当具备一些必备的条件和素质。

一、国家政策规定

2007年1月31日，国务院常务会议第167次会议通过《商业特许经营管理条例》，并于2007年5月1日施行。这是我国目前唯一的一部有关特许经营的专门法规。

在商务部令2004年第25号文件《商业特许经营管理办法》，第八条中规定了被特许人应当具备下列条件：

1）依法设立的企业或者其他经济组织。

2）拥有与特许经营相适应的资金、固定场所、人员等。

国家政策的规定只是基本的要求，特许经营中还有许多复杂的因素，是必须考虑的。作为受许人需要从更多的方面对他进行考察。

二、受许人应具备的条件（资格标准）

以下是一些成功的特许经营企业制定出的受许人所应具备的条件。

1. 良好的心理素质

良好的心理素质是受许人成功的首要因素。当投资者决定加盟特许体系时，必须有一个心理准备：特许经营绝不仅仅是一项投资工作，要想在这一事业中有所作为，就必须全身心投入。大多数受许人会发现，要取得成功往往要比一般人付出得更多。

可能有些受许人会认为：加盟特许经营，最大的目的是求稳妥，而总部事事都已考虑在先，无须自己操心。也有人会这样想：选择加入特许组织，只是想“舒服”一些，如果还要努力拼搏，还不如自己创业。这两种想法都是错误的，是缺乏进取心的表现。

2. 受许人的经营意识

加盟特许体系，确实无须为货源、器材、采购和广告宣传等事情担心，有总部提供的全套支援和服务，即使自己没有创业经验，也能得到总部的培训和帮助，再加上总部本身已经拥有的知名度和信誉，这使成功看起来只有一步之遥。而是，总部的这些帮助只是给受许人提供了一些成功的条件，提供了创业的一个有利的环境，而生意的好坏，还是靠受许人自己的经营和努力，这是总部无法包办的。

无可否认，加盟店新开业，借着总部已有的知名度和信誉，确实可以吸引到一些慕名而来的顾客，但能否让顾客成为回头客，甚至使客源越来越广，这就要看经营者是否经营得法。如果受许人以为有了总部这块“金字招牌”，就可以稳操胜券，不注意店内卫生，不注意服务质量，不思改进，则来过的顾客只会是下不为例，连老顾客都留不住，又何来新顾客呢？

所以，受许人如果想成功，专业的经营意识和企业家精神是必不可少的。一定要记住这一点：创业是否成功，只能靠自己的一双手，不要把全部希望寄托在总部身上。如果店铺经营失败，对总部来说，最多损失一颗棋子，而对受许人来说，则是损失了全部。

3. 一定的管理经验

尽管受许人在加盟后可以从总部获得系统的管理知识与技术知识的培训，但在加盟前还是应具备一定的管理经验。因为当一个人决定加盟后，他要做的事情和要面对的问题，是非常复杂的，没有一定的管理经验的人是很难胜任的。

1）选择总部。选择是需要知识和经验技巧的。受许人要仔细研究、详尽调查、慎重评审特许总部，为自己寻找一个风险最小、利润最高又是适合自己特长的特许总部。没有丝毫经验是盲目的。

2）规划。受许人应能够制订详细的投资计划，做好预算和工作进程，并切实可行。不能全听从总部安排，因为总部并不了解全部情况。

3）筹资。受许人必须筹集投资的全部资金，或变卖一些家产，或以自己的财产作为抵押向银行借款等。

4）店址。寻找适宜的店址，并办理各种租赁手续。尽管总部会提供意见，但最后拿主意的还是受许人，若没有一点法律知识，在店铺租赁方面会留有后患。

5）装修。大多数受许人还必须亲自安排和督促店铺装修工作，随时指出不足之处。有些加盟总部，如日本的 7-ELEVEN 便利店包办加盟店的全部装修工程事项，则其受许人可省心不少。

6）招聘。尽管受许人要招聘的人员不多，但可能要见数十人，如何选择、如何签约、薪金多少、安排培训实习等都需要一定的经验。

7）货物整理。入货、做记录、上货架、标签定价、商品陈列、宣传配合、铺面的布置等工作，一切都要有条理、有系统地进行，还要分门别类，有清楚的记录。

8）开业。在商店开业时，有许多烦琐工作，如设计开业仪式，张贴海报，进行宣传。如果开业仪式隆重，则要做的事更多，如联络名人剪彩，举办开业酒会，准备酒水、食物、邀请信等，还不能漏掉重要的亲戚、朋友、客户，真可谓千头万绪。

9）营业。开业以后，要操心的事情更多，要扩大影响，招徕顾客。一般的顾客都习惯去熟悉的店购物消费，采取策略将他们吸引到自己的店来。

4. 一定的财力

潜在受许人必须具备一定的自有资金，也必须在加盟店投入自己的资金。特许人一般不提供任何财务支持。这是特许权交易中一个基本特征。

5. 一定的组织管理能力

加盟店日常运作是否顺利，取决于受许人的组织管理能力。所以，在选择受许人时，应考察受许人以往的实际工作经验及组织管理能力。

6. 一定的社会关系

根据中国国情，受许人的社会关系是企业发展必不可少的基本条件。受许人在加盟地应具备一定的关系网，以保证在经营中不惧打压，在竞争中不受歧视。但对于一个成功的特许品牌来说，在标准化的管理模式和经营模式下，这个条件显得不是那么重要。

7. 参与受许人的培养

受许人必须参加特许人提供的各项培训，并且必须认真、努力、全力以赴，以达到培训效果。只有对申请人作出全面评价，才能决定是否选择其作为受许人。特许人也应尽量谨慎，否则，一个轻率的加盟决定就可能会影响到整个特许连锁企业在公众心目中的形象及地位。

8. 具有位置合适的店铺

店址选择是否合适，直接关系着受许人的利润水平甚至经营成败。好的店址可以使生意兴旺起来，选址不当也可以使生意萧条下去，甚至倒闭。所以许多人把商店经营成功的秘诀的首要因素归结为选址，具体见表 4-2。

表 4-2 理想的店铺位置具备的条件

条 件	理 由
商业活动频繁的地区	商业活动频繁的闹市区，人流量大，店铺的营业额必然很高
人口密度高的地区	由于居民聚居，人口集中，多样化的需求必然很大，致力于满足这种需求，必然会有做不完的生意。又由于顾客需求稳定，可保证店铺有稳定收入
面向客流量最大的街道	店铺处在客流量最大的街道上，受客流量和通行量影响最大，可使多数人就近买到所需物品
交通便利的地区	在上、下车人数最多的车站，或在几个主要车站附近，使顾客在步行不到 15 分钟的路程内进店
人群聚居的公共场所附近	大型商场、影院、大机关、公园等附近
同行聚居区	竞争虽然激烈，但由于同行聚居，顾客可以有更多的机会进行比较和选择，因而很能招徕顾客

受许人加入特许体系后，在选址问题上不同的总部有不同的做法，一是总部确定加盟店店址；二是总部提出参考，由受许人自己拿主意；三是完全由受许人自己确定店址。无论哪种方式，受许人都必须亲自决定最后的店铺地址，并承担选址的全部责任。不同的特许体系有不同的做法，不同行业的特许体系也有不同的考虑重点，但他们在选址上还是有一些共同遵循的原则，我们通过快餐店案例作以下的认真探讨。对于如何正确选址，在店铺运营章节中论述。

案例点击

一家日本汉堡特许专卖组织

日本一家汉堡包特许专卖组织在确定加盟店地址时，十分注重对当地附近居民生活形态的调查。他们通过政府部门了解该地区的人口、人口密度、年龄构成、性别构成、职业构成、平均收入、出外就餐比例、通行车辆数和行人数、居民文化程度等，分析居民的食品偏好、在外就餐的频率、有没有吃汉堡包的习惯，最终得出该地有没有发展汉堡包餐店的可能性。通过对当地超级市场和商店的观察，了解居民经常吃什么肉和菜，是否喜欢吃面食，如果得出肯定的结论，就预示着有接受汉堡包的极大可能性；通过星期天对马路行人的观察，了解居民是否有赶时髦的倾向，越是赶时髦的地方，越是容易接受汉堡包。此外，还要调查有汽车的家庭多不多，附近有没有停车场，是否靠近学校等。通过上以调查与分析，便可以决定是否在此开一家可口、便宜、量足的汉堡包快餐店了。

9. 拥有明确的经营方针

因此，受许人在加盟前，必须充分掌握总部的经营方针，评估自己同准特许人在经营方针方面是否一致，合作后是否有冲突的可能，自己能否接受总部的控制和监督。这是加盟店未来成功的要素之一。

差别化竞争是现代企业竞争的一种趋势，每一家特许总部由于所经营的行业不同、顾客对象不同，其经营方针也会各不相同。即使是同一行业的竞争者，其经营方针也会有差别。例如，同样经营餐饮业的麦当劳、肯德基，两者的经营方针和形象就各不相同，麦当劳是以麦当劳叔叔为造型，目标对象主要是儿童，以活泼、轻松为诉求，希望提供一个轻快的用餐环境；现在麦当劳进行了改变，标语口号是“我就喜欢”，目标定位为有个性的13～25岁的年轻人，以同肯德基区别。肯德基是以肯德基上校为造型，目标顾客是家庭成员，以和谐、温暖为诉求，希望提供一个家庭式温馨团圆的用餐气氛。这些不同的经营方针，使每一家总部吸引了各自的消费群，并多年来赢得了顾客的信誉和口碑。如果投资者加盟以后，能够尽快跟着总部的经营方针去创业，就会得到事半功倍的效果。

10. 掌握选择正确的特许人的方法

每一个受许人的成功都依赖于特许人的运行情况，如果总部的经营出现问题，那么，即使受许人是最优秀的管理者，也会发现自己的事业和投资正处于危险之中。正是因为总部的经营状况与受许人的成功息息相关，选择合适的特许人就显得十分重要了。

受许人选择特许人要注意以下几个方面：

1）考虑特许人所经营的行业。

2）总部发展和经营现状。

3）其他受许人对总部的评价。

4）总部可提供的帮助和支援。

5）合约的内容以及加盟费用等。

6）充分认识特许经营中的陷阱。

由于特许经营对缺乏经验的投资者有很大的吸引力，他们感觉是一个馅饼，一些不法特许人设下陷阱，骗取投资人的信任，进行各种诈骗活动。例如，美国曾经有一家名为MINNIEPEARL炸鸡店，1969年以前共推出1800份特许权，但真正开张的只有161家分店，而且这些分店后来全部失败了。因此，投资者若想加入特许经营组织，在选择特许总部时，要小心谨慎。受许人在进行加盟谈判时需要注意的地方如下：

1）资料。特许人的宣传资料不详尽、不真实、缺乏数字资料，以及自夸可以令小投资者在短时间内赚取成倍的利润。

2）核心人物。特许人令受许人无法知道该公司的主管是谁，或者令受许人无法接触到公司的核心人物。

3）考虑时间。特许人在没有让受许人有充分时间了解该公司业务的情况下，便要求受许人立即做出投资决定。

4）支持情况。特许人在很短的接触时间内便要求受许人购入一定数量的货品，然后要求受许人自己设法去分销。或总部分销一些品质极差、本无销路、价钱很贵的商品。

5）承诺。特许人表示受许人只要进行一笔投资，便可安坐家中坐享利润，商业经营中没有风险的业务是不存在的。

6）费用与服务。如果总部在第一阶段收费过高，又不提供第二阶段的服务，这说明特许人实力不强或想抽身走人。

7）实践的情况。特许人若把凭主观想象未经实践检验成熟的业务形式拿出来以特许经营方式出售，这种情况都有可能是借特许经营名义进行诈骗，受许人在选择时要特别注意。

小资料

识别虚假的特许人加盟招募广告

为了让潜在的客户相信加入某个经营项目就能赚钱，特许人将目光瞄向身在其中的“天使”——在此项目中赚到钱的受许人。于是在一些特许加盟广告中，常常看到某个项目的受许人被请出现身说法，为该项目摇旗呐喊：“这个项目投资少，见效快，不到三个月就能全部收回投资成本，半年收入翻番”，“××特许加盟让你轻松做老板，店面由总部统一装修陈列，货品配送及时，员工也由总部培训！”……

毋庸置疑，这样的广告对投资者有着不小的诱惑力。潜在受许人千万不要完全被“天使”所诱惑，这种营销策略在法律上有不小的风险，并且还有可能给整个特许经营系统发展埋下隐患。

1. 法律风险之一——启用假“受许人”，可能被认定为虚假广告

有些特许人因为在自己旗下受许人中找不到合适的代言人，会要求广告策划公司找来演员“扮演”这个角色并大谈加盟此项目如何赚钱、如何省心，这种行为是不折不扣的虚假广告。

广大潜在受许人在看到类似广告后，要探询“演员”中的秘密。在和特许人谈判时，最好要求参观广告中受许人的店铺，或者要求向这个成功“受许人”取经。这样一来，很多谎言将不攻而破，“演员”的秘密会自动暴露出来。

2. 法律风险之二——夸大宣传内容，同样会被判定误导投资者

即便用真的受许人来代言，但特许人认为这个代言者的“成功”还不够“震撼”，就找人编造很漂亮的代言词，把其他受许人的成功案例都加在这个代言人的身上，瞬间代言者的“成功”被放大了几倍……虽然加强了宣传效果，但也是虚假宣传，可能误导潜在的客户。

在这类广告播出后，潜在投资者要先找一些同行业者了解情况，熟悉行业规则，让其帮忙分析广告内容的真实度。一般来说，同行业中共性存在，经营中所遇到的问题也常常相同，所以很容易识别事例的真伪。

3. 法律风险之三——代言内容涉及法律禁止内容，也可能被判定为误导投资者

特许人可能会认为将旗下受许人从事该项目得到的收益作为代言的内容是个不错的主意，但是根据《商业特许经营管理条例》的规定：“特许人的广告中是不得含有宣传从事该项目经营活动人所获得收益及一些相关内容，如有违反将受到严重的处罚。”。这已经是有真实的案例了，北京海淀工商分局曾公布了对北京某家从事特许加盟经营的儿童理发乐园进行的处罚，因为该公司不仅在广告中向投资者宣传经营收益，而且宣传与实际情况并不相符，构成误导，被罚款3万元。

所以那些准备从事特许加盟的人，在寻找项目的同时，要熟读《商业特许经营管理条例》，懂得哪些是法律范围之内允许的，哪些是违规的。在阅读广告语和合同协议时可以清晰辨别项目的真实性，对识别项目含金量也有很大帮助。

（资料来源：http: //www.795.com.cn/wz/60314.html）

第三节　受许人的利益来源

一、无形利益的来源

一般认为，自己开创一个事业，成功的机会只有 20%，而以连锁方式经营或加入特许连锁体系，则有 80%以上的胜算。连锁店在开店之初，都可以从总部获得生意经营方式（know-how）或整套的“营利公式”（business format）输出，对一位初始创业者，能让店铺获得较高的成功机会。

1. 开店的协助

受许人可以获得特许总部的店址选择、商场配置与规划、开张时的准备与促销、人员支持等方面的大力协助。受许人缺乏专门的知识，可以通过特许人的培训项目获得。受许人获得的服务包括：应用已经开发的标准；选择贸易地点或区域；指导受许人做开业前的准备工作；为受许人提供各种经营细节的操作手册；提供必要的专用设备；为受许人建立业务提供财务上的支持。

2. 人员的培训

店铺人员素质的高低，直接影响了店铺经营的成败。针对受许人及其店员的经营投资和管理水平，特许总部都能分门别类地提供专业培训，并提供一份包括各种经营细节的操作手册。培训受许人，使之掌握会计、业务、市场营销、促销和服务商品化的方法。更能让受许人在特许人的样板店里，获得实习的机会，让“新手”变“高手”，于是新店开始营业时，就能为顾客提供最好的服务。提高受许人的管理能力和以前工作中不曾有过的成就感。

3. 商品的结构规划

商品的种类繁多，如在大卖场内可达到两三万种不同商品，而在最小的方便店也有两三千个品目。一位店主是无法全部了解这些商品的。总部各部门的商品经营人员在自己的工作领域内由于不断搜集资料而成为专家，可为连锁店提供帮助。商品的结构规划，涵盖了商品部门的大、中、小分类，高、中、低品质搭配，定价策略以及货源的掌握与进货原则等，这些连锁店都可直接获得总部的协助。

4. 经营指导

店铺开张后，所碰到的问题非常多。总部的监督人员（SV）会不断予以协助解决。监督人员的最大作用就是随时巡回于各店之间，吸取各店的经验教训，提出改进意见，并将这些成果提供给各店参考，如此门店的水平才能不断提升。

5. 品牌效益

在大多数情况下，受许人的经济利益得益于已经在消费者心目中建立起来的名称或声誉。例如受许人使用特许人的专利商标、服务标记、贸易名称、版权、商业秘密、经营诀窍等。

6. 营销活动

受许人得利于特许人在全国范围的广告和营业推广活动。当然受许人以市场推广金的形式为活动做贡献。

7. 研究开发工作

受许人得益于特许人为改进经营、保持体系与时俱进和强大的竞争力所作的持续不断的研究开发工作。

8. 信息工作

特许人的各种经营经验和搜集到的各种市场信息，都可以与受许人分享，这是体系外部的人得不到的。

9. 贷款支持

如果银行认识到特许经营的优势，可能更愿意贷款给受许人。事实上，国外的许多银行已经专门设立了特许经营借贷服务部，其职责就是专门为特许经营的特许人和受许人提供资金支援。

10. 增加成功的机会，降低失败的风险

根据美国商务部的一项研究表明，以加盟方式创业的成功率要比非特许经营方式大得多。在以 3 年为限的考察中，大约 80%的新公司失败了，许多甚至仅存在 1 年。相比而言，仅有不到 2%的新特许经营企业在不到 3 年的时间里没能继续下去。

二、有形利益的来源

有形利益指的是直接利益的获得。连锁店的利益来源，主要是靠销售商品的价差（毛利）或提供服务。毛利减掉费用，才是真正的纯利润，因此毛利率愈高，费用率愈低，则纯利润也就越大。

特许店经营之所以能成为零售业的主流，主要是因为特许经营能发挥两个最大效能，即“以量制价”“机能代位”。连锁店直接利益的获得，主要就是来自这两部分。“以量制价”指的是以增加采购数量，要求厂商降低进货成本；“机能代位”指的是将店铺的机能，尤其是商品采购、商品开发、技术开发、会计、管理、物流、促销活动等机能，移由总部负责，以求减少人力并降低费用。

（一）直接利润的增加

1. 通过降低进价，提高毛利率

特许体系集合了无数家店铺的力量，大大增加了采购量，不仅确保了销售渠道，也加大了单位数量，减低送货成本，受许人便能取得较低价格的进货并扩大利润。

2. 取得商品进货推广费用

受许人的经营成本有时非常高，为了确保厂商的新产品能有一定的销售数量，特许总部在与厂商讨论进货事宜或议价时，通常要求一笔费用，以作为受许人协助厂商陈列商品并向消费者介绍的费用。特许体系的店铺多，其销售数量一般都颇为可观，这项费用厂商大多愿意支付。

许多连锁店将本项费用称为“上架费”，新品进店收进店费，非新产品收陈列费、堆头费、展示费。现因法律的限制，今后可能使用各种不同的名称。

3. 取得进货折扣

厂商为取得特许体系的配合，而特许体系也为了集中力量以降低成本，通常双方会就此问题加以讨论。一般都是就整年度商谈，现在则有所谓“半年度折扣”、“季折扣”甚至“月折扣”的情形发生。总部取得折扣时，再按事先的约定，回馈给各受许人，目前这也逐渐成为一笔可观的收入。

4. 进行促销，提高销量，取得促销利益

特许连锁店内设有专人规划促销活动，促销活动可以增加来客数并提高顾客购买欲，进而产生购买。通过提高销售额，薄利多销，以增加利润。

5. 增加其他利益

特许体系因知名度高，较易获得厂商的青睐与信任，所以在经营过程中，可以为受许人增加各种其他利益。

1）场地出租，如苏宁引厂进店、出租柜台。

2）特殊位置的陈列费收入，如进出口处、收银台旁、端架等。特许连锁店可引导厂商将商品陈列于此，要求适当的陈列费收入。

3）广告费收入，如 POP 每个 5~10 元，店铺橱窗、走道、墙壁等出租给厂商贴海报或做灯箱广告。

4）店铺陈列面积增加的利益，如受许人店铺建立的商品供给的 JIT 系统，店铺的仓储面积缩小，卖场面积扩大，展示商品增多，顾客选择机会增加，可提高营业额。

5）服务性商品的开发，如代售邮票、公用电话卡、球票、电影票、彩票等收入。

6）废品处理的收入等。

（二）费用的减少

1. 减少投资成本

减少投资成本主要体现为以下 3 点：

1）店铺装潢费用的减少；特许门店的装修建材因为特许总部与供应商长期的合作关系和大量的购买，可以获得比独立门店找厂商自己进货更便宜的价格。

2）同样，门店开店的设备、器材也会因同样的原因而节省费用。

3）加入特许连锁体系可利用总部大型计算机的中央处理系统，受许人只需自备简单的终端系统，然后与总部连线，就可利用大型计算机的管理机能，而且无须自行开发或购买软件，从而节省信息系统的费用。

2. 机能代位的成果

一家店铺的营运，包含了无数的机能运作，如商品开发采购、商品进货验收、陈列、店铺的清洁、顾客服务、会计工作、财务工作及公关工作等。独立店铺的员工，要完成这许多不同专业的工作或不可能，或费用大得惊人。加入特许体系后，可将店铺的许多工作（机能）移转给总部，由总部代劳，如此便可降低人力的支出。这些主要包括：采购机能的代位；管理机能的代位；店铺经营人员的减少。

3. 管理自动化的成本降低

特许连锁店如果能应用条码技术、EOS、POS、VAN 和 EDI 等，从订货开始到付款结束，因为与总部及物流中心及特约厂商连线，甚至于进出货传票、发票等，都可以由计算机来传输，付款也可运用金融物流中的汇款方式，由银行代为处理，不但节省了人力，而且管理的品质更精致与严密，损耗率也会相对减少。

4. 共同负担费用的减少

例如广告费的支出。受许人为提高知名度，需要以广告吸引消费者，受许人店铺愈多，则各家店铺所负担的费用就愈低。

5. 降低利息负担

特许总部会代替各连锁店与银行商定贷款事宜，要求银行把偿还期限拉长，或适度降低利率，特许店也就降低了经营压力。

6. 减少研究发展的支出

特许体系的研究与发展，大多由总部负责，店铺的最大任务就是做好顾客服务以提高营业额，因而可以大幅度减少研究发展的费用。

小　　结

本章主要包括受许人概述、受许人的基本条件和资格标准、受许人的利益来源。受许人概述包括受许人的概念、作用、特征、类型、受许人的风险、受许人创业和独立创业的区别。受许人的基本条件和资格标准包括国家特许条例和法规规定的基本条件和行业有关的经营理念、心理素质、资金实力、行业经验、店铺位置、对特许人的理解、经营战略等。受许人的利益来源包括无形利润来源和有形利润来源。

思　考　题

1．成为特许体系受许人的条件有哪些？
2．受许人如何选择特许人？
3．分析特许经营对受许人的好处。
4．分析特许经营对受许人的不利之处。
5．什么叫受许人？它有哪些特征？

案　例　分　析

案例1　华美达集团和龙府饭店特许经营的双赢

华美达隶属于万豪集团，是著名的三四星级的酒店品牌，在美国拥有1400多家酒店，在美国本土发展已较为成熟。酒店这几年开始将目光投向亚太地区。龙府饭店是由香港著名设计师按照国际三星级酒店的标准规范设计，豪华装修，以阳光、青山、绿水为主题，集住宿、餐饮、娱乐、休闲度假、健身为一体的休闲酒店。其双方采用了经营模式的特许经营方式，可以通过复制酒店经营方式的形式进行克隆，使华美达能够在最短的时间内成功地进驻到中国市场中，在保持品牌价值的前提下迅速铺开服务网络，而龙府饭店也可以从复制过程中学到华美达先进的运作方式和经过市场检验的成功经验，提升酒店的内在价值。

华美达作为特许方将华美达品牌的特许经营权授予龙府饭店使用，并提供一个具有国际的操作、销售、市场、服务和资产管理标准的清单，包括：操作国际标准、服务国际标准、商标标准、设计和建筑标准、资产保护管理系统、MARSHA预订系统培训清单、酒店销售和市场清单、特殊训练项目。华美达集团提供整套先进的管理系统，前期派人员到龙府饭店进行初期培训，以后每年对龙府饭店的高级管理人员和业务骨干进行海外培训。华美达集团不同于其他在中国的国际酒店管理集团，特许经营不收基本管理费和奖励费。但作为授予特许权的回报，华美达集团可向龙府饭店收取以下特许经营权费和各种服务费用：

1）广告费：2%的房间收入，其中 1%为国际广告费，1%为国内广告费。

2）国际特许经营名牌费：3%～4%的房间收入。

3）培训费：包括前期派驻龙府饭店的外籍人员的工资和每年龙府饭店派 1～2 人到美国培训的费用，培训费用约为美金 750 元/人。

龙府饭店在签订特许经营合同后，可以在合同规定的范围内，使用 RAMADA 品牌标识，获得国际标准的管理、服务、预订、市场营销及硬件设施维护管理系统，使用全球最大的酒店预订系统 MARSHA，以及与之配套的全球 GDS 系统，加入华美达/万豪集团的网络营销系统。通过特许者设在新加坡、美国、欧洲、东京、夏威夷，以及我国的香港、上海、北京的销售中心的网络系统中推销龙府饭店，亚太地区总部的销售执行人员将联系所有的主要区域市场、旅行社、外国公司和航空公司推销龙府饭店。其高层管理人员和核心部门经理可以得到先进管理经验的培训，在酒店的装潢、布置也可得到华美达集团的指导。龙府饭店应当严格按照特许经营合同规定的标准开展营业活动，按时支付广告费和国际特许经营名牌费，按合同约定每年派人员到华美达集团参加培训。在华美达指导和监督下应达到合同规定的服务要求，维护整个 MARADA 体系的名誉和统一形象。如果龙府饭店在 5 年合同期限内违反特许经营合同规定，侵犯华美达集团的合法权益，华美达集团有权终止龙府饭店的特许经营资格。

（资料来源：方丽燕. 跨国经营合作的双赢模式——华美达集团与国际俱乐部的特许经营. 成都：西南财经大学, 2000, 有改动）

案例解析　本案例特许人和受许人根据自身条件和发展需求，达成特许经营合作，使双方得到双赢。华美达可以迅速建立中国的饭店营销网络，有效地配合整个华美达体系的发展。龙府饭店加入华美达特许经营体系丰富了客源，同时获得了华美达的资金支持和先进的经营管理培训。

案例 2　麦当劳遭遇“中国式”难题 加盟商股权代持起纠纷

被誉为加盟连锁标杆的麦当劳，最近也有点烦，其湖南地区的加盟商湖南迈湘餐饮投资有限公司（以下简称“迈湘投资”）目前陷入股权纠纷。根据麦当劳严格的加盟制度，是不允许存在多名不是一个家庭成员的股东或隐形股东的，而这在中国，代持股权则受法律保护。

目前，迈湘投资的隐名股东一方李波等四人已经向长沙当地法院提起上诉，法院已受理。而迈湘投资的显名股东一方李清江在事件升级时曾召开媒体会对外进行回应，表示不存在隐形股东。但是在接受《中国经营报》记者采访时，李清江却表示：“目前双方进入司法程序将不再接受媒体对此事的采访。”

中国经营报记者了解到，尽管麦当劳对加盟商的资质要求非常严格，包括加盟商的资金来源都需要做出说明，甚至家庭背景及个人成长历程和素养方面都有要求，包括对加盟商之后的管理也有一套详细的标准，但是这些都会遇到“中国式”的挑战。正所谓“上有政策，下有对策”，如果迈湘投资的股东矛盾不爆发，外人绝对是不知道背后还有这么一个故事的。

一、“隐形股东”浮出水面

在 2014 年国庆黄金假期的最后一天，10 月 7 日上午 9 时许，李波等人突然进入长沙市麦当劳平和堂五一广场店，将店内所有客人“劝离”，随后用链条锁住大门，并在店门口张贴了“警示函”。

这一家店是麦当劳 1998 年在湖南省开出的第一家麦当劳餐厅，位于长沙市中心位置。该店被锁之后，湖南麦当劳经营方——湖南迈湘餐厅食品有限公司（以下简称“迈湘食品”）相关负责人赶到店里跟李波谈判。

“我之所以采取这种方式，主要目的是逼李清江出来跟我们谈。过去跟他沟通多次但无果，最近找不到他了，但是那天他还是没有出现，来了位副总和其他几位负责人。”李波告诉记者，大约过了两个小时，该店恢复正常营业。

张贴在店门口的“警示函”写道：迈湘餐饮、李清江，根据你与我们（李波、郑晓静、郑波、刘斐四人）2012 年 9 月 16 日签订的《投资合作协议》约定，我方累计投资数千万元用于麦当劳餐厅的经营，享有 35%收益及权益。

“能够拿下麦当劳湖南总代理，这是我们整个团队的成绩。要知道当时想拿这个代理权的人很多，包括本地有实力的零售企业。”郑晓静表示。

对李清江关于“隐形股东”的否认，李波和郑晓静非常愤怒。李波拿出《投资合作协议》的复印件向记者展示，“这里都有李清江的签名及手印，这手印不可能伪造吧”。一同给记者看的，还有一份法院的受理书。“我把这些证据全部交给了法院。”李波说。

在麦当劳平和堂五一广场店被封第二天，李清江向湖南当地媒体表示，迈湘食品是经麦当劳总部授权的特许经营公司，迈湘投资是其唯一股东。李清江和其太太梁珍珍分别持有 95%和 5%的迈湘投资股份，不存在其他直接或间接持股的主体。

记者查询工商相关资料也证实了上述股权关系。李波也承认，确实他们四人的股份没有在工商登记材料中显现，但是在中国代持股份是合理合法的。他还向记者讲述了其中的隐情，当初之所以这么做，是为了满足麦当劳一方的要求，即只允许一个股东或者是一个家庭成员股东。

“我为了谨慎，此前为了给李清江凑钱，我从自己的公司打了 700 万元到他个人账户上，但是我要求他把钱打回来，我再从我个人的账户上给他个人账户上打钱，就是为了区别开来。我们四人打钱都有银行记录的，包括这个《投资合作协议》都是请了律师的。”李波说。

郑晓静告诉记者，“双方的矛盾导火索有两件事情：一是李清江在未知会我们的情况下就因一小事将我们派过去的会计开除了；还有一件就是在与麦当劳谈判期间花的一笔顾问费双方存在分歧。”

李波还向本报记者透露出一个细节，李清江分多次向包括他在内的四名股东个人账户打款，总额略比他们作为资本金的高。“他以为这样就把我们清除股东之外了，问题是我们不清楚这钱到底是什么钱，投资时有合约，就算要收购我们的股份也应该坐下来谈，也要签订个东西。”

“事实上，我们《投资合作协议》上针对双方的退出机制都进行了约束，都有相应条款的。现在我们向法院起诉就主张一个权利，恢复我们股东的权利。”李波说。

二、加盟商管控现难题

迈湘食品正式接手湖南麦当劳是2012年10月1日0时，这源于麦当劳在中国推出的一项计划。郑晓静向记者回忆，当时麦当劳推出了13个省份的加盟计划，而湖南是其中市场比较大的一家。收购前麦当劳在湖南有36家餐厅和2家新店，共38家餐厅，转让价达2.4亿元。

据了解，麦当劳此前在湖南这36家店都是自营，转为加盟代理主要是为了快速发展，赶超竞争对手肯德基的发展速度。现在，湖南加盟商的股权纠纷就爆出了冰山一角。有人质疑，其他省份的加盟商是否也存在这样的隐名股东？“这个事情是我们团队一起运作的，并且请有顾问团队来包装李清江使之满足麦当劳的加盟条款。”李波说，尽管麦当劳有相当多的条款，但最终通过运作还是拿下来了。

甚至一些加盟商并不按麦当劳的相关条款执行，耍起了“中国式”的小聪明。比如在一些新店的装修上，麦当劳是要求指定的装修商来施工的，一些加盟商为了降低成本，甚至不惜出钱让指定装修商只出名收钱，干活的却是加盟商自己另外请的人，以期降低成本。

（资料来源：http://finance.ifeng.com/a/20141024/13216552_0.shtml）

案例解析

中国政法大学特许经营研究中心常务副主任李维华认为，从这个案例来讲，是加盟商的问题。作为品牌方，麦当劳应该杜绝这样的加盟商存在。而这种“中国式”变通的做法，正是很多中国连锁企业做不起来的根本原因。要解决这个问题，需要“一软一硬”的措施，“一软”是指通过宣传企业文化和利益的引诱；“一硬”是指需要系列健全的合同来约束和一套强大的督导体系。麦当劳这个案例给中国的特许连锁企业带来了一个教训和启发。

长期关注连锁加盟的北京市昭德律师事务所孙连会律师认为，这种“上有政策下有对策”的中国式变通，连麦当劳这种制度健全的公司照样也避免不了。这不能说麦当劳在制度上有什么不合理，只能说，要求品牌方不断加强机制建设。

在孙连会看来，麦当劳唯一能做的是在合同中明确不允许存在这种股权代持，这一块麦当劳肯定是有的，问题是：中国法律对股权代持是承认的，应该支持实际出资人的权利。孙连会认为，这种股权代持在中国相当普遍，麦当劳本身很难防范，这也是麦当劳与加盟商之间出现的一个新的问题。这件事情对麦当劳会产生一正一负的影响，负面影响是对麦当劳的加盟体系和品牌形象，甚至湖南市场都会产生不利影响；正面影响是麦当劳在后续的加盟过程中会吸取教训，采取更有效的措施。

湖南通程律师事务所潘志勇律师提醒，股权代持存在以下几个法律风险：一是股东地位不被认可，由于公司股东以工商登记为准，因此如果不记载实际股东的姓名，那么在法律上实际股东的地位是不被认可的，也就为股东权利的行使设置了障碍；二是代持股人恶意损害实际股东的权利，比如擅自出让股权或者滥用表决权；三是由于代持股人自身原因导致诉讼而被法院冻结保全或者执行名下的代持股份；四是代持股人意外死亡等，则其名下的股权作为财产有可能涉及继承的法律纠纷。

实 训 项 目

1）组织学生在学校所在城市进行特许体系调查，找出有潜力的特许体系与人。

2）练习对特许人进行评估，研究他们的加盟条件。

3）做好自己的评估，做好加盟的准备工作。

第五章 特许经营体系的构建

教学指导☞

学习目标

- 理解特许经营体系构建的准备、特许经营体系的设计；
- 特许总部的组织结构和功能构建、单店的设计与功能构建；
- 掌握特许经营推广体系的构建、特许经营督导体系的建立等知识。

技能要点

- 制订特许经营体系推广的初步方案；
- 设计特许总部的组织结构；
- 设计特许单店功能；
- 建立门店的督导体系。

案例导入

快乐柠檬单店设计

一、对加盟商的设计

1）持有中华人民共和国有效身份证的自然人或持有企业法人营业执照的企业。

2）具有品牌意识，认同快乐柠檬（happylemon）经营理念，遵守快乐柠檬 Happy Lemon 管理方式和营业守则。

3）具有至少 8m^2 以上的经营场所，以及 15 万元以上的可支配资金。

4）身体健康，能长期从事餐饮经营和管理工作。

5）坚定负责的性格和良好的社会信誉，并全身心投入经营。

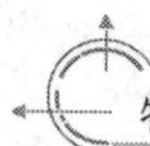

6）有强烈的创业投资决心，将鲜茶柠檬宝贝作为自己的事业。

7）自觉维护消费者的权益，具有一定的从商经验，并且具有良好的从业道德和持久的商业战略。

二、快乐柠檬 LOGO 设计

标志说明：快乐柠檬是上海快乐柠檬餐饮管理有限公司在 2006 年成立的咖啡茶艺品牌，快乐柠檬品牌形象鲜明、有活力，运用鲜明的色彩、简单的线条，营造出开心、活泼、健康、可爱的店面形象，让消费者在视觉上更容易辨识。快乐柠檬旨在发扬新茶文化，茶是华人的文化，快乐柠檬让茶成为世界的文化。

三、快乐柠檬产品设计

快乐柠檬要带给消费者的不仅是香滑鲜茶，而是一种色彩缤纷、乐观积极、健康卫生、先进时尚的喝茶文化与体验，切合新一代中国青年的生活态度。快乐柠檬采用现代科技，不经人手的全自动方式，按照统一的标准，在 1 分钟内泡出一杯卫生、新鲜、美味的快乐柠檬，迎合日益加快的生活步伐。快乐柠檬本身就像一位活力充沛的新一代年轻人，拥有开朗、新潮、敏捷、讲求素质和口味清新的个性，给人焕然一新的健康印象。

四、选址设计

首选物业：商业综合体、购物中心、商业街、写字楼底商及配套商业。

物业使用：租赁。

需求面积：$10m^2$

合同期限：3 年以上。

选址标准：（1）地理位置的要求：选址地点在市政商业区、地区型商业区、商务圈、学院圈。

（2）店面标准要求：使用面积不低于 $10m^2$ 左右；前开门的店面门面宽不低于 2.6m，后开门的店面门面宽不低于 1.6m；外立面空间高度不得低于 2.5m，店招高度不得低于 0.6m；室内操作区净使用宽度不低于 2.85m，净深尺寸不得少于 2.4m，净高不得低于 2.5m；有特殊房型的、门面尺寸不标准的需通过公司核准方可加盟。

（3）设施附件要求：①电力要求：15kW40A 以上（有 380V 动力电）；②上水要求：6 分管以上的进水管；③排水要求：独立的排污管道。

（资料来源：根据有关资料收集整理）

案例解析 快乐柠檬项目专为中小投资者量身定做，针对营业面积和投资额度小的投资者，降低投资风险。而作为特许人必须对单店进行有效科学的设计，让加盟者对自己有个科学的评估，让加盟总部对加盟者有个科学的把握。快乐柠檬的设计就是比较好的例子。

一个企业特许经营体系得以建立一般分五个步骤与阶段，如图 5-1 所示。本章主要介绍如何构建一个完善的特许经营体系，主要从特许经营准备、特许体系设计、特许经营体系的初步建立、特许加盟推广体系设计、督导体系设计五个方面进行论述。由于特许经营准备和特许经营商业计划有密切关系，所以在特许经营商业计划中一并论述。

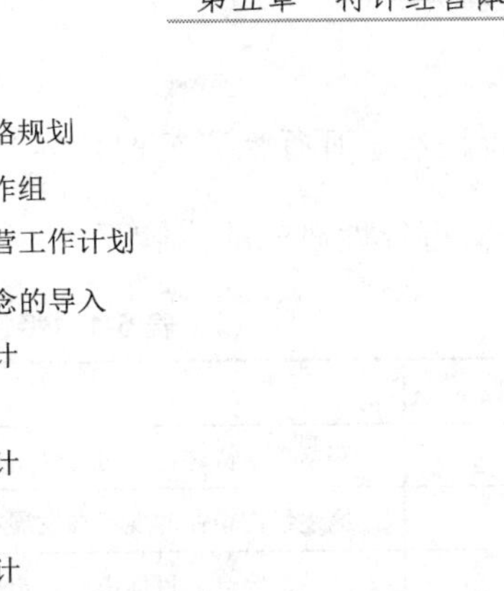

图 5-1　构建特许经营体系的五个步骤

第一节　特许经营体系构建的准备

一、进行特许经营的可行性研究

要准备发展自己的特许经营组织并形成体系，不但需要制定完备的特许经营规章，而且在制订尽可能完善的特许经营计划时，必须对企业实行特许经营体制的可能性进行认真而谨慎的研究，从中获取足够的市场、企业本身（特许人）和加盟者（受许人）等方方面面的信息，使企业能够做出是否特许的经营决策。

（一）特许经营的可行性研究的要素

1）人的要素。它包括受许人的个人品质、道德境界；受许人是否适合从事特许经营，比如，是否可以遵从体系的制度、个人当老板的欲望是否太强烈。

2）无形资产要素。它包括特许双方的个人资本和融资能力，在业界的声望和当地的地位，信贷声誉的好坏。

3）职业背景。受许人原来的行业和特许人是否相关，是否有行业经验，是否有管理团队，拓展市场的能力如何。

4）行业状况。它包括国家经济形势、国际经济发展趋势和动荡根源、行业的新技术、新理念；行业发展的生命周期；对社会经济发展的重要性等。

（二）特许经营可行性研究的内容

特许经营可行性研究的内容见表 5-1。

表 5-1　特许经营可行性研究的内容

项　目	内　容
内容简介	概括总结特许经营可行性研究中所包含的信息
企业现状	描述特许企业的现状与发展状况
营销管理	产品、地点、目标市场、定价策略、促销和广告、开发受许人的营销手段准备
管理组织	人力资源管理的政策与实践，相关的政策与工作程序，企业的机构设计能力与经验
财会、税收	特许组织财会制度的建立，财会部门人员与工作制度的建立
法律、政策	业务结构、合同、许可证、特许合同、双边法律关系情况

二、制定特许经营战略规划

在可行性研究报告撰写完成后，就应进入总体规划和决策阶段。这一阶段通常按照下列程序进行。

（一）成立特许经营项目组

成立特许经营的项目组，对特许经营的可行性报告进行评估和论证是非常重要的环节，它是关系企业未来经营好坏的系统工程。

1. 项目组的成员选择

一般项目组成员由内部和外部两类人员组成。内部人员主要包括企业高层，即董事长、总经理、营销副总、财务副总、技术副总；中层各部门的负责人；股东或需要参与前期项目策划的人员。之所以这样，是因为特许项目牵扯的面广，投入的资源多，内部人员参与项目组有利于工作协调，措施的执行比较顺畅，也有利于特许体系构建后的管理与发展。外部人员包括特许顾问、相关行业专家、律师、银行顾问等。外面的顾问有实战经验，可以把握成功的关键，避免错误的决策，提高成功率。

2. 加强评估工作

在项目决策小组人员充分酝酿的基础上，应重点对项目进行论证评估，举行一次或多次全体人员参加的正式论证评估会议。会议开始时，先由可行性研究报告的撰写人员进行陈述，然后按照可行性研究报告的议题顺序对报告的内容逐一加以论证和评估，对报告提供的资料信息进一步核实，对报告提出的思路、建议、方案进行磋商和交流，然后得出结论性意见。

3. 得出结论

将正式评估会议上与会者的意见和建议汇总，作为撰写总体规划和实施计划的依据。

（二）制定总体战略规划

在组建特许项目组和进行可行性研究后，接下来就要制定完善的切实可行的特许经营总体战略规划，作为特许经营项目组工作的指导。

1. 制定特许经营总体战略规划的步骤

1）确定特许经营体系建设的总体工作目标。

2）对特许经营项目工作进行细目分解，直到分解到最细的细目为止，而且要形成类别或模块。

3）充分考虑项目的总体活动时间。对每一个工作模块要有具体活动的时间、人力、过程的安排。

4）绘制网络计划模型。其主要目的是明确特许项目各个活动与环节之间的次序，明确工程的各个任务、逻辑顺序以及时间、费用、资源等要素。

5）进行时间与资源的估算。包括每项活动的时间长短、资金与人类资源等资源的类型和数量。

6）对特许项目的进度计划和每项活动的成本进行预算，并根据预算排出特许经营项目的初步日程安排表。

2. 特许经营总体规划的内容

1）前言。前言即特许人组织简介，以及特许经营的可行性研究的结论。

2）战略发展方向和特许加盟体系发展目标。它包括特许人的经营理念、战略目标，一般将战略目标细分为时间、成本、体系建设等具体的具有可操作性的阶段性发展目标。

3）特许体系管理模式的选择。这包括单店运营管理模式、总部运营管理模式、特许加盟授权的体系结构等设计。

4）特许经营加盟体系发展策略。这包括总体发展策略、品牌发展策略、区域市场拓展策略、营销策略、加盟商发展策略、竞争策略、产业资源整合策略。

5）实施特许加盟项目的财务预算。

6）特许经营加盟体系的初步发展计划。这包括团队组成、特许项目的工作任务、项目任务的工作进度、工作的顺序、项目的人财物安排等。

7）附录。在前期的活动中，一些不便于写入规划正文的资料、名单、表格、报告等可放到附录里。

三、制订特许经营商业计划

在特许人特许经营战略规划中的初步特许发展计划的基础上，可以制订具有可操作性的商业计划。一个认真开发的特许经营体系，可以使特许人和受许人都获得成功；反之，则会导致双方遭受损失甚至破产。一个合格的特许人应制订一份合格详尽的特许经营计划，来具体指导特许体系的运作。理解和制订一个合适的特许经营计划显得至关重要。

（一）特许经营商业计划的含义

特许经营商业计划是特许人发展特许经营的指导性文件。它是在特许人发展战略的基础上，根据企业的实际和发展现状来设计未来的发展方向，而制定企业发展模式规划书和指导书。特许人发展特许，尤其是比较快的发展特许连锁，必须借助于特许经营商业计划，并在其基础上才可以蓬勃发展。

特许经营商业计划的重要作用主要体现在以下几点：

1）它是特许人商业特许发展的指导性文件，一切特许经营活动以此为依据来进行运作。

2）对合作伙伴来说，它是体现特许人发展构想的计划书。有了它，特许人在发展过程中同合作伙伴进行的一系列活动才显得有意义和可信。

3）对加盟商（受许人）来说，它是了解调查特许人的重要资料，是评估特许人的依据和参照标准。特许人如果把特许经营商业计划做得具有科学性和可操作性，就容易获得受许人的信任。

（二）特许经营商业计划的构成

一个合理的特许经营商业计划主要由三部分构成：特许人经营计划、受许人招募文件集、受许人经营及成功文件集。

1. 特许人经营计划

特许人经营计划是一个详细的经营规划，主要由以下部分构成：

1）企业的纲领性文件，如管理、组织行政政策等。

2）营销过程的管理。

3）销售与市场调研。

4）经营过程管理。

5）区域、商圈、店址选择。

6）会计惯例和合理的纳税义务。

7）基于公司战略和市场预期情况的财务规划。

8）管理信息系统。

9）规范特许人和受许人关系以及各契约方活动的法律文件。

2. 受许人招募文件集

特许经营商业计划的第二部分是一个清晰的受许人招募文件集。其主要包括：统一的特许经营权提供公告，特许经营协议合同，招募、广告手册。

受许人招募文件集应该能够使潜在的受许人清楚地了解特许人提供的帮助，并清楚地说明特许人和受许人的权责。受许人招募文件集通常按一定的逻辑顺序说明下列问题：特许人企业的目标、对潜在受许人的开业资本要求和投资期望；潜在受许人必须具备的资格和其他条件；成为受许人所能分享的利润和所应承担的责任。

（1）统一的特许经营权提供公告

在下列情况下，必须尽早向潜在受许人提供统一的特许经营权要约公告：在特许人与潜在受许人第一次会面时，签约的前 10 天或潜在受许人向特许人支付费用的前 10 天。

（2）特许经营协议合同

特许人必须在受许人交纳适当的费用前 5 个工作日向受许人提供特许经营协议。适当的费用是指特许人提供了特许协议中提到的要素，而向受许人要求和收取的费用（特许专利使用费）。类似的，受许人也能够向特许人要求、获得、使用一定的要素并让特许人履行一定的责任。实质上，适当的费用包括：明确特许人和受许人之间特许关系（规定双方的权利和义务）的协定要素。

（3）招募、广告手册

招募和广告手册是分发给潜在受许人的小册子，使受许人对特许人的宣传做出反应，或供他们当面咨询有关信息。这些小册子和招募流程图解释了特许人产品或服务的形式，确定了成为某特许体系受许人应遵循的进程或步骤。其中的招募流程图还阐明了由特许人制定的发展受许人的进程步骤。

3. 受许人经营及成功文件集

受许人经营及成功文件集主要包括：经营手册，财务和簿记体系，广告和促销文件集、销售手册，特许人或受许人支持文件集，培训手册。

经营手册被认为是受许人的商业宝典。手册详尽描述了程序指导方针的作用以及企业经营的标准。经营手册的目的是：传递有关特许经营体系的信息；向受许人传递适应特许经营体系的知识和价值观；依据特许加盟店的经营体系去培养经营能力。

受许人还需要了解特许人的会计系统。这需要一个财务手册，一个合理的财务记录方式一般由特许人在实践中逐渐摸索建立，并传授给受许人使用。受许人需要了解特许人要求的所有报表和财务分析方式，这些都有助于受许人成为优秀的财务管理人员。

广告和促销文件集、销售手册说明了开业之前或开业之际特许人所能提供的有效广告、促销支持程度、特许人和受许人之间的合作以及特许人赞助的全国或地区范围内的受许人参与活动的要求。特许人和受许人双方均应对广告的数量、类型、促销、公众形象有一个清楚的了解，内容包括：哪一方负责、每个活动在当地能在何种程度上增加销售、提高企业知名度和形象等。

特许人支持文件集是一个相对模糊的条款，它主要指特许人在何种程度上来维系其与受许人之间的关系，通常包括以下内容：受许人在开发具体的市场方面在何种程度上负责；内部运营中，需要保持的业绩水平；面临商标法或反不正当竞争法等问题时通常采取的步骤。总之，受许人在其开始经营前需要清楚地了解特许人对他的期望，这可避免双方今后可能产生的矛盾。

特许人需要准备培训手册，这样受许人和以后的雇员都可以接受正规的培训，培训可以弥补受许人现有知识和技术水平与特许人所要求的水平之间的差距。为雇员准备的培训手册与针对受许人的培训有很大不同。雇员培训主要集中在技能操作、柜台业务训练等一系列具体的培训方面。

四、公布特许人的公开文件

特许人应向受许人提供一份公开的文件，也就是统一的特许经营权提供公告，有的称为披露文件。这份文件原则上每年修订一次，应于签订特许合同至少 7 天前送交所有的潜在受许人审阅。在特许合同展期时，也应向现有的受许人送交一份公开文件。

公开文件（特许经营权提供公告）应按照规定和要求认真撰写，并适用于特定的特许体系。公开文件应公布财务状况，有关数据要每年更新，在受许人需要时提供给他们。特许人有权对文件中的数据作进一步的解释和说明。假如与受许人的合同中涉及特许人和区域特许人，则文件中要包括特许人和区域特许人双方的信息资料和财务数据。假如特许人与受许人没有直接的合同关系，特许合同只是区域特许人与受许人的双方协议，那么公开文件只需要包括区域特许人的信息资料和特许体系的概况。

公开文件的主要内容包括如下几个方面。

1）特许人的名称和注册机构。

2）特许人的董事、总经理及主要负责人的姓名、工作职务及资格。

3）特许人的董事、秘书、总经理及主要负责人的个人简历，其中包括在本特许体系的工作经历；经营或出售本特许店的经历；经营或出售其他特许店的经历。

4）附有特许人主要财务的生存能力证明。

5）有关特许人或其董事、经理在债务、刑事民事或行政诉讼、破产等方面的详细记录。

6）本特许体系特征、性质的概述。包括：本特许体系的性质、经营历史及其发展；列举特许人所使用的商标、标识、品牌、技术及其保护措施；列举特许人和其经营有关的诉讼等；受许人应付给特许人的详细款额（包括计算方法）；假如受许人到期终止特许合同，特许人应归还的资金数额；限制性项目，如地域性限制、出售竞争性特许体系限制等；从特许人或其指定供应商处购买商品、服务、设备的规定和条件；特许人参与或批准选址的依据；有关特许分支店的终止、展期、商誉和转让等事项的规定和条件；特许人主要义务的概述。

7）列表说明购买特许经营权。包括的项目有首期特许费、存货、安置、运转资本等，估算每一项的费用及总费用。可租用的项目也要估算租金数额。

8）详述特许人对受许人的财务要求。

9）现有受许人名录。包括地址、电话号码、过去一年中终止或未能展期的特许分店数目，尚未解决的与受许人进行诉讼的详情。

10）有关特许分店预计销售水平、收入、毛利、净利的书面分析和方案，应详细列举每一项具体标准，并应说明不能确保受许人获得与这些标准数据相同的结果。

五、试点经营

在对企业特许经营作出详细的规划和设计后，就应当开始着手建立特许经营组织了。其主要步骤见第三章第一节的相关内容。

六、构建好自己的特许经营品牌

当一个顾客想要消费时，面对琳琅满目的品牌会感到眼花缭乱，其在作选择时，首先是根据自己的需要，然后认出或想起某个品牌是他所熟悉的，并且具有他所需要的功能，就可能成交了。对于一般社会大众来讲，不可能知道千万种商品的详细功能，也不可能具有专业人士的鉴别力，最安全、最合适的选择就是认购获得大家认同的、品质优良具有连锁效益的品牌。如现在大家买电器产品，首先想到的是销售企业品牌，国美、苏宁、三联、大中等知名企业，然后才继续联想到海尔、联想、格力、大众等产品品牌。

品牌的基本功能就是减少顾客在购买商品时所花费的时间。对顾客来讲，选择知名品牌无疑是一种省时、可靠又不冒险的决定。一个成功的品牌必须以一种始终如一的形式，将品牌功能与消费者心理上的需要连接，能透过这种方式将品牌的定位信息明确地传给消费者，使之产生购买欲望。

成功的品牌集各种因素之大成，不只单靠广告、产品功能，它必须具备如下要件：

1）产品本身必须符合市场需求。

2）产品必须满足顾客的预期品质。

3）品牌必须能激发顾客的忠诚。

4）成功品牌必须不断创新。

5）成功品牌必须注意自身形象。

在前面的准备工作完备以后，就要进行特许经营体系的设计了。

第二节　特许经营体系的设计

特许经营的第一个重要任务是进行未来特许经营体系的基本设计，共包括 5 部分：特许权、单店、区域分部、总部和管理体系。

一、特许权的设计

1. 特许权的物质部分

这一部分的设计主要是有关一个单店运营的产品、原料、设备和工具等。企业应对其进行详细的描述，包括其物理属性（颜色、形状、重量、尺寸、密度、部件组成、物理寿命等）、化学属性（酸碱性、对外界温度湿度等的反应等）与社会属性（产地、品牌、价格、性能、经济寿命、使用程度和工艺等）。这一部分也可以以产品描述书、原料描述书、设备及工具描述书等形式单独列示，必要时应配以图案和照片等更能说明事物的生动手法。

2. 特许权的企业文化部分

企业文化对于特许经营是极为重要的，应该认为特许经营的本质之一就是特许了一种企业文化。因此，广义的企业文化其实就是特许经营体系的核心——特许权。准备实行特许经营的企业必须要全面了解、正确认识企业文化，因为无论是在企业的特许权设计阶段，还是在特许权的授予以及整个体系的营建、管理、维护和升级阶段，企业文化始终都是一个起决定性作用的因素。企业文化真正全面的内涵是“企业文化＝理念文化＋物质文化＋制度文化”。优秀的企业文化可以激励员工，提高产品的文化与技术含量，开拓更广阔的市场，提高企业竞争力。

企业文化由于其具有巨大的实际价值，很快受到企业家们的青睐。IBM 于 1956 年在世界上首先导入了企业识别系统（corporate identity system，CIS），随后世界上的著名大公司，如可口可乐、麦当劳、3M、东方航空、马自达（Mazda）、索尼（Sony）、第一劝业银行、三井银行、美能达、宏基（ACER）等紧随其后，大张旗鼓地进行 CI 的导入。在中国，1988 年，广东“万事达”第一家实施总体 CI 策划与导入，公司名称、品牌改为“太阳神”，结果使其营业额增加 200 多倍，仅 1992 年就达 12 亿元人民币。可见，企业文化对企业发展的重要性。

在塑造企业文化时，应该明确企业文化不是企业能“设计”出来的，它是通过 CIS 或 CI（corporate identity）的导入来逐步地在企业里“形成”的，CI 就是通过统一的整体识别系统将企业文化外化为企业形象的过程。所以，我们设计的并不是企业文化，而是 CIS 或 CI。

传统的企业识别系统（CIS 或 CI）一般包括 3 个部分，即理念识别（mind identity，MI）、行为规范识别（behavior identity，BI）和视觉识别（vision identity，VI）。但根据现在的发展，以及出于对单店和特许经营的考虑，还应再加上 3 个部分，即声音识别（audio identity，AI）、店面识别（store identity，SI）或室内识别（interior identity，II）和工作流程识别（business process identity，BPI）。

3. 特许权的技术部分

这部分内容主要包括企业用于复制给受许人或加盟商的专利、技术、诀窍等。虽然这部分在上述 CI 部分有所涉及，但这部分应对一些关键性的技术进行详细描述，以便受许人能在培训以及日后的单店营运中随时学习、体会和研究。

按不同的标准，技术可以有不同的分类。

按照技术的属性，技术可以分为硬技术和软技术。在企业里，硬技术指的就是工程类技术。软技术指的是管理类的技术。自然技术多属于硬技术，社会技术与思维技术则多属于软技术。

按照企业价值链的环节不同，企业技术分为研发技术、试制技术、定型技术、工艺设计技术、供应技术、生产技术、销售技术、售后服务技术。对于每一环节的技术，再按照职能的不同，进行更小的分类。

4. 特许权的约束部分

对于特许权约束中的时间限制、区域限制、数量限制、再特许限制等的设计，要根据企业的实际情况、特许人的管理能力、特许经营体系发展战略规划、特许经营体系的未来发展趋势、竞争者的状况、法律法规的范围、潜在受许人的类型、受许人承受心理等综合考虑后再决定，不能盲目地抄袭其他企业的做法。

在时间约束方面，一般国内的特许经营期限为 3 年以上，平均在 4～5 年，国外多为 10～15 年；在地域方面，应保证每一个可能开设的单店都有自己足够的独立而无本体系自家人相竞争的商圈；在数量方面，则应根据受许人的选择而定，单店受许人当然只能有一个，多店或区域的受许人则可以有多个；在是否再特许方面，则主要取决于企业自己的意愿和对体系发展战略的理解。

二、单店设计

从某种角度讲，特许经营体系的“产品”其实就是单店，特许人以特许经营进行扩张的行为就是在不停地复制单店，而整个特许经营的网络就由许许多多的单店作为“节点”连接而成。即使特许人采用了中间性质的组织，比如设置了区域特许人、国外总特许人、特许经营的分销商等，但这些都不过是为了更好地复制单店服务，只是复制单店的一种手段而已，单店才是特许经营的原始产品和最终产品。

单店设计的内容就是一个单店从零开始建设并保持正常营运这个全程中所涉及的所有事物。或者说，就是单店的企业识别系统 CIS（corporate identity system）。可以这样来理解单店的设计：拿到这个设计之后，完全可以在脑海中全方位地展现出未来单店的形象以及它从零开始的整个建设与日常运营过程。一个陌生者凭这个设计就能够完全建立一个形象既定的单店，并良好地按既定规则运营。

单店设计要非常重视 BPI 设计，主要包括开店的 BPI 和日常运营的 BPI。

1. 开店 BPI

一个单店的 BPI 如图 5-2 所示。

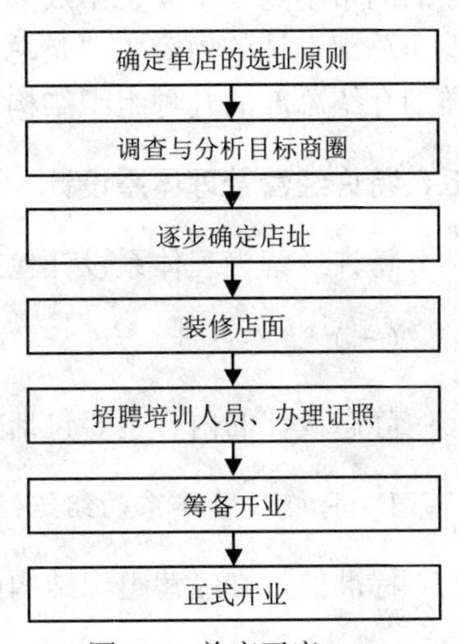

图 5-2　单店开店 BPI

2. 营运 BPI

营运 BPI 主要指单店在日常营运过程中所需要做的所有工作。它主要体现为《门店营运手册》。特许总部制定的《门店营运手册》为门店的日常运营提供全面指导。主要包括以下分册。

1）行政管理分册。它包括单店的组织结构、营业时间安排、后勤保障等。
2）人力资源管理与培训分册。
3）服务分册。
4）促销分册。
5）收银分册。
6）商品管理分册。它包括常规作业中的营业前、中、后作业管理。

7）安全管理分册。它包括消防、突发事件、不可抗力事件、偷盗等。
8）信息管理。
9）设备管理。
10）技术管理。

三、区域分部设计

区域分部设计在调查的项目上与单店的基本一样，但是在内容上有很大的差别。

1）开设目的是开发和管理区域店铺。应考虑物流配送、信息传递等的辐射性，交通方便，市政设施齐全，地价相对便宜的地区。
2）目标市场调查与分析的对象是有加盟意向的潜在受许人。
3）初选地址，调查商圈，分析并确定店址，主要考虑分部的长期战略。
4）装修、招聘培训人员、办理证照，主要用的是市场开发人员、后勤人员和管理人员。
5）开业筹备和正式开业主要考虑别开生面的仪式，适当的公关与宣传工作等。

四、总部设计

特许经营企业作为一个由总部机构（或总店）和众多受许人所组成的庞大而复杂的系统，要求有严密和科学的管理。在特许经营体系运行中所发生的人事、财务、物流、培训、督导等众多烦琐的事务都必须在总部的统一管理下有条不紊地运转，任一环节的失误都可能导致整个体系不可挽回的损失。

所有特许经营体系各部门、各环节、各流程、各阶段及各方面的有效、高效运转，都离不开总部的领导和管理，有人形象地将特许经营体系的总部比作体系的“龙头”。有了一个科学设置、高效和强有力的总部，才能使整个特许经营体系永远保持生机和活力，并在激烈的市场竞争中立于不败之地。

总部设计的内容主要是总部的组织结构以及各部门的工作职责分配与描述。第三节将详细介绍总部的几种组织结构。

五、特许经营管理体系设计

特许经营管理体系设计包括两方面：静态设计和动态设计。

（一）静态设计

静态设计的内容主要包括特许经营体系的组织结构和管理体系。

1. 特许经营体系的组织结构

标准的特许经营组织结构如图 5-3 所示。

2. 特许经营的管理体系

特许经营管理体系设计实际是特许人和受许人的关系和基本管理内涵的结构。它表现

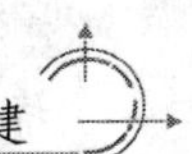

在两个层面：一是加盟的基本关系层面，即一个完善的特许经营管理体系应充分体现总部对受许人“授权、沟通、支持、控制”四大功能，如图 5-4 所示；二是基本管理内涵的网络化层面，这是特许体系的最主要特征。这主要体现为：一个单独门店是体系的基础，而特许总部是体系的总后台。总部与许多门店之间形成的是中央和终端、统购与分销、统一与复制的网络化关系，不但在空间上、市场上，而且在资产上、信息上、物流上形成了网络化格局。

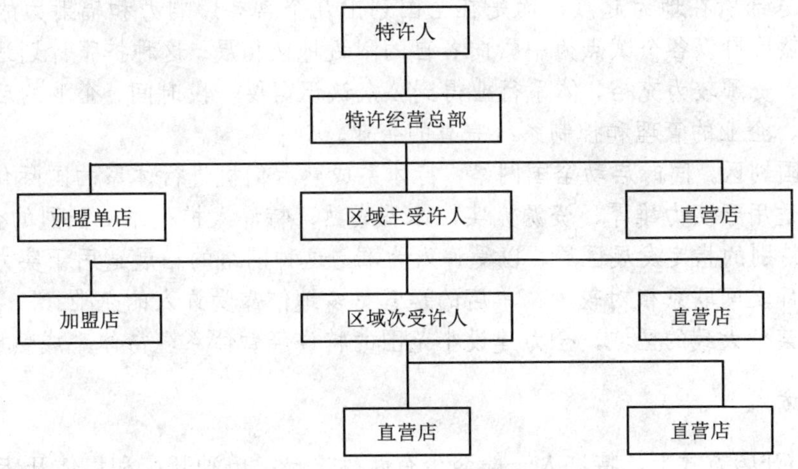

图 5-3　标准的特许经营组织结构

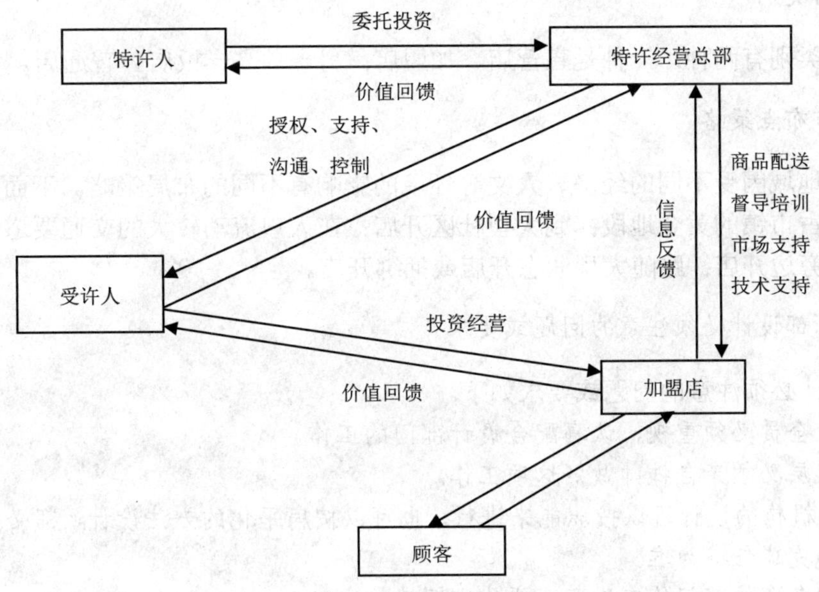

图 5-4　完善的特许经营管理体系

（二）动态设计

动态设计的内容主要指特许经营体系在时间、地域、战略方针等方面的未来拓展计划。

1. 特许经营体系宏观发展战略

一个特许经营体系通常可以有五种宏观发展战略。

1）以总部所在地或已有单店的某几个地区为试点与基地，待体系成熟后再向附近地区扩展。这个战略规划主要适用于体系尚不成熟、特许人缺乏启动大面积网络的资源、已有市场领域的市场容量较为可观等情况的企业。

2）不以总部所在地为起点，而是在全国划出几个具有影响力和辐射力的地区建立试点，然后再以各个试点为中心向各自的附近地区拓展。这种扩张计划适用于有一定实力、资源较为充裕、体系行业得到公众认识需要一段时间、企业的后勤供应能力强大、企业的管理和控制系统完善的企业。

3）对全国划区，同时启动全国网络，待体系成熟后伺机进行体系的国际化。这种网络计划适用于实力雄厚、资源充实、体系成熟、特许人扩张雄心强烈的企业。

4）没有特别的指定发展区域，以受许人为准。这种网络的拓展适用于实力较差、单店和总部之间联系相对较少、单店的运营更多地依靠受许人的企业。

5）划定某个大致的区域，全力建设小范围的特许经营体系，待体系成熟后再扩展。

2. 开店方式

在具体的开店方式上，特许人一般至少有两种选择：单独开店和集体开店。

3. 开店类别

开店的类别有两种：一种是直营店、加盟店；另一种是样板店、普通店。

4. 城市布点策略

不同的地域因受不同的经济、人文等环境的影响有不同的布局策略。下面是常见的几种策略：抢占市镇的黄金地段；到大型社区开店；在人口流动较大的交通要道开店；在主要客户群体旁边开店；跟随大型业态开店或捆绑开店。

（三）总部设计必须注意的问题或要求

总部设计必须注意的问题或要求如下。

1）企业全员必须重视，认真配合设计部门的工作。

2）决策层必须亲自挂帅做好这项工作。

3）组织机构的设计可以按职能来进行，也可以按扁平化的方法设计，都必须以精干高效地完成任务为准。

4）总部各职能部门的工作职责要作出明确的安排。

5）总部的信息系统必须能够支撑整个特许体系的运转，并考虑未来发展的要求。

6）在总部里，对自己运作和职能外包须作出明确规定。

7）在环节上，要理清总部和分部的权利和义务，总部和合作伙伴的关系。

8）在企业文化的设计上，要把企业文化形成的要素及其理念、出发点、宗旨、标志、口号等外在的形式充分体现出来。

9）在技术创新、产品创新和服务创新方面要制定规划，做到能为受许人提供长久的支持。

第三节　特许总部的建立

特许经营体系建立的第二步是建立特许经营的总部。有人说是先有总部后有体系。其实不然，因为特许人和特许总部是两码事。这主要从两个方面理解：一是特许人还有大量非特许业务，特许业务需要单独成立组织运作；二是特许经营是专业性很强的工作，一个企业总部要发展特许业务必须转变职能，把自己打造成特许总部的运营机制。

一、特许总部的组织结构

企业为了实现经营目标，必须健全组织机构，使不同部门担任各项职责，发挥组织的各种职能。同时，各部门彼此之间也需要区分责任和权限，并具有相当程度的合作协调关系。尤其特许加盟系统是将许多有独立法人的受许人组织起来的，因此特许总部的组织结构是否健全完善至关重要，决定着特许事业的成败。

特许总部又分两种类型：一种类型为特许经营体系是特许人的唯一业务，即特许人是一级法人时的特许总部；另一种类型为特许经营体系仅是特许企业的业务之一，在特许企业内部仍然存在其他的经营模式和经营业态。

（一）一级法人特许总部

在特许经营过程中，有的特许人只经营特许体系，而不从事其他模式的业务。这样形成的特许总部就是一级法人特许总部，其总部组织结构如图5-5所示。

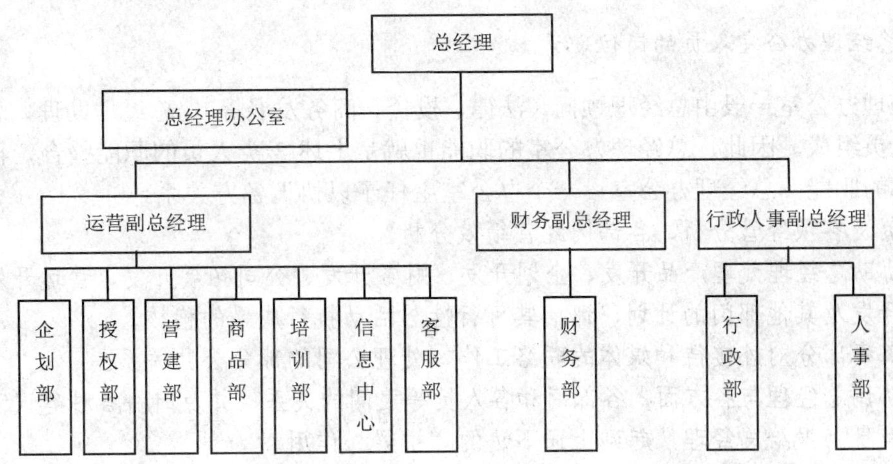

图5-5　一级法人总部组织结构

一级法人特许总部组织结构的特点：部门按职能分工，运营部门分工很细，说明强调对特许业务的细致掌控；财务部单独设副总管理，说明特许企业注重资本的运作；后勤设副总，说明对后勤部门的重视，或者总经理是来自于后勤部门。当然，有的企业可能把财务结算交由特许运营副总管理，而把后勤、行政、人事合并，由一个副总进行管理，这样加强了特许运营的力量，削弱了后勤部门的实力，但本质上区别不大。下面介绍总部各部门的职责。

1. 总经理的岗位职责

总经理的岗位职责如下。

1）在董事会监督下全面管理本公司所有经营管理及发展事务，为本公司内部的执行总管。

2）制订公司的整体经营业务目标及执行计划，呈报董事会审核。

3）督促所属各部人员制订各部工作计划及执行措施。

4）准备董事会议事程序，出席董事会及股东会，接受咨询，向所属人员转达决议事项，并计划执行该项决议。

5）主持拟订及修正本公司组织系统结构，决定岗位设置、人员配置数目及任用。

6）决定本公司内部授权程度及责任。

7）聘任部门经理以上人员及决定任用（或授权部属）经理以下的人员。

8）以总部的操作手册为标准制定人力资源等政策。

9）督导、指挥各部经理及其部属完成工作目标。

10）主持协调会议，仲裁及防止各部门间的冲突；处理受许人及加盟店的投诉。

11）亲临现场处理公司的紧急事件、危机事件、重大事件、公关事件、突发事件。

12）评估各部门及其经理工作成效，检查及修订各部门工作内容及人员安排。

13）由董事会临时指定的工作及自行开拓的新工作。

2. 总经理办公室人员的岗位职责

总经理办公室一般由总经理顾问（法律、投资、商务发展等）、总经理助理、总经理秘书三类人员组成。因此，总经理办公室的职能也就是上述 3 类人员的职能整合，再加上部分公关部的职能。总经理办公室设一个办公室主任予以协调各方关系。

1）负责各项经营分析、各部门经营绩效分析。

2）协助总经理处理产品开发、企划开发、财务开发、公司拓展开发、营运开发、商品开发及其他部门的计划、评估其可行性与活动执行成果的稽核。

3）负责部分对外接待和媒体的联络工作，处理公司的部分公共关系。

4）协调总经理与各方面、各部门和各人员等之间的关系，并及时将各种建议和意见等信息上报给总经理，起到上通下达的“桥梁”作用。

5）完成总经理的日常方案等的整理、打印、传真、收发等事务，起到秘书处的作用。

6）承办其他由总经理指示的工作。

3. 运营副总经理的岗位职责

运营副总经理的岗位职责如下。

1）负责制定特许经营体系整体的运营与发展目标，并为此目标组织制订一个切实可行的战略发展方案。
2）负责制订全年的运营与发展计划，并保证其顺利实施，如遇突发情况，要根据实际情况调整计划，保证计划的可行性和科学性。
3）负责组织、协调、管理好本部门工作的职责，使组织发挥最大效能。
4）对整个营运与管理过程能根据实际情况下达指示，制定措施，合理地分配任务，布置工作。
5）在保证运营与发展目标实现的基础上，协调好各个环节、各个部门的工作，使其相互配合、紧密衔接、互不矛盾。
6）管理与监督属下的营运部门，并协调好部门之间以及他们与其余部门之间的关系。
7）定期向总经理汇报工作，并按照总经理的指示完成工作。
8）在工作中起率先示范作用，身先士卒，以榜样作用影响和带动各部门的工作。
9）遵守公司各项制度和规定。
10）负责与所有特许经营体系的受许人/加盟店的联络工作，并对他们进行管理、监督和协调。
11）及时将体系发展与经营中的各种问题向总经理提出，并拿出切实可行的方案。

4. 企划部的部门职责

企划部负责公司整体的发展和规划，同时兼具公关、企业文化与广告部的工作。其主要工作如下。

1）不断搜集、分析和整理各种信息。
2）制定企业中长期的详尽发展规划。
3）策划并实施各种公关方案。
4）策划并实施有关公司企业文化的方案。
5）策划并实施公司的各类广告与宣传。
6）根据只能分工与协作要求，经常与其他部门进行交流，协助各部门搞好各自的工作。
7）经理负责制订企划部的工作计划并上报分管副总经理。
8）积极联络政府、媒体、行业协会、供应商、股东等与特许经营体系的发展可能有联系的社会公众。

5. 授权部（开发部）的部门职责

1）负责特许经营体系的推广、发展与建设工作，招收特许经营受许人，铺设特许经营网络。
2）负责受许人的吸引、挑选、协商洽谈、考核与最终的特许合同的签订，然后将工作移交给营建部。

3）制订、上报并实施短期、中期、长期的招商计划，确保一定受许人的进入体系。

4）根据招商计划所需要的广告、宣传、公关等，与相关部门协调并提供相应资料。

5）定期向分管副总经理汇报工作，并提出切实可行的建议和方案。

6. 营建部的部门职责

营建部主要负责对准加盟商的授权工作，包括帮助加盟商开设店铺并使之走向良性运转，具体职责如下。

1）帮助、指导与协助进行人员的招收与培训。

2）商圈调查与分析、选址、投资评估。

3）店铺的购租、装修商的谈判、执照等相关经营证件的办理。

4）设备的安装与调试、初期商品的进店。

5）开业筹备和开业初期的业绩评估，然后将工作移交给客服部。

营建部应确保特许经营体系的受许人的所有店铺准确、高效、成功地建设，并充分体现特许人的企业文化。

7. 商品部的部门职责

商品管理主要包括6个环节的管理，即采购、运输、验收、储存、盘点和销售。

商品管理还应当涵盖商品的规划、商品结构确定，以及促进商品销售的商品陈列策略等方面的内容。

8. 培训部的部门职责

培训部的部门职责如下。

1）负责新开加盟店的经营规划与商品配置的培训工作。

2）负责新开加盟店的每日开店作业流程、进度说明及控制重点。

3）负责新开加盟店的整洁管理的培训工作。

4）负责新开加盟店的安全管理，如消防、防盗、防骗、防抢、防止意外伤害等的培训工作。

5）负责新开加盟店的设备使用、维修及保养的培训工作。

6）负责新开加盟店的门店商品管理，如进货验收、损坏品处理、商品调拨、退货处理、商品价格管理、盘点的注意事项、商品耗损防止的培训工作。

7）负责新开加盟店的收银员管理的培训工作。

8）负责新开加盟店的服务管理的培训工作。

9）负责新开加盟店的人员出勤管理的培训工作。

10）负责新开加盟店的退货作业、损耗管理的培训工作。

11）接受上级主管的业务督导和业务培训。

12）与其他部门积极合作，完成主管上级布置的工作任务。

9. 信息中心的部门职责

信息中心的部门职责如下。

1）负责收集连锁体系内外的各种信息，并经过整理、分类、分析与编制成各种报表后，上报给总经理或交给有关部门和人员。

2）制定和实施公司信息管理工作的发展规划。

3）应按有关政策，向有关部门、人员、受许人提供相应信息。

4）对专营店进行信息的收集、传递和信息处理的培训工作。

5）执行公司的各类保密规定。

6）不断提高信息管理和运用的科学化、计算机化和现代化。

10. 客服部（营运部）的部门职责

客服部的主要工作内容为对已经起步的加盟店进行指导、帮助、协调与服务工作。因此，其部门职责主要分为以下几部分。

1）专营店日常经营工作中的协调与监督。

2）对特许经营体系所有广义上的客户所进行的服务，这些客户主要包括消费者和受许人。

3）对特许经营体系日常经营的管理。

4）对受许人的督导。

11. 财务部的部门职责

财务部的部门职责如下。

1）制定资金融资筹划、运用、资金管理和资金调度计划并实施。

2）公司整体资金的营运、分配、监督等财务管理工作。

3）财务报表、会计报表的编制和分析报告。

4）对发票、税金申报与缴纳进行管理。

5）公司内部的财务审计。

6）财务计算机系统作业及管理。

7）各分店财务核算工作的辅导。

8）对各项费用、进货凭证的审核。

9）根据入库单、出库单进行财务处理。

10）供应商货款对账与支付。

11）每日整个特许经营体系营业额的统计与编制报表并上报。

12）定期就公司财务有关事项向总经理汇报，并拿出切实可行的建议和方案。

13）配合其他部门，做好财务部门的工作。

12. 人事部的部门职责

人事部的部门职责如下。

1）人事制度的规划与执行。

2）人力资源规划与人员招聘。

3）人员培训计划的制订与实施。

4）员工福利制度的制定与执行。

5）员工考核、奖励办法的制定与执行。

6）店铺作业手册的编制。

13. 行政部的部门职责

行政部门主要有办公室主任、文秘、司机和清洁工等组成，具体岗位职责如下。

（1）办公室主任岗位职责

1）作为全公司最重要的后勤补给者，积极完成需本部门支持的各项任务。

2）制定本部门所属人员的岗位职责、工作内容与建议。

3）对外公文的缮写、拟稿（用印）事项的管理。拟订长期与短期公共关系发展方案及预算。

4）各界参观人员的安排与接待。

5）代行公司发言人的角色。

6）单位事务性质工作的协助，如会务协助与会务组织等。

7）负责设备器材、日常耗材、办公用品、文具器材、事务性用品等的适时、适质、适量的采购事项，并对工作进行评估与考核。

8）公务用品厂商资料、交易条件等有关文件的编号及建档。

9）公司总部及各区域办事处财产的编制、保养、维护、盘点的管理。

10）对司机、清洁工的派用与监督；对公司车辆的出车及维修的管理；公司总机、话务礼仪、前台接待人员的管理。

11）负责定期对本部门工作结果进行分析，对员工奖惩、过失的评估及处理，对所属人员进行指导。

12）各部门之间互相支持，密切协作。

13）完成上级领导布置的其他工作任务。

（2）文秘岗位职责

1）协助上级主管完成总经理安排、分配的工作任务。

2）接受上级主管安排、分配的各项要求及工作任务，并负责执行完成。

3）负责协助上级主管对办公室工作的计划、构思及协调安排。

4）与其他部门合作无间，完成上级主管布置的工作任务。

5）负责公司文件的收发、登记及分发各内部单位的管理。

6）负责公司文件、资料档案的建立管理工作。

7）协助上级主管接待与安排各界参观人员。
8）对内外公文的写、拟稿等事项。
9）负责对内外公文的计算机录入工作。
（3）司机岗位职责
1）按“车辆审批单”上指定路线出车，保证出车安全。
2）负责车辆的日常保养、维护、填表作单工作。
3）负责提货、送货业务，包括点收、验看、运输、交接单证，保证商品运输途中安全。
4）接受直接上级领导的业务培训，完成领导下达的工作任务。
（4）清洁工的岗位职责
1）负责公司内部的日常清扫工作。其他区域可根据实际情况制订合理的清洁计划，自行安排时间予以清扫，包括卫生间、楼梯、楼厅等。
2）接受主管安排、分配的其他临时性工作。

（二）二级法人特许总部

在这种类型中，特许经营体系仅是企业业务之一，这时特许经营总部往往是以总店的形式体现出来。这种形式的总部组织结构如图 5-6 所示。

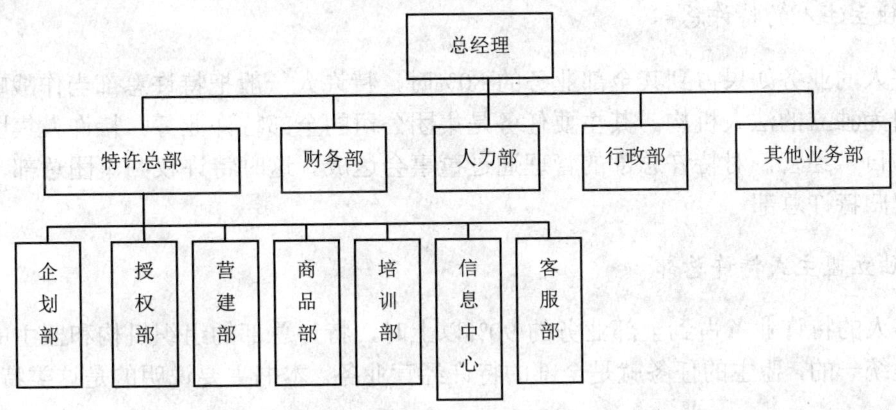

图 5-6　二级法人总部组织结构

因为企业总部有多种业务，所以为避免部门的重复设置和整个公司的协调一致，特许经营的一部分职能将由企业总部统一的部门来负责完成，但特许经营总部需要协助和支持这些部门的工作，并提供必要的资料、知识和技能等。

特许经营总部仍需完成并设置的部门有：企划部、授权部、营建部、商品部、培训部、信息中心和客服部，各部门的职能请参见一级法人特许经营总部对应内容。

其中，行政部、人事部和财务部将由总公司的独立部门来完成。各部职能除了具备通用公司的对应部门的职责外，还应具备与特许经营的特征相一致的相关职能，这些相关职能参见一级法人特许经营总部对应内容。

总公司特许经营外的其他业务，由各自业务对口单位或部门负责。

二、特许经营总部的地位与职能

（一）特许经营总部的地位

说明特许经营总部的地位主要是为了把特许总部的职能介绍清楚，在企业里，特许经营总部所处的地位不同，它的权限和经营范围也有很大的不同。

1. 职能部门式的特许总部

特许人的特许业务只占其全部业务的30%以下时，特许总部只是特许人的一个职能部门，主要负责对特许加盟体系的管理，而特许加盟体系的特许权、所有权和经营权在特许人的公司总部或集团。这说明集团对特许总部不重视，其实质不是特许总部。

2. 利润中心式的特许总部

特许人的特许业务占全部业务的50%时，特许总部属于特许人，其主要任务是建立、发展、管理特许加盟体系，而特许加盟体系的所有权、特许权在特许人总部或集团，经营权归特许总部。

3. 独立法人的特许总部

特许人的业务如果占到其全部业务的80%时，特许人一般把特许总部当作战略经营单位，注册为独立的法人机构。其主要任务是集团公司的全部特许业务。特许人集团总部不直接参与日常经营，对特许总部的管理通过董事会达成。这时特许权归集团总部，而全部的经营权归特许总部。

4. 独立盟主式特许总部

特许人的特许业务占到全部业务的90%以上时，特许总部的组织机构和盟主的整个组织机构是统一的，盟主的任务就是全部的特许经营业务。本书主要说明的是这类特许总部。

（二）特许总部的职能

特许总部的职能实质就是特许人的职能，包括以下内容：特许体系的建设和规划职能；品牌推广职能；加盟招商、门店营建职能；采购配送职能、供应商选择职能；产品研发职能；经营模式研究职能；招聘、调配、教育、培训、分配职能；督导职能；促销职能；融资职能；信息管理职能；财务分析职能；软件开发职能。

三、特许总部的建立步骤

本阶段的重要任务就是特许经营总部的建立、网络雏形的建设及试运营，同时，还要把总部的手册系列进行修正与完善。

1. 成立建设准备小组

总部的建设要组建一个专门的总部及体系小组，进行全程参与、全面接触，这样可以为特许经营体系培养一批将来特许经营体系管理的专家，更有效率地完善总部系列手册。

2. 制定特许总部的组织结构

特许总部的组织结构见本节第一部分内容。

3. 制定特许总部的职责

这里指在特许总部职能明确的基础上，制定特许总部各个部门的工作职责和主要人员的工作职责，为以后制定工作标准和编制营运手册打下基础。

4. 编写特许总部手册

在某种程度上而言，总部的手册比单店手册更具有动态性，因为总部的管理和营运水平、方法、技术等都需要随时更新，而且只要体系有延伸，总部的职能就会发生改变，至少在职能的数量上需要增加。因此，总部及体系的工作小组要有长期完善的总部系列手册的思想准备。为了防止小组中人员的变迁而给总部系列手册的延续性带来的伤害，企业应尽量使此小组人员保持稳定，同时采取积极的个人资源企业化、隐性知识显性化的知识管理（knowledge management，KM）策略和手段。

总部的手册主要有以下若干类：《特许经营总部总则》《特许总部人力资源管理手册》《特许总部行政管理手册》《特许经营组织职能手册》《特许总部财务管理手册》《特许总部商品管理手册》《特许总部产品知识手册》《特许经营招募管理手册》《特许总部营建管理手册》《特许总部样板店管理手册》《特许总部物流配送管理手册》《特许总部信息系统管理手册》《特许总部培训手册》《特许总部督导手册》《特许总部营销管理手册》，（包括《特许经营总部市场推广管理手册》《特许经营总部 CI 及品牌管理手册》《特许经营总部促销管理手册》分册）《特许总部产品管理手册》，（包括《特许总部产品设计管理手册》《特许总部产品生产管理手册》）等。

5. 建立外部体系

在建设总部及网络体系的过程中，将来整个体系正常运营所需要的一些外部合作伙伴在这时也应加强联络。特许人企业可以和包括产品供应商、装修商、运输物流公司、设备制造商、工具供应商、体系文件函单等的设计印刷商、广告商、金融部门、信息服务部门等合作者进行洽谈，以确认他们有能力、愿意并同意以优惠、长期、稳定、互利的合作方式与本企业进行战略联盟式的合作。

6. 储备人员与信息

此阶段可以招聘将来特许经营体系所需要的工作人员，使他们尽快熟悉体系的历史，在初期就进入体系的实际运营，这样对于他们日后推动特许经营体系的高效运转都是大有裨益的。

在建设特许经营网络的雏形时，企业同时也应注意收集关于潜在受许人的一些信息，如社会人士对样板店、总部及网络体系的反映等。

第四节　特许体系的单店建设

一、建立样板店

（一）类型

一个特许经营体系的样板店有许多种，基本的有三种：总部建立与管理的；区域受许人建立与管理的；区域受许人或单店受许人建立而由总部指定为样板店的。

在数量上，为了便于该样板店辐射区域内的单店、潜在受许人等相关人员学习、培训和参观等，样板店应在每个可辐射的区域内都应建立一个。而可辐射的区域大小，则由特许人根据实际区域的交通情况、可能来店的人员数量和频率、样板店本身的投资成本等因素来人为地划定。

在样板店的投资方式上，总部的样板店基本上全是总部即特许人独资建设；区域的样板店可以由总部独资建设而交由区域受许人管理，可以由总部和区域受许人合资建设，可以由区域受许人独资建设并管理，可以由单店受许人建设而由总部与区域受许人指定为区域内的样板店等。

样板店因为是“样板”而受到的影响是多方面的，应全面地看待这些影响。因为样板店要承担其他单店所有的一些工作，比如接待来访者、参观者、作为培训实习基地、试验新的技术和产品等，所以它的经营会受到一定影响。这些影响既有正面的因素，比如因“样板”效应而吸引更多的顾客、具有更高的知名度、获得总部或区域受许人的格外关注、人气也更旺等；也有一些消极的因素，比如因为承担额外任务而需要更多的花费、试验失败造成的影响、非顾客人员的拥挤而影响店内生意，实习生的上岗影响了产品与服务的质量等。

（二）功能

这里所指的样板店是总部所建立并管理的整个特许经营体系最原始的样板店，它是所有特许经营体系的复制“原件”，是特许经营网络的原始节点，是特许人工业产权或知识产权浓缩后的外化组合体，是特许人继续研究开发更先进的工业产权或知识产权的基地，是检验前期特许经营设计实效性的最佳地点，是受许人及其余相关人员接受培训、实习、参观的样板，是潜在受许人认识特许经营体系的一面镜子，是促使潜在受许人下决心加盟的关键场所，是特许经营体系核心竞争力的源泉和表现形式，是企业验证单店魅力并增强特许经营项目工作组特许经营战略的信心和机会。因此，样板店的建设对于特许人及整个特许经营体系而言是至关重要的。

（三）单店建设

由于样板店是总部复制的模板，所以对于样板店建设的问题，总部应高度重视，这关系体系发展的成败和受许人的兴趣。在样板店的建设上，应注意以下几点。

1. 遵照单店模式并随时更新

企业应遵照前面设计的单店模式进行样板店的建设，并在实际的建设过程中，随时发现问题，随时更改和记录关于单店的设计内容。

2. 成立单店工作小组

如果可能，最好的办法是，总部成立一个单店工作小组，它专门、全程、全面地跟踪样板店的建设全过程和单店营运的方方面面。这样，这个小组就可以非常方便、高效地参与单店的建设，并保持单店手册的随时更新和完善。

3. 善于总结经验

建设样板店的过程是一个非常重要的总结经验并完善企业单店手册的过程，仔细地研究、分析、记录这个过程对企业而言是十分重要的，企业不可白白地浪费了这一宝贵机会。同时，这些单店小组的成员因为全程、全面地参加了单店的建设和营运并亲自对单店手册的细节进行了研究和完善，所以将来必定是在理论与实践上的建设单店、管理单店、运营单店的专家，企业也可以借此机会为自己培养出一批将来营建单店的骨干人员。总之，样板店建设的两个任务——实践建设和完善手册，都必须做好，不可偏颇。建设单店的过程可以为企业带来许多重要价值，企业一定要充分利用这个难得的机会。

4. 非从零开始的单店建设

如果特许人的所有样板店并不是从零开始建设，而是从已有的店改装而来，那么关于单店手册的部分内容固然可以得到完善的机会和时间，但单店手册开店的有些方面却没有机会经受过程的检验。由于单店手册的全部必须经过实践检验并用实践来修正和完善，特许人企业可要求负责单店手册完善的样板店小组在建设以后的加盟店时进行全程的跟踪和全面的接触。

5. 样板店与不同区域的市场问题

在样板店的建设数量上，企业应根据自己的体系拓展战略来定。如果体系决定在几个不同的区域同时推广与建设特许经营网络，那么它就应在这几个区域分别建设模式一致的样板店。这样的好处是，不同地区的独特市场环境会使原先设计的单店经营模式承受更复杂的考验、总部或特许人也可以在不同的市场环境下摸索一条可以推而广之的单店经营模式之路。如果总部只是想摸索关于单店建设和营运的一些规律并只在有限区域内进行特许经营体系的试扩张，那么特许人企业就可以只在本区域内建设一家样板店，待成熟后再向外推广。

小资料

世界零售巨人沃尔玛在新进入某市场时的一个必备原则就是先开样板店（sample），沃尔玛的目的就是拿这个第一家样板店做试验，通过不断吸收当地文化，摸透市场消费趋向，熟悉和了解当地消费习惯，分析销售差异，不断调整和改善，以建立一套完整的管理体系和适合当地的营运模式。等到各方面发展成熟后，沃尔玛才开始建立自己的连锁分销网络。比如，沃尔玛自 1996 年在深圳开了两家样板店后，到 1998 年才开始开第三家，其中的两年时间就是一个试验的过程。如此的稳重推进原则是沃尔玛在全球各地开店成功的重要保障。

6. 样板店的管理问题

为了使样板店可以真正成为特许经营体系日后诸单店的“样板”，企业应注意在建设样板店的过程中，使单店的投资与管理等方面真正成为一个独立的实体，而不能依旧保持总部或特许人的一个直营店的性质。例如，在计算样板店的投资收益上，应该照样列出加盟费以及其他将来的受许人需要付出的费用，这样计算的结果才更有“样板”性。一旦样板店建立起来后，企业应使其独立运营和独立核算，这样可以确保将来的单店受许人得到验证，亦即验证受许人的单店是否可以赢利。

二、制定单店手册

特许经营的单店是特许经营体系自我展现的最直接舞台，是企业文化传播的直接载体，也是企业为顾客提供特许人特色服务的窗口，特许经营单店的形象对特许经营体系有着重要意义。

单店在营运中如何保持特许人的管理和产品服务特色呢？单店手册是单店开店、营运的指导性文件，可以使开店的人员以此为参考，较快地进入角色，顺利完成开店任务并正常营运下去。

单店手册分为《开店手册》《营运手册》与《人员手册》。

（1）《开店手册》

《开店手册》的具体内容见表 5-2。

表 5-2　开店手册

序　号	项　目	具 体 内 容
1	概述	手册概述
2	市场分析	目标城市状况调查
		目标城市特许经营体系从事的行业状况调查（行业年销售额、销售对象场所、同行知名品牌）
3	商圈调查	商圈范围、商圈类型、商圈特征（消费人口特征、客流量、同业及异业状况、商圈的发展性）、商圈调查方法

续表

序　号	项　目	具 体 内 容
4	选址	店址特征、客流分析、店址的选定、店面的租赁（寻求特许人意见、租契要素）
5	装修	装修准备（将所选店面照片、相关店面图纸交总部相关设计部门）、装修流程、店内设施、店内气氛设计、店面外观设计
6	人员招聘与培训	人员录用标准、素质要求、招聘方法和渠道
7	开业前的筹备	筹备物品、筹备事项
8	开业仪式	开业形式、开业注意事项等

（2）《营运手册》

《营运手册》的内容是单店营运流程指导，欧文·J.科普（Erwin J.Keup）在其著作《特许经营宝典》（Franchise Bible）里总结了他认为的《营运手册》大纲，见表5-3。

表5-3　《营运手册》大纲

序　号	项　目	具 体 内 容
1	引言	来自总运营官的欢迎信、手册简介、特许人核心成员的基本情况
2	开业前要求	受许人在特许人帮助下制作营运图，确定以下各项的日期与时间长度：受许人选址；特许人批准地址；特许人批准租约；履行租约；履行租约后在要求天数内开始建筑；建筑结束 受许人与其财务顾问及会计师编制预测财务报表 所有必需的注册内容的检查表 研读特许人关于建筑与装饰的详细说明 设备、存货与装置器列表 所需的文件、项目与服务的获得
3	开业前与开业后培训程序	通用的日常工作准则 销售的产品或服务 销售产品或服务的人员准备 店面服务人员的装饰与服装号码 客户服务程序 销售准备与财务报告 安全程序 收银机运营 店面小费政策 店内促销、广告以及托管的直接邮件 运营程序的周期性修正
4	簿记与会计方法	
5	盛大开业程序	
6	日常运营功能	
7	解决纷争	
8	结束语	

表 5-3 所示的营运手册大纲，略显简单和非中国化，并不完全适合我国的实际情况。由于《门店运营管理手册》在第六章有较为详细的描述，这里简略。

（3）《人员手册》

《人员手册》也是门店营运过程中必不可少的一个文件，它分为《店长手册》和《店员手册》两部分内容，本书将在第十章进行详细介绍。

第五节　特许经营推广体系的构建

所谓特许经营推广体系的构建，就是确定推广的步骤、策略和流程的过程。

一、特许经营体系推广的步骤

特许经营推广体系的构建一般分为两大阶段九个步骤，如图 5-7 所示。

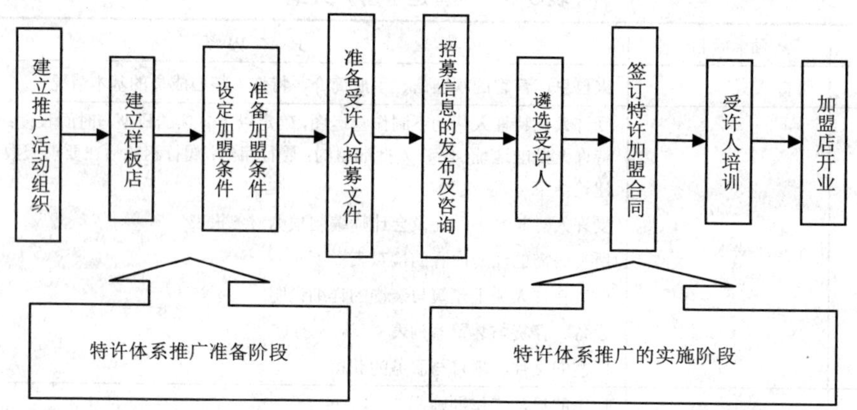

图 5-7　特许加盟体系推广的一般步骤

（1）特许加盟体系推广的准备阶段

本阶段包括：建立推广活动组织、建立样板店、设定和准备加盟条件、准备受许人招募文件。

（2）特许加盟体系推广的实施阶段

本阶段包括招募信息的发布与咨询、遴选受许人、签订特许经营合同、受许人培训及加盟店开业。

二、特许经营体系推广的策略

特许加盟体系推广的策略主要分为基本策略和渠道策略两种。

（一）基本策略

推广的基本策略主要是指以特许总部为中心向周边逐步辐射推广。这里包括如下策略。

1）全国扩张策略。该策略适用于行业地位中的领导者或挑战者，如北京福奈特。

2）区域扩张策略。该策略适用于在某区域市场居领导地位的特许企业，如超市发。

3）国际扩张策略。该策略适用于跨国企业或世界企业，如麦当劳。

4）快速扩张策略。它主要指特许企业在目标既定的情况下，在短时间内要达到一定的市场份额而采取的扩张策略。

5）区域性密集开店策略。它是指在全国市场不能拿下的背景下，一定要在几个主要市场占有较高的市场份额，所以必须密集布点，区域全面覆盖才可以达到目的。

6）逐步渗透策略。它是指开店速度按照既定的计划不快不慢地进行，在不大肆宣传的情况下，开发一个市场，占领一个市场，慢慢抢占对手市场份额。

7）随机发展策略。它是指企业没有明确的发展目标，根据申请者的具体情况，条件成熟一个发展一个，这种策略不适合企业经营的发展。

不同的特许企业，由于经营的业态不同，要达到的目的不同，所处的阶段不同，所选择的推广策略也不同。

（二）渠道策略

特许经营的推广渠道很多，包括内部创业、专业展会、媒体推广、加盟说明会、行业协会推荐、朋友介绍。这需要根据项目特点、企业实力、市场状况来综合考虑，很多时候是多种推广策略的组合。

1. 媒体广告

在电视、报纸、杂志等媒体上刊登招商广告是比较传统的招商推广方式。运用媒体广告招商必须要详细考虑其传播的区域、传播目标及接触频率等，以形成媒体组合功能。使用媒体广告的目的除了容易建立知名度外，也有较强的引导效果。

在国内众多媒体中，大部分特许经营企业摒弃价格昂贵的电视广告，一般选择适合招募受许人且效果比较好的财经类杂志、报纸或行业内媒体，其中最具影响力的杂志，如《商界》《销售与市场》等，报纸如《中国经营报》等。成功运用媒体广告招商的特许经营企业应该有不少。

此种招商方式适合资金实力雄厚，有整合媒体资源能力的特许经营企业。

小资料

广东的名门闺秀化妆品有限公司（以下简称名门闺秀）自 2002 年 7 月推出特许经营体系以来，短短的几个月，在全国各地建立起 500 余家专卖店，引起业界的广泛关注。

名门闺秀在媒体投放和品牌传播策略上，舍弃了传统的狂轰滥炸的炒作方式，而是采取科学的整合营销、精确指导宣传，软硬广告结合，双管齐下，互为呼应。

首先，在硬广告方面将宣传诉求划分为两大块：招商和消费者。针对招商，名门闺秀只选择财经类或行业媒体类中最具影响力的杂志，如《商界》《销售与市场》《医学美学美容》等。对于终端传播的，更是选择与品牌格调和品位相匹配的媒体，锁定了《时尚》《瑞丽》《女友》《优雅》等数十种时尚类、女性类高档杂志。

其次，有效利用媒体资源，达到四两拨千斤的效果。由于名门闺秀与各大媒体的合作关系，使其成为这些媒体杂志最重要的客户，因而拥有良好的媒体资源。名门闺秀的文案创作人员定期撰写大量题材各异、可读性极强的文章，分门别类地投放于各类媒体。

通过多种媒体的有效整合，名门闺秀不但成功构建了遍及全国的连锁体系，在中国市场连续三年以200%的惊人速度增长，而且已经成为护肤品中耀眼的明星。

2. 招商会

对于处于发展初期的特许经营企业，招商会是一种主要的招商推广方式。因为招商会成本低而且见效快，通过面对面的即时沟通方式，可以收到较佳的说服效果，是特许经营企业招商效果较好的推广方式。

特许经营展览会可以吸引大量的投资受许人选择加盟项目，对特许经营企业来说起着举足轻重的作用，因此大部分的特许经营企业在发展的初期都喜欢参加招商会进行招商，而每年的特许经营展览会都是各企业非要抓紧不可的良机。

小资料

杭州的万兔速丽速食有限公司是特许经营展览会的“参会专业户”，几乎是“逢会必参”。因为其投资较小、产品结构合理，总部提供店内管理和操作技术及完善专业的服务，从而降低了受许人开店的风险，成为国内小型投资者追捧的对象。自1999年6月至今，全国已发展连锁店500多家，辅导建议区域性代理商30多个。

3. 店面POP

特许经营企业一般会拥有相当数量直营店和加盟店，所以以店面POP的方式传递招募受许人的信息，是特许经营企业最常用且成本最低的招募方式。运用店面POP招募受许人，一方面是成本费用低，另一方面是考虑意向受许人在门店出现的可能性较高，配合门店的商品展示及实际各类经营状况，通常更具参考价值和说服力。

4. 口碑宣传

有的特许经营企业，设有专门的拓展部门，由拓展人员对潜在受许人进行解说和说服。

另外，已经加盟的受许人对企业和加盟条件较熟悉，通过现身说法，比较容易吸纳新的受许人。这就是所谓的口碑宣传。

小资料

广州有一家专卖发饰用品的特许经营企业叫“流行美”，该企业从来不做媒体广告，也不参加招商会或展览会，只通过在店面摆放POP招商广告，以及通过受许人推荐亲朋好友加盟，在短短5年内，已经拥有近1000家连锁店。

这种方式适合专卖店经营情况良好的特许经营企业，既节省成本，又不会引起竞争对手的注意，在无声无息中占领市场。

大部分企业在招商过程中，很少只运用一种单一的招商方式，超过 80%的特许经营企业同时运用以上的招商方式。

（三）特许加盟体系推广的三部曲

特许经营企业无论采用何种方式进行招商，都必须纳入年度经营计划，提前做好规划。因为招商是一项重要的市场拓展策划工作，是运用招商人员的知识和智慧，筹划一系列的活动去吸引外来投资者加盟的活动。

成功的招商必须建立在周密系统的科学策划的基础上，运用整合策略，方能全局一盘棋，胜算了然于胸。在招商的前中后的 3 个阶段中，目前大部分特许经营企业最关心的是招商中的动作，但招商前的准备和招商后的深化却少人问津，这也就是企业为什么需要将招商纳入企业年度经营计划来考虑的原因。

1. 做好前期准备与沟通

招商是一项复杂的系统工程，周期长、事项多、投资大，核心强化的是细节（环节）性。招商的成败遵循 6∶2∶2 的黄金比例，即招商的成功有 60%来自于前期的准备与沟通，20%来自于现场的氛围、销售政策等影响因素，20%来自于后期的跟踪服务。

以招商会为例，招商前的准备工作包括：招商目标定位、受许人标准确定、邀约步骤、招商培训辅导、招商政策、合同权利义务、签约规范、招商会筹办、媒体广告计划、招商费用预算、违约处理、风险规避机制、会议场地的预订、展示产品的选择、展示方式的确定、展示空间的设计、人员的配备、会前目标客户的沟通与邀请、各项展览资料的准备等。对于特许经营企业举办的招商会来说，会前目标客户的沟通与邀请尤为重要。

会前目标客户的沟通与邀请，除了被动等客上门，最重要的是有意识地邀请客户到会议现场洽谈。会前的邀请可采取电话邀约、邮寄/传真发函、电子邮件、登门拜访等方法，将邀约名单具体落实，预估会前确定的客户数量及准备现场的接待策略。另外，在会议现场还可以通过现场宣传、派发资料等手段，邀请和吸引客户。

通过会前的沟通，对于企业来说，可以让目标客户对企业有所了解，并建立一定的信任感。对于拓展人员来说，会前的沟通可以与目标客户建立亲和感，经过几次的电话沟通双方要达到很亲切的程度。这样在会场需要的只是企业形象和产品功效的强化和高度认可，起到的是临门一脚的效果，所以一定要强化前期准备与沟通。

招商不打无准备之战，无论采用什么形式的招商，特许经营企业都应该重视包括电话邀约沟通等会前各项准备工作。

2. 注重过程及细节

很多特许经营企业在招商会中不注重过程与细节，以为细节不影响会议的成败。在某特许经营企业的一次招商会，其他准备工作都做得很充分，目标客户都来齐了，但当邀请的专家正式演讲时，发现会场的投影仪启动不了，于是接下来的 5 分钟由于该企业没有很好地进行安排，会议进程完全被打乱。与会的目标客户马上对该企业产生不成熟、不专业的感觉。有人开始起身离开、有人开始聊天，会议的效果大打折扣，直接影响到招商的效果。

3. 会后追踪

很多企业认为招商会开完了，会上已经接洽了，有意向的已经知道，没意向的不用管它。其实这是非常不恰当的。招商会的参加者目的各不相同，会后的反应自然不同。特许人应当根据不同的情况进行不同内容和目的的回访，进一步传递企业的信息，加深潜在受许人的印象，增进进一步了解、洽谈、谈判的机会，为签订特许合同打下基础。

所谓“窥一斑而见全豹”，就是在招商进行的整个过程中，需要妥善处理好每一个细节，从而获得客户与同行的认可，企业形象也在潜移默化中得到提升，反之亦然。

小　结

特许经营体系构建的准备包括进行特许经营的可行性研究、制定特许经营战略规划、制定商业计划、公布特许人的公开文件、试点经营、建设好自己的特许品牌。

特许经营体系的设计包括特许权的设计、总部设计、区域总部设计、单店设计、特许经营管理体系设计等。

特许总部的建立包括特许总部的组织机构（含一级总部和二级总部）、特许总部的作用、功能、特许总部建立的步骤等。

特许体系单店的建立包括样板店的建立、特度经营单店手册的制定。

特许经营推广体系的构建包括特许经营体系推广的步骤、特许经营体系推广的策略。

思 考 题

1. 一个企业要进行特许经营，在特许经营体系构建上，应进行哪些方面的准备？
2. 特许经营的核心是特许权，可以从法律和经营的角度去理解特许权，请查找一些关于特许经营的实例，寻找特许权的构成要素。
3. 请分析特许经营总部的组织结构和主要岗位的职责。
4. 单店设计的 CIS 含义是什么？包含哪些内容？
5. 特许经营体系的单店建设包括哪些内容？
6. 特许经营推广体系包括哪些内容？

案例分析

田老师红烧肉加盟体系设立

一、投资加盟

这是特许加盟的一种形式，是确保加盟店经营的3S原则，而采取的一种强化总部与门店管理办法的形式。即：投资者向和谐一家管理公司提出加盟申请，经过管理公司的认定后，办理相关手续，并由和谐一家管理公司全权负责该“田老师红烧肉”品牌餐厅的加盟管理和经营管理。管理公司既为加盟者赢利，同时建设品牌，更着眼于保护消费者利益和食品安全，为所有参与者营造海纳百川、和谐共赢的合作空间。

二、总部组织机构

1.“田老师红烧肉”的品牌所有者

“田老师红烧肉”品牌所有者为北京信诚永旭餐饮管理公司。总部组织机构如图5-8所示。

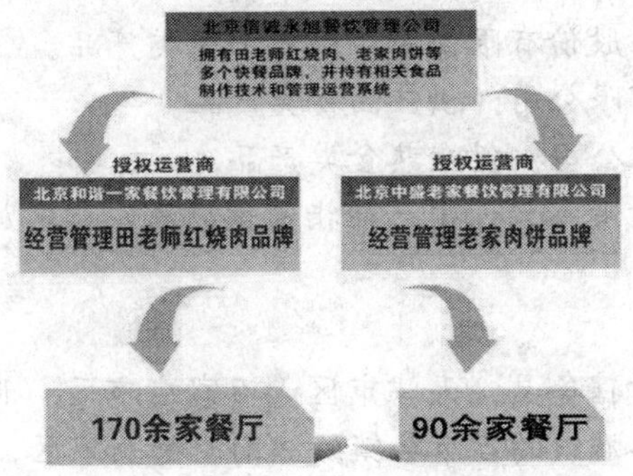

图5-8　总部组织机构示意图

2. 田老师红烧肉的管理者

北京和谐一家餐饮管理有限公司是“田老师红烧肉”品牌的发展商和运营商。管理团队实力雄厚，分工清晰，有专业管理人员近百人。拥有一批在“老家肉饼”和“田老师红烧肉”不同发展阶段选拔的高素质管理人员，他们已经成为管理团队的骨干。这些优秀管理人员中的仓储物流配送专家、运营管理专家和通晓现代核算、审计方法的财务专家等数人，携手组建了核心管理团队。该公司构架如图5-9所示。

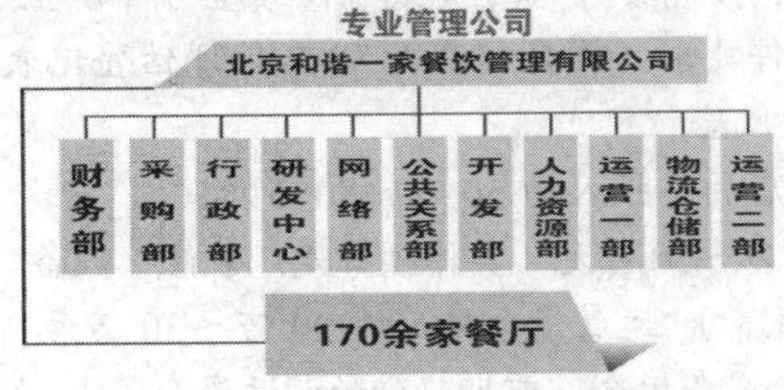

图5-9　红烧肉品牌运营商构架

三、企业经营理念

田老师红烧肉坚持做高标准大众快餐的理念，即：在保证食品安全的前提下，不断提升盖饭等各类食品的品质，同时努力降低餐厅各项管理成本，使餐厅食品的售价始终保持在工薪阶层可以承受的较低水平。

和谐一家管理团队承诺：永远秉承高品质、低价格、互利共赢的经营理念，运用系统的管理方法，持续改进，为每一位加盟者提供更好的管理服务。

公司倡导海纳百川、互利共赢的企业文化，努力实现消费者、管理者和员工、投资者和供应商多赢的社会效果。

企业经营理念是得到加盟商认可和忠诚的法宝之一，是企业品牌价值体系的核心。

四、田老师的供货商体系

和谐一家管理团队高度重视食品安全和食品质量，他们审查和认定的专业供货商包括：

（1）北京神州泰岳食品有限公司：供应色拉油类产品。

（2）四川王家渡食品有限公司：供应熟食类产品。

（3）河南众品食业股份有限公司：供应猪肉类产品。

（4）北京东粮北谷粮油有限公司：供应大米类产品。

（5）河北福成五丰食品股份有限公司：供应牛肉类产品。

（6）肥城鲁麦特制粉有限公司：供应面粉类产品。

（7）北京大发正大有限公司：供应熟食类产品。

供应商由管理公司负责考察、认定，即指定供应商、指定加工商，原料和设备等由各餐厅直接采购。

五、投资加盟区域体系

目前仅限于：北京及所辖各县；天津市区；石家庄市区；北京到天津之间、北京到石家庄之间的国道和高速公路沿线的各市县镇；济南、德州市区。

六、投资加盟者审核体系

1. 认同品牌理念

（1）认可田老师红烧肉品牌的经营理念和运营管理体系。

（2）有良好的平等沟通和协调能力。

（3）接受并符合公司方面的资质、资信调查。

2. 能提供经营房源

（1）所提供的房源内部使用面积，要求为：120～200m^2（注意：提供建筑面积无效）。

（2）房源使用年限合同不得少于5年（或可以续签5年以上）。

（3）选址符合开店条件要求（详见《G-开发-店址评估登记表-120920.xls》）

3. 投资加盟总投入及风险

（1）田老师红烧肉单店的总投入约50万～80万元。

其中：固定投资约30万～50万元（具体项目是：装修、设备、厨具、灯箱、收银系统、电脑、空调系统、排烟系统等）；运营资金投入约20万～30万元（具体项目是：餐厅首期房租、宿舍租金、营运周转金或备用金、前期垫付的营运资金等）。如果房租较高，投资额要相应提高。

（2）投资人应具备一定的风险意识，有足够的抗风险能力。

七、投资加盟的费用与收益分配体系

（1）投资加盟需要交纳的费用如下：

1）加盟违约保证金：5 万元整。

2）品牌使用费：每个加盟店，每月收取该店营业额的 2%。

（2）收益分配：从和谐一家管理公司（以下简称“管理公司”）接管之日起计算。

1）餐厅收益的 70%为投资人的利润，管理公司收取餐厅收益的 30%作为管理费和品牌公司的权益金。

2）餐厅收益是指累计收益。如果餐厅没有收益，即餐厅出现累计亏损情况，则相关亏损由投资人承担。投资人应根据亏损情况及时补亏，以保证餐厅的正常运营。如果餐厅没有收益，管理公司也没有收益，相关管理费用由管理公司承担。

3）利润分配时间：每季度分配一次，即 1 月、4 月、7 月、10 月各分配一次，对应四、一、二、三季度的利润分配。但遇特殊情况时，可以推迟到下一季度分配。

（3）管理公司的加盟杂费、培训费以及其他各项管理杂费等，由管理公司承担，即从分配给管理公司的 30%收益中提取，与分配给投资人的 70%收益无关。

八、投资加盟的日常管理体系

（1）作为运营商，和谐一家负责所有“田老师红烧肉”品牌的加盟管理，承担相应的管理责任。

（2）到目前，和谐一家公司管理的田老师红烧肉品牌餐厅合计 170 余家。

（3）投资人必须书面委托和谐一家管理公司全权管理，包括但不限于餐厅日常经营管理、财务管理、人事管理等。

（4）投资人不参与日常管理，但有义务对管理进行监督（无特殊情况，不得进入后厨），有问题应该反馈给区域经理或以上级别的管理人员，或反馈给公司加盟管理组。

（5）投资人有监督权，有了解餐厅运营状况和财务状况，提出合理化建议的权利。

（6）管理公司每季度终了时，制作会计报告，并于随后的一个月内发送给投资人。

（7）投资人应参加管理公司每 3～6 个月召开的加盟商例会，不能无故缺席。

（资料来源：http://www.6eat.com/DataStore/CardExpensePage/967857_0.html）

案例解析　任何一个企业的特许加盟业务的开展，必须做好万全准备，以作为加盟商不断发展壮大时的支持。这是总部建立加盟管理体系的首要任务，包括对单店标准的设计、对总部管理职能的界定、总部各个部门的设立、企业无形资产的提炼、供应商的选择等。田老师红烧肉的例子虽然简单，但道理值得思考。

实 训 项 目

虚拟或者查询一个真实的特许案例，分别进行特许体系每一部分的设计。

第六章 特许加盟招商管理

教学指导☞

学习目标

- 理解和掌握特许经营加盟体系建立的前提，招募与加盟文件的设计与撰写，受许人招募、遴选，加盟谈判，特许合同的签订，受许人培训等内容；
- 懂得特许经营合同的基本内容、结构、关键点和注意事项等知识。

技能要点

- 会撰写《招募和加盟手册》；
- 能够进行恰当的特许经营合同谈判，并能够签订特许加盟合同。

案例导入

北京稻香村对加盟商选择的基本条件

北京稻香村是北京的“中华老字号”品牌企业。1994 年，组建了北京稻香村食品集团，2005 年成立了北京稻香村食品有限责任公司。现拥有 53 家连锁店，一个物流配送中心，200 多家经销商经营的 300 多个销售网点。在发展加盟过程中，其对加盟商的基本要求如下。

1. 认同北京稻香村品牌

加盟者认同和尊重北京稻香村品牌，认同北京稻香村的经营管理理念、形象、风格和市场定位，并有真诚强烈的加盟合作愿望。

2. 接受总部管理

加盟者愿意服从北京稻香村连锁总部统一的经营模式、管理、培训、督导，并愿为维护和共同提

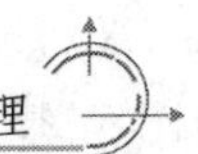

升品牌做认真不懈的努力。

3. 具有一定的资金实力

加盟者拥有与所经营项目相适应的经济实力，以保证顺利开展北京稻香村的特许经营业务。同时具有务实认真踏实的事业态度，没有暴富思想。

4. 具备良好的经营管理能力

加盟者及聘用的店铺主要管理人员应具有一定的文化品位，具备市场营销知识、企业管理知识和较丰富的经营管理能力。

5. 有合适的店址

加盟商最好已有比较合适的开店地点，并且租金适宜。

6. 有合法的营业执照

加盟商先行办理营业执照，然后进行签署合同、授权等，目的是为了规避不可测风险。

7. 具有学习和分析能力

加盟者具有基本的食品知识和学习能力，对食品事业有浓厚的兴趣，对当地食品业市场的发展具有一定的分析能力和比较全面的认识。

8. 具有良好的品德和健康的体魄

加盟者具有良好的个人品德和职业道德。身体健康，无传染病。

（资料来源：根据有关资料收集整理）

案例解析　这是一个真实案例，虽然不详细，但基本框架都有了。特许总部对加盟商的选择必须有自己成熟的模式和严格的条件，不然就会出现很多违规、达不到经营拓展的要求、管理不善、理念跟不上等问题。如果家族企业进行加盟，很可能就难以操作。

第一节　特许经营加盟推广体系的建立

一、特许经营加盟体系建立的前提

在特许经营加盟体系建立以前，特许人为了发展和建立特许经营加盟体系，已经做了大量的工作，而这些工作及其取得的成果，可以说就是特许经营加盟体系建立的前提。它主要包括以下几点。

1）特许人有完备的特许经营战略规划。

2）特许人已经制订了详细的特许经营商业发展计划。

3）特许经营体系的设计已经完毕。

4）总店体系设计完毕，并已经建立了总部。

5）设立了直营样板店，初步建立门店管理体系。

6）总结并制定了门店营建手册和营运手册。

7）开始进行特许试点经营。

8）取得了特许经营的实战经验，对有关环节进行了针对性研究，对有关问题准备了解决方案。

9）总部成立了特许经营的推广组织。

二、招募及加盟文件的设计和撰写

招募文件又称《加盟指南》《加盟招商手册》或《招商指南》，一般包括 3 部分内容：正文文字、图案和加盟申请表。

特许人为受许人提供的加盟文件有加盟意向书、特许经营合同、合同附件、特许经营授权书等。

1.《加盟招商手册》的正文文字

下面以某企业的例子来进行说明。

北京×××村《加盟招商手册》

目录

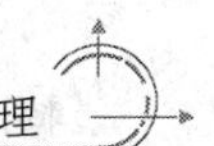

2.3.1　授权约定

2.3.2　双方的基本权利与义务

2.3.3　经营销售指标

2.3.4　加盟金

2.3.5　权益金

2.3.6　保证金

2.3.7　装修费

2.3.8　广告基金

2.3.9　培训基金

2.3.10　订货及货款结算

2.3.11　运输及费用

2.3.12　服务及产品销售秩序及价格

2.3.13　禁止事项与合同解除

2.3.14　连锁店财务管理

2.3.15　对连锁店经营状况考核

第三章　加盟北京×××村的优势

3.1　品牌优势

3.2　产品及研发优势

3.3　营运管理优势

3.4　督导培训优势

第四章　北京×××村专卖店标准

第五章　北京×××村投资回报分析

第六章　加盟北京×××村的基本条件

6.1　认同北京×××村品牌

6.2　接受总部管理

6.3　具有一定的资金实力

6.4　具备良好的经营管理能力

6.5　有合适的店址

6.6　有合法的营业执照

6.7　具有学习和分析能力

6.8　具有良好品德和健康体魄

第七章　加盟商加盟程序

第八章　保证金到位程序

第九章　连锁店建店流程

第十章　商圈的选择及分析

10.1　商圈的概念

10.2　商圈初步调查

10.3　北京×××村的重点商圈

10.3.1　人口密度高的住宅区

10.3.2　面向客流量多的街道

10.3.3　同类商店聚集的街区

10.3.4　交通便利的地区

10.3.5　顶级商业区

10.3.6　老字号一条街

10.3.7　店中店（超市类型）

10.4　重点商圈分析及调查

10.4.1　重点商圈分析

10.4.2　重点商圈调研

10.4.3　汇总上报北京×××村总部（主管经理）

10.4.4　确定商圈

10.5　附件

附件 10-1：北京×××村《商圈调研表》

第十一章　选择店址

11.1　选址要求

11.1.1　两连锁店间的距离要求

11.1.2　商圈购物人群要求

11.1.3　交通要求

11.1.4　市场要求

11.1.5　地理环境要求

11.1.6　门面位置要求

11.1.7　楼层要求

11.2　选址流程

11.2.1　寻找、确定可供选择的经营店面

11.2.2　初选店址

11.2.3　向总部（主管经理）提交所有选址资料、文件及加盟商意见、建议

11.2.4　确定店址

11.3　选择店址数字化管理

11.4　附件

附件 11-1：北京×××村《选址调查表》

附件 11-2：北京×××村《选址评估表》

第十二章　签订房屋租赁合同

12.1　签订流程

12.1.1 讨论房屋租赁合同内容
12.1.2 确定合同内容
12.1.3 签订合同
12.1.4 合同公证
12.2 《房屋租赁合同》要点
12.3 租赁房屋时要注意的问题
12.3.1 落实真正的房主
12.3.2 了解拆迁动态
12.3.3 控制租赁成本
12.3.4 进行《房屋租赁合同》公证
12.4 附件
附件 12-1:《房屋租赁合同》
第十三章 特许加盟合同提要
第十四章 附件
附件 1:《与加盟商谈话技巧》
附件 2: 北京×××村《加盟申请表》
附件 3: 北京×××村《加盟商资格评估表》
附件 4: 北京×××村《加盟洽谈纪要》
《修订记录》
后记

2. 图案部分

图案部分包括以下内容。

1）特许人的商标、LOGO 等。
2）特许人的单店不同角度视图或照片。
3）单店营业现场。
4）特色的产品、设备或服务等。
5）本特许经营体系或某些加盟店获得的荣誉证书、牌匾等。
6）作为“现身说法”的已有成功受许人（加盟商）的有关照片。

3. 加盟申请表

加盟申请表常做成附页，以便受许人可以填写后裁减寄回。

表 6-1 是北京×××村提供的《加盟申请表》，表 6-2 是肯德基提供的加盟申请表。

表 6-1 北京×××村加盟申请表

姓名		性别		年龄	
籍贯		婚姻状况		最高学历	
身份证号码		固定电话		传真	
手机		小灵通		E-mail	
申请加盟地区			公司名称		
开户银行及账号			注册地址		
法人代表			家庭地址		
个人资产情况					
个人及家庭成员健康状况					
是否从事过该类经营					
对该类经营的认识					
对特许经营的基本认识					
对北京×××村的基本认识					
申请加盟北京×××村的主要原因					
准备投资的金额					
希望北京×××村提供哪些支持					

申请人： 年 月 日

表 6-2 肯德基加盟申请表

姓名		请简述所有的工作经历			
性别		公司名称	职位	工作内容	日期
联系地址					
联系电话					
传真					
E-mail 地址					
出生日期					
出生地					
国籍					
最高学历					
学校					
专业					
希望加盟地区		可投入肯德基的资金（RMB）			
1					
2					
3					
填表人					
申请日期					

以上个人资料将仅做个人加盟相关作业使用，并以保密文件处理。请将填好的表格 E-mail 至：×××@×××. ×××，收到后我们将与您进一步联络。

加盟申请表一般包含以下几个方面的内容。

1）申请者的基本资料、联系方式、详细地址及邮编。

2）申请人是否已有单店。申请人若有单店，则应填写该店的基本情况，如营业面积、店址、人员数、经营业务、房产情况、盈利状况等。

3）申请人欲加盟信息，包括计划店址、签约时间、投资额、加盟方式、加盟后的商业计划。

4）特许人想调查的其他信息。

4. 特许加盟意向书

一般在双方签订正式合同前签署一份《特许经营加盟意向书》，目的是给潜在受许人一定的时间来慎重考虑是否最终加盟，在此期间，特许人不再将该区域单店授权他人，具体格式见本章第二节。

特许加盟书一般包含加盟商资料，加盟意向等内容。下面是某企业特许加盟意向书的范例。

×××企业特许加盟意向书

重要提示：请在仔细阅读×××特许加盟（商）店管理章程并深入了解××公司相关情况之后，再在本公司业务员人员的指导下亲自填写本意向书，填写内容必须真实并由填写人签字加盖公章，以确认贵方的合作诚意，维护贵方权益。

一、加盟商资料（加盟单位填左边项，加盟自然人填右边项）

单位名称:	自然人姓名:
注册地址:	户籍地址:
邮政编码:	邮政编码:
营业执照号:	电话:
营业地址:	身份证号码:
法人代表:	现住地址:
总经理:	邮政编码:
联系电话:	联系电话:
传真:	营业场所地址:
开户银行:	传真:
账号:	当地工商所出示的:
税号:	个体经营许可证号:

二、对×××的了解

1. 对×××公司的了解

我方通过：网站 □ 报纸、杂志 □ 广播、电视 □ 朋友介绍 □ 其他方式 □ 已初步了解贵公司，现通过与贵公司业务人员的洽谈，已完全熟知并了解×××公司。

2. 对“×××”产品的了解

我方已完全了解贵公司的产品系列：×××、……、×××产品（或业务）。

3. 我方已详细阅读了贵公司的加盟（商）店管理章程，并熟知其管理模式和相关规定

三、加盟意向

我方已完全熟知并了解贵公司，包括贵公司的基本情况、产品系列、特点及管理模式和相关规定，现有意向加入贵公司，成为　　　　省（自治区）

市（地区、州、盟）　　　　　　　县（旗、区、镇、乡）区域范围内的“×××”特许加盟代理商，并承诺如下：

1）我方完全接受贵公司的管理模式、供货方式及相关管理制度规定。

2）我方自愿接受贵公司的管理监督，并按要求支付其相关费用。

3）我方若有违法违规经营或未严格遵守贵公司的管理制度和规定，未积极配合贵公司的政策执行和相关部门工作，愿意承担责任，并接受相应处罚。

4）本人保证“守法经营、诚信经营、努力经营，共创双赢”。

四、拟加盟商要求

加盟商（店）代表人签字（盖章）:

提交日期：　　　　年　　　月　　　日

5. 特许经营合同及附件

详细介绍请参照本章第三节内容。

三、招募受许人

受许人是特许经营体系的决定性一环。没有受许人的加盟和单店营建，也就谈不上特许经营体系的发展。因此，能否招募到合格的受许人并高质量地营建单店是特许经营体系成功的关键一步，也是最基本的一步。

（一）受许人招募计划的制订

1. 受许人招募工作的内容

1）研究和制定受许人的加盟条件。

2）拟订年度、季度招募计划。

3）策划招募活动和广告。

4）审核加盟申请。

5）与准受许人谈判，签订加盟意向书。

6）与受许人谈判签订加盟合同。

2. 制定受许人的加盟条件

1）合法。受许人必须是合法的自然人、法人或组织。

2）受许人的经营意识。无论受许人是个人还是组织，连锁总部都应把受许人是否具备专业性的经营意识作为首要选择条件。受许人必须具备企业家精神和强烈的成功欲望；同时，受许人还要能全身心地投入到加盟店的经营中。

3）一定的财力。详细介绍见第四章第二节的相关内容。

4）一定的组织管理能力。

5）受许人的社会关系。

6）受许人必须参加特许人提供的各项培训，并且必须认真、努力、全力以赴，以达到培训效果。

除此以外，还要考虑受许人信誉、文化素质、个人基本情况、家庭关系、行业经验和个人能力等。

（二）招募工作的方法

招募由招募经理、招募主管、招募咨询人员组织开展。制订总体特许加盟招募计划、年度招募计划、加盟条件和受许人招募优惠条件，发布受许人招募信息，企业应充分利用一切机会向外界或目标招募地区发布自己的招募加盟信息，以吸引尽可能多的申请人。

发布招募信息的方法主要有如下几种。

1）全球性、全国性、地方性的特许加盟会。

2）本特许人的网站。

3）相关行业的平面媒体。

4）特定地区的广播电视媒体。

5）特定地区的加盟招商发布会。

6）行业协会、商会、特许顾问机构及其网站。

7）现有的直营店、加盟店、合作伙伴、关系户推荐。

8）电话、信件邮寄、E-mail。

（三）受许人的咨询和信息收集

受许人的咨询和信息收集内容包括以下几个方面。

1）首次咨询（面谈、电话、E-mail、传真）。

2）向加盟申请人发放《加盟招商手册》和《加盟申请表》。指导加盟申请人填写《加盟申请表》。

3）邀请和安排加盟申请人参观样板店，安排专人详细进行讲解。

4）建立加盟招商热线电话，由经过培训的专门人员接听或接受信件、传真和电子邮件等信息资料。

5）建立加盟申请人的信息资料数据库。

四、遴选受许人

1. 受许人遴选的内容

1）分析/审核加盟申请人提供的资料。

2）邀请加盟申请人到总部参观和考察样板店。

3）赴加盟申请人所在地考察加盟申请人资信，并进行目标商圈的调查。

2. 受许人遴选的工作要求

1）清楚地向潜在受许人传达企业的经营理念、企业文化、加盟条件和优惠政策。

2）样板店一定要起到样板的作用。

3）对潜在受许人的考察要细致全面。

4）一个地区尽量选择两个以上的潜在受许人作为候选对象。

5）一定建立加盟申请人或潜在受许人的信息库。

3. 受许人资格的全面评估和加盟意向书的签订

1）全面评估加盟申请人或潜在受许人加盟资格。

2）确认准受许人，并填写准受许人申报表报上级批阅。

3）特许人与准受许人签订加盟意向书。

五、加盟谈判

这是特许人与潜在受许人双方为了未来的利益和现实的合作进行磋商，就双方的分歧点、利益点、关注点、操作细节等进行洽谈。谈判的内容主要有以下几点。

1. 双方的合作模式

考虑双方的合作模式是一般合作还是连锁合作，是特许合作还是自愿连锁合作，是单店特许还是多店特许或区域特许。合作模式的不同，对双方的权利义务会有不同的要求。

2. 双方的合作期限

双方对合作期限有不同的要求，这主要受各自合作目的的制约。一般的规律是对自己有利的，希望合作期限长一些；对自己不利的希望短一些。前期投资大的，希望合作期限长；前期投资小的，希望合作期限短。受许人对特许权掌握比较快的，希望合作期限短；反之，特许权比较复杂，不太容易掌握，并且须及时创新的，双方多希望合作期限长一些。至于合作的期限多长合适，这要受不同的行业和特许人的实力影响，差异很大。有统计资料显示，合作期为 1 年的占 0.9%，5 年的占 16.1%，10 年的占 45.4%，15 年的占 12.2%，

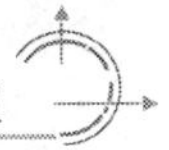

20年的占20%，永久的占3%，其他的占2.4%。

3. 特许的内容

特许的内容就是特许权，由于特许的类型不一，所以特许的内容也不一样。例如，商标商品特许经营其特许的内容就包括商标、产品、品牌，生产特许经营特许的内容是特许人的专利、技术、设计和生产标准等，典型案例是可口可乐的罐装厂；商业模式的特许经营包含的内容最多，主要有特许人的品牌、商标、产品、单店管理系统、经营诀窍、对消费者的服务、广告等；专利或商业秘密特许经营特许的内容就是专利或商业秘密。受许人要根据自己特许的类型进行有针对性的谈判。

4. 双方的权利与义务

既然是合作，双方必然有付出和获得。付出是自己的义务，获得利益是自己的权利。双方的权利与义务应该是对等的，付出的义务与获得的利益理论上成正比。之所以这么说是因为经营效果或干扰的因素太多。受许人的权利主要包括CIS使用权；获得支持、指导、帮助、培训的权利；使用运营手册的权利；获得物流配送的权利；获得营销支持的权利；获得新产品、新技术与区域保护的权利等。受许人的义务是按总部的要求制定收费标准、装修店面；接受总部的监督；履行合同的内容；维护特许人的体系与声誉；为特许人提供市场资料，并进行商业保密的权利。与总部保持信息的交流、文件往来的义务。

5. 开业仪式的问题

开业是正式经营的开始，特许双方如何把受许人的开业仪式与开业最初几天的经营搞好，是合作的关键处之一。所以应该统筹考虑，缜密策划。

6. 政策法律的问题

政策与法律有一个大小、全局与局部的问题。法律是大问题、全局性的问题，这是特许人必须解决的问题。受许人必须明白，特许项目不能出现违反法律的问题。至于政策的问题，特许双方必须都应该清楚。特许人应掌握国家级的政策，受许人应为特许人提供受许人当地的政策，在双方谈判时供大家参考，避免合作后出现政策漏洞，从而规避政策风险。

六、签订特许经营加盟合同

在与准受许人签订加盟意向书后，招募工作人员应就特许经营加盟合同及其附件的各项内容与准受许人谈判。谈判可能是比较艰苦的过程，也可能按照特许人的要求来进行，谈判的内容确定后，还有许多具体的操作细节要商洽，全部达成共识并结束以后，进行特许经营合同的签订仪式，把谈判的具体内容以书面文件的形式确定下来，形成具有法律效力的正式文本，这也是以后特许经营活动经营的依据。与准受许人签订《特许经营加盟合同》《商标使用许可合同》后，特许总部就可以授予受许人相应的身份证书和标志标识。特许经营合同必须统一，这是特许经营的重要特征之一。

七、对受许人进行培训

培训管理是任何成功特许企业的核心，是特许人发展计划一个非常重要的组成部分。在某种意义上，特许经营可视为将成功模式或运营方法复制到其他地方的一种尝试，这在很大程度上依赖于从一处到另一处时知识和技能的有效传播。培训能够开发出受许人成功所需的心态和知识技能。

许多希望成为受许人的人缺乏其意向行业的特定经验，因此正式培训就成为传授成功商业运作模式的主要（如果不是唯一）方式。一个优秀培训计划的投资将会由于强劲的收入流和满意的受许人加盟而得到数倍的偿还。受许人遇到的大多数运营问题都可以通过适当的培训加以解决。

比如，麦当劳在对员工的培训方面精益求精。新员工的培训时间是15～30天。麦当劳还通过汉堡包大学为特许经营者、管理者和管理助理提供培训。近十年来，麦当劳于各区域设立国际汉堡包大学，目前全球已有7所，分别位于德国、巴西、澳大利亚、日本、美国和中国香港地区，每年有超过5000名来自世界各地的学生至汉堡包大学参与训练课程。在7-ELEVEN便利店各地总部，每周都要举行定期会议，交流经验，检查总部的政策和方针是否得到贯彻与落实。7-ELEVEN每年会议与培训的支出高达3亿日元左右。这也许就是7-ELEVEN日益蓬勃发展的根源所在。

培训的具体内容见本书第十章第三节人力资源管理培训一节。

第二节　受许人的加盟程序

开设新加盟店，成为受许人的工作可谓千头万绪，主要有评估特许人、投资筹划、加盟谈判、商圈设定、签订特许经营协议、正式签订特许经营合同、人员招聘培训、商品陈列、装修等一系列具体而繁杂的工作，为使这些工作在进度上顺利推进，必须统筹规划，安排好各部门的工作。加盟的基本流程如图6-1所示。

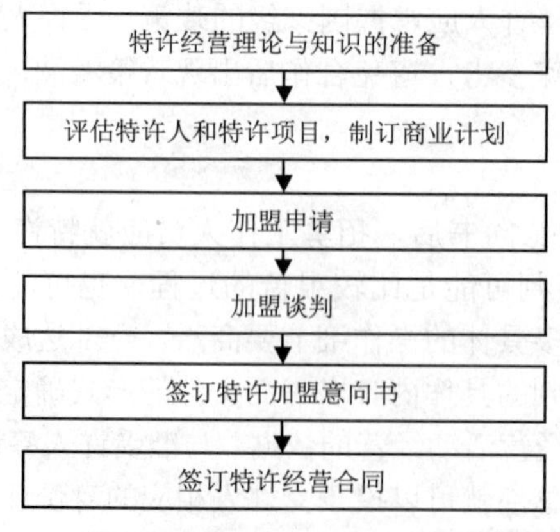

图6-1　加盟的流程示意

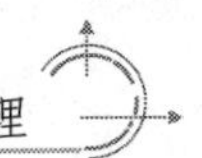

前面章节已经介绍过特许经营的基本知识，如何评估特许人和特许项目。本节重点就受许人的投资筹划、加盟谈判、特许加盟意向书、特许经营合同、商圈的划定进行详细介绍。

一、特许经营理论与知识的准备

进行特许经营，实际是受许人进行的一项投资活动，只是由于特许模式的因素，使特许经营的加盟过程显得复杂而已。也由于特许加盟主体性质的不同，而使特许的过程也有所不同。

（一）特许加盟战略的制定

如果特许加盟的主体（潜在受许人）是自然人，他必须首先确定自己是否需要投资，投资多大规模，这种投资的方式属于哪一类，如是独自创业、合作创业，还是进入特许体系，这是一个经营方向的问题，必须首先确定，然后再决定如何投资。如果是法人，则该法人必须决定以后的经营模式，是直营方式、加盟方式、合作方式、风险投资，还是控股方式等。这里假设投资人选择的是特许加盟的投资方式。

（二）特许知识的准备

在潜在受许人特许经营战略确定后，下一步就是特许经营理论知识的准备，主要有以下几点。

1）特许经营有关名词的基本定义、理解。
2）特许经营模式的利弊。
3）特许经营双方的权利与义务。
4）特许经营合同的签订程序。
5）特许经营加盟的程序。
6）特许经营的相关政策、法律。

二、潜在受许人对特许经营项目的初步评估

（一）市场评估

市场评估的内容如下。

1）搜集当前国际国内经济发展的形势，摸清国际国内经济发展的规律和循环周期。
2）了解特许人所在行业的经济发展状况及其所在行业整体发展水平，以及行业所处的发展周期。
3）搜集同行业其他公司的经营状况，了解行业潜规则和盈利的本质模式。
4）了解特许人所在行业的整体市场规模大小和市场主体的竞争态势。

常见市场分析工具如下。

1）企业外部环境分析。它是指企业从不同的角度进行机会与威胁的分析。机会指那些

对公司的加盟行为能够产生盈利的领域。威胁指对公司企业的发展形成不利威胁的挑战。只有分清形势，才可知有进有退，见表6-3。

表6-3 外部环境分析

影响因素		机会	威胁
宏观环境因素	政治法律因素 社会文化因素 经济因素 技术因素 外汇金融因素 物质自然因素		
微观环境因素	总体行业状况 竞争状况 当前客户 潜在客户 竞争对手 分销渠道 供应商		

2）企业内部环境分析。这是公司的内部竞争优势与劣势分析，目的是企业利用优势、避免劣势，外部分析是为了找到并抓住市场机会。内部分析是为了抓住机会而做好准备，及时调整自己的资源和竞争能力，见表6-4。

表6-4 内部环境分析

因素	优势	劣势
营销能力		
财务能力		
制造能力		
研发能力		
组织管理能力		

3）SWOT分析与总结。通过对以上机会和威胁、优势和劣势的比较，从中各挑出几个值得注意的机会和优势、威胁和劣势进行分析，可以形成4种战略，即SO战略、WO战略、ST战略、WT战略，见表6-5。

表6-5 SWOT分析与战略选择

企业资源 / 外部环境	内部优势（S） 1. …… 2. ……	内部劣势（W） 1. …… 2. ……
外部机会（O） 1. ……	SO战略 依靠内部优势	WO战略 利用外部机会

续表

2. ……	利用外部机会	克服内部劣势
外部威胁（T） 1. …… 2. ……	ST 战略 依靠内部优势 回避外部威胁	WT 战略 减少内部劣势 回避外部威胁

（二）特许人评估

1）从特许人的有关部门、公开出版物、亲戚朋友了解特许人的情况。

2）研究各类征召广告和宣传资料，听取专家的意见。

3）致函特许人，了解特许人提供的公开文件、特许权组合和可行性报告，并实地参观特许人及其经营状况。

4）明确特许人以下内容，并确认自己是否理解和认同：特许人的商标和专利是否注册；公开文件的真实性；特许经营分店的情况；特许人的历史、现状、公司理念、经营策略；公司决策层的团队精神和带来的企业文化。

5）访问现实受许人，了解特许人是否兑现合同的承诺以及分店的经营状况和可能出现的问题。

（三）自己评估

1）自己是否做好加盟的心理准备。如是否是自己的机会、沟通有没有问题、是否认同特许人的理念、是否怕辛苦，是否有加盟就成功的错误思想等。

2）自己是否做好加盟的财物准备，如充足的现金和合适的房地产。

3）自己是否做好加盟的人才准备，如自己的管理团队和行业经验。

三、特许经营投资计划

（一）商业计划书

特许经营商业计划书是一份非常重要的文件，但往往被受许人忽视。潜在受许人经常认为，所有必需的计划已经由特许人完成，一旦场所选定、扩建和开业之后，他们应当做的所有事情就是打开大门欢迎客人。他们只需要遵照特许人早已经编好并经过实践检验的运营手册来按部就班地执行就行。但事实并非如此，虽然特许人为受许人做好了完美的规划，但经营中有许多受许人所在地所特有的因素，所以受许人必须为其即将经营的场所和市场制定商业计划书。一份完整的商业计划书主要包括以下几部分。

1. 封面

封面内容包括受许人公司名称、地址、电话号码，计划书的项目类型、计划书的名称，计划日期。

2. 计划概要

在计划概要部分，受许人对商业计划进行简短的综述。内容主要包括：受许人的目标，受许人开展此特许经营的计划，受许人对计划的决心和信心。概要部分的文字应简洁、概括、有力度，力争用最少的语言表达出最多、最重要的信息。

3. 关于企业的情况

该部分主要包括以下内容。

1）有关特许经营的描述。它主要是自己对特许经营的认识。

2）产品/服务概述。它主要包括核心产品、形式产品、外延产品 3 部分。

3）行业分析。它主要是行业的发展趋势。

4）市场描述。单店顾客多少及其顾客的主要特征。

5）对一个店铺周围环境的调查说明。例如，商圈的范围、交通情况、停车场、周围企业、市政公用设施。

6）竞争分析。它包括直接竞争者与间接竞争者是谁，为什么顾客愿意到这个特许经营的单店来。

4. 财务数据

财务数据主要包括：资金来源及应用安排；设备列表；租赁房产及其装修；供应物品的来源，是自己购买，还是特许人配送；额外特许经营的义务，比如受许人每月要交纳占总销售额 5%的管理费和占总销售额 2%的全国广告费等。这些都要作出预测，最好作出比较详细的投资预算计划。

（二）投资预算

加盟新店自选址至正式开业需要一定的时间，其资金需求量也会经常变更，但为了避免造成太大的出入而影响资金运行，应做好投资预算计划。任何一个分店在开业前对资金的需求都是大量的，并对日后经营成本长期产生影响。新开加盟店的投资预算见表 6-6。

表 6-6　新开加盟店的投资预算

投资类型	投资项目
固定资产	柜台货架，计算机软硬件，车辆，电话，办公设施，生活设施，空调、暖气设施，安全、监视设施，标牌
流动资金	现金等
递延资产	开办费，如建筑装修设计费、人员培训费、调查咨询费、筹备人员工资、广告费、公关费等；建筑装修费；水电增容费；单位搬迁补偿费

此外，不可预见费用也应列入投资预算。不可预见费用一般按固定资产、流动资金和递延资产三项之和的一定比例计算。

除了新加盟店的投资预算外还要进行总成本估算。

总成本应测算包括当年及今后若干年，甚至 5～10 年，为测算投资效益提供依据。计

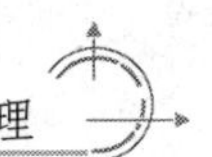

入总成本的项目包括：商品采购成本；工资与福利费；修理费；折旧费；水、电、暖气、电话费；摊销费；利息；房租；采购与保管费用；销售费用；管理费用；其他成本。其中，固定资产折旧期和递延资产摊销期一般为 5 年；采购与保管费用、管理费用和销售费用分别按销售收入的一定百分比计算。

四、递交加盟申请书

投资者在确定特许人以后，可以向特许人总部递交一份书面的加盟申请书。有些必须到特许人总部领取一份专门的申请书，详细清楚地填写有关栏目，并按总部的申请缴纳一定的费用。总部在接到申请者的加盟申请后，即着手对申请者的情况进行评估。加盟申请者这时在继续考察特许人的同时，要做好加盟谈判的一切准备。具体内容参见本章第一节。

五、特许加盟谈判

这是特许人与潜在受许人双方为了未来的利益和现实的合作进行磋商，就双方的分歧点、利益点、关注点、操作细节进行洽谈。谈判的内容主要见本章第一节的“加盟谈判”。

六、签订加盟意向书

1. 加盟意向书的含义

加盟意向书是特许加盟合同签订之前总部与受许人的一个特许加盟意向协定。

2. 加盟意向书意义

1）受许人在协定时间内拥有对加盟区域的加盟权。
2）通过意向，受许人可在意向期限内对是否加盟进行再次论证和反复思考，以确保加盟的可行性。
3）总部对受许人所选的店面进行实地考察，再次确认是否同意加盟，以降低加盟风险。

3. 签订加盟意向书的条件

1）受许人通过对加盟事项的前期了解，认可总部对受许人的要求及加盟的标准。
2）对所加盟区域有足够好的地缘关系。
3）受许人已准备好足够的资金。
4）已有选中的地点（最少两个），并已经总部初审认同。

4. 签订加盟意向书应准备的资料

见本章第一节表格。

七、商圈设定与店址选择

（一）商圈的划分

商圈是指以特许店址为中心，以周围一定的距离为半径所划定的销售区域。商店的绝大部分顾客购买力来自商圈。商圈大小与加盟店的规模、经营范围、位置、商店信誉、交通条件等有密切关系，反映着加盟店的经营辐射能力。商圈范围是加盟店确定服务对象的分布、商品构成、促销方法和宣传范围的主要依据。商圈一般由第一商圈、第二商圈和第三商圈 3 部分构成。商圈范围的构成如表 6-7 所示。

表 6-7　商圈范围构成

构　　成	特　　点	顾 客 比 例
第一商圈	距店址最近的区域	占顾客总数的 50%～70%
第二商圈	外围区	占顾客总人数的 20%
第三商圈	边缘区	不超过顾客总数的 10%

第一商圈：这是距离店址最近的区域，是加盟店顾客的主要来源，一般占顾客总数的 50%～70%，人均购买额也为最高。

第二商圈：也称为外围区，来自此商圈的顾客占总人数的 20%左右。

第三商圈：也称为边缘区，来自此商圈的顾客比例一般不超过 10%。当然，也有来自商圈之外的购买力，如流动购买力等，但所占比重较小。特别值得关注的是团体采购的能力和顾客来源。

一般规律是位于市中心或重要地段的特许加盟店的商圈范围最大，可以辐射整个城市，而位于居民区的特许店由于多以经营生活日用品为主，所以商圈范围相应较小。

商圈由于受各种影响的制约，其形态往往呈不规则形状，但从理论上说，商圈结构的 3 个层次可以用 3 个大小不等的同心圆来表示。其关键在于确定各层次的半径距离。以位于居民小区的特许店为例，第一、二、三商圈的半径分别为 500 米、1000 米和 1500 米，步行所需时间分别为 5、8 和 20 分钟左右。上述数字是经验数字，具体落实到每一个特许分店，则需要以第一手的居民调查数据作为修正依据，如图 6-2 所示。

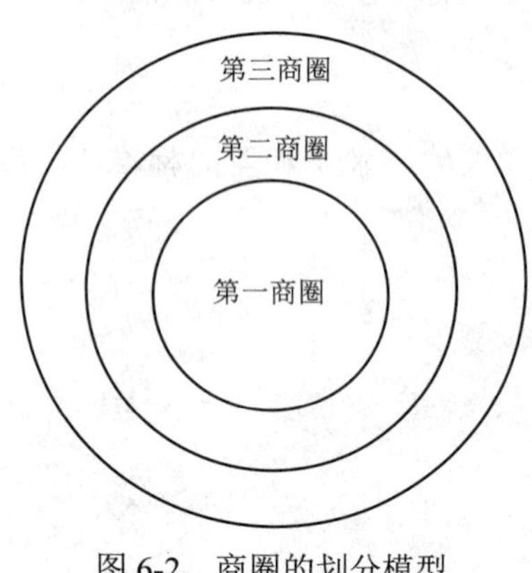

图 6-2　商圈的划分模型

（二）加盟店营业额的测算

商圈范围一经界定，就有可能对新开分店的营业额作出推测，以便为财务预算提供数据。下面介绍特许加盟店营业额测算的步骤与方法。

1. 首先测算商圈内零售总额

以商圈内每一家庭平均消费支出，乘以商圈内家庭总

户数，再加减商圈内购买力的流入与流出量，即可推出商圈内可能达到的零售总额。其计算公式为

商圈内零售总额＝商圈内家庭平均支出额×商圈内家庭总户数
±购买力流入（出）量

2. 测算商圈内特许加盟店营业额

以商圈内所有特许加盟店所占有的市场销售份额（%），乘以商圈内零售总额（万元），即可得出特许商店可能实现的营业额。其计算公式为

商圈内特许商店营业额＝商圈内特许商店市场份额×商圈内零售总额

这一指标反映着连锁商店与其他形式的商店的竞争抗衡能力。在估算连锁店的市场份额时，应仔细分析其在此商圈内的发展潜力如何，看其是否达到饱和状态。如果已进入饱和状态，说明商圈内商店密度过大，开设新店很难吸引足够的顾客流量。

3. 测算拟开设的新店的营业额

营业额的计算方法为，以拟开设的新店营业面积占商圈内连锁店总面积的比率，乘以商圈内连锁店营业总额，其公式为

$$\text{拟开设分店的营业额}=\frac{\text{拟开设新分店营业面积}+\text{拟开设的新分店营业面积}}{\text{商圈内连锁店总营业面积}}\times\text{商圈内同类连锁店营业总额}$$

实际运用这一公式时，还要乘上新分店的竞争力系数。竞争力系数是在营业面积相同的情况下，由商品质量、价格、服务水平、环境等的差异而构成。除此之外，还应对竞争对手竞争力系数进行研究，如促销、扩建计划、人员调整、设备与技术升级等。

总之，上述营业额的测算方法可谓简单易行，但也抽去了许多影响因素，所以在实际测算时，需要收集大量相关数据作为参考依据。

（三）店址选择

在分析商圈及对几个预选店址比较的基础上，选择一个店址进行开业准备，其他可作为以后的备选店址。特许加盟店选址考虑的因素有经济发达程度、潜在顾客的收入水平、交通要便利、人口密度高的聚居区、商业活动频繁程度高、同类商店的聚集街区、城市规划、人流方向、社会习俗与文化、顾客类型与市场细分等。

八、签订特许加盟合同

本部分内容见本章第三节。

九、拟订经营计划

1. 明确经营方针

1）商店定位。确定新店属于何种类型的连锁店，就是确定业态。

2）顾客定位。确定主力顾客群。

3）商圈定位。确定店址应设在市级商业中心、商业区、大型居住区，还是居民小区。

4）竞争对手定位。实际就是竞争战略定位，其选择有领导者战略、挑战者战略、跟随者战略、补缺者战略4种。

5）商品定位。包括大类范围、商品挑选度、主力商品群等定位。

6）服务定位。设计配套服务项目与水平。

7）价格定位。选择高价、中价、低价中的一个，还是价格组合。

8）装修档次定位。选择高档、中档、低档装修。

9）销售方式定位。选择坐地销售还是送货服务；直接面对消费者，还是面对单体受许人。

10）今后几年经营管理配套发展设想。

2. 建立经营计划体系

建立经营计划体系指的是制订长、中、短期计划。由于中长期计划由总部统一负责，所以筹备期间应制定第一年投资预算与经营计划。

3. 制订商店装修计划并实施

1）设计、调整装修方案。

2）建筑与装修预算、进度安排。

3）水电增容报批与施工。

4）建筑与装修工程报批。

5）选定施工单位并实施现场作业。

6）展开空调、停车场、生活设施等配套工程施工。

7）订做货架、柜台、陈列道具、冷藏设施等营业设施。

4. 制订商品采购计划

制订商品采购计划主要包括：收集有关厂商、供应商资料；提供详细的商品经营目录，供总部审核；提出供货时间、数量等。

5. 制订商品陈列方案

制订商品陈列方案主要包括：货场布局设计；商品分类摆放方案；每一商品具体陈列方案；商店内部通道、流动路线设计。这需要在总部的指导下进行。

6. 组织管理

1）确定与总部的相互协调的管理体系，也就是受许人需要建立与总部联系、协调的部门，以应付对总部管理、监督的工作。

2）设计区域机构或店铺组织结构及其工作岗位规范。

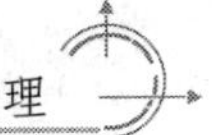

7. 营业管理

营业管理主要有以下两点。

1）设计营业管理体系，包括采购、配送、登账、统计、盘点等。

2）制定作业流程。

8. 制订促销计划

制订促销计划的内容主要包括：促销预算；制订分阶段广告宣传策略与方案；开业前后促销与宣传方案；年度促销计划；公共关系策略与计划。

9. 计算机联网管理方案

计算机联网管理方案包括根据特许总部的要求和总体设备技术方案，设计本店联网系统；进行设备选型与购置；设备现场安置与调试以及商品编码或条形码设计制作，做好与总部计算机系统的对接工作。

上述各项工作都是围绕着顺利开业这一点而展开的。由于起始时间不同，有些工作还带有时间上的连续性，所以为了有效控制总体进程和效果，应按网络计划技术的要求，设计一个计划进度控制图。通过控制图明确规定各计划工作项目的承担部门、负责人、工作期间、完成期限、与其他项目的协作关系。在时间规划方面，应留有一定弹性，以免因某些工作的不顺利而导致整体衔接失调。

第三节　特许经营合同

小资料

2003 年，避风塘公司与唐某订立特许加盟合同，约定：避风塘公司向唐某授予“避风塘茶楼”特许经营权、传授加盟店知识等，期限为 5 年，唐某应支付加盟费 15 万元（无论何种情况均不退还），特许保证金 10 万元（非定金性质，在唐某违约等情况下避风塘公司有权没收），并按月支付特许使用费、特许广告费等。合同还约定如一方违约，另一方可解除合同，违约金为 30 万元，唐某以该特许加盟合同参与设立的公司对唐某的上述义务承担连带责任。合同签订后，唐某缴纳了加盟费 15 万元及保证金 3 万元。唐某与他人共同出资设立了海通餐饮公司，由海通餐饮公司作为经营“避风塘茶楼”加盟店的载体。之后，因唐某长期拖欠特许使用费和特许广告费等，避风塘公司经催讨未果于 2004 年提起诉讼，要求判令：解除特许加盟合同；唐某支付特许广告费、特许使用费 4171.28 元、违约金 30 万元、特许保证金 3 万元；唐某设立的海通餐饮公司承担连带责任。唐某反诉称，因避风塘公司未履行员工培训、广告制作等合同义务，要求继续履行合同，并由避风塘公司承担违约责任。同时，唐某认为特许加盟合同中违约金过高，请求法院予以调整。

海通餐饮公司同意唐某的意见，并对承担连带责任没有异议。

一、特许经营合同的概念与特点

1. 特许经营合同的概念

特许经营合同又称特许经营契约，是指平等主体的公民个人、企业法人及其他经济组织之间设立、变更、终止特许经营权利、义务关系的协议。

我国《商业特许经营管理条例》中规定：特许经营是指特许人将自己所拥有的商标（包括服务商标）、商号、产品、专利和专有技术、经营模式等以特许经营合同的形式授予受许人使用，受许人按合同规定，在特许人统一的业务模式下从事经营活动，并向特许人支付相应的费用。

2. 特许经营合同的特点

1）特许经营合同是平等主体的自然人、企业法人和其他经济组织所实施的一种民事行为。

2）特许合同以设立、变更或终止民事权利义务关系为目的和宗旨。

3）特许经营合同是当事人协商一致的产物或意思表示一致的协议。

4）特许经营合同具有多元化和复杂化的特点。

3. 特许经营合同的性质及意义

特许经营合同如同经济合同、技术合同、保险合同、工程合同、劳务合同等形式一样，都是依据《中华人民共和国合同法》（以下简称《合同法》）第二条的规定：“……合同是平等主体的自然人、法人、其他组织之间设立、变更、终止民事权利义务的协议。”根据这一规定，各种合同都是在市场经济运行的普遍的、基本的法律形式。

二、特许经营合同的基本原则

特许经营合同的基本原则是市场经济条件下内在的要求，是在法律上的表现。当事人必须遵守，与基本原则相抵触的约定是无效的。在《合同法》中第一章就直接规定了合同的基本原则，即平等原则、自愿原则、公平原则、诚实信用原则、合法原则。这些原则也是特许经营合同的基本原则。根据特许经营合同的特点，中国加入 WTO 以后中外合资企业的特点，特许经营合同还应特别强调国家主权原则，以及国际法和国际合约优先运用的原则。

（一）平等、自愿、公平原则

平等原则是指合同当事人在订立、履行、交易的全过程中，法律地位平等。任何一方只能根据法律的规定或者当事人的约定行使权利，任何一方都不得将自己的意志强加给另一方。特别是在特许经营合同中更应体现这一点，不能因为是特许经营，就享有特别权利，甲方乙方订立合同是平等的，双方必须遵守平等原则，确定双方的权利义务关系。

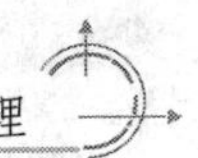

自愿原则是指当事人可依据法律，根据自己的意愿订立特许经营合同，当事人可以选择特许经营合同的内容、形式，还可以通过协商变更或解除特许经营合同。自愿原则与平等原则密切相连，自愿是以当事人的地位平等为前提，不同当事人要意志上是独立的，任何一方当事人不能用自己的强大优势支配他方当事人的意志。

公开原则是指在特许经营合同的订立和履行过程中，当事人应遵循公平原则确定各方的权利和义务。任何个人和单位不得非法干预。公平原则包括两个方面的公平：一是当事人双方公平观念是一致的；二是司法机关在处理合同纠纷时，应根据公平的观念去处理合同的纠纷。

（二）诚实信用原则

诚实信用原则简称诚信原则，是指特许经营合同当事人在订立、履行合同时，应诚实守信，遵守诚实信用原则。要以善意友好的方式行使权利、履行义务，不得以损害他人为目的滥用权利，不得规避法律和合同规定的义务。当事人要以诚实信用原则维持当事人之间的利益，同时还要维持平衡当事人利益与社会利益之间的关系。合同当事人应当以实事求是的态度对自己的行为负责。

诚信原则与特许经营合同的关系极为密切，在特许经营合同的订立、履行、变更的各个时期，以及合同关系终止以后，当事人都应当严格依据诚信原则行使权利和履行义务。

（三）合法性原则

合法性原则是指当事人在交易活动中，应当遵守法律、法规和社会公共道德，不得损害社会公共利益。我国《合同法》第七条也明确规定，当事人订立、履行合同，应当遵守法律、行政法规，尊重社会公德，不得扰乱社会经济秩序，损害社会公共利益。签订特许经营合同，无论是国内企业，还是国外商家，都要遵守国家法律法规，不得损害社会公共利益。

（四）国家主权原则

涉外特许经营合同的当事人可以选择处理争议所适用的法律，但在中华人民共和国境内履行的特许经营合同必须适用中华人民共和国法律。

（五）国际法、国际公约优先适用原则

我国缔结或参加的国际条约同我国的民事法律有不同规定的，适用国际条约的规定，我国声明保留的条款除外。我国法律和缔结或参加的国际条约没有规定的，可以适用国际惯例。

（六）管理制度契约化原则

特许经营内容有诸多的管理制度，如营运管理制度（通常规定在加盟手册、营运手册、VI 手册之中）、督导制度、培训教育制度、配送制度等。执行这些管理制度是特许经营体系正常运行的基础。为了使管理制度得到有效执行，必须将管理制度融入合同之中，称为管理制度契约化。只有这样，特许经营体系内部管理制度才能成为具有法律约束力的合同条款，对受许人才具有法律约束力。

（七）持续性和灵活性相结合原则

要保证特许经营的规范化运作，保持特许经营体系的稳定性，特许经营合同的持续性非常重要。朝令夕改不仅使受许人不知所措，更会令特许企业的工作人员无所适从，而导致整个特许经营体系混乱，因此在制定特许经营合同时，一定要有前瞻性的考虑，不要频繁地更换和修改合同。同时，由于市场环境的不断变化，特许经营合同也应不断发展和完善。这就要求特许经营合同也应该具有一定的灵活性。

三、特许经营授权许可的内容、范围、期限和地域

通常特许经营合同许可的内容大致包括：许可使用的商标、商号、专利、专有技术和经营诀窍等。合同应明确规定它们的名称、登记号及其他登记注册情况有效期、许可使用的内容、方式和地区等事项。签订合同时，特许人应明确总部拥有的无形资产，受许人应该审核有关权属证书的原件。

特许权许可使用的范围应明确规定使用的时间、地点、方式、使用权限等。

合同期限短则 1～2 年，长则 8～10 年，最长可达 20 年，通常为 3～5 年。期限的长短与行业特点、加盟店的投资大小、投资回收期长短等因素有关。

同时，合同应规定延长或续订合同的条件和期限。如某特许经营合同规定："合同到期后，乙方（受许人）要求延续特许经营期限的，应在本合同期满之日前 60 日，向甲方（特许人）提出书面申请，甲方同意延续的，应续签合同；甲方不同意或乙方未提出申请的，合同终止。"

特许权使用的地域通常是指受许人有权行使特许经营权的地域范围，它通常是用来限定受许人使用的特许权的空间范围。同时，它也可以用来限定特许人在特定地区发展受许人的数量，防止因特许人贪婪而无节制地发展加盟店，造成特许体系内部发生恶性竞争，危害整个特许体系的健康运作，损害受许人的利益。例如，某特许经营合同规定："特许人承诺在合同有效期内不再在某某省市某某区范围内发展其他加盟店。"商圈保护设定方式通常有：圆心加半径、按行政划区划分、在地图上标明、买断地域发展权、指定卖场等。

四、特许经营合同的条款内容和形式

双方当事人依要约、承诺程序订立特许经营合同，意思表示一致从而形成特许经营合同条款，特许经营合同条款固定了当事人之间的特许经营合同权利和义务，构成特许经营合同的内容。

特许经营合同中分别有：区域特许经营合同、分特许经营合同、直接特许经营合同，以及商标许可使用协议、专利实施许可协议、商业秘密许可使用协议等。

1. 特许经营合同订立的内容

特许经营合同订立的主要条款一般包括以下内容。

1）特许经营当事人的名称（或姓名）和地址。

2）总则。总则规定了特许经营合同的宗旨，特许经营的项目概况，特许人与受许人或总部与分部的基本法律关系，以及特许经营的原则。

3）标的。特许经营合同标的是特许经营合同当事人的权利义务共同指向的对象，包括特许经营授权许可的内容、范围、期限、地域。标的是特许经营合同的主要条款，特许经营合同的标的条款必须清楚写明标的物或服务的具体名称，以使标的特定化。

4）特许经营权利与义务。特许经营权利与义务包括特许人的特许权利和义务，以及受许人的权利与义务。特许经营权的使用形式、范围、地域等。

5）合同期限。特许经营合同期限是当事人双方履行合同的时间限制。

6）特许经营方式。特许经营方式包括特许经营手册或操作手册、培训、支持等具体方式内容、执行标准要求。

7）特许经营技术要求。主要有特许设备与物品的统一配置、维护保养、质量要求、保险、产品配送、采购、销售、商标与品牌的特许形式、宣传使用的许可程度等。

8）商业秘密。商业秘密的保护越来越多地受到企业的高度重视。在特许经营合同中应规定商业秘密的使用形式、范围、限制条件、保密义务等内容。

9）专利和知识产权的保护。在特许经营系统中规定有关知识产权保护的条例，对侵犯知识产权行为的诉讼权利费用的规定。

10）各种费用及支付方式。在特许经营合同条款中应明确规定各种费用的支付方式，如特许权使用费、加盟费、保证金等。

11）财务会计制度。特许经营合同中应规定财务管理制度，依照法律、行政法规和国家行政主管部门的规定，及特许总部的有关要求，建立财务会计制度。

12）合同变更。为达到特许经营总部要求需变更合同时，合同当事人必须经过协商一致，按法定方式和程序进行。

13）合同终止。在特许经营合同中应规定合同终止的有关事项，包括可以终止合同的情形，总部解除合同的权利，总部保留合同解除权，分部解除合同的权利，区域特许经营合同终止后对分特许经营合同的安排，合同终止的程序及执行问题，总部对分部财产的优先受让权，合同终止时存货的处理，以及合同终止后保证金的返还等。

14）合同转让。特许经营合同转让是指一方当事人与他人订立特许经营合同，之后又与第三人约定并经对方当事人同意由第三人取代自己在特许经营合同中的法律地位，承担自己在特许经营合同中的权利与义务的转让。特许经营合同转让应规定主特许人、受许人的权利和义务、转让条件等内容。

15）违约责任。违约责任是指合同当事人因过错而不履行或不完全履行特许经营合同时所承担的责任。

16）解决争议的方法。解决争议的方法是指将来一旦发生特许经营合同争议或纠纷，应当通过何种方式来解决争议纠纷。我国《合同法》规定解决争议的方法包括：协商和解、调解、仲裁、起诉。

17）其他有关规定。其他规定是指与特许经营合同紧密相关的具体事项，如文件送达、合同解释、可分割性、标题、接替营业、雇用限制、合同附件、替代责任、担保、保险、商业风险、不可抗力、合同文本、术语定义等。

2. 特许经营合同的形式

特许经营合同形式是合同内容的外在表现形式。主要包括普通书面形式、特殊书面形式和标准条款形式。

普通书面形式是指当事人以文字表示协议内容的合同。

特殊书面形式是指除订立书面协议外，还必须经过公证、审批、登记等手续的合同。

标准条款形式中，标准条款是当事人为了重复使用而预先拟定，并在订立合同时未与对方协商的条款。提供标准条款一方须履行解释、提示义务，在合同的订立、履行中要承担较为严格的责任。

五、特许经营合同的权利与义务

（一）特许人的权利和义务

特许人的权利包括：为确保特许经营体系的统一性和产品、服务质量的一致性，特许人有权对被特许人的经营活动进行监督；有权向受许人收取特许经营权费用及各种服务费用；对违反特许经营合同规定，侵犯特许经营人合法权益，破坏特许体系的行为，特许人有权终止其特许经营资格。

特许人的义务是将特许经营权授予受许人使用并提供代表该特许体系的营业象征及经营手册；提供开业前的教育和培训；指导受许人做好开业准备；提供长期的经营指导、培训和特许经营合同规定的物品供应等。

（二）受许人的基本权利和义务

受许人的权利是：在特许经营合同约定的范围内行使特许人所赋予的权利；获得特许人所提供的经营技术及商业秘密；获得特许人所提供的培训和指导。

受许人的义务是：严格按照合同规定的标准开展营业活动；按合同约定按时支付特许权使用费及其他各种费用；维护特许经营体系的名誉及统一形象；接受特许人的指导和监督。

六、特许经营合同的履行

特许经营合同的履行，也称为特许经营合同的执行和实现，是合同当事人双方按照特许经营合同规定的条款履行各自应承担的义务，实现双方签订的协议，这是合同具有法律效力的表现，如交付特许标的物、管理技术知识的传授、设备及物品的提供、产品配送、经营指导培训等。

（一）特许经营合同履行的原则

1. 实际全面履行原则

诚实信用原则是实际全面履行原则的首要原则，诚实信用原则作为当事人行使权利、履行义务的准则，并规范和指导履行的全过程。

2. 适当履行原则

适当履行原则是指当事人按照合同规定的标的及质量、数量，由适当的主体在适当的履行期限、地点以适当的履行方式全面完成合同义务的原则。不能以其他标的所代替，它包括履行的主体适当、履行标的适当、履行期限和方式适当。

3. 协作履行原则

协作履行原则是指特许经营合同当事人在履行合同义务时应本着诚实信用的原则履行下列义务：及时通知、互相协助、为对方履行义务提供必要条件、防止损失扩大、为对方保守秘密等。

4. 经济合理原则

经济合理原则是指加盟的当事人在履行特许经营合同中的效益原则。它体现在特许经营合同履行中，运输方式、进货价格、运输路线的选定、时间安排等实现合同履行的利益最大化，尽力减少消耗、减少损失。

（二）特许经营合同履行中的抗辩权

抗辩权是指对抗对方的请求或否认对方的权利主张的权利，又称为异议权。

1. 同时履行抗辩权

同时履行抗辩权是指当事人互负债务，没有先后履行顺序的，应当同时履行。一方在对方未履行之前有权拒绝其履行请求。一方在对方履行特许经营合同不符合约定时，有权拒绝其相应的履行请求。

2. 不安抗辩权

不安抗辩权是指当事人一方根据特许经营合同规定，应在向对方先履行之前，如果发现对方的财产或履行合同的能力明显减少，以至可能难以履行对等支付义务时，可以要求对方提供必需的担保。若对方不提供担保也未对待履行，该当事人可以拒绝履行自己的义务。这项制度可保护先履行一方。

当事人终止履行后，应当及时通知对方。对方提供适当担保的，应当恢复履行。

3. 后履行抗辩权

当事人互负债务，有先后履行顺序，先履行一方未履行的，后履行一方有权拒绝其履行要求。先履行一方履行债务不符合约定的，后履行一方有权拒绝其相应的履行要求。

七、特许经营合同的效力

依照法律订立的特许经营合同，自成立之日起生效。法律、行政法规规定特许经营合同应办理批准手续，或者办理批准、登记手续才生效。

在签订特许经营合同时，如果双方当事人不具有相应的民事行为能力或意思表示不真实或者违反了法律法规的强制性规定和社会公众利益，那么，这样的特许经营合同就不具有法律效力。根据不同的情形，特许经营合同的效力分为以下情况。

1. 无效特许经营合同

无效特许经营合同是指严重欠缺特许经营合同的生效要件，在法律上确定的、完全不发生法律效力的特许经营合同。

2. 可撤销的特许经营合同

可撤销的特许经营合同，又称为可撤销、可变更的特许经营合同，是指当事人在订立合同时，因意思表示不真实，法律允许撤销权人通过行使撤销权而使已经生效的特许经营合同归于无效。

3. 效力待定的特许经营合同

效力待定的特许经营合同是指合同虽然已经成立，但因并不完全符合有关合同生效要件的规定，因此其效力能否发生，尚未确定，一般须经有权人追认才能生效。根据合同法的规定，包括以下情形：限制民事行为能力人订立的合同；行为人无权代理订立的合同；没有处分权的行为人订立的合同。

两种特殊情形不属于效力待定合同：一为表见代理，二为表见代表。

4. 特许经营合同被确认无效或被撤销的法律后果

我国《合同法》第五十六条规定："无效合同或者被撤销的合同自始没有法律拘束力。"如特许经营合同被确认无效或被撤销，合同自始无效。

无效特许经营合同的违法性不仅产生当事人之间返还财产、赔偿损失的民事责任，还导致当事人承担其他法律责任。

八、特许经营合同的保全

详细内容请参见《特许经营法律与实务》（赵桂莲，王吉方. 2008. 北京：科学出版社）。

九、特许经营合同的变更和转让

（一）特许经营合同的变更

特许经营合同是可以变更的，合同变更的原则是特许人和受许人在协商一致的情况下变更。特许经营合同的变更是指合同内容和主体发生变化，合同成立后履行前或履行过程中，当事人就合同的内容协商达成修改和补充协议。

合同的变更必须经特许人和受许人双方协商一致，并在原合同的基础上达成新的协议。

特许经营合同内容的变更是指合同关系的局部变化，也就是说对原有合同关系内容作某些修改和补充，而不是对合同内容的全部变更。

特许经营合同变更后会产生新的权利和义务内容，特许人和受许人应按新的变更后的权利义务关系来履行。原合同关系相对消灭。

当然特许经营合同变更应具备一定的条件，主要有以下几个方面：

1）变更前合同关系已有效存在。

2）特许经营合同的变更原则上必须经当事人协商一致。

3）特许经营合同变更必须遵守法定的程序和方式。

4）特许经营合同变更必须使合同内容发生变化。

（二）特许经营合同的转让

我国《合同法》第七十九条规定：“债权人可以将合同的权利全部或者部分转让给第三人。”这是关于合同权利转让的规定。所谓合同权利的转让，是指债权人通过协议将其债权全部或部分地转让给第三人的行为，合同转让包括合同权利的转让、合同义务的移转及合同权利义务概括转移三种形态。特许经营合同的转让也包括这三种形态。

1. 合同的转让须具备的条件

合同的转让必须具备以下条件：

1）必须具有有效的合同权利存在。

2）转让双方之间需达成协议。

3）转让的合同权利须具有可让与性。

4）合同转让应当符合法定上程序。

根据《合同法》第八十七条规定，债权人转让权利或者债务人转移义务，法律、行政法规规定应当办理批准、登记等手续，依照其规定。

2. 合同权利的转让

合同权利的转让又称债权转让，是指合同债权人通过协议将其债权全部或部分地转让给第三人的行为。

合同转让是一种合同行为，因而须由债权人（即转让人）与受让人之间达成协议。债权人转让权利的，应当通知债务人。未经通知，该转让对债务人不发生效力。

特许经营合同是双务合同，而且是基于特定的合同主体之间的特殊合作，单纯的债权转让几乎是不可能发生的。

3. 合同义务移转

合同义务移转是指基于债权人、债务人与第三人之间的协议，将合同义务全部或部分地转移给第三人，又称债务承担。“全部转移”时，债务人脱离原来的合同关系而由第三人取代债务人承担原合同债务。“部分转移”时，原债务人与第三人共同向债权人承担债务。

4. 合同权利和义务的概括转让

合同权利和义务的概括转让是指合同当事人一方将其合同权利和义务一并转让给第三人，由第三人全部、概括地继受合同权利和义务。特许经营合同的性质决定了其转让方式一般均采取概括转让。特许经营合同的概括转让应具备一定的条件，即特许人或受许人一方转让合同时，应当经对方同意。

特许经营合同的概括转让既包括债权转让，又包括债务转移。因此，应当同时符合债权转让和债务转移的规定，包括转让的范围、从权利与从债务的转让、抗辩权的转移等。

十、特许经营合同的终止和纠纷的处理方式

（一）特许经营合同的终止的含义

根据我国《合同法》的规定，合同的权利义务终止与合同消灭是同义。合同权利义务的终止应包括合同终止和合同解除两种情况。

（二）特许经营合同终止的原因

特许经营合同权利义务终止的原因大致有以下三类。

1）基于当事人的意思而终止，如合意、抵消、免除、达成合同更新的协议、协议解除等。

2）因合同目的的实现而终止，当事人双方合同目的已经达到，如履行、提存、混同、抵消等。

3）基于法律的直接规定。我国《合同法》第九十一条规定：“有下列情形之一的，合同的权利义务终止：第一，债务已经按照约定履行；第二，合同解除；第三，债务相互抵消；第四，债务人依法将标的物提存；第五，债权人免除债务；第六，债权债务归于一人；第七，法律规定或者当事人约定终止的其他情形。”除了第二项即合同解除之外，其他六种均属于合同终止的情形。

十一、特许经营合同的解除

特许经营合同解除是消灭有效合同的效力的法律行为。

(一) 特许经营合同解除的条件

1. 协议解除的条件

协议解除是用一个新合同来解除原订的合同，与解除权无关。协议解除是采取合同的形式，因此它要具备合同的有效要件：当事人有相应的行为能力，意思表示真实，内容不违反强行性规范和社会公共利益，要采取适当的形式。

2. 约定解除的条件

约定解除的条件是当事人双方在合同中约定的或在其后另订的合同中约定的解除权产生的条件。只要不违反法律的强行性规定，当事人可以约定任何会产生解除权的条件。

3. 法定解除的条件

1) 因不可抗力致使不能实现合同目的。

2) 在履行期限届满之前，当事人一方明确表示或者以自己的行为表明不履行主要债务。

3) 当事人一方迟延履行主要债务，经催告后在合理期限内仍未履行。

4) 当事人一方迟延履行债务或者有其他违约行为致使不能实现合同目的。

5) 法律规定的其他情形。

(二) 特许经营合同解除的程序

特许经营合同解除的程序是指合同解除所要经过的必要步骤。

1. 法定解除的程序

根据《合同法》的规定，法定解除的程序主要包括以下内容。

1) 必须符合《合同法》第九十四条规定的解除的事由。该条明确规定了在违约情况下解除合同的条件，同时也是对法定解除权的限制。

2) 解除权的行使必须及时。法律规定或者当事人约定解除权的行使期限，期限届满当事人不行使的，该权利消灭。法律没有规定或者当事人没有约定解除权行使期限，经对方催告后在合理期限内不行使的，该权利消灭。所以，享有解除权的当事人必须及时行使解除权。

3) 解除合同必须通知对方当事人。当事人一方主张解除合同的，应当通知对方。合同自通知到达对方时解除。对方有异议的，可以请求人民法院或仲裁机构确认解除合同的效力。关于通知的形式，我国法律并没有限制，但为了减少纠纷，以采用书面形式为宜。

4) 法律、行政法规规定解除合同应当办理批准、登记等手续的，依照其规定。

2. 约定解除的程序

当事人事先约定解除权，在条件成熟或不成熟以后，一方享有解除权，依据该解除权解除合同，也应当遵守上述程序。

（三）特许经营合同解除的法律后果

合同解除后，尚未履行的，终止履行；已经履行的，根据履行情况和合同性质，当事人可以要求恢复原状、采取其他补救措施，并有权要求赔偿损失。

十二、特许经营合同的违约责任

（一）特许经营合同的违约责任概述

违约责任是当事人不履行或不适当履行合同义务而产生的民事责任，具有以下特点。

1）违约责任以合同债务的有效存在为前提。

2）违约责任的产生以合同当事人不履行或不适当履行合同义务为条件。

3）违约责任具有相对性。合同关系具有相对性，这决定了违约责任的相对性。这种相对性是指违约责任只能在特定的当事人之间（即合同关系的当事人之间）发生。合同关系以外的第三人不承担违约责任，合同当事人也不对其承担违约责任。

4）违约责任可以由当事人在法律允许的范围内约定。

（二）违约责任的一般构成要件

1. 概念

违约责任的构成要件是合同当事人承担违约责任必须具备的条件。在无过错责任原则下，只有违约行为就应按法律规定或合同约定承担违约责任，因而违约行为是违约责任的一般构成要件。

违约行为是指合同当事人违反合同义务的行为。《合同法》规定，当事人一方不履行合同义务或者履行合同义务不符合约定的，属违约行为。

2. 违约行为的具体形态

违约行为的具体形态，简称违约形态，是根据违约行为的性质、特点而对其所作的分类。根据《合同法》的规定，违约形态主要包括：不履行、不适当履行及迟延履行三种形态。

（三）承担违约责任的方式

根据《合同法》关于违约责任的规定，承担违约责任的主要方式包括：强制实际履行、赔偿损失、违约金和定金罚则等。

1. 强制实际履行

强制实际履行是指合同当事人一方不履行非金钱债务或者履行非金钱债务不符合约定时，另一方有权请求人民法院强制其按合同规定的标的继续履行的责任方式。《合同法》第一百一十条对强制实际履行做了规定。

2. 赔偿损失

赔偿损失是指违约方不履行或不适当履行合同义务时，依法或依约赔偿对方当事人所受的损失的责任方式。赔偿损失是违约责任中最普遍选用的补救方式。

3. 支付违约金

所谓违约金，是指由当事人通过协商预先确定的。在违约发生后，作出独立于履行行为以外的给付。我国《合同法》第一百一十四条规定“当事人可以约定一方违约时，应当根据违约情况向对方支付一定数额的违约金。”

4. 定金罚责

所谓定金，是指合同双方当事人约定的，为保证合同的履行，由一方预先向对方给付的一定数量的货币或其他代替物。我国现行法律所规定的定金主要是违约定金。

定金罚责包括：

1）降低加盟店的服务质量或产品（商品）质量，发生被舆论工具曝光批评或消费者投诉被证实等情况。
2）加盟店不按合同规定支付特许权使用费。
3）不接受甲方依据管理规定进行的监督，或阻止甲方进行检查。
4）擅自变更本合同规定的权利义务主体。

十三、特许经营合同的重点问题

（一）各种费用及支付方式

根据原国内贸易部《商业特许经营管理办法（暂行）》第十四条规定，特许人可向受许人收取下列费用。

1）加盟金，即特许人在将特许经营权授予受许人时所收取的一次性费用。
2）特许权使用费，即受许人在使用特许经营权的过程中按一定的标准或比例向特许人定期支付的费用。根据1997年财政部《企业连锁经营有关财务管理问题的暂行规定》第十六条的规定，加盟店根据合同，按不高于销售额（营业额）3%的比例支付给特许人的与其生产经营有关的特许权使用费，计入管理费用。
3）保证金，即为确保受许人履行特许经营合同，特许人可要求受许人交付一定的保证金，合同到期后保证金应退还受许人。保证金可以促使受许人忠实履行合同，如受许人违约，特许人可用保证金充抵特许权使用费和违约金。

4）其他费用，即特许人根据特许经营合同为受许人提供相关服务，并收取的相应费用。如特许人派出专业技术管理人员的费用、广告费用的分摊、店面设计费、专项指导服务费、委托代理费等。这部分费用通常在特许经营合同之外单独约定。

（二）保密和限制竞争条款

商业秘密是不为公众所知悉、能为权利人带来经济利益、具有实用性并经权利人采取保密措施的技术信息和经济信息。商业秘密的属性包括实用性和保密性。

特许经营合同的核心是无形资产的许可使用，其中对经营诀窍、技术机密等的保密十分重要。因此特许经营合同都有保密条款。

特许经营最大的弱点就是容易制造出竞争者，为了防止受许人学到企业的经营诀窍和技术机密后独立开展特许经营业务，特许人往往在特许经营合同中规定限制竞争条款。

（三）特许经营中加盟店的转让问题

加盟店经营好坏不仅关系到加盟店的切身利益，而且关系到整个加盟体系的成败。因此特许人对申请加盟者需要进行甄选，只有经考核合格的申请者才获准进入特许经营体系。所以，特许人不允许受许人擅自转让加盟店，对此，特许人应在合同中明确合同转让的条件。另一方面，申请加盟者应该充分注意不易退出特许体系这一点。如某特许经营合同规定："未经特许总部的书面同意，乙方（受许人）不得擅自将加盟店转让给他人。否则，甲方（特许人）有权解除本合同，并追究乙方的违约责任"。

（四）特许经营中门店租赁期限和总部转租权约定的问题

由于加盟店经营的好坏关系到整个特许经营体系的利益。一旦某一个加盟店经营不善关门歇业，整个特许经营体系的声誉和形象将受到影响。在这种情况下，特许总部总是要力图接管该加盟店，使其尽可能恢复经营。但是，对于一些投资大且必须在繁华地段开业的加盟店，总部的接管有时会遇到门店租赁的问题。

小资料

某特许经营企业在某大城市有一家加盟店，开业时间是1998年年底，受许人的门店租赁期10年。开业后，由于受许人没有经验，加上没有投入足够的精力进行经营管理，经营情况不理想。经协商，受许人同意由总部接管该加盟店，总部拟将该店的经营权授予给另外一个受许人，但这涉及门店转租的问题。由于房价上涨等原因，原房东坚决不同意加盟店的接管者继续承租该门店，而有关法律规定转租房屋必须经出租人同意。致使总部被迫放弃接管该加盟店的计划，特许经营体系在该地区的形象和声誉受到一定的影响。其实这种情况是可以避免的。做法是：在受许人与出租人签订门店租赁合同时，总部可以作为第三方介入，签订一个三方合同。在合同中规定，如受许人经营不善或其他原因需将加盟店交给总部接管时，在合同规定的承租期内，受许人有转租权，总部或其同意的其他组织或个人享有承租权。

十四、签订特许经营合同时应注意的问题

特许经营合同内容可签约前宜请教律师、会计师审慎阅读评估。以下内容是签订合同时需留意的问题，在加盟谈判时重点要注意的。

1）特许人提供的服务项目及其费用是否详细，有无隐藏不可预见的费用？

2）合同期限长短有无明确，期限是否与租约配合？

3）合同期满后可否续约？如果续约，有无条件？若有，条件是什么？是否详细明列？

4）加盟金、权利金及其他款项是否具体，加盟金到底包含哪些项目？其包括开张时的存货或新货吗？多少自备款可开始营业？是否须缴纳定期权利金？如何计算？如何给付？特许人是否提供记账、报税等服务？如有，是否需额外缴交费用？是否必须加入合作广告计划？其费用的分摊如何计算？特许人提供哪些产品或促销服务？

5）商圈保护：合同有无授予独占区域？独占区域是否在有些目的或营业额达到某种标准即终止？

6）采购生产器具：是否所有的生产器具都必须向特许人购买？其价格及条件是否合理？特许人是否提供贷款？

7）选择地点：特许人是否协助选择地点？谁对地点的选择作最后决定？装修蓝图是否由特许人提供？有无定期重新装潢及翻新的要求？如需申请更改建筑使用执照，谁负责提出申请及负担期费用？租约条款约束？

8）教育训练：特许人是否要求受许人参加训练课程？有无继续教育及协助？是否持续性的提供受许人员工训练的配合?是否要付费用？费用多少？

9）财务协助：特许人是否提供财务协助或协助寻找贷款？如有提供财务协助或贷款，其条件是否合理？特许人是否提供缓期付款的优惠？有无抵押？

10）采购对象限制：合同是否要受许人只能向特许人购买所需的货品？或只能向特许人指定的厂商购买？如有，其价格及条件是否合理？

11）合同是否对所购买物品的项目有所限制？限制是否合理？如需卖其他物品，有无须特许人同意的申请步骤及程序？

12）合同是否限制受许人在约满或转让后，不得从事同类型的商业行为？如有，其期限及区域是否合理？

13）特许人是否提供簿记及会计的服务？如有，是否需额外收费？其收费是否合理？

14）有无限制客户对象？如售出超越授权的地区，有无惩罚条款？

15）广告是地区性或全国性？其费用支付方法是什么？如地区性促销是受许人自理，特许人是否提供过去经验与协助规划的服务？特许人是否提供各种推广促销的材料、室内展示海报及文宣品等？有无另外收费？受许人是否可自行策划区域的促销？如何取得特许人的同意？

16）违约条款：何种状况视为违约？违约项目是否属受许人能力范围所能控制的？其订定项目与核实标准是否合理？

17）通知条款：若违约，特许人是否有义务以书面通知受许人延期并更正？期间有多

长？是否足够？

18）违约后果：违约时，特许人采取何种方式回应？特许人是否可以直接取消该连锁加盟契约？有无违约金条款？金额多少？

19）合同终止的处理：特许人是否有义务购买受许人的生产器具、门店租约及其资产？处理费用如何归属？处理期间多长？是否足够？

20）受许人转让的权利：受许人是否可于契约转卖门店资产？受许人是否可于转卖时，同时转让加盟合同？或特许人有义务与承买者签订新合同？特许人是否有权核准或拒绝转卖，其权利是否合理？租约可否转让？特许人是否有权核定承买者的资格？其资格如何认定？是否须付给特许人部分转让费？

21）特许人的优先承购权：合同中有无明示何种情况下特许人可承购？其承购价格由谁评估？商誉及净值是否列入考虑？受许人求售时是否有义务先向特许人求售？

22）受许人生病或死亡：合同是否直接由继承人承接？合同是否由遗产管理人承接？合同者如长期失能，是否必须转让？

23）仲裁诉讼处理：是否由总部仲裁解决所有争议纠纷？仲裁是否比诉讼省时、省钱？

24）诉讼管辖地：特许人指定的诉讼管辖地是否为其总部所在地？是否考虑改为加盟店的所在地对受许人较为有利？

25）受许人亲自经营的要求：合同是否要求受许人每日亲自经营？合同是否禁止受许人维持其他职业？

小　结

在第五章加盟体系设计的基础上，本章主要从实践角度介绍如何把加盟体系落到实处，从而建立加盟体系。其主要内容是对加盟商管理，包括加盟推广体系建立的前提、加盟文件的制定、受许人招募、受许人遴选、加盟谈判、签订特许经营合同、加盟商培训等。第二是受许人加盟的基本流程：市场调查与评估、加盟文件的撰写、提交加盟申请、签订加盟意向书、商圈调查、店址选择、制定经营计划准备开业等。最后把特许合同的定义、内容、双方权利义务、问题处理、法律依据、各自角色等进行了研究。

思 考 题

1．加盟招商管理的内容是什么？

2．招商加盟手册的内容有哪些？

3．受许人遴选的内容和程序有哪些？

4．受许人加盟程序应包括哪些内容？

5．对受许人的培训应把握哪些内容？

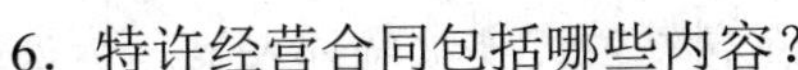
6. 特许经营合同包括哪些内容？

案例分析

关于特许经营合同纠纷案件问题的总结

一、我国特许经营的现状

（1）被特许人以个体工商户居多，启动诉讼程序的原告多为被特许人并且意图通过诉讼摆脱合同约束，请求判令解除合同、撤销合同或者合同无效。

（2）60%以上的特许人在特许经营活动中存在虚假宣传、不具备“两店一年”、未进行备案、不拥有注册商标等不规范、不诚信的情形。

二、我国特许经营纠纷的成因

（一）由特许经营这种运营模式自身的特点所决定

对于被特许人而言，这种运营模式的优势在于：

（1）可以获得经过市场认可的产品和服务。

（2）可以获得特许人的技术和管理支持。

（3）较低的运营成本。

（4）独家经营，排除竞争。

劣势在于：

（1）缔约信息不对称。

（2）需要支付特许经营成本。

（3）对经营自由的限制。

对于特许人而言，这种运营模式的优势在于：

（1）利用他人的资金和经营进行扩张。

（2）批量采购和统一广告降低运营成本。

劣势在于：

（1）被特许人掌握相关技术后寻求独立。

（2）难于寻找合适的加盟商。

（二）纠纷发生具有一定的特殊性

（1）特许经营模式在我国市场经济中属于比较新的模式，整个社会包括特许经营合同的当事人均缺乏对该体系的深刻理解。

（2）特许经营门槛过低，特许企业良莠不齐。

（3）特许经营合同纠纷具有群体性特征，由于部分特许人不具备特许实力盲目扩张，一旦一个特许经营环节出现问题，容易造成整个特许经营体系的连锁反应。

（4）特许经营合同的订立和履行中，被特许人在缔约能力、分析项目商业价值、判断市场风险等方面始终处于相对弱势，容易受到不公正合同条款或特许人不诚信行为的伤害。

（5）在所有诉讼中，特许人没有任何过错的几乎没有，但促使被特许人提起诉讼的真正动机复杂多样，其中包括出于特许人的过错导致合同目的无法实现，出于经营亏损试图挽回损失的目的；追随其他被特许人起诉，出于掌握了技术和经营秘密后试图另立门户的目的而提起诉讼。

三、特许经营合同纠纷中的主要法律问题

（一）特许经营合同的性质判断

1. 特许经营合同的基本特征

我国《商业特许经营管理条例》（以下简称《特许条例》）第 3 条规定，特许经营是指拥有注册商标、企业标志、专利、专有技术等经营资源的企业，以合同形式将其拥有的经营资源许可其他经营者使用，被特许人按照合同约定在统一的经营模式下开展经营，并向特许人支付特许经营费用的经营活动。综合上述三种定义，特许经营合同区别于其他合同的基本特征如下:

（1）特许人拥有（包括所有和控制）特许经营权或称特许权。其核心一般体现在知识产权上，如注册商标、企业标志、专有技术或者专利技术、商业秘密等。

（2）特许人将上述特许权整体许可被特许人使用。即不是就单个知识产权进行交易，而必须是将复合特许权整体交易。特许权许可的过程中，必然发生特许人对被特许人的经营进行管理和控制，即要求被特许人按照统一经营模式进行经营的问题。因此，特许权包括许可权和管理权。

（3）特许人收取特许权使用费。特许经营合同属于有偿性合同。特许人有权向被特许人收取相应的特许权使用费。

2. 合同性质应当依照合同本身约定的权利义务来判断

（1）除非有反证，合同约定的权利义务视为当事人最终确认的真实意思表示，应以此作为判断合同性质的依据。

（2）不能以合同中未约定特许经营费用条款否定特许经营性质。被特许人取得特许权应当支付相应的对价，这种对价的规范名称应当是特许权使用费。实际订立的合同中要求被特许人支付的费用名目繁多，包括特许经营费、特许代理费、加盟费、品牌使用费、品牌权益金、参股保险金、押金、货款、盈利提成等，约 40%的合同中仅约定了“保证金、保险金、押金、货款、盈利提成”等。此时，特许人经常抗辩称，合同中未约定被特许人应支付特许经营费用，不符合特许经营合同的特征，故涉案合同不属于特许经营合同。

对此，笔者认为，被特许人支付特许权使用费是作为其获取特许权所支付的对价。收取特许权使用费是特许人的权利。如果合同中未约定特许权使用费的相应条款，应视为特许人放弃收取特许权使用费的权利。同时，特许人虽然没有具体约定特许权使用费，但是从整个合同而言，约定了其他名目的费用，已经体现了特许经营合同的有偿性特征，并且通过其他费用，特许人已经能够间接地实现其许可他人使用其特许权获得收益的经济目的，所谓“失之东隅，收之桑榆”。因此，不能以合同中未约定特许权使用费条款，就否定合同的特许经营性质。

（二）特许人欠缺“两店一年”条件的合同效力

在违反“两店一年”是否可构成合同无效的问题上，理论界和司法实务界均有两种声音：一种认为，“两店一年”是管理性强制性规定，非效力性强制性规定，违反“两店一年”不导致合同无效的后果；另一种认为，“两店一年”属于特许人进行特许经营的市场准入条件，属于关涉社会公共利益的法律强制性规定，违反会产生合同无效的后果。

笔者认为：第一，从立法目的的解释来看，法律对从事特许经营的特许人作出“两店一年”的规定，是力图确保特许人在实际运作和经营中积累能够产生市场竞争优势的知识产权和经营经验，从而维护被特许人利益和特许经营体系的健康运行。因此，《特许条例》关于“两店一年”的规定，属于直接关涉特许人与被特许人特定群体利益的强制性规定，不属于直接关涉社会公共利益的强制性规定；第二，从文义解释来看，《特许条例》第 33 条规定，2007 年 5 月 1 日以前开始特许经营活动的特许人不适用“两店一年”条件。该条款对上述特许人赋予了“两店一年”条件的豁免权，这种豁免权不仅适用于备案，而且适用于上述特许人开展的所有特许经营活动。由此可知，《特许条例》规定的“两店一年”条件，属于对部分特许人进行经营资质管理的条款，而并非意在建立严格的特许经营市场准入制度；第三，从维护司法实践的统一性考虑，由于《特许条例》第 33 条的存在，如果司法实践中以“两店一年”作为无效条件的话，势必造成“同案不同判”的错觉：同样不具备“两店一年”条件，有些合同被认定有效，有些合同被认定无效。综上所述，笔者认为：“两店一年”规定属于管理性强制性规范，特许人违反“两店一年”规定的不应当认定合同无效。

如何理解“直营店”？直营店是否仅指特许人直接经营的店？笔者认为，直营店应当包括特许人及其控制的关联公司所经营的店。首先，从立法目的的解释来看，《特许条例》作出“两店一年”的规定，是出于确保特许人具有特许经营实力的目的，无论这种实力是通过其直接经营获取的，还是通过其关联公司或者其他途径能够为其所控制的，都应当视为满足了该规定。其次，从国外的立法来看，国际特许经营协会对特许经营的定义中直接认定相关特许经营资源是由特许企业拥有或者控制。

什么样的公司属于上述论及的特许人的关联公司？笔者认为，为确保特许人对关联公司具有足够的管理和控制能力以便具有相应的特许经营实力，在认定直营店的关联公司时，应当以特许人对该公司具有全部或者绝对控股关系为标准，即特许人对该公司的资本控股在 50%以上。同时，该公司的实际运营业务应当与特许经营业务相同。

（三）特许经营中的商标权

（1）特许人“拥有注册商标”是否意味着特许人必须是注册商标专用权人？笔者认为，只要特许人享有使用注册商标和许可他人使用注册商标的权利，即可视为“拥有注册商标”。特许人可以通过以下两种方式实现“拥有注册商标”：一种是作为注册人注册取得或者受让取得注册商标专用权；另一种是经许可从注册商标专用权人处取得注册商标的独占性的使用权以及再许可他人使用注册商标的权利。

（2）特许人的商标未经注册，是否可以从事特许经营？笔者认为，不能简单地得出否定的结论。因为从《特许条例》的相关规定来看，注册商标不是经营资源的唯一内容，如果特许人没有注册商标，但是拥有非注册商标、企业标志等其他经营资源，并符合《特许条例》的其他条件，仍可以从事特许经营。实践中，一些未注册商标可以达到驰名商标的程度，比普通的注册商标具有更加显著的识别功能和商誉价值，使用这样的未注册商标进行特许经营，完全可以实现这种商业经营模式的目的。

（3）仅仅具有非注册商标，是否可以收取商标使用费？由于我国商标申请期限较长，近80%的特许经营合同纠纷案件中，特许人不具有注册商标，或者其商标尚处于商标局受理审查阶段。笔者认为，在特许经营合同中讨论商标使用费的问题，还是要立足意思自治原则，即只要特许经营合同中约定了商标使用费条款的，原则上应当予以支持。但是，被特许人主张并证明该条款存在显失公平等可变更、可撤销事由的除外。在判断未注册商标收取商标使用费的约定是否显失公平时，应当根据《商标法》的相关规定，结合未注册商标的组成、使用、申请注册等情况综合认定。

（四）特许经营企业信息披露相关法律问题

1. 信息披露制度的法律依据

《特许条例》中专设第3章规定特许人的信息披露义务，规定特许人隐瞒有关信息或者提供虚假信息的，被特许人享有法定的解除合同的权利，并在第四章“法律责任”中规定了违反信息披露义务特许人应当承担的行政责任。商务部制定《商业特许经营信息披露管理办法》对信息披露予以细化。

特许经营具有公众性和融资性的特点，被特许人的投资风险较大。为了平衡特许人和被特许人的利益，矫正信息不对称给被特许人带来的巨大投资风险，建立并严格施行信息披露制度具有十分重要的作用。

2. 特许人隐瞒有关信息或者提供虚假信息的法律后果

《特许条例》第23条规定，信息披露应当真实、完整、准确。特许人隐瞒有关信息或者提供虚假信息的，被特许人享有法定解除权。但在实践中，许多被特许人根据《合同法》的相关规定，以特许人隐瞒有关信息或者提供虚假信息构成欺诈为由主张撤销合同。在被特许人法定解除权和撤销权发生竞合的情况下，可以依据当事人的诉讼请求，根据具体案件事实和法律规定进行认定。

《最高法院关于贯彻执行〈民法通则〉若干问题的意见》适用意见第68条规定：一方当事人故意告知对方虚假情况，或者故意隐瞒真实情况，诱使对方当事人作出错误意思表示的，可以认定为欺诈行为。由此可见，欺诈的构成通常应当包括三个要件：行为人需有欺诈的故意；欺诈行为的实际发生；欺诈行为使对方陷于错误并作出了违背真实意愿的意思表示。

实践中，特许人为了达到融资和扩张特许经营体系的目的，往往采取种种手段夸大特许经营体系的经营资源，夸大特许经营加盟者的收益，隐瞒对自己不利的情况，从而激发被特许人的投资欲望，诱使被特许人作出签订特许经营合同的意思表示。其中，特许人欺诈的故意，欺诈行为的实施和被特许人陷于错误签订特许经营合同的特征，均符合欺诈的构成要件，应当认定构成欺诈。

在审判实践中，对欺诈的认定应当采取比较慎重的态度，注意区分恶意欺诈和商业吹嘘之间的差别。具体而言，应当综合考虑所隐瞒信息或者所提供虚假信息的重要性、与真实信

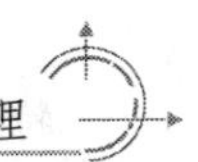

息相背离的程度以及对于特许经营合同订立和履行的影响程度等因素予以判断，尽可能维护特许经营合同的稳定性，防止被特许人一旦经营失败就把全部责任转嫁到特许人身上。

3. 推广宣传过程中出现的欺诈是否构成合同欺诈的问题

实践中，特许人在特许经营招商的过程中，往往在媒体上登载招商广告或者制作并散发宣传手册，开展宣传和推广活动。《特许条例》和《商业特许经营信息披露管理办法》均规定，特许人在推广、宣传活动中，不得有欺骗和误导的行为。关于推广宣传中出现的虚假宣传内容，能否认定为合同欺诈的问题，有三种观点：一种观点认为推广宣传系订立合同前的要约邀请，推广宣传中出现欺诈，仅构成广告欺诈，不能构成合同欺诈；另一种观点认为，推广宣传可以视为特许经营合同的附件，其中出现的欺诈属于合同欺诈；第三种观点认为，推广宣传过程中出现的广告或者宣传手册，可以视为向不特定被特许人订立合同前以书面方式进行的信息披露，信息披露不实的，被特许人可以解除合同，如果被特许人能够证明特许人在推广宣传中进行了欺诈且该欺诈行为与其签订特许经营合同具有因果关系，则可以认定为合同欺诈。对此，我们倾向于第三种观点。

（五）《特许条例》第 12 条规定的单方解除权的适用

《特许条例》第 12 条规定，“特许人和被特许人应当在特许经营合同中约定，被特许人在特许经营合同订立后一定期限内，可以单方解除合同”。该条款赋予被特许人一种“悔约权”，即被特许人在约定期限内，可以没有任何理由地单方解除合同。该条款体现了对被特许人利益的倾斜和保护，防止被特许人因一时冲动贸然签订合同，因此，该条款也被称为“冷静期”条款。

如果特许经营合同中未约定被特许人在“一定期限”内可以单方解除合同，被特许人能否依据该条款主张单方解除权？如果能，该条款中的“一定期限”，应当如何界定？对于前者，我们认为此种情况下，被特许人可以主张单方解除权。因为，对于法律规定的理解不能局限于文字本身，当文义解释与立法解释相悖时，也就是由于立法技术的原因出现词不达意的情况时，还应当以立法解释为准，还原立法者的真实意图。虽然第 12 条的文字表述本身确实容易产生歧义，但综合《特许条例》通篇尤其是第 12 条的立法倾向、立法背景以及文字表述可知，第 12 条的立法本义就是要确定被特许人享有一定期限的悔约权，悔约权本身是法定的，只不过是将“一定期限”的约定权赋予了双方当事人。第 12 条如果修改为“被特许人在特许经营合同订立后一定期限内可以单方解除合同。特许人和被特许人应当在特许经营合同中约定被特许人单方解除合同的期限”就不会产生歧义了。

对于后者，理论界和司法实务界众说纷纭。我们认为，该期限截至被特许人开始利用特许人的经营资源时比较适宜。因为，制定该条款的目的是防止被特许人在过于冲动的情况下盲目缔约，而不是为被特许人提供一个试营业的机会。该条款虽然体现了对被特许人利益的倾斜，但是这种倾斜应当有一定的限度，不应当不恰当地损害特许人的合法权益。被特许人接受并实际利用了特许人的经营资源，表明其已经在积极地投入履行，例如，被特许人使用特许人的商标和企业形象设计进行装修，或者特许人收到被特许人发出的订单。此种情况下，如果仍然允许被特许人行使该条款下的单方解除权，则对于特许人而言其经营风险被不恰当地扩大了，对被特许人而言则获得了不合理的利益。任何商业经营都有失败的风险、任何合同都有违约的可能，试图依靠较长期限的“冷静期”帮助被特许人规避合同风险是不现实的，也是该条款的功能所无法实现的。

（六）备案的效力

《特许条例》第 8 条规定，从事特许经营的企业，必须在首次订立特许经营合同之日起 15 日内，向商务主管部门备案。第 33 条规定，2007 年 5 月 1 日前已经从事特许经营活动的特许人应当自 2007 年 5 月 1 日起 1 年内备案。如果违反备案的规定，特许经营合同的效力如何？对此，有两种观点：一种认为，备案具有强制性，不备案说明特许人不具备特许经营的条件，应当认定无效；另一种认为，虽然《特许条例》规定了强制备案制度，但是该制度的目的在于加强对特许经营企业以及特许经营活动的监督管理，是行政管理性的强制性规定，违反该项规定，只能导致行政责任的产生（《特许条例》第 25 条），不能产生合同无效的后果。我们认为后者的意见是正确的。因为首先，特许经营合同是平等民事主体之间设立民事权利义务的活动，是当事人对于自己私权利的处分，公权力不应予以干预。其次，特许经营合同是诺成性合同，除法律另有规定或当事人另有约定外，特许经营合同自双方当事人通过要约承诺达成意思表示一致时成立，而依法成立的合同，自成立时生效，法律、法规规定应当办理批准、登记手续生效的除外。《特许条例》并未规定特许经营合同需要备案才生效，因此特许人是否备案不应影响特许经营合同的效力。

（七）特许经营合同无效、撤销、解除的法律后果

特许经营合同无效、被撤销或者解除后，一般都会涉及财产的返还和赔偿损失两种责任形式。对于特许人而言，一般应当返还其已经收取的特许权使用费、管理费、保证金等各种费用，对于被特许人而言，一般应当返还其收到的产品、设备等。我们认为，由于特许经营合同的对象多为知识产权，具有无形性的特点，在具体的审判实践中，应当根据特许经营内容和履行情况的不同，综合考虑多种因素，公平合理地把握财产返还、停止使用相关经营资源和赔偿损失的尺度。

1. 特许权使用费的返还

被特许人支付特许权使用费的对价是获取特许人的特许权。在合同无效和被撤销的情况下，特许权使用费应当全部返还。在合同解除的情况下，解除前合同的履行是有效的，因此，特许权使用费的返还应当按照实际经营期限与约定经营期限进行折算。没有约定经营期限的，综合考虑合同的订立和履行情况、实际经营期限、双方当事人的过错程度等因素，酌情确定特许权使用费的返还比例。

有观点认为，大部分经营资源属于无形资产，一经交付，具有一定的不可返还性，作为对价的特许权使用费也应当具有一定的不可返还性，返还特许权使用费时，应当适当酌减。我们认为，当合同被认定无效、撤销或者解除后，特许人许可的特许经营权自动全部回归特许人，特许人应当返还全部特许权使用费。但是，特许人交付经营资源后，确实存在商业秘密被扩散等风险。特许人可以采取要求被特许人承担违约或者侵权责任的方式予以救济。

2. 管理费的返还

管理费一般是指被特许人为特许人提供的日常支持和服务而支付的持续性费用。因特

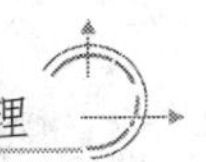

许人提供的日常支持和服务具有不可返还性，因此，合同被认定无效、撤销或者解除后，应当考虑合同的具体履行情况、双方的过错程度等因素确定已支付的管理费是否返还和未支付的管理费是否应当支付。

3. 赔偿损失问题

特许经营合同被认定无效、撤销或者解除后，过错方给对方造成损失的，对方享有损害赔偿请求权。我们认为，损害赔偿的范围一般应当包括无过错方为订立合同以及履行合同产生的直接损失，如被特许人为履行合同而支出的广告宣传费用、租房装修费用、员工工资等。合同解除前特许经营合同已经履行一段时间的，上述费用应视情况按照实际经营期限与约定经营期限进行折算。

被特许人主张特许人赔偿间接损失的，应持谨慎态度。除非根据公平原则，在过错方赔偿对方所受直接损失远远不能弥补实际损失时，且对方有证据证明其确实因特许经营合同被无效、撤销或者无效产生了丧失订约机会或者可得利益的较大损失的情况下，法院可以酌情予以考虑。

4. 关于与知识产权有关的文件、材料等的返还

知识产权具有无形财产权性质，但是体现知识产权的载体，如商标标识等，是有形的。在特许经营合同履行过程中，通常会发生被特许人悬挂带有特许人商标或者字号的牌匾、销售带有特许人商标标识的商品、赠送带有特许人商标标识的商品宣传材料等行为。特许经营合同终止、无效、解除、撤销后，被特许人无权使用特许人的知识产权，并负有摘除、返还上述与知识产权有关的文件和材料的义务：能够恢复原状的，如授权书、商标使用证明、牌匾、技术资料、摘除标识等，应当要求被特许人归还；不能恢复原状的，或者毁损的，被特许人还要赔偿特许人因此受到的损失。

四、特许经营合同纠纷处理的社会效果反思

特许经营合同纠纷案件的调解工作具有大于一般合同纠纷的难度。具体体现在特许经营双方利益的尖锐对立：被特许人急于挽回其投资损失，特许人则坚决维护其特许经营体系。调解不成，判决作出后，其他被特许人往往闻风而动，引发系列案件；而特许经营体系往往在一夜之间分崩离析，特许人则选择下落不明逃避法律责任，致使被特许人胜诉不胜算，利益得不到维护。因此，我们认为，为妥善解决特许经营合同纠纷，化解特许经营矛盾，法院在审理特许经营合同纠纷案件中应当着重加强诉讼调解工作。一方面，通过对特许双方进行法律释明，促使双方增强法制意识；另一方面，帮助双方增进沟通，奠定进一步合作的基础。同时，法院应当强化司法职能的延伸，结合具体案例做好司法宣传工作，教育特许人规范其特许经营行为，引导被特许人增强法律意识，减少加盟风险。

（资料来源：http://blog.sina.com.cn/u/1353763180）

案例解析　特许经营合同是关乎双方利益的规范性法律文件，应遵照有关法律法规和《特许条例》来进行签订，对于法律的理解和细节的把握，法律界和实业界有不同的看法，实践中也会出现不同观点，本文分析比较深刻到位，值得大家借鉴。

实训项目

1）现有某服装著名品牌正在进行加盟招商，你作为规模较小乡镇服装企业，想加盟该著名品牌，请说明加盟的步骤并制订加盟计划。

2）根据特许经营合同的条款内容设计一份食品店的连锁经营合同。

第七章 总部的门店营运管理

教学指导☞

学习目标

- 理解、掌握特许总部管理门店的基本内容和方法、总部对门店经营的指导与评估;
- 掌握规划设计门店的工作流程和操作标准（门店营运手册);
- 掌握特许门店运营的督导管理。

技能要点

- 能够利用模版制定简单的门店营运手册;
- 会对门店的经营状况进行督导检查。

案例导入

车爵仕的总部加盟支持

20世纪90年代，酷爱汽车的车爵仕创立者瞄准快速发展的汽车美容装饰养护服务产业，创办了当时最早的汽车美容装饰品牌——车爵仕（JK）汽车装饰、养护工作站，并将其远景战略定位于高端个性的发展方向。经过长期的品牌创新与业务拓展，车爵仕汽车酷装美容服务连锁机构迅速发展了一大批忠实的车主会员，一举成为“汽车后市场”中猎猎飘扬的一面旗帜和行业风向标，为推动和引导整个国内汽车后市场的发展作出了重要的贡献。

车爵仕对加盟者提供如下支持:

选址评估：汽车美容养护行业的店址选择很重要。选择一个好的店址是成功的基础。车爵仕独有一套久经考验的选址标准，加盟者选择了车爵仕品牌后，总部将派遣经验丰富的市场策划人员上门为加盟者所投资区域进行全方位的市场调研，并提供一系列行之有效的选址方案。车爵仕店面如

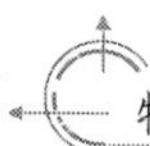

图 7-1 所示。

图 7-1　车爵仕店面

店面设计：店面设计也是加盟店在开业之前最重要的准备工作之一。加盟店在总部的指导下选好店址后，总部专业装修设计师将按照统一的 VI 形象对店面进行整体的规划设计，包括门店外观的设计、装修方案、工位安排、展柜的陈列及尺寸等。车爵仕“车如其人、光芒立现”的服务理念将在店面形象充分展现，无时无刻不在吸引着消费者的目光。

技术培训：在汽车服务行业中，技术服务是重中之重的核心环节。车爵仕总部培训中心师资力量雄厚，拥有大批有丰富教学实战经验的高级认证技师。技术方面采用理论和实际操作相结合的方式进行专业培训，培训项目不仅包括汽车美容、汽车装饰、汽车养护、汽车改装等相关技术，而且还加大实操讲解，使其迅速提高实际操作水平。力求让加盟店的每个技师都成为汽车服务业的行家。

开业指导：开业初期，总部将帮助各加盟店进行开业策划。车爵仕总部会委派经验丰富的店长或专业技师上门带店经营，他们将根据当地实际情况帮助加盟店制订正确的营销方案以及汽车俱乐部的运营模式指导，为加盟商提供技术及经营管理方面的现场指导，使其店面能够迅速、顺利地开展良性经营。具体包括：现场施工指导、员工培训指导、店长工作指导、营运管理指导等。

广告宣传：为了扩大市场的覆盖率和品牌的知名度；同时也为了促进各级加盟商的火爆销售，总部长期与国内各大电视台、电台、网站、报纸、杂志等媒体进行合作，以多种方式进行广告宣传。开业初期，车爵仕更将提供区域性群发短信宣传的特别支持。各加盟店均可分享总部成功的广告效应，只需根据当地市场行情，稍加宣传，即可以极小的投入获得最大的利润回报。

火爆促销：总部随时根据最新的市场消费资讯举办各种形式的促销活动，提升加盟店知名度及影响力。活动由总部统一策划，连锁店跟进执行，并在网站及时公布。引爆消费热潮，一切尽在掌握之中。

定期培训：在经营策略上，总部将奉行不仅授之以鱼，更授之以渔的原则。除对加盟商提供永久

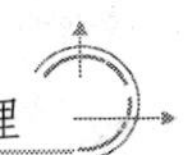

性的技术支持外，还将定期对加盟商进行再培训学习，向他们传授最新的汽车美容养护专业技术知识，让加盟商及时掌握汽车后市场的新技术、新理念。同时，持续开展营销讲座，邀请资深行业专家为加盟商讲解国际汽车服务连锁经营最新理论和实际案例，让加盟商会技术，更会经营。

年终交流：年终，总部将会召开加盟店年会，汽车服务市场交流会，交流先进经验，使车爵仕连锁经营体系更紧密、更牢固、更具市场竞争力。并对各加盟店进行综合考评，根据不同级别的优秀加盟店进行不同程度的年终嘉奖，评选出“十佳明星专营店”。

（资料来源：http://www.jkjoinns.com/jiameng/jmzc.htm）

案例解析　车爵仕是我国汽车后市场的知名企业，依托其专业的品质和多年的行业经验，利用5年多的时间在国内构筑了稳定的汽车服务网络。随着规模的不断扩大，车爵仕在不断巩固技术与产品输出的同时，更加注重品牌的建设，努力打造专业、高端的汽车生活服务品牌。因此，车爵仕特别重视对加盟商的支持和指导，既制定了严格的门店标准，又建立了完善的培训体系，还建立了良好的交流平台。总部在市场、产品和营销上进行统筹策划，不但提升了车爵仕在市场上的影响力，还有效地降低了门店的运营成本。

第一节　特许总部对门店的管理

特许门店一旦加入总部特许体系，那它的经营状况将直接影响特许连锁体系的发展和品牌。特许店是特许经营体系的基础，也是支柱利润来源，特许经营体系应建立系统的门店运营管理体系，为门店的持续盈利奠定基础。特许总部在对门店进行系统规划的基础上，建立以领导为核心的工作组，重点解决督导员的事务性问题。集中研究如何提高门店的销售能力和盈利能力，加强门店营销力，提升门店的服务水平；加强各个特许店之间的相互沟通与学习；促进门店的个性化；让门店切切实实地得到总部服务的价值。

一、总部的营运部

（一）营运部的职责

营运部在有些企业叫作管理部，其主要职责如下。

1）制定特许体系总部和物流以外的以门店为主的各种规章制度。

2）规划设计门店的各项工作流程，制定加盟店的营运手册（又叫操作标准）。

3）制定门店各个岗位职责和员工考核与实施细则。

4）组织体系内各类促销和业绩竞赛活动。

5）对加盟店员工进行教育培训。

6）指导加盟店制订经营计划。

7）对加盟店的经营状况通过指标进行分析。

8）对加盟店经营活动进行督导指导。

9）接受体系内部从门店传来的投诉并处理。

10）把门店或体系内部运营中出现的问题及时向总部决策层汇报、请示。

（二）营运部的组织结构

部门的组织结构是基于工作内容和工作职责而设定的。而营运部的组织结构一般应包括以下几个部门。

1. 调查研究室

这个部门的职责是研究门店运营的理论，分析门店运营的实践，规划门店运营流程、管理流程、服务流程，制定门店运营的各项管理制度和操作手册，制定门店各个岗位职责和员工考核与实施细则，为门店的营运管理提供书面的文献资料。调查研究室与培训室、督导室经常进行交流，总结门店管理的经验，研究解决门店问题的方法，为门店运营管理提供理论依据。

2. 培训室

培训室组织人员对门店员工进行管理技能和操作培训。培训的前提是：已经签订特许经营管理合同。总部人力资源部已经对受许人进行了企业的发展历史、行业概况、特许体系概况、特许体系文化、双方关系的处理等培训。

3. 绩效管理室

绩效管理室指导门店制订经营计划，对门店的销售额、毛利率、存货周转率、损耗率、分类销售排行等经营指标进行分析，并提出调整商品/服务结构、调整价格、促销宣传、控制成本等指导意见，以改善和提高门店的经营业绩。

4. 督导室

督导室监督指导门店按照标准化流程开展工作。

营运部的组织结构如图 7-2 所示。

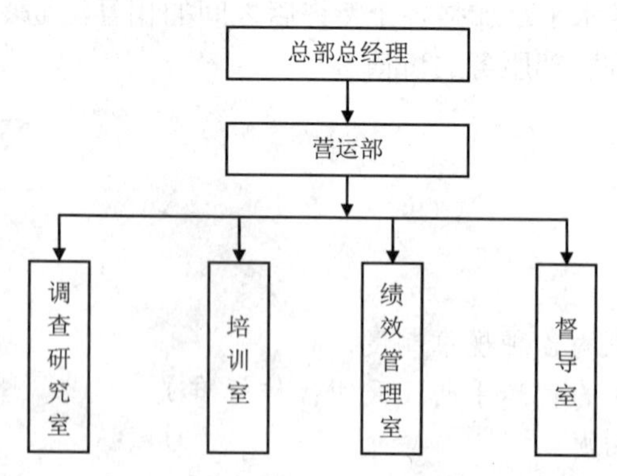

图 7-2　营运部的组织结构示意

二、营运部对特许门店的管理

（一）制定特许门店的组织结构

特许门店的组织结构由于门店的规模和业态不同，组织结构也不同：门店为百货店或大型综合超市，其管理机构一般是三级组织，包括门店经理、楼面经理、部门主管；规模为中型的门店，如中型超市、专业店等，组织结构一般为二级，包括店长、部门主管；小型规模的门店，如超级市场、便利店，管理层仅一层，店长负责全面管理。三级组织结构如图 7-3 所示。

1）客服部：负责收货、退货、收银、顾客服务、信息处理等工作。
2）百货部：负责百货类商品的经营管理。
3）食品部：负责干货食品的经营管理。
4）生鲜部：负责生鲜食品的加工和经营管理。
5）企划部：负责 POP 广告制作，促销人员的管理，广告活动的策划，DM 快讯的制作和分发等。
6）工程部：负责店内设备的维修，设施的保养，电力线路的改造等。
7）人事部：负责门店工资统计与发放、工衣和衣柜领取，以及食堂、车辆、办公用具采购的管理。
8）防损部：负责店内商品的损坏、变质、失窃等工作内容。

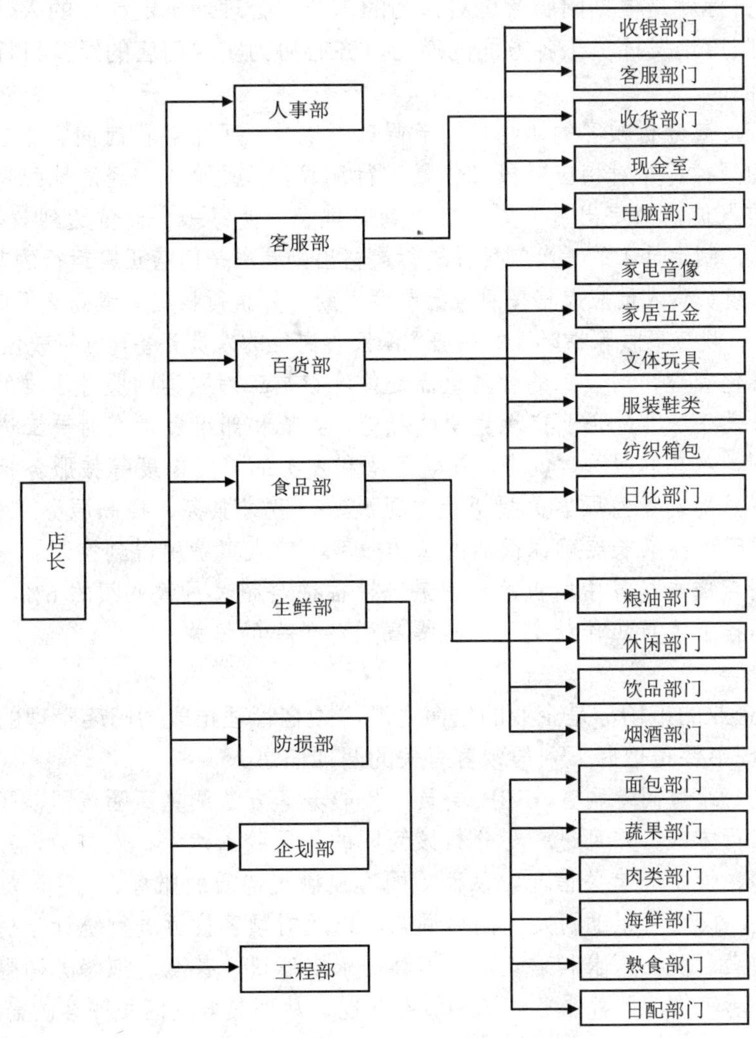

图 7-3　门店的三级组织结构

（二）总部对门店营运管理的基本方面

门店营运管理就是门店按标准化的作业流程和管理规范对门店日常的经营和运作进行管理。门店是效益产生实体，面对繁杂的商品和竞争激烈的市场，门店要对人、财、物、信息进行动态的管理，维持卖场的正常运作，并保持一定的服务水平。

1. 人员的管理

门店对人的管理既包括内部员工的管理，又包括顾客的管理，还包括对供应商的管理。通过对人员的管理实现门店的有效运作。

（1）员工管理

员工管理的目标就是根据门店营运对人力的需要，合理地确定岗位的人数，安排员工的岗位，并最大限度地发挥员工各方面的潜力，齐心协力实现门店的经营目标。员工管理包括以下几个方面。

1）合理排班。要分析顾客的休息日、节假日，以及一天中各段时间客流量变化的规律和消费的规律，并对相应时段工作量进行测算，以此合理、经济地配置好各作业部门的工作人员，制定出月、周、日出勤安排表，使每一个岗位达到效率化。

2）出勤管理。制定员工的考勤制度并进行严格出勤管理是门店正常运行的基本保障。店长和各部组负责人员应严格按照考勤制度考勤，并执行相应的考勤奖惩制度，同时作好休假、病假与事假等临时性的调班，保证各岗位的人员齐备，维持较佳的营业状态。

3）服务标准化管理。对员工的管理重点还体现在员工对顾客的服务水准的管理和控制上。高的服务水准是企业市场竞争的优势，店长和部组负责人对员工进行服务标准化的培训，对其的服饰、仪容、礼貌用语和友善的应对态度等按服务标准进行日常督察，并且随时留意顾客的投诉及意见反映，改进服务，提高服务水平。

4）服务效率管理。店长要确保商店的工作效率，使人事费用得到控制。一般人事费用在企业门店成本核算中所占的比率最高，往往会超过月营业额的6%，故应经常调查各部门作业人员工作状况，寻找提高服务效率的措施。

（2）顾客管理

顾客是零售企业的市场，是企业的生命之源，顾客管理正成为门店管理的重要内容之一。对顾客的管理主要是把握下列与顾客有关的两项信息。

1）顾客构成。通过问卷调查、VIP 会员、摸彩券等方法测算商圈范围、了解顾客分布状况和出行方式，并可进一步分析该商圈的居民收入水平、人口数、户数、消费倾向、年龄、性别等有关信息，从而为顾客提供更优质的服务。

2）顾客需要。门店可以通过定期问卷调查，以及对顾客投诉进行统计分析等方式来了解顾客的满意度、需求和建议，根据其需求或建议（甚至是抱怨）调整门店的商品结构和市场定位，改善服务，增加服务功能，从而更好地满足顾客的需求。

（3）厂商管理

1）准时配送。一般超市经营的生鲜食品，以及果汁、牛奶等日配品销售比例超过40%，

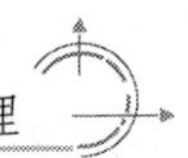

产品鲜度和保质期限管理十分重要，上述商品是否能在开店前准时送到店内非常关键。此外，即使是干货商品，也有标准的库存量，要避免发生缺货现象，因此，对厂商的送货时间要根据超市的要求严格控制。

2）良好的品质。商品质量保证是门店的生存基础，门店经营的大部分商品会对人体产生影响，特别是食品，会对人体健康产生直接影响，因此门店相关部组对厂商提供的商品及生产员工进行检查和体检，避免人在商品生产过程中对产品产生不良影响。

2. 商品管理

商品的质量是商店的生命，商品管理的好坏，直接影响到销售业绩。商品的管理即有关门店内商品所有作业的管理，包括商品的包装、验收、订货、陈列、损耗、盘点的作业，以及卖场商品的陈列、清洁、缺货等的监督。主要有下面几个方面。

（1）商品陈列的管理

良好的陈列能有效地利用卖场空间，活化商品，刺激顾客购买量，保持商品鲜度和质量，降低商品损耗，提高商品周转率。商品陈列的管理是卖场管理的重点，管理要点主要有：

1）是否按商品配置表来进行商品陈列。

2）各类商品指示标志是否明显。

3）陈列商品是否整齐、丰满。

4）是否能显示出门店所经营的主要商品。

5）陈列的方式是否能突出商品的丰富及商品的特色。

6）陈列的商品是否便于顾客选购。

7）商品陈列是否随季节、节庆等的变化而随时调整。

8）是否注意到商品陈列的关联性。

9）商品的形状、色彩与灯光照明是否有效地组合。

10）商品的价格标签是否完整、符合要求。

11）陈列的商品是否让人有容易接近的感觉。

12）商品是否有灰尘。

13）促销商品能否吸引顾客的兴趣。

14）货架上的商品是否及时补货。

15）商品的广告海报是否已破旧。

16）引导顾客的标志是否易见易懂。

17）陈列设备的使用是否正确。

18）陈列设备是否正常运作。

（2）商品质量的管理

1）陈列时间控制。对于预包装商品，消费者往往在拆开商品包装使用时才能判别商品的品质，有些甚至在使用后也不了解商品的品质对自己的影响程度，所以品质对维护消费者的利益是至关重要的。对这类商品质量管理的重点是通过控制商品在陈列货架上的陈列时间，加快商品的周转率，使商品在货架上的陈列期控制在保质期的2/3之内。

2）鲜度管理。对于生鲜食品和日配品，最重要的是鲜度管理。鲜度的管理一是根据商品的特点使用正确的陈列设备和陈列方法，如冷冻设备和冷藏设备；二是保证不同的商品在其正确的保鲜温度下陈列，以及保证设备正常运行使温度控制在有效的范围内；三是对陈列时间的控制，在先进先出的陈列原则下，正确运用价格的调整来加快商品周转，使之在保质期前能销售完，减少商品的损耗。

（3）商品损耗的管理

在激烈的竞争中，门店的利润率已相当低，损耗高低也就成了门店能否获利的关键因素，损耗管理是节流创利的重要一环。损耗通常由于进货不当、顾客偷窃、员工内盗、商品变质、包装破损、标价错误、变价不实、盘点不实等原因引起。加强日常管理，一方面降低损耗；另一方面及时发现问题，寻找措施堵住这些漏洞。日常管理要点主要有以下几个方面。

1）商品标价是否正确。

2）销售处理是否规范（如特价卖出，原售价退回）。

3）商品有效期管理是否适当。

4）价格变动是否及时。

5）商品盘点是否有误。

6）商品进货是否不实，残货是否过多。

7）职工是否擅自领取自用品。

8）收银作业差错率是否在正常范围内。

9）是否有顾客、员工、厂商的偷窃行为。

10）每月的损耗率是否在正常范围之内。

（4）商品缺货的管理

零售门店商品缺货会使顾客的需要无法得到满足，导致顾客流失，而促销商品的缺货还会导致企业信誉下降，最终降低门店的竞争力。门店要加强商品销售信息的管理，一方面运用现代的信息管理技术，如POS系统和MIS系统，提高管理的效率和有效性；另一方面店长和部组的主管要实时了解卖场商品的销售状况，及时与供应商联系，把缺货率降至最低水平。

3. 资金管理

（1）每日营业收入的管理

营业收入管理的重点是保证经营管理的最后成果的安全性，门店根据实际情况配备保险箱，存放过夜营业额，由店长和专人负责管理钥匙；规定收银员、财务管理人员解款的时间、方式、路线及安全防范措施；作好报表和各种单据的管理。

（2）收银员管理

收银台是现金进出最频繁的地方，因此是现金管理最重要的地方，通过对收银员的有效管理能保障营业收入正常。管理要点如下：

1）控制收银差错率。建立收银差错率标准，熟练收银员的收银差错率可控制在4/10000以内，而新进收银员的差错率则往往超过1‰，超过标准说明不正常，要进行清查。

2）规范收银员行为。收银中的常见问题主要有：退货不实、收到伪钞、遇到诈骗者、亲友结账少收钱等。门店店长和收银主管必须加强对收银员的管理，通过加强员工的培训，制定严格的管理制度，加强日常的监管，将收银差错率控制在合理的范围之内。

3）大额现金管理。大额钞票存放在规定的位置，为安全起见，最好存放在收银机现金盘下层；当大钞累计到一定数额时，可由收银主管或店长收到保险箱存放；清理现金时，现金保管的各项记录要完整。

（3）交班现金的管理

1）规定交接班的时间、现金管理方式。

2）交班清理现金时，要注意周围的情况，将现金放置在规定的袋中。

3）规定备用金的额度和管理。

4）要求收银员负责清点自己的营业款，填写现金解款单。

5）解款单的审核与保管。

（4）进货传票管理

进货传票是日后付款的凭证，正确管理才能使资金保持平衡。避免发生传票误差的措施有正确验收、准确签证、登录清楚及严禁压单，只有这样才可避免损益不实的现象。店长应每天检查商品验收情况和会计部门的作业情况，以防止人为差错的产生。

4. 信息管理

目前特许门店大多采用 POS 系统和 MIS 系统（管理信息系统），能提供与营运相关的信息，并能进行数据的统计和分析，提供各种经营指标，为制定工作计划及对策提供参考。门店店长和相关的部组经理或主管要定时阅读相关报表和经营指标，以掌握营运动态。门店的信息管理主要有以下内容。

（1）营业日报表

主要内容包括：各部门营业日报表、各时段营业日报表、销售比、营业额、来客数、客单价、客品项、品单价等。

（2）商品排行表

主要内容包括：销售额排行表、销售量排行表、交叉比率排行表、周转率排行表、毛利率排行表、销售比重等。

（3）促销效果表

主要内容包括：营业额、来客数、客单价、促销品、毛利率等在促销前后的差异。

（4）顾客意见表

主要内容包括：投诉项目、投诉件数、投诉部门、支持项目、支持件数、支持部门等。

（5）费用明细表

主要内容包括：各项费用的金额、比重。

（6）盘点记录表

主要内容包括：部门存货额、周转率等。

（7）损溢表

主要内容包括：营业额、毛利额、损耗额、费用额、损溢额等。

第二节 对门店经营的指导与评估

一、指导门店制订经营计划

（一）指导门店制订经营计划的原则

1. 利益原则

利益原则是指营运部在指导门店制订经营计划时，要考虑到门店和总部的利益。门店要有利润可赚，才有干劲，特许体系才可以稳定，总部也可以获得自己的特许权、加盟金、培训费等利益。也就是计划要兼顾总部、门店双方的利益。

2. 效益原则

效益原则是特许体系发展的最基本的原则。从总部的角度看，发展的前提是获得经济效益，而发展的最终目的也是经济效益。从受许人的角度看，加盟也是为了投资获益，取得经济效益也是其根本目的。

3. 适用原则

适用原则是指总部在指导门店制订经营计划时，一定要结合受许人的具体情况，如门店的区域市场、商圈、消费人群、经济发展水平、当地民族文化。

4. 具体问题具体分析原则

具体问题具体分析原则是指在特许经营活动中，要根据特许经营的项目、行业、体系规模大小、总部的实力情况进行规划，为门店经营计划的制订奠定基础。

（二）指导门店制订经营计划的内容

1. 指导门店分析自己的经营环境，在此基础上制订经营计划

了解自己、了解环境、了解对手，制订出可行的计划才是营运部的职责。

2. 指导门店明确制定经营计划的依据

门店制订经营计划，应有一定的依据。这些依据或来自总部、或来自市场、或来自门店原来的业绩。

3. 指导门店制订经营计划的内容指导

门店经营计划的内容是在特许体系战略和门店发展战略的基础上制定的，是具有操作和具体安排细节的执行方案。其内容应根据不同的行业和业态有不同的内涵，主要包括以下几点。

1）必须说明计划的依据和前提条件。

2）必须说明计划实施的条件。

3）预算费用的项目及其具体安排。
4）人员的培训安排与分工。
5）工作流程图表化，工作进度阶段化，时间明确化。
6）工作的设备采购、安装、使用等问题。
7）商品的购销存制度与操作。
8）门店经营的指标体系考核评估。
9）门店经营的计划目标。主要是销售目标或营业额目标、成本控制指标、利润指标、存货周转率指标、损耗率指标、分类销售排行等。有总体指标还要有分解指标。
10）门店的各项配套政策制定落实。

（三）制订门店经营计划应注意的问题

指导制订门店经营计划尤其要注意以下两个问题。

1. 计划的可执行性

计划只有符合市场实际、企业实际、人员水平实际才可以保证执行，制订的计划要具体化，通盘考虑，细致周到，措施得当，安排周密才可以完成。

2. 计划指标的确定

计划的指标很多，如成本指标、销售额指标、利润指标。销售额的确定有 3 种方式：总部确定销售额，门店执行；门店确定销售额，总部批准；门店与总部协商确定销售额。无论采用哪种方法，只要总部确定，门店以后遵照执行。

二、对门店经营业绩进行评估

（一）门店经营业绩评估概述

对特许经营体系来说，门店的经营业绩是体系业绩的重要组成部分，所以特许总部为了维持体系的声誉，必须对门店的经营状况进行评估，其中业绩是很重要的部分。评估门店的经营状况有以下几点意义：

1）能够了解门店的销售额和利润等指标的完成情况。
2）能够了解门店员工的素质和精神面貌。
3）能够了解门店经营中存在的问题。
4）能够了解门店商品的组合和服务项目的顾客满意度。
5）能够了解门店工作岗位的设计与任务分配情况的科学性。
6）能够了解门店营运手册的执行情况。
7）可以了解门店计划的完成情况。
8）了解门店的财务状况。
9）可以作为对各个门店进行奖励和惩罚的依据。
10）可以作为对特许体系各门店划分等级的依据。

（二）对门店经营业绩进行评估的组织

1）由总部营运部派出两名人员和受许人的加盟店店长组成评估委员会。选出评估小组，负责门店的评估工作，由营运部负责召集。

2）加盟店可以 10 家为一组，可选出两位店长参加评审工作，但以不评估自己的门店为原则。

3）为保证评估的公平，可以对不同区域采取不同的评估方式，每次评估的方式由评估委员会决定，不一定采取同一模式。方式有交叉评估和抽签评估（不抽自己的区域）两种。

4）评估类型安排分为例行评估和绩效评估。例行评估又分为每月评估并提出报告（每月 10 日为上月评估时间）；季度评估并提出评估报告，即 4、7、10、1 月的 10 日为评估时间；每年评估，综合当年各季成绩评估，每年的 1 月 10 日为评估时间。绩效评估每月一次，于下月 10 日进行，写出评估报告。

5）评估方式。评估方式主要有以下几种：

① 实地评估由评估小组人员到各个门店现场进行评估。

② 资料评估是指依据会计部门提供的资料进行评估。

③ 抽查评估利用不定期或假扮顾客到各个店铺消费调查。

④ 活动评估是指遇到举办促销活动或门店竞赛时，由评估小组针对活动期间的情况进行评估。

（三）门店经营业绩评估的标准

1）门店的年、季、月、节日、著名活动的计划。

2）评估标准必须具有一定的挑战性和可达成性。

3）在评估前，评估标准必须经过总部营运部和加盟商协商同意。

4）评估标准可以进行定量测量，也可以进行定性分析。

5）评估对象必须明确期限限制，以便于统一条件。

6）测算方法要简单易懂，最好有明确的公式计算。

7）要对下一次业绩的评估有一定的对比效果才有意义，即有持续性比较功能。

（四）门店经营业绩评估的内容

1. 营业额

通常会依据不同的时间来记录营业额，如每日、每周、半月、每月、每季、每年的营业额。也有以特别的活动时间，如周年店庆折扣期间的营业额，这是最常用的经营业绩评估项目，可以由各点销售记录取得，但并不能计算出精确的利润。其主要指标是营业额完成率。实际营业额与目标营业额的比值称为营业额完成率。其计算公式为

$$营业额完成率=\frac{实际营业额}{目标营业额}\times 100\%$$

如果营业额完成率小于 100%，说明未完成计划任务，门店店长要总结、查找问题，寻找提高营业额的途径；如果营业额完成率大于 100%，说明门店制定的目标可能过低，应考

虑是否有未考虑的因素。

2. 营业数量

经营数量的增加不一定是利润的增加，销货数量和销售价格成反比。如果折扣大，营业数量虽然增加但利润很低，有时绩效反而不如折扣小销量少时。

3. 利润额

利润额一般是指毛利额、净利额及投资报酬率。毛利额是指营业额扣除成本费用后的税前营业额，这种评估虽然偏重财务方面，但也是营运中追求的重要方面。

（1）毛利润

毛利润除以总营业额的值称为毛利率，其计算公式为

$$毛利率=\frac{毛利润}{营业额}\times 100\%$$

毛利率越高，门店的利润空间越高。门店的业态不同，毛利率平均水平不同，不同类商品的毛利率也不同。一般超市的平均毛利率要达到16%，参考标准是18%。主要商品大类的毛利率参考指标为：一般食品12%～18%、日用百货15%～25%、水产20%～30%、畜产20%～25%、农产15%～25%、日配15%～25%、烟酒15%～25%，平均16%～22%。

（2）净利润完成率

净利润完成率是指税前实际利润与目标税前利润的比值，计算公式为

$$净利润完成率=\frac{税前实际净利润}{税前目标净利润}\times 100\%$$

此项目标必须在100%以上，越高越好。

（3）销售净利率

销售净利率是税后的利润与销售额的比值，计算公式为

$$销售净利率=\frac{净利润}{销售额}\times 100\%$$

经营状况越好，销售净利率越高。超市一般水平在2%～4%，较好的水平能达到7%。

（4）投资报酬率

净利润与投资额相比所得的比率为投资报酬率，表示的是资产的获利能力。参考标准是大于20%，资产报酬率越高，说明资产获利能力越大。

4. 费用额与费用率

费用额是指维持运营所消耗的资金成本，一般包括租金、折旧、人事管理费、营运费用、采购费用、加盟费用、营销费用、装饰装修费用等。高营业额搭上高费用，直接抵销了利润。

费用率为营业费用与营业额（商品总销售额）的比值。计算公式为

$$费用率=\frac{费用总额}{商品总销售额}\times 100\%$$

营业费用以人事费用为主，人事费用主要包括员工的工资、加班费、保险费、津贴等。营业费用率越低说明工作效率越高，所以要控制不超过一定水平。超市此项参考标准为15%～18%。

5. 成长率

成长率是指与历史资料比较，业绩上与去年同期的资料比较，如营业额增长率、市场占有率、重要商品占有率。

（1）营业额增长率

营业额增长率是指当月营业额较前一年同期的增长比率，计算公式为

$$营业额增长率=\left(\frac{本年月营业额}{去年同期营业额}-1\right)\times 100\%$$

（2）营业利润增长率

营业利润增长率计算公式为

$$营业利润增长率=\left(\frac{本年月利润额}{去年同期利润额}-1\right)\times 100\%$$

营业利润增长率应大于零，最好是高于营业额增长率。

6. 业绩达标率

一般总部对所属的门店都会在新年开始前制定不同的经营目标，实际销售额与预定目标的比率即为业绩达标率，从中可以看出实际销售达标情况。

7. 空间效率（地效）

空间效率是将营业额除以门店面积总数，由此项可看出每单位空间所提供的效益。一般以万元/平方米来表示。小面积的卖场空间效率比较高，如百货公司内的专卖店，所以此项仅供参考。

8. 员工贡献率（人效）

员工贡献率为门店营业额除以门店员工人数。一般以万元/人来表示。有的考虑门店商品的退货率、损耗率、周转率、平均库存等，和员工的人数结合，可以算出员工对门店的贡献程度。

9. 销售分析资料

多指来店客户数、平均客单价、时段营业额等店铺销售资料。

10. 存货周转率

存货周转率是企业一定时期的营业总额（销售成本）与平均存货余额的比率。其计算公式为

$$存货周转率（次数）=\frac{营业总额}{平均存货}=\frac{销货成本}{平均存货余额}$$

其中

$$平均存货余额=\frac{期初存货余额+期末存货余额}{2}$$

这个公式计算的是存货周转次数。另外还有存货平均周转天数指标。计算公式为

$$存货平均周转天数=\frac{存货平均余额}{营业总额}=\frac{365}{存货周转次数}$$

存货周转率反映的是门店经营的商品的流动速度，数值越大，表明商品流动的速度越快。

存货周转天数（周期）表示的是销售完一次进货的商品需要的天数。商品周转率越小，说明商品销售的速度快。该指标既可以衡量整个门店的经营效率，也可以衡量某一类商品。

11. 商品损耗率

$$商品损耗率=\frac{商品损耗额}{商品纯销售额}\times 100\%$$

12. 客流量和平均购买量

客流量是指每天到门店购买商品的顾客的总量。平均购买量是平均每天每位顾客购买的商品额。两相指标越大，说明指标越有竞争力。

13. 盈亏平衡点

盈亏平衡点是用来确定门店的最低营业额，平衡点意味着门店的收益和支出相等，盈亏相等。盈亏平衡点越低，说明门店的竞争力越强。其计算公式为

$$盈亏平衡点=\frac{固定成本}{1-变动成本}\times 100\%=\frac{固定费用}{毛利率-变动成本率}\times 100\%$$

14. 交叉比率

交叉比率是一项综合比率，它反映的是门店的盈利速度，计算公式为

$$交叉比率=毛利率\times周转率$$

交叉比率越大，说明门店经营的效果越好，盈利能力越强。

第三节 规划设计门店的工作流程和制定操作标准

对特许门店运营的指导，应基于规范的制度、严格的流程、科学的操作标准。而所有

这些必须由总部负责设计完成，而承担责任的部门就是总部的营运管理部。规划设计门店的工作流程的目的是告诉大家做哪些工作。制定操作标准（营运手册）目的是一定要做好。

一、规划设计门店的工作流程

门店的工作流程分为两大块内容：一是门店一年内主要工作内容的顺序，这里又分两部分，第一是门店自身一年里的工作流程，第二是门店同总部的工作合作关系的工作流程；二是门店一天的工作流程。

（一）门店的一年的工作流程

1）制订一年的工作计划。一年的工作计划是一年门店营运工作的指导方针，应给予极大的重视。当然，年度计划操作性差，门店还得据此制订每个季度的计划，并把季度计划分解为月计划、周计划等。除按时间制订工作计划外，各部门要根据年度计划，分解制订本部门的工作计划。有时各部门先制订计划，然后再汇总成为年度计划。

2）进行商品的采购活动。这里包括根据计划内容，与供应商谈判，或继续履行以前的供货合同。合同最好签订为一年或更长的时间，这样可以降低商务成本。商品采购活动贯穿门店经营的始终。如果是服务商，则再进行服务项目的设计和研讨，并制定技术标准，进行演练。

3）物流配送活动为商品做好保障、商品采购完毕，下一步就是商品从供应商运到物流配送中心，进行存储、加工、包装、分类、贴码、检验后，配送到各门店。如果各个门店陈列的是样品，在发生销售行为后，配送中心还承担配送上门的服务。本行为贯穿全年始终。

4）门店的商品陈列和销售行为。这包括门店的验货、接货、上货、理货、销售、咨询、服务等。这是门店一天也是一年必须进行的经营活动。

5）参加特许体系的年度大会。主要内容是总结上年的经验和教训，展望新一年的工作前景，为落实新一年的计划进行动员。

6）组织新员工进行培训。特许体系不断发展，新员工不断进入，需要进行不断的企业文化、经营管理制度、经营业务、操作技巧的培训。

7）月工作总结。在门店店长的领导下进行门店一个月工作的总结，包括门店的业绩指标、成本指标、员工管理指标、利润指标、安全情况、考勤情况、顾客满意情况、商品质量情况、团队合作情况、意外突发问题和供应商的关系等。

8）季度、半年工作总结。内容同上。

9）设备管理与维护。夏季来临前要进行空调、电扇等通风设备检查，冬季来临前，要做好取暖设备的维护和保养，同时要做好防火防盗的准备。平常要进行电梯、滚梯等运输设备的检查、保养。在使用时要经常进行维护，确保设备正常运行。遇到故障要请总部的工程部门进行协助。

10）全年工作总结。门店一定要进行年度工作总结。总结的内容最关键的是：成本费用、营业收入、利润、最大困难、取得成就、需要解决的问题、和总部的关系等。

（二）门店一天的工作流程

门店一天的流程是一成不变的，这是门店标准化规范管理的前提。门店人员可以变化，但一天的工作计划和运作流程不能变。而且一天里管理的重点也是固定的。

1. 一天营业前

1）早上开门前，观察周围有无可疑车、人、物。
2）进店后做好工作服换装工作。
3）打开空调系统。
4）对门店进行简单的安全检查。
5）召开晨会。店长召开主管会议，主管召开本部门会议。
6）柜台人员做好清洁工作。
7）柜台人员做好商品物料准备。
8）检查各项设备是否正常。
9）收银准备，包括备用、零用钱、前日的营业收入是否清点，保险箱是否妥当、结账是否妥当。
10）行政准备，包括上一日报表是否填写无误，今日应传回或寄回公司的报表、资料是否准备妥当，检查上一日交接班单据是否有未完成的工作或漏项以及其他工作。

2. 一天营业中

1）开门。由保安人员或值班人员开门，时间一定不能推迟。遇到特殊情况，应提前告示通知。
2）服务人员迎客。开门以后，门店服务人员必须在指定位置站好，并以友好的语言和姿势欢迎顾客。对顾客的咨询应有问必答。
3）理货员要即时观察顾客动向，在必要的情况下，及时为顾客提供服务。
4）门店应及时准备好购物车，方便顾客存放商品。
5）收银员已经做好准备，对顾客购买的商品熟练进行收付款操作。
6）服务台员工帮助顾客存包或提供自助存包设备，同时为顾客提供发票、退换货服务，以及找零、兑换货币、设备简单处理等服务。
7）服务类门店提供欢送服务；零售门店提供包装或大件商品的送货上门服务。
8）门店的商品陈列和销售行为。这包括门店的验货、接货、上货、理货、销售、咨询、服务等。这是门店一天必须进行的经营活动。
9）保洁员随时保证门店环境的清洁卫生。
10）安保人员随时保证门店的设备、财产、人身、商品的安全。
11）督导员随时检查门店各个部门的运营情况，对不当操作提出指导意见。
12）店长把一天的营业情况及时向总部汇报，有问题要寻求总部支持。
13）客服部在营业时间快要结束时，通过广播通知顾客营业结束时间，催促顾客快速购物。

3. 营业结束（打烊）

1）营业员不再销售产品，做好一天的营业额的统计工作。

2）营业人员把货架整理好，把消费者放到孤儿区的商品重新放到货架上。到期食品要整理好，做好下架工作。

3）餐饮企业门店要做好操作间、销售柜台的清洁卫生。

4）保洁员把洗手间、地板、桌椅清洗干净，把清洁设备、抹布、拖把消毒放好，垃圾清运出门店。

5）营业员要进行货物的清点，理清一天的销售数量、上货数量、损失数量、营业额，并填写销售单留存，作为第二天交接的凭证。

6）保安人员全场巡逻，搜寻有无顾客或其他人员遗留门店，避免不必要的事故。同时要和夜间值班人员做好交接。

7）收银员清点现金、票据和优惠券等，做好结账工作，填写相关的报表。有 POS 机的要做好关机前的信息处理工作。

8）关店门后，当班领导还要进行最后的检查，尤其是安全检查、防火防盗、设备运行等。例如，空调是否关闭，冰箱是否进行温度控制，防火设备电源是否接好，营业照明电源是否关闭，监控设备是否正常等。

9）营业人员换装，从员工通道离开。

10）门店各主管把一天的营业情况报店长。

11）店长把一天的营业状况进行整理归类总结，为第二天的晨会做准备。

以上门店业务的流程是基本的业务流程，主要考虑的是零售业和餐饮业的情况。但特许经营现在涉及的行业达到 60 多个，所以各个行业要根据自身的具体情况制定适合本行业的业务流程，同时由于各个企业的做法、经验、技术、管理模式不同，在操作流程上也会有小的差异，也要具体问题具体分析。

二、门店的操作标准（营运手册）

特许总部对门店的支持、督导、控制，除基于特许合同外，另一个重要文件就是特许营运手册，它是门店营运是否规范化、标准化的依据。

（一）门店营运手册的含义

门店营运手册是特许经营总部通过作业研究和比较，发掘最有效的作业方法，将特许门店的经营经验、技巧上升为明确的标准、流程、原则的指导手册。

门店营运手册是非常珍贵的指导手册，是特许体系的必备文档。它包含了特许体系门店日常运营管理、销售管理、质量管理、顾客管理、价格管理、市场营销、培训与考核、财务管理、采购与库存管理等重要的管理方法，以及如何提高门店经济效益和服务水平的重要资料。如果正确运用，将有助于展开全面的管理工作，使日常业务能够顺畅进行，确保业务运作有效，职业道德及专业水准得以保持。

（二）门店营运手册的价值

1）技术价值。门店营运手册对特许体系门店管理中成功的经营技术、经营诀窍、运作管理体系进行概括、提升和提炼，是全面的、特有的门店营运管理的技术性文本。

2）操作价值。门店营运手册对特许体系门店营运管理的重要环节进行分解、定型、详细描述和评估控制，使特许门店运营人员易于吸收和掌握，能在较短的时间内学会操作。

3）标准价值。实现特许体系门店营运管理所有操作程序和规范的标准化、专业化、规范化、系统化、书面化，有效规避各特许店操作的随意性和不确定性。

4）复制性价值。实现店铺终端业务操作的可复制性，实现企业品牌积淀、企业文化精华、企业特色和优势较好地体现在每一个店铺终端。

5）考核价值。为特许店及其员工的绩效考评提供评估基础和依据。

6）培训价值。为特许店培训提供基础教材。

7）提升价值。有效提高整个特许系统的经营管理水平。

（三）特许门店营运手册的结构

特许门店营运手册的结构如图 7-4 所示。

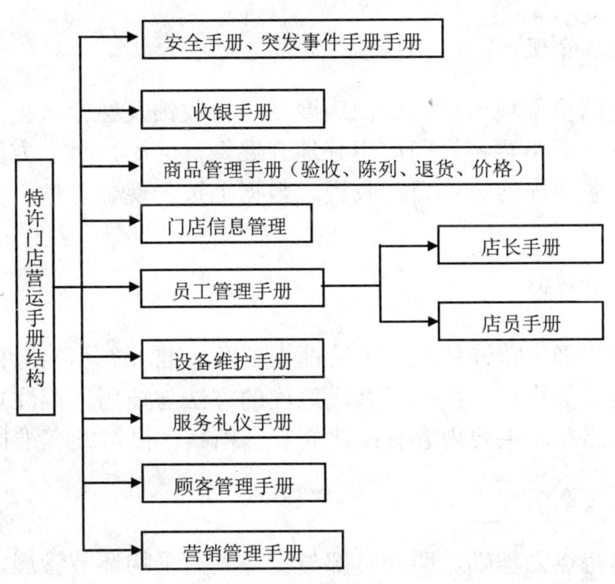

图 7-4　特许门店营运手册结构

（四）门店营运手册基本内容

门店营运手册是特许加盟店日常运作的指南，是特许企业营运经验的总结，也是特许经营的中心环节，特许加盟商正是通过执行门店营运手册里的条款来迅速复制特许企业的成功经验，进而取得成功。门店营运手册回答了受许人的许多问题，同时也为特许人在业务发展中修正特许经营体系提供了机会。

门店营运手册全面讲述了加盟商运营所需要知道的方方面面的知识，是提高特许体系特许店经济效益、门店管理水平和服务水平的重要基础性文件。

具体包含以下基本模块（也称分手册）。

1. 模块 1——特许体系简介

介绍企业的历史、文化、企业精神和企业文化等内容，也包括了特许人对受许人的期望等。

2. 模块 2——店铺日常运作

以特许门店一天的工作流程为主线，清楚明晰地阐述在日常运作过程中所要遵循的流程和规范。将繁杂的日常门店管理工作流程化、标准化，将特许体系日常门店管理规范落实到每一个细节。主要内容有：营业时间规划、开店流程、营业标准与流程、闭店流程等。

3. 模块 3——服务管理

将特许体系优质服务进行提炼并融入现代服务内容，让顾客能够感受到特许体系优质服务的内涵和统一性，进一步提升整个体系的服务形象与品牌形象，提高顾客对特许体系的满意度和认可度。主要内容有：服务流程、服务标准、服务规范和服务技巧等。

4. 模块 4——收银管理

收银是资金管理的重要环节，特许门店要及时将收银及经营数据上报总部相关部门，总部一方面通过数据分析指导特许门店更好地开展经营活动，另一方面能够帮助受许人加强经营管理及监督。主要内容有：日常收银、数据上报、现金管理、支票管理、信用卡管理和发票管理等。

5. 模块 5——顾客管理

要运用科学的手段确定特许体系顾客管理规范及标准，教会各特许门店建立顾客档案、维护客情关系、处理各类投诉、提高顾客满意度的方法与技巧。要注重老顾客的培养和维护，为特许体系锦上添花。主要内容有：建立会员档案、日常顾客维护和顾客投诉管理。

6. 模块 6——产品管理

以特许体系产品特点为基础，明确总部与受许人的采购环节管理，以及受许人如何合理订货，如何针对季节和市场变化特点结合内部情况抓好产品订货工作；确定总部统一配送和特许门店自行采购两部分的订货、进货、入库、存放、上架、退货等工作的流程和规定。主要内容有：订货管理、产品品类管理、产品空间管理、产品储存管理、质量标准、质量检查和验收与退换货。

7. 模块 7——设备与工具管理

以特许体系店面专业设备特点为基础，明确公用设备、专业设备、易耗品等的管理，

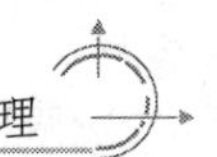

以及如何进行设备与工具的维护、维修。主要内容有：公用设备管理、总部配送设备管理、自购设备管理、专业设备管理和易耗品管理等。

8. 模块8——安全与卫生管理

针对不同业态的安全与卫生特点，明确特许门店在安全与卫生管理方面应该注意的问题。在发生紧急事件时不慌不乱、从容应对，以达到将损失降到最低，更好地保护顾客和店员的生命财产安全的目的。主要内容有安保人员管理、保洁人员管理、消防安全管理、水电安全管理、防斗殴安全管理、公共卫生安全管理、意外伤害管理、灾害防患管理和卫生安全管理等。

9. 模块9——信息管理

确定特许体系各特许门店如何正确运用现代化信息管理技术集合经营信息、掌握市场先机。特别是利用网络订货及数据传输，使得各特许门店与总部的沟通更加方便、快捷，总部通过网络汇总数据、分析指导特许门店开展经营活动，特许门店也可通过总部的指导避免不必要的经营风险。主要内容有计算机管理、电话传真管理和文档管理等。

10. 模块10——财务管理

为了降低特许体系的财务风险及经营风险，总部与各特许门店要建立有效的财务管理机制，并定期与总部联系提供相关财务分析资料，与总部共同合理利用资金，保障经营正常运转。主要内容有费用预算、成本控制、毛利率计算、会计核算、款项结算、进销存管理、数据上报、日常证照及纳税管理、发票管理和财务档案管理等。

11. 模块11——价格管理

保持相同区域统一的价格水平是维持特许经营体系一致性的重要保证，因此各特许门店必须严格执行总部制定的价格政策。本部分重点确定特许经营总部如何维护价格体系，以及特许门店在商品价格的制定和执行上要遵守的规定，以及总部对特许门店的违规监督和处罚规定。主要内容有价格制定、价格执行、价格监督和违规处理等。

12. 模块12——员工培训及考核

通过总结特许体系优秀经营管理经验，引入现代实用培训方法，建立企业培训体系。完善的培训体系不仅是维持特许体系持续统一发展的必要手段，更能带动企业人力资源管理的良性循环。主要内容有：培训对象及课程、培训流程、培训方式及时间、培训费用和培训考核等。

13. 模块13——市场营销与公关管理

指导特许门店根据当地市场情况进行市场营销及公关管理的流程和工作方法，确定特许门店如何配合特许总部搞好市场营销及公关工作。特许体系的品牌效应结合策略性的市场营销计划与实施，对提升企业品牌价值将起到决定性作用。主要内容有：营销管理、公关管理、总部统一营销活动和特许门店营销活动等。

（五）门店营运手册的使用方法

1. 熟知营运手册内容

店长需每周组织员工学习门店营运手册的具体内容，员工须熟知该手册内容。

门店营运手册是特许经营企业营运的“圣经”，是贯彻执行特许经营标准化、规范化销售或服务的关键，作为整个企业的经验总结，该手册必须为全体人员所熟知，这样才能在工作的细节处体现和贯彻手册的内容和精神。为此，特许门店店长应该积极组织门店工作人员学习营运手册，让全体工作人员把握手册的内容，增强企业规范、企业文化实践意识，形成向心力。同时，对于规范特许门店工作人员的行为起到教育作用。

2. 将营运手册与特许门店营运实际状况结合

自我检查内容要以门店营运手册为主、结合店内实际情况，自我检查奖惩内容必须按照手册内规定执行。将营运手册与特许门店营运实际状况结合才能做到理论结合实际。因此，在特许门店进行自我检查的时候，即要做到贯彻运营手册的基本内容和思想，又要结合特许门店的营运实际，不能太死板，但也不能不坚持原则。对自我检查的结果要加以处理，好的要进行表扬和嘉奖，不好的地方要严格地进行处罚，一切要坚定地按照营运手册的规定来进行，不能主观地有“法”不依。这样做有利于形成良好的管理风气，促进管理的有效性。

3. 对照营运手册进行自我检查

各特许门店必须根据门店营运手册的具体内容，在特许门店内进行自我检查。按照营运手册的规范进行检查是贯彻落实营运手册的内容的最直接、最有效的途径。通过对照运营手册规定的内容来总结营运的状况，有助于特许加盟今后的运营管理规范化，促进特许门店的管理水平和管理效率的提升。

店长每日早晚例会中要对奖励和违纪罚款情况进行总结，然后具体跟进其表现。特许门店店长应积极利用例会等公开的场合，利用对自我检测的结果进行点评和总结来教育管理员工，通过争创优秀，来鼓励员工。每周店长报告上要体现店内每日自我检查的情况。店长在报告中体现自己店内的自我检查情况，这样又利于总部了解特许门店营运的状况，及时地给予指导和帮助，也有利于总部设计经营管理决策。各店奖金、罚款金均在工资中体现，任何人不得私自收取罚款金。通过将自我检查奖惩结果在工资中体现有助于调动员工的工作积极性，另外，罚金的收取应有专门的财务管理途径，不能不按营运手册的要求而私自收取，被罚员工若有异议可按手册的相关内容进行申诉。

4. 及时反馈营运过程中的问题，改进营运手册

营运手册是对过去经营经验的系统总结，有助于帮助特许门店在短时间内走上高效经营和管理的路，但是，它并不是一成不变的，而是需要在实际的贯彻落实中不断地丰富和改进。这就需要广大的特许门店在营运的过程中要积极地探讨更有效率、更人性化、更合理的经营方法和经营理念，为丰富和改进手册提供实践基础。因此，店长和员工都要有这方面的敏感

性，要积极总结实际落实的成效，结合实际，多加总结，并及时向上级总部提出修改意见。

5. 按照特许经营合同对营运手册内容保密

对营运手册中涉及机密事项的部分，如技术机密、定价机密、营销机密、管理机密等，特许门店应该有保密意识，以维持企业的核心竞争力。

6. 积极联系其他受许人，共同探讨营运过程中的心得体会

在特许门店的沟通交流活动，对在日常管理中运用营运手册的经验进行分享，有利于特许门店在未来的经营中少走弯路，对于已出现的经营问题，通过群策群力可以找到最佳的解决方法。其他受许人即是竞争对手，也是伙伴，通过借鉴、比较，找出自己和大家的不足，有助于竞争合作关系的形成，提高共同的管理效率。

第四节　特许门店运营的督导管理

一、特许经营督导的概念

督导不是连锁经营特有的管理方法，只不过在连锁经营当中，督导具有了一些特殊的作用和重要意义。

1. 普遍意义的督导的概念

普遍意义的督导是指以强化员工积极性行为（符合企业利益的行为）和抑制员工消极性行为（违背企业利益的行为）为目的，以引导和控制为基本手段的各种管理方式、方法的总称。运用这些方式、方法的管理人员称为督导人员。

2. 特许经营督导员的概念

特许经营督导员是落实总部的政策，渗透特许人文化，以双赢为目的，通过有效沟通和科学的方法，帮助分店（直营店、加盟店）更好地进行运营管理的管理服务人员。

3. 特许经营督导员的重要性

特许经营督导员是连锁经营模式中十分特殊又十分重要的职位，就像链条与纽带，把分散在不同地点的店铺有机地连接起来，与总部保持密切的联系。

对于庞大的连锁经营体系来说，各连锁店在经营上是相对独立的，要使其关系密切，协调配合，“督导”的作用是不可或缺的。它们在操作上的一点点失误，都会造成无法估量的损失，这种损失可能是颠覆性的，毁灭性的。

那么维护整个连锁体系的利益，使各店铺保持在正确的轨道上运行是十分重要的。督导员正是这其中的关键人物。

督导员的重要性主要表现在：他既是公司管理的延伸，又是各店铺的资源。没有有效

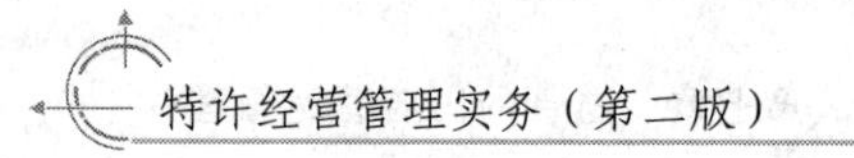

的督导，就没有真正的连锁，可以说督导是特许经营的守护神。

二、特许经营督导员的职责

（一）维护总部营运管理标准，做好总部政策的执行及监控工作

1. 总部营运管理标准

总部营运管理标准主要体现在：产品、服务标准；营运管理标准（管理标准、操作标准等）；各种营运管理政策；各类操作手册；特许加盟合同等。

2. 维护总部营运管理标准

维护和执行总部的营运管理标准，主要做好以下几点。

1）深入了解并领会总部的营运管理标准和政策。

2）对连锁店的执行情况进行指导、传递、培训和监控。

3）保证各分店在正确的轨道上营运。

4）维护总部及连锁系统的利益。

5）在工作中要注意把握好尺度。

3. 做好督导的工作

特许连锁经营总部都有其自己的产品/服务标准和营运管理标准以及各种运营政策。

这些标准和政策是总部通过各种操作手册、指导培训等形式传递给受许人的。同时，由督导担当维护和执行这些标准和政策的职责，以起到保护总部或整个特许连锁体系的利益的作用。因此，督导员是总部利益的维护者，也是总部政策的执行者。

督导员要保证各分店在正确的轨道上营运。如营运管理、营销策略、促销策略、人员策略等。

由于各分店的相对独立性，当一些营销策略对他们没有即时的效果或利益时，便会出现延迟执行、低调处理甚至抵触的做法。因此，督导员在巡查的过程中，应了解促销活动进展的情况，及时做出判断，一旦发现偏差，立即纠正；否则，会在导致其他店铺不满的同时，也会导致顾客的不满。更重要的是，会使策划良好的市场促销活动整体效果受到影响。

人员策略更是如此，公司在人员方面的各种规定和政策，是经过深思熟虑的，一旦出现偏差，后果是不可想象的。尤其是国家或地区的法律法规方面，更应严格检查，以免疏漏，如制服政策、休假政策、用工政策、公平政策、劳动法等方面。

（二）协助店铺的营运管理，做各分店的引导者

1. 为分店提供各方面的支持

对总部来说，协助店铺的营运管理，是出售加盟店后的“后续服务”。所谓后续服务，就是总部要为分店提供各种支持服务如市场营销、人员培训、人事管理、竞争对手分析等。

督导员要指导分店妥善去处理营运管理中的诸多问题，如人员问题、劳资问题、货品

问题、竞争对手问题、顾客投诉等。

代表总部提供上述营运管理等支持服务的关键性人员就是督导。一位优秀的督导人员同时也是连锁店的有力支持者。对于分店出现的营运问题，会指导分店管理者找出原因，并协助制定解决方案。

2. 督导员是分店的员工能直接面对的领导

当员工遇到无法解决的问题或障碍时，督导员就成为可以倾诉的最佳对象。所以，督导员应恰当地平衡店主与雇员的关系（包括劳资关系），并不断提高这方面的能力和技巧。

货品问题是经营中经常遇到的问题，订货过多或过少，往往让经营者一筹莫展，陷入困境，此时的督导员便成为最好的资源。

督导员要带领分店员工，分析周边的竞争对手动态，上报总部，作出积极的反应，制定出针对性的应对方案。

顾客投诉也是督导员所要面临的重要问题，督导员要清醒地认识到这是顾客给我们的最后机会。根据调查显示，在不满意的顾客中，有 64%的顾客是不会投诉的，只有36%的顾客会讲出自己的不满。由此可以看出，投诉的只是少数顾客，因为他们对商家还抱有希望，才会提出批评，而没有讲出不满的顾客，你已经真正地失去了他们，所以督导员要认真对待每一个顾客投诉。

（三）充分收集各方面信息，保持与各方有效的沟通

1. 进行信息沟通

督导员可从 3 个方面进行信息沟通：将总部的信息传递给受许人；将受许人的信息传递给总部；将收集的市场信息提供给总部或受许人。

1）虽然特许企业有向受许人传递信息的渠道，但督导员应使这些信息被受许人接受和消化。

2）督导员应将加盟店的种种想法、需求、真实处境忠实地向总部汇报。

3）将受许人的相关信息，及时反馈给总部的相关部门。

4）通过加盟店或自己的调查，搜集负责地区的相关信息和情报，进行分类整理分析，向总部报告。

5）同时反映消费者的需求与加盟店的各种声音，经营数字资料的搜集与处理，随时收集、整理各项情报并向总部报告。

2. 督导员收集信息的步骤

1）收集信息：上级、下级、平级、店内、店外及商圈和社区等。

2）分析信息：对收集的信息进行分类、整理和分析。

3）沟通信息：与总部及其相关部门沟通、与受许人及其员工沟通。

（四）确保特许连锁系统的执行力

执行的 7 个要素如下。

1）了解你的企业和你的员工。
2）坚持以事实为基础（实事求是是文化的核心）。
3）确立明确的目标和实现目标的先后顺序。
4）跟进。政策、执行、监督要有连续性。
5）对执行者进行奖励。
6）提高员工的能力和素质。
7）了解你自己。

特许经营督导员的最终目的就是确保连锁系统的执行力。督导员行使其职责，说到底是为了确保整个连锁系统有效执行总部的营运管理和规范，所以，督导员的职责也可以用两个字来阐述，那就是确保“执行”。

三、特许经营督导员的角色

作为一名督导员，应尽快从原来的工作中走出来做好新旧工作的交接，尽快适应督导工作。督导员的角色定位有以下几点。

1. 督导员是教练员（训练员）

督导员肩负着教练员的责任，可以从以下4个方面理解。
1）辅导：帮助下属获得知识、技能和能力。
2）指导：帮助下属设计职业生涯，加深对企业文化的理解。
3）挑战：帮助下属解决那些不能达到标准的绩效问题。
4）建议：了解问题及其产生原因，提出改进建议。
具体工作步骤如下：
1）做出训练需求分析。
2）制订训练计划。
3）开设培训课程/岗位培训。
4）检查与追踪。

2. 督导员是监察员

督导员应有重点地检查以下内容。
1）与管理人员会面。
2）与员工会面。
3）人员的数量与培训。
4）店铺的清洁状况。
5）员工的服务状况。
6）顾客的满意状况。
7）产品质量状况。
8）营业额的状况。

9）利润状况。

10）现金与资产管理的状况。

11）设备管理状况。

12）上次布置的工作。

13）新的工作目标等。

每月应当定期对各店进行工作追踪和检查。例行的工作追踪和检查是非常多的，因此每次检查都应该是计划好的，有重点的。

无论计划到店铺做什么，巡视是必不可少的。

3. 督导员是协调员

督导员不是经营人员，没有行政职权，其身份比较特殊。督导员要协调的工作非常多，需要协调上下、内外的各种关系。这与店长的工作有着明显的不同。由于所处的位置的特殊性，需要每一个督导员必须具备极强的协调能力。督导员需要进行的协调包括人际关系的协调、货品的协调、店与店之间的协调等。

4. 督导员是考核员

通常设定的工作目标有以下几个方面：人员（离职率/绩效/内部员工满意度），营业额（完成情况），利润（完成情况），以及服务水平（顾客满意度）。

考核设定的各种工作目标是否完成。这是一项非常具体的工作，目的性很强。

5. 督导员是报告员

报告包括内容如下：

1）营业额报告（完成率/分析原因/下一步计划）。

2）利润率报告（完成率/分析原因/下一步计划）。

3）人事报告（人数/出勤率/工资总额/生产力）。

4）顾客满意度报告（内部检查报告/神秘顾客报告）。

5）促销报告（促销的成功率/利润率/销售建议）。

将各店的业绩汇总并分析，上报公司，使公司随时了解掌握各分店的经营状况。

6. 督导员是公关员

督导员应与各方建立良好关系，包括社区、房东、政府及媒体等。

通常一位督导员所管辖的各店铺的位置与邻近区域有时是同一个社区，建立良好的社区关系是非常必要的。因为社区就是商圈，企业的生意（消费群体）大部分来自其商圈，有了良好的社区关系，就等于有了生意的基本来源。

企业与媒体的关系需要谨慎处理，媒体既可以是朋友，也可以是致企业毁灭的利器。当然，成功与失败的主体肯定是企业自己，媒体只不过是助推器，在企业成功或失败的路上推了一把而已。因此，既不需要对媒体过于紧张或惧怕，也不要怠慢和无礼，企业要做

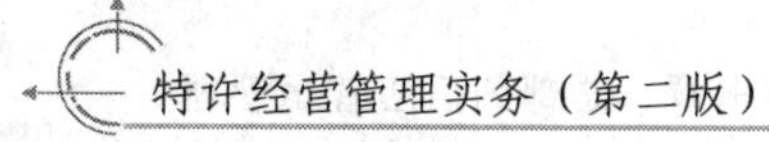

的是配合和不卑不亢。

7. 督导员是资源的提供者

督导员应提供适当的资源与帮助。督导员在店铺遇到问题或障碍的时候，是最能体现自身价值的时候。一旦他们需要帮助的时候，督导员的专业知识、技能，就是他们的最好资源。

8. 督导员是投诉的终结者

督导员应成为处理各种投诉的专家。督导员处理顾客投诉时应掌握以下原则。

1）L.A.S.T.原则。

① 聆听（listen）。要保持冷静，用亲切和友善的态度聆听，表现出对顾客的关心；不要试图打断顾客的话，急着想做解释，这会激怒客人。要有礼貌并表现出接受，不要有任何不耐烦的情绪反应；适时的提问，以确定知道问题是什么。

② 致歉（apology）。对事件发生所带给客户的不方便与不愉快致歉，说类似“给您带来这么多的不方便，真抱歉”或“不好意思”等的话。但千万不要与客户争辩或讨论谁对谁错，或者说“真抱歉，我们做错了”这一类的话。

③ 满足客户需求（satisfaction）。立即采取解决行动，务必使客户感到满意。

④ 致谢（thanks）。客户愿意提出他们的不满意，让我们改进不足，从而提供更好的服务。对此我们该真诚的致谢并邀请他们再次光临。

2）掌握处理顾客投诉的正确方法也是十分重要的。处理顾客投诉的步骤包括：

① 面带微笑，保持冷静。

② 将顾客带离人群，找一个安静的地方。

③ 询问发生了什么事情。

④ 对于给顾客带来的不便，表示歉意。

⑤ 立即解决问题。

⑥ 订立短期和长期的改进措施。

⑦ 追踪。

请注意：解决事情的目的是解决问题，挽回客人，而不是迁怒错误或引起更大的事端。

9. 督导员是会议的召集人与组织者

督导员要定期召集会议，进行分享与鼓励。督导员应在所管辖区域内定期召开会议，使持不同经验、不同建议的管理人员，增加交流和学习的机会；分享不同的经验；同时，营造一种积极向上的学习氛围，表扬认知好的行为和成果。

定期召开会议也是提高团队精神的方法之一。会议对公司经营十分重要，督导员可通过会议汇集不同情报、智慧及观点等资源并善加利用，达到“资源整合”的目的。同时也可借由群体的思考与辩证，激发出新灵感、新点子，帮助公司再成长。在会议上，督导员与店长之间也可通过沟通增进彼此的了解，以强化合作效能。相关表格见表 7-1 和表 7-2。

表 7-1 进行会议的 5W1H 要诀

why	设定目标——开会理由及会议目标是什么
what	设定议题——内容及议题有哪些
where	选定场地——在何处开会，会场地点租用时间多少，会场如何布置
who	选定名单——出席会议名单，并拟如何安排，会议主持、记录人员是谁
when	选定时限——何时开会
how	掌握程序——如何进行，需要视听工具吗，需要做哪些协调工作

表 7-2 主持人会议准备提示

一、确定日期、时间	会议日期：　　月　　日　　星期 开始时间： 预计结束时间：
二、确定地点	
三、确定人员	
四、确定议题、议程	议题一：　　（时间） 议题二：　　（时间） 议题三：　　（时间） 议题四：　　（时间） 议题五：　　（时间）
五、准备相关文件与资料 （参考数据报表、文件等）	议题一： 议题二： 议题三： 议题四： 议题五：
六、事前通知与联络	确认人员出席情况 确认与会者了解会议议题、议程，有必要时提供相关资料 收集与会者要求与相关文件

四、特许经营督导的工作方法及工具

（一）制订督导员的年度工作计划

根据总部的年度目标制定出区域内的年度目标，如图 7-5 所示；并根据区域内的年度目标确定本年度的工作重点。

督导区域内年度经营目标

时间：______年____月____日　　制表人：____________文件序号：

序号	项目	A 店	B 店	C 店	D 店	总计	说明
1	营业额						
2	利润						
3	成本						

图 7-5 年度经营目标示意

序号	项目	A店	B店	C店	D店	总计	说明
4	费用						
5	产品库存						
6	广告投放						
7	客户管理						
8	规范管理						
9	人员素质						
10	其他						

图 7-5　年度经营目标示意（续）

（二）将公司的目标具体化

1. 年度营业额的月度化

具体内容见图 7-6。

××年度经营计划月度分解表

时间：______年____月____日　　制表人：____________　　文件序号：　　单位：万元

月　份	前两年同期	前一年同期	变 动 率	本 期 计 划	本 期 实 际	备　注
1	600	650	−10%	585		
2						
3						
4						
5		1000	+10%	1100		
6		1200	+10%	1320		
7						
8						
9						
10						
11						
12						
合计						

经营指标指每一个网点的经营额或产品的销售额；
报送部门/人员：____________________________

图 7-6　年度营业额的月度化

2. 制订具体的工作方案

具体的工作方案主要内容包括营销计划、大型的联合促销计划等。

3. 工作的分工与目标设定

具体内容见图 7-7。

××年度经营计划区域分解表

时间：　　年　月　日　　　　制表人：　　　　　　文件序号：

月份 / 网点	1	2	3	4	5	6	7	8	9	10	11	12	合　计
合　计													

报送部门/人员：＿＿＿＿＿＿＿＿＿＿＿＿

图 7-7　工作的分工与目标设定

（三）协调各店完成各种工作计划

1. 人员计划

人员计划包括离职率分析、生产力分析及合理的人力分配。对人员计划，要制定人员招募计划表，见图 7-8。

人员招募计划表（每月 1 日完成）

月 份 / 项 目	1月	2月	3月	4月	5月	6月	7月	8月	+月	10月	11月	12月	
当月预估营业额（去年同期）/万元			500	550	600								
当月人力需求人数（去年同期）			80	85	90								
预估离职人数 / 实际离职人数			5 / δ	6 / β	4								
当月应有人数			85	91	94 ζ								
当月可排班人数			80 ω		⇩								
应招募人　数	去年11月	去年12月	1月	2月	3月	4月	5月	6月	7月	9月	9月	10月	
					25								

图 7-8　人员招募表

其中，应招募人数的计算公式为

$$F=\zeta-(\omega-\delta-\beta)$$

式中，F表示当月（三月）应招募的人数，ζ表示当月（五月）应有人数，ω表示当月（三月）可排班人数，δ表示当月（三月）预估离职人数，β表示当月（四月）预估离职人数。

例如，3 月份应招募人数＝94－(80－5－6)＝25。图 7-8 是为了根据实际情况招聘员工，考虑培训等其他因素，而预留提前量（2 个月）的招募计划表。

2. 营业额计划

营业额计划包括趋势分析，淡季、旺季分析以及同类店的分析。

3. 利润计划

利润计划包括商品成本控制，人工成本控制，其他成本控制，本年度与上年度的对比以及与其他店铺的对比。

4. 顾客满意计划

顾客满意计划主要是对顾客满意度的调查。

（四）培训与发展人员

培训与发展人员包括新员工的培训及在岗培训，涉及的图表见图 7-9～图 7-11。

××年度培训计划

制表人：______________时间：_____年____月____日　　文件序号：

月　份	培训项目	培训对象	培训时间	培训地点	备　注
1					
2					
3					
4					
5					
6					
7					

图 7-9　××年度培训计划

月　　份	培训项目	培训对象	培训时间	培训地点	备　　注
8					
9					
10					
11					
12					

报送部门/人员：____

图 7-9　××年度培训计划（续）

××培训项目计划书

制表人：________________　　时间：________年____月____日　　文件序号：

<table>
<tr><td>培训项目名称</td><td colspan="3"></td><td>培训时间</td><td colspan="2"></td></tr>
<tr><td>培训目的</td><td colspan="3"></td><td>培训对象</td><td colspan="2"></td></tr>
<tr><td>课程设置及讲师、时间安排</td><td>课程名称</td><td></td><td>讲师安排</td><td></td><td>授课时间</td><td></td></tr>
<tr><td>费用预收</td><td colspan="3"></td><td>收益预计</td><td colspan="2"></td></tr>
<tr><td colspan="2">培训项目专员签名：</td><td colspan="3">培训学校校长签名：</td><td colspan="2">集团总经理签名：</td></tr>
</table>

报送部门/人员：____

图 7-10　××培训项目计划

培训前置作业检核表

制表人：________ 检核人：______ 日期：_____年____月____日　　　文件序号：

时间	工作内容	工作责任人
前 10 天	讲师开课通知	
前 1 周	讲义制作	
	确认场地及实习用具	
	条幅制作	
前 3 天	申请讲师费	
	学员通知	
	订餐	
前 2 天	印制海报、胸牌（座位牌）、工作证	
	视听器具准备	
	影印讲义	
前 1 天	印制签到单	
	电话确认讲师	
	印制反映调查表	
	准备必需物品：	
	笔、讲义、补充资料	
	条幅、海报、胸牌	
	纸杯、茶叶	
	讲师费签条	
	教棒、相机、录音器具	
	投影仪	
	布置会场	
	测试麦克风、投影机、录音、白板笔、灯光等器具	

图 7-11　培训前置作业检核表

（五）进行人员的绩效考核

1. 目的

对人员的绩效考核主要完成以下几个目的：考核目标完成情况；调整预定目标；给予相应的等级评估；有效激励人员，发挥潜力；作为升迁的依据。

2. 目标设定

目标设定主要包括以下几点：顾客满意率，占 30%；营业达标率，占 30%；利润达标率，占 20%；人员达标率，占 10%；其他项目完成情况，占 10%。

3. 考核程序

考核程序主要包括以下程序：观察并收集充足的事实；提前一个月预定日期；寻找一个

安静不被打扰的地方；轻松开始会谈；讲事实，不谈及个性；给予对方提出个人见解的机会；公正且恰当的给予评分；设定未来的目标；记录并总结。

考核涉及的相关内容如图 7-12 和图 7-13 所示。

××加盟店绩效评估表

时间：______年____月____日　　　　文件序号：

评估对象：			及格分数：	总得分：
评估项目	比例	目标	实绩	得分
营业目标达成率（25 分）				
费用预估控制（25 分）				
毛利目标达成率（25 分）				
营业额增长率（25）				
其他事项				
备注				

评估小组成员：____________________________

报送部门/人员：____________________________

图 7-12　××加盟店绩效评估表

××加盟店问题分析表

时间：______年____月____日　　　　文件序号：

网点名称：			
商圈问题		服务问题	
技术问题		产品问题	
设备问题		管理问题	员工管理 财务管理 信息管理 客户管理
员工问题		经营问题	管理报表 经营项目 人员绩效 市场推广
加盟商问题	加盟商状态管理		
	××连锁体系吸引力分析	卫生问题	

评估小组成员：____________________________

报送部门/人员：____________________________

图 7-13　××加盟店问题分析表

（六）安排日常工作内容

1）店内外巡视（清洁状况/建筑物外观/招牌）。
2）顾客状况及员工状况。
3）商品/产品的品质、位置、数量。
4）与顾客交谈，与员工交谈。
5）与值班经理进行沟通。
6）回馈与总结。
7）记录与存档。

巡店涉及的图表见图 7-14 和图 7-15。

督导员巡视表

检查项目	细分项目	评定标准									
顾客状况	满意度	1	2	3	4	5	6	7	8	9	10
员工状况	数量	1	2	3	4	5	6	7	8	9	10
	培训	1	2	3	4	5	6	7	8	9	10
	服务	1	2	3	4	5	6	7	8	9	10
营业额状况		1	2	3	4	5	6	7	8	9	10
利润状况		1	2	3	4	5	6	7	8	9	10
设备管理状况		1	2	3	4	5	6	7	8	9	10
现金与资产管理		1	2	3	4	5	6	7	8	9	10
上次布置的工作		1	2	3	4	5	6	7	8	9	10

图 7-14　督导员巡视表

巡店记录表

文件序号：

一、巡店者姓名： 二、加盟店名称： 三、性质：( ) 改善对象　( ) 一般对象 四、巡店日期：　年　月　日-　年　月　日
五、工作摘要说明：
六、附件： 填表人：

报送部门/人员：________________________

图 7-15　巡店记录表

(七) 分析所在区域的商圈

分析内容包括商圈确定，商圈贸易图，人口及收入，消费水平，竞争对手的分析（包括对手的优势和对手的机会），商机分析。

(八) 完成预计的开店计划

1) 当商圈发生变化时，敏锐观察，如有商机，立即反映给公司。

2) 开店准备，包括预估营业额、人员数量是否足够、人员培训是否充分、设备状况、货品是否到位、庆典（隆重开业）的准备工作。

小　结

1. 特许总部对门店的管理。主要是特许总部营运部对门店管理的职责，组织结构；明确特许门店的组织结构，总部对门店管理的基本方面，如人员管理、资金管理、信息管理、商品管理、设备管理。

2. 对门店经营的指导与评估。指导门店制定经营计划并对门店各个方面的业绩进行评估，包括评估组织、评估标准、评估内容、评估指标及其公式。

3. 规划设计门店的工作流程，包括门店一年计划内的工作先后顺序，以及门店一天内的工作流程；为门店制定操作标准（门店营运手册），包括手册的作用、结构、基本内容、使用方法等。

4. 特许门店运营的督导管理。包括特许门店督导的含义、督导员的职责、督导的角色定位及其工作内涵、督导的工作方法和工具。

思 考 题

1. 特许总部营运部的职责是什么？
2. 营运部对门店管理的基本内容是什么？
3. 如何进行总部营运部的机构设置？
4. 总部营运部指导门店制订经营计划的内容包括哪些？
5. 对特许门店进行评估的指标有哪些？
6. 列表分析门店一年的工作流程。
7. 门店营运手册的内容有哪些？
8. 特许门店督导员的职责是哪些？
9. 督导员如何进行角色定位？

案例分析

华天庆丰督导（神秘顾客）诀（2016）

一、督导诀

1. 产品十字口诀

产品十字口诀为：色、香、味、量、温、形、鲜、齐、匀、净。

2. 服务质量口诀

（1）“听”（来有迎声，问有答声，去有送声）。

（2）“看”（人、桌椅、凉菜柜、餐具）。

（3）“工装”（工服、工牌、发帽、口罩、首饰）。

3. 门前环境督导口诀

上看牌匾（无破、无污、无落）。

中看门窗（无破、无污、明亮）。

下看地面（无水、无污、无物）。

4. 厅堂环境督导口诀

看天看地看墙壁，托盘蚊蝇灯具齐；

餐口料台摆桌椅，收拾餐具要麻利。

5. 卫生间督导口诀

看天看地看墙壁，手台面盆和灯具；

便池卫纸喷香器，镜子门扇抽风机；

纸篓记录放洁具，顾客方便要满意。

6.“十二无”要诀要记清

理念识别——无失礼。

行为识别——无扎堆、无窜岗、无首饰。

视觉识别——无破损、无污迹、无水迹、无脱落、无灭管、无杂物、无堵塞、无蚊蝇。

二、华天庆丰督导（神秘顾客）十大“注意”

（1）每个店不重复，一家店一个月调研一次。时间搭配：早中晚餐搭配。随时调查随时发送，不要集中于交表前再去调查督导。也不要都督导完了再发送；否则，达不到快速反馈的目的。

（2）督导三个方面：

1）包子（猪肉大葱；牛肉大葱；猪肉三鲜；素三鲜；鲜虾菜心；猪肉梅干菜）六选二。

2）凉菜（酸辣瓜条、拌三丝、果仁菠菜）三选一。

3）流食（炒肝和小米粥）二选一。

小票内容和调查表产品规定要一致。不一致视为无效，要重新督导调查。督导店铺要

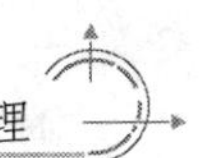

和分配的店铺一致，不然视为无效。

（3）督导调研人员要拿回调研消费小票。小票是调研督导员在督导店的消费证明。

（4）公司想了解的信息都体现在调查表里。大家务必按照要求督导消费，不要擅自改变产品内容。

（5）进店后，一定要注意收银员问候与否，务必记下收银员工号，备注里写明。

（6）服务质量问题，备注里要写明原因和现象，便于公司考核店面。

（7）督导期间：　月　日——　月　日。交调查表时间每月　日——下月　日。

（8）一定写明店铺名称、所在区域。进店、出店时，务必要隐藏身份，勿让店员发现我们是神秘顾客。

（9）每个督导员督导消费后，把督导小票和店面问题用手机拍照片，发给各自所在的微信群（一个人可能在几个群，根据店铺位置分别发送），以防止丢失后无法验证问题，也方便群里的统计人员快速统计。

（10）特别注意墙上白色半圆或灯管状的灭蝇灯（有没有、亮不亮）。

三、十大督导拍照“攻略”

（1）进店时，对门前环境和门脸拍照，便于识别门店。（第1张）

（2）收银员拍照。是否带胸牌。（第2张）

（3）收银小票拍照。拿到小票后马上拍照，如果没有店名，自己写上店名拍照。（随时带笔）（第3张）

（4）地面、桌椅拍照（干净与否）。（第4张）

（5）服务员与加工制作人员是否串岗拍照。（第5张）

（6）口罩、发帽、碗托等拍照。（第6张）

（7）卫生间拍照。（第7张）

（8）在一个门店拍照后，马上在群里发送。门店多的督导员，要带一个小本子，记录下门店问题，以便和照片相对照。

第一，先说门店名；第二，再发小票照片；第三，再发问题图片。这样便于操作与记忆。

（9）门店照片要一个店一个店的发送，几个照片合在一块发送的，对后面照片的识别影响极大。

（10）能用电脑打包发送（调查表+照片）文件最好。

（资料来源：根据相关资料收集整理）

案例解析　对餐饮企业的督导有很多细节需要把握，对督导内容的理解需要进行提炼和总结，这样才便于督导员消化与吸收。实战中的取证就是个挑战，而同一问题在不同时间点也有不同的表现，这需要督导员临时调整策略。既要遵守规定，又要实事求是。

实训项目

1）请同学们找一家超市，以神秘顾客的身份前去进行督导检查，发现优点，找出不足，写出督导报告，并给出相应的改进建议。

2）到一家餐饮企业特许总部的营运部实习，为这家企业撰写营运服务手册。

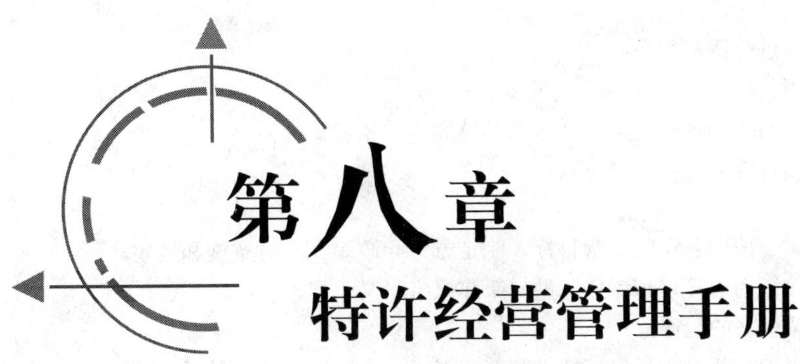

第八章 特许经营管理手册

教学指导☞

学习目标

- 了解特许经营管理手册的基本定义与性质；
- 掌握特许经营管理手册的设计的角度与原则；
- 熟悉特许经营管理手册的基本分类与构成；
- 掌握各类型特许经营管理手册的具体内容；
- 懂得特许经营管理手册编写的方法与要求。

技能要点

- 会制定人力资源管理手册；
- 会制定行政管理手册；
- 会制定店长手册；
- 会制定商品管理手册；
- 会制定门店服务手册。

案例导入

美容院店长手册（节选）

一、美容师职责

（1）注重仪容、仪表、仪态。

（2）热爱企业、热情待客，服务细致周到。

（3）给客人做好皮肤分析，正确并合理选择客人的护理项目和产品。

（5）不擅离职守，发生问题及时汇报。

（6）积极主动与客户联系，进行跟踪服务。

（7）爱护公共财物，保证用具的清洁与消毒。

（8）遵守美容职业活动相应的行为规范，具备良好的品德和专业素质。

（9）不断提高及完善自我综合能力。

二、店长（主管）职责

（1）负责美容院的管理工作，按照公司的经营目标，制定方针和政策，及时实施和调整。

（2）负责员工的工作安排，行为的管理和考核，做好工作报告呈交公司。

（3）协调店员的关系，维持良好的纪律。

（4）制订工作计划，分工明确，帮助店员提高技术和销售能力，协助店员达到目标。

（5）收集市场信息及时反馈上级。

（6）督促美容院的店容店貌、环境卫生和员工的仪表卫生检查。

（7）协助上级搞好经营管理工作。

（8）树立标准榜样形象，以身作则。

（9）每日做好工作记录和工作总结。

（10）负责员工及美容院的安全监督。

三、经理职责

（1）解释机构的服务意识，培育员工的敬业精神，合理使用人才。

（2）制订工作计划，分工明确，协助店长达到目标。

（3）分析顾客的意见，解释服务目标及标准，与同事共同制订改善服务的方法，以身作则，执行服务承诺。

（4）定期了解客源拓展情况和市场竞争动态，并分析形势，拿出对策。

（5）订立公正、合理、有效的奖罚制度。

（6）督导日常工作，保证公司各环节的正常营运和高质量的服务。

（7）选择优质的产品为顾客服务，确保产品效果良好，质量稳定，物有所值。

（8）制订宣传推广方案。

（9）定期培训员工，以提高服务质量。

（10）依照市场情况，制定合理的收费价格，树立良好的信誉。

四、服务标准

形象好一点　　素质高一点
肚量大一点　　行动快一点

脑筋活一点　　做事多一点
说话小声点　　效率高一点
微笑露一点　　脾气小一点
嘴巴甜一点　　理由少一点

五、服务策略（略）

六、管理策略（略）

（资料来源：根据相关资料收集整理）

案例解析　美容院就好比一个唱戏的舞台，当一个平台搭建好以后，就可以粉墨登场了，可这美容院的戏该怎么唱呢？

著名的管理大师杜拉克说过："企业经营最重要的是一个核心，两个方向。核心就是利润，而方向：一是营销管理，二是创新。"营销管理是指解决企业当前利润的问题。创新是指企业绸缪未来利润的问题。也就是说，作为一个美容院，从她创业的第一天开始就要未雨绸缪。正如联想集团的总经理柳传志所言："企业经营就好比坐在饭桌上，要吃着碗里的，还要看着锅里的，同时还要想着地里的……"。

第一节　特许经营管理手册的性质与设计原则

特许人在开展特许经营体系建设之前必须编写自己的特许经营管理手册，因为特许经营管理手册对于特许经营体系来说至关重要，它是特许人自己知识和经验的回顾、总结、提炼和升华，是特许人知识产权的物化表现形式，也是特许人和受许人之间特许权成功转移和体系运营的主要依据和保证。有关专家说，特许经营管理手册相当于特许经营体系的"宪法"，手册编写的好坏不仅反映特许人的水平和素质，也将直接影响整个特许经营体系未来的运转效果。

一、特许经营管理手册的基本性质

1. 特许经营管理手册的定义

特许经营管理手册（以下简称手册）是特许人提供给自己和受许人使用的用来规范自己和受许人标准化营运管理的指导性文件。手册是特许经营企业知识产权的有效载体，担负着整个体系运营和向受许人让渡特许权，保证受许人顺利开业及成功运作的重要任务。

2. 特许经营管理手册的性质

特许经营管理手册应保证特许经营企业双方在"克隆"过程中能够合作与发展，共铸双赢。特许经营管理手册具有如下重要性质：

1）指导性。向受许人提供持续的营运管理指导是特许人的基本义务之一，特许人履行该项义务的一个重要媒介就是手册，手册对受许人来讲就是特许人指导的物化形式。

2）规范性。受许人的业务活动是在特许人统一的业务模式下进行的，手册则统一地向所有的受许人描述特许人的商品和服务质量标准、价格标准、工作流程、方法和步骤、工作标准、货品采购规格和标准等。

3）知识性。手册是特许人知识与经验高度融合、提炼、升华的智慧结晶，手册规定的内容已经被市场所认可，主要的知识点是告诉自己的部门和受许人“怎么做”，含有特许人的大量经营管理技术诀窍和商业秘密，是特许人隐性知识的显性化，是特许权的重要物化表现。它复制的是特许人成功的经验，通过手册可以更好地塑造良好的企业形象，扩大市场影响，促进招商效果。

二、特许经营管理手册的设计原则

特许经营体系要想运作成功，对于特许经营总部和各受许人来说，就必须自建一套切实可行的指导各环节运行的体系，即编写特许经营管理手册。为防止手册成为空谈的教材，唯一有效的方法就是特许总部对自己的经营进行概括总结。唯有从实践中来，才能再回到实践中去，对特许经营发挥指导作用。编写手册时遵循以下几条原则。

1. 简明易懂，细分归类

特许经营的一个最显著特点，就是其作业流程的3S，即简单化、标准化、专业化，而这也正是编撰手册应当遵循的原则之一。编写手册的目的是给受许人阅读和使用的，它的来源和去向都是特许经营的最前沿企业，因此应该力求通俗易懂，简明扼要。手册是关于经营的技术、方针、制度、方法等查找的依据和标准，为方便读者选择性地阅读学习和查找使用，必须按一定的标准进行分类，单本手册的结构安排应适应使用者的习惯和偏好，在具体章节上应有明显的标题、导读、索引、注解或说明等，最好使用文字、图案或标志加以表示和区分。总之，手册的编撰是一项复杂的工作，它是对整个特许经营体系进行检查、清理、整顿、规范和提高的过程，是从一个杂乱无章到井然有序的过程，是从感性到理性、从复杂回归简单的过程。

2. 内容稳定、保证实用

手册要求语言精准、内容稳定，让投资者明确加盟的具体优势、成功机会和投资风险在哪里。语言精准是指语言要表达清楚，受许人能看懂。内容稳定是指运营操作的过程必须是肯定正确，不能随便变化，无所适从。受许人加入特许经营体系后，通过手册的学习可以得到特许总部提供的全套专业知识、管理经验和经营技巧，只有内容稳定的手册，投资者才能在阅读时就有条不紊地、按部就班地依次完成开店中的各项任务，不至于产生无所适从的混乱局面。保证实用是指手册经过特许人在经营实践中总结，经历过实验、失误、调整，风险已得到充分的释放，是受许人由外行转变为内行的经典手册。

3. 加强保密，注重变化

虽然手册是为了让受许人学会特许人的一套独特的经营理念、经营手段、经营方法和经营技术，但是，特许人有些内容属于商业秘密，这些内容一旦被其他企业知晓并快速复制，就可以立即产生神奇的增值效果，这会给特许人带来巨大损失，因此并不是什

么内容都能和盘托出的。无论从知识产权保护或生存竞争角度出发，都不应将核心机密编入手册广为发行和传承。特许人保护易被模仿和泄露的商业秘密，就是保护自己的核心竞争力。另外，企业、市场、产品、消费者、经营方式等不断变化的因素会影响特许经营企业运营的效果，因此，作为企业经营方针和战略战术的手册，内容也应该及时更新和调整，根据变化修改和增删，以保证手册与时俱进，推动特许经营事业不断发展壮大。

三、特许经营管理手册的基本分类

特许经营管理手册的制作者可以联系本企业的经营状况和行业特点，从经营理念入手，做好特许经营理念的导入工作和特许权设计、单店设计、区域分部设计、总部设计、特许经营管理体系整体设计工作；做好样板店建立和试运营、特许总部及网络体系的建立与试运营工作；做好特许经营加盟推广体系的设计和营建工作，包括相关招募文件的设计和撰写、招募营建计划的制定与实施、受许人的培训等三部分内容；做好督导体系构建和全面质量管理工作，包括督导体系建立与运行、特许经营体系全面质量管理等两部分内容。对招商手册、总部营建手册、分部受许人运营管理手册、单店操作手册等进行整行设计和分类制定。

手册一般包括招商手册、总部手册、单店手册、分部受许人手册等。特许人应为不同类型的受许人提供不同的手册。除在特许经营体系建立之初，要进行受许人招募工作，因此要制作招商手册外，其他各种手册还可根据内容、用途和分发对象的不同进行细分，例如总部手册可以分为企业行政手册、人事手册、营销手册、服务手册、财务手册、物流手册、信息手册、商品管理手册和店面施工手册等；分部运营手册可以分为人事手册、营销手册、财务手册、物流手册；单店管理手册可以分为开店手册、运营手册、店长手册和店员手册等。但无论哪种类型的加盟，特许人都必须提供给受许人的手册就是单店手册。

第二节　特许经营总部手册的构成与内容

从内容上来说，不同类别特许经营企业的特许管理手册是不同的，有的差别还很大，比如零售业与餐饮业的手册体系就完全不同。手册绝非由简单的几册小书构成，而是包括特许总部运营规则、单店运营规则和分部（区域）受许人运营规则等三大体系。目前，国内特许经营体系多数只制作适用于特许经营店或直营店的运营规范内容，而没有特许总部运营的程序与规则。手册是特许总部经营专有技术的汇集，属于特许总部商业秘密的范畴。如果手册中没有凝聚特许总部的专有技术、店铺运营管理经验，那么，这部手册的内容就是不全面的，会直接导致特许总部开店、运营管理及运营指导的效率低下。手册的体系结构如图 8-1 所示。

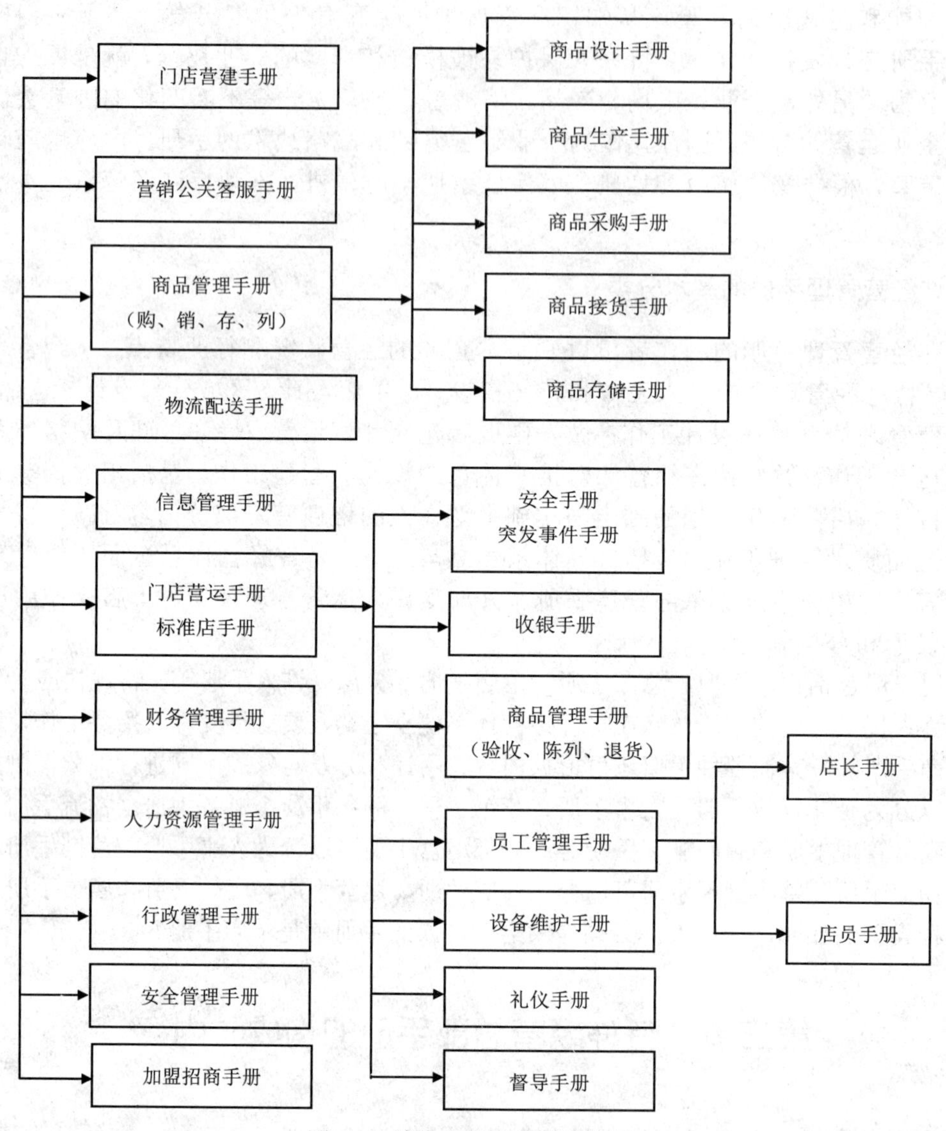

图 8-1　特许经营总部手册体系

一、加盟招商手册

加盟招商手册是特许方为了扩大体企业的知名度，用于吸引潜在受许人增加对企业的兴趣和了解，最后成为企业受许人的宣传性文件。招商手册一般在签约前向公众和潜在受许人发出，应该有公司简介、企业文化、产品服务、特色优势、加盟条件、加盟程序、联络通信及其他公开资料等内容组成。

1．加盟招商手册的特点

加盟招商手册应具有以下特点。

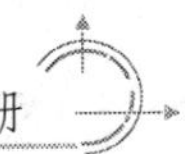

1）主题突出。加盟招商手册必须非常鲜明地把公司的主题直接展现给潜在受许人，必须让潜在受许人第一眼就能了解到加盟招商手册的主题。突出主题可以运用多种方式，如放大文字、加深颜色，或者是采用奇特的手法进行描述等。

2）语言简洁。加盟招商手册是吸引潜在受许人产生兴趣的媒介，因此只要把企业的要点进行简单的描述即可。通过简单的语言把企业的特点描述出来，潜在受许人如果需要详细地了解，就必须进行实地考察或详细面谈。这样就增加了潜在受许人实地考察的概率和最后加盟公司的概率。

3）图片为主。通过单纯的文字表达很难起到让客户深刻了解的作用，因此加盟招商手册就必须增加一些企业的图片，特别是一些门店图片，以达到与客户共鸣的效果。

4）展示优势。任何一个成功的特许经营企业肯定具有很多成功的优势，在加盟招商手册中，必须把这些优势向客户展示出来，以此证明加盟本企业的重要性，提高潜在受许人对加盟本企业的认可程度。

5）逻辑清楚。在加盟招商手册中，各类型企业应该根据自身的情况，并按照一定的逻辑顺序来安排相应的内容，但是所有内容的安排必须围绕一步一步让潜在受许人产生兴趣的目的来统筹，这是编写加盟招商手册的关键所在。

2. 加盟招商手册的内容

加盟招商手册应包括以下内容。

（1）企业介绍

1）特许人名称及历史的简介。

2）特许人的特许经营体系的优势及可提供的技术支持。

3）企业经营理念、企业文化及宣传口号。

4）现有加盟店情况、准备招募的受许人数量及地区。

5）对合格受许人的要求及常见问题的解答。

（2）加盟类型及授权期限

在加盟招商手册中，应该简单介绍加盟的类型，现在特许经营企业所推广的加盟形式主要有区域加盟、单店加盟、自愿加盟、保底加盟、合作加盟等。在加盟招商手册中，绝大多数企业会把各种加盟形式的加盟金额及标准明确提出来。当然，品牌知名度比较高的企业考虑到商业秘密的问题，并不明确写明加盟金的具体数额。但在加盟招商手册中，必须把加盟授权期限明确提出来，以便让潜在受许人能够进行粗略的投资预算。

（3）赢利模式介绍

任何一个企业都有自己的赢利模式，可是对于加盟连锁企业而言，其赢利模式往往还有很多其他企业所不具备的特点。一些特许总部为了加强对受许人的控制，往往会通过合同契约的形式占有或享受受许人一定的利润，这样就造成了受许人对于赢利模式的认可程度的问题。受许人对于特许人这些规定是否认可，对于绝大多数企业而言应该在加盟招商手册中明确说明，以免造成双方的纠纷和分歧。

（4）双方权利义务关系阐述

（5）图片和联系方式

在加盟招商手册中，图片应该占据较大的篇幅，因为这是一种较为直观的表达形式，通过众多的图片，对于那些不十分了解项目状况的受许人而言，可以产生直观而深刻的印象；对于那些大体了解项目状况的受许人而言，图片能够起到帮助他们回忆以往的场景、迅速引起共鸣的目的。

加盟招商手册具体内容结构见本书第六章第一节。

3. 加盟申请表

加盟申请表具体内容结构见本书第六章第一节。

4. 加盟意向书

加盟意向书具体内容结构见本书第六章第一节。

二、人力资源管理手册

在特许经营总部手册中，除在总部总则中对特许总部和单店的情况进行概览式简介外，其他具体内容都融在各个具体的分册中了。其中人力资源管理手册是整个特许经营体系人力资源管理的指导，内容包括：人力资源规划，人员招聘工作流程，考勤制度和违纪管理、绩效评估、职位升迁变动、薪酬和福利制定、档案管理等内容。

（一）人力资源规划

特许连锁企业的发展除了经营策略、产品策略、营销策略等外，还有人力资源策略，而人力资源策略的制定就是人力资源规划。它同企业制定的长、中、短期发展规划一样，也分为长期、中期、短期 3 种规划。短期策略主要解决的是一年内立即性或短期性的人力资源需求及配置问题，作好基本的人事管理，如招聘、任用、考勤、升迁、奖惩等，以维持现有的运营为主。中期策略一般为 1～3 年，是配合特许连锁企业的中期发展计划，预测未来 3 年内人力供需状况，而作的人力资源规划。长期规划策略一般为 3～5 年，企业长期发展需要一批人才，所以，开发人才、留住人才、培养人才、发展所长是人力资源长期规划的重点。

（二）人员招聘工作流程

人员招聘、录用和上岗是人力资源管理的核心。面试时间应尽可能安排在周六和周日，直营店店员的招聘由人力资源部经理＋营运总监＋区域主管＋店长在当地按照下述类似流程实施，所有档案资料由人力资源部经理归档整理。

人员招聘的流程是：分析用工需求→岗位分析→制定岗位职责→提出用人标准→发布招聘通知→收集应聘者资料→评估应聘者资料→筛选初步合格者→笔试面试→培训→录用。

（三）考勤制度和违纪管理

1. 出勤、退勤制度的建立与管理

（1）排班、打卡

由于工作制度的不同，有些店的员工是以排定的班别决定上、下班的时间。为维持店内正常运营和各班人员交接顺利，店长通常要求店内职员至少于当班前10分钟到达，并以打卡或签到的方式来记录出勤的时间。

打卡钟最好设在店长可以看得到的地方，以防有人代打。

签到簿可采用一天一张，或一个职员一张的方式，以便掌握所有人的出勤、退勤情况。由上班的员工在下班交接时填写，减少舞弊告假的机会。

（2）交接班

在交接班时，每人都要填写一份"交班日报表"，明确填写退卡、误打等各项记录，同时填上交班的确切时间，这也将是日后在考勤管理上的一项重要记录。

（3）建档

考勤制度建立后，接下来就是考勤制度的建档管理，这是日后在绩效考评、调薪或升迁时的参考依据。为了缩短建档的时间，不妨利用计算机作为资料的存储工具，将每个职员的出勤、退勤时间输入计算机，店长可以定期打印出来，作为考评的依据。

2. 请假办法

事假、病假、婚假和丧假等是店员应享有的权利，可按照《中华人民共和国劳动法》（以下简称《劳动法》）来办理，但相关员工应事先提出申请。尤其是事假必须有正当理由，报请店长批准后，才算完成请假的手续，一般得扣除当月的全勤奖和当日的薪金。请病假应附带医院的证明，如果需要长期治疗，可视情况给予停薪留职。根据门店的实际情况，店长还可给予店内每位员工一年一定的带薪休假，以作为员工的福利。但休假的员工必须提前提出申请，以免因店内人手不足而影响正常经营。

3. 违纪管理制度

制定特许连锁企业统一的违纪管理规定，对各方的违纪员工实行统一的违纪处罚标准。

（四）员工绩效考核制度

欧美国家一般通过目标管理作为考核员工的依据。所谓目标管理，就是制定每位员工的必要职责范围和预期成果，然后再利用这一标准，指导员工的日常作业，并以此作为考评员工绩效及其贡献程度的标准。这不仅充分发挥了考核的意义，同时也达到了设立考核制度的目的。

员工绩效考核评估的目的：使员工真正按照其岗位职责来工作；明确其工作效果对整个企业目标的达成所带来的影响；明确其工作质量的标准；使员工和其主管了解如何共同

维持、改善和提高整体工作绩效；使员工了解工作绩效的衡量标准；使员工了解影响其工作绩效提高的障碍所在。

员工绩效考核评估的注意事项：绩效考核评估不是迫使员工努力工作的棍棒，其根本目的是通过主管和员工的良好沟通，共同实现部门和企业的整体目标；明确清晰的岗位职责、工作目标、考核指标是开展员工绩效考核评估的基础，人力资源部经理在整个绩效考核评估工作中扮演的是协调、督导的角色，而部门的主管是其直接下属绩效考核评估的主体；直营店店长负责对店员考核评估；总部区域主管负责对所属区域内直营店店长的考核评估。

考核制度的评价标准。考核制度除了影响员工日后的升迁外，也与员工薪水和奖金有关。一般来说，门店为了鼓励员工准时上、下班，可设立“全勤奖”。如果一位员工在一个月内的正常休假之外，没有再额外请假或迟到早退的次数低于规定的次数，就可以领到全勤奖。员工事假、病假和旷工的处理应采取不同的标准。

除了考勤记录、请假次数，员工在店内的日常工作表现、工作情形、工作能力及工作态度，都可列为考核的项目，以达到真正的奖罚分明的管理效果。

（五）职务升迁制度

1. 储备干部制度

最利于特许门店长久经营的组织形式，就是所谓的“店长管理型”，即除了店主以外，权力最大的就是店长。在店长下设一位副店长，以协助店长处理店内的事务。有时还会配备1～3名储备干部或组长，其下才是正式的店员、基层的服务人员。设立储备干部的用意，主要是希望能缩短培训的时间，或是一旦其他分店开张时，可以立即加以任用。

当公司选聘新人时，不管是试用或是录用，都应当明确告之公司的升迁渠道，并表明公司培训、选拔人才的用意。员工在有前途、有发展的情况下，自然会乐意在公司努力工作。

2. 升迁方法与评定的标准

以门店为例，试用工→正式职员→储备店长→店长，是一个完整的升迁渠道。想从试用工逐步升到店长一职，资历与努力在初期就显得非常重要。许多大型连锁门店都是以资历作为升迁的主要条件。

（六）薪资与福利制度

1. 按劳分配的薪资制度

对大多数人来说，薪资虽然不是努力工作的唯一目标，却也称得上是必要且重要的条件。薪资对于普通员工的意义，含有“按劳取酬”和“保障生活”这两大内容。也就是说，薪资公正的条件必须是以按劳分配为基本出发点，而且能保障生活无忧。薪资具有劳动力价格的性质，而价格则分为买方和卖方，买方是根据该劳动力能产生多大的价值而定；而卖方则是由作为创造劳动力成本的生活费用所决定。所以，薪资的给付要在卖方与买方（即员工与雇主）之间达成协调，就必须在这两个价值间寻求平衡点。

“按劳分配”意味着付出越多，应得到的报酬也越多。薪资的内容大致包括：基本工资、伙食费、全勤奖、交通补贴和加班津贴等。除了这些项目外，公司还将视情况给优秀员工效益奖、职务津贴，既兼顾了按劳分配，同时也适当拉开了一定的差距。

2. 利益共享的福利制度

福利制度的建立，应该考虑门店的每个成员。不管是店长、普通员工或是临时工，都应享有完善的福利，以保障员工的工作安全和基本生活。根据我国《劳动法》的规定，雇主有义务为员工购买保险，以作为工作上的一项保障。各项津贴可以分为交通补贴、加班补贴和职务津贴等，是门店依据员工的实际需要，在生活方面给予的实际补助。这种费用不是一成不变的，要根据门店的经营效益、社会生活的平均水平和员工实际情况而变。门店每年都要对员工的各项津贴进行调整与重新设定，使其既能满足员工的基本需要，又不至于过多地增加营业成本。

（七）员工激励机制

激励，通俗地说，就是调动门店员工的工作积极性，使其把潜在能力充分地发挥出来。从组织角度来说，管理者激励下属，就是要激发和鼓励下属朝着组织所期望的目标表现出积极主动的、符合要求的工作行为。激励的依据是业绩达成，门店业绩达成的要素是员工的工作能力和个人动机。

门店绩效评估一般包括定性与定量两大评估项目。定性评估项目，如营业员的服务态度、学习能力、创造力等。定量评估应和业绩竞赛相连。业绩竞赛应公开、公平，禁忌主观现象的评估。业绩竞赛的项目评估若以职责来划分则较为合理。项目评估一般包括业绩、毛利和净利 3 个要素。

第一线的基层营业员仅以业绩为评估项目；营业干部（店长、组长、督导人员）以业绩和毛利为评估项目；营业主管（助理、经理）以业绩和净利为考核项目；团体（分店、区域总部）的评估项目，则视公司政策因素弹性运用。例如，年度营业目标因考虑盈余分配，以业绩和净利为考核评估项目；而单月或促销时的业绩竞赛，为求激励的效果，可以业绩为评估的项目。

（八）档案管理制度

人力资源管理涉及大量个人基础档案及职业记录档案，必须妥善保管，应制定如下管理规范。

1）人力资源部为每一位员工建立个人人事档案。

2）个人人事档案用专用档案袋保存，设有编号并建立电子索引文件。

3）个人人事档案的归档、保存、查阅等由人力资源经理负责。

4）个人人事档案包括两部分：员工个人基础人事资料和员工在公司的职业记录。员工个人基础人事资料包括应聘资料、入职资料。员工在公司的职业记录包括任职记录、奖惩记录、年度员工绩效考核记录、薪资福利保险记录等。

5）员工有权查阅本人个人人事档案，但不得修改和损毁；只有总部总经理、副总经理/总监有权查阅其下属的个人人事档案，但不得修改和损毁；任何人查阅个人人事档案必须经总经理批准。

三、行政管理手册

行政管理手册是特许总部行政管理制度的描述。具体包括前台接待、胸卡佩戴、制服管理、环境管理、费用请领、办公用品管理、办公室管理、公文与档案管理、计算机及通信设备管理、车辆管理、考勤管理、安全管理、电话管理、复印打印管理等内容。

（一）受许人的接待标准流程设计

对于特许经营企业而言，很多工作都是围绕受许人进行的，那么行政工作核心的内容就是怎样接待来访的受许人。对于受许人的接待，需要设计出一个标准的接待流程，既让受许人感觉受到了重视，又不能让受许人觉得过于示好，因为这样会影响受许人最后的决定。应该说，特许经营的本质是特许人和受许人之间的合作关系，如何保持特许企业的统一标准以及双方之间的平等，需要双方之间经营性的交流和沟通，而且这种沟通应该是多方面和多形式的。

（二）企业外部各种社会关系的处理

对于特许企业，由于门店数量多，影响力较大，维持好社会各界的良好关系也是企业行政工作的关键部分，特别是一些以门店为终端的特许经营企业，经常会和工商、税务、卫生、城管、防疫、公检法、质量监督和社会媒体等部门打交道，行政部门必须要学会协调好各个部门的关系，营造一个非常融洽的外部环境，这对于企业的发展也是非常关键的。

（三）来访人员的接待

作为特许企业，一般都具有一定的知名度，社会各界的来电来访是经常发生的事情，作为行政部门应该做好这方面的接待工作。在接待工作中，很多场合都会提供用餐，那么行政部门应该设定好相应的接待标准，尽量做到既节省又大方。此外，来访人员的登记及适合的交流也应该成为行政工作的组成部分，并作为下一步接待工作的前提。

（四）公司文件的处理和备案

特许经营企业会经常接到各种各样的信件、传真或邮件，行政部门应该及时做好这方面的文件处理和备案，要第一时间送达相应部门，绝对不允许擅自扣押文件。对于文件的处理，可以分为紧急文件和普通文件，紧急文件必须第一时间送达公司领导处理。

（五）公司车辆的管理和安排

在公司车辆的管理和安排方面，应注意以下问题。

1. 车辆保管

1）车辆使用单位或个人应负责车辆的保管、维护、送修及定期检查。如果车辆遗失或不正常使用而损坏，则保管者应负赔偿责任。
2）车辆使用单位或个人应将每月加油、保养维修等有关详细情形详细登记于车辆行车保养维修记录表上，并于每月固定日期将上月记录交给总务人员。
3）总务人员应负责公司车辆的采购、领照、保险、索赔及送修及肇事的协助处理等事宜。
4）车辆使用单位或个人应将每3个月一次的车辆定期检查结果登记于车辆定期检查记录表上，并交给总务人员。
5）总务人员应将公司车辆的保险、重大维修等情况记录下来，存档备查。

2. 费用申报

1）油费、保养费、维修费等应依据有关单据和费用申请及核准程序申报。
2）若因情况紧急，事前口头向单位主管报告，由主管转告总务人员后将车辆送修，应于事后填补申请单。

3. 违规肇事处理

1）非因公事开车者本身的违规或肇事，所支出的维修金额及罚款，由驾驶人自行负责，并追究行政处分。
2）因公事开车者、不可抗拒而肇事者，除由保险公司理赔金额外，所超出的维修费用由公司负担。
3）因公事开车者，所发生的因交通事故或违规而被开罚单，若因驾驶过失由驾驶人自行负担；若因送货等业务行为，且经公司核准后（如违规停车），由公司负担。

（六）办公用品的购置和发放

办公用品的购置和发放应注意以下问题。

1. 办公用品的请购及采购

1）总部所需的办公用品统筹由总务人员负责请购。
2）总务人员应定期寻找办公用品的供应厂商，并掌握其供应价格的变动。
3）采购各项办公用品时，应对3家以上厂商的价格、品质、服务等进行比较后再决定采购。
4）每次采购的金额必须事前填写申请单，呈单位主管核准后，方可进行采购。
5）各单店采购，由店长填写请购单，并传真至主管部门，经主管部门核准并批示自行购买回执，各店才能动用备用金购买。

2. 办公用品的维修

1）各单位专用的办公用品，使用部门填写请修单，经请修程序核准后，由总务人员议价请修。

2）各单位共同使用的办公用品由总务人员填写请修单，经总务人员议价后，经请修程序核准后，由总务人员请修。

3. 办公用品的领用

1）员工领用各项办公用品时，应填写办公用品申请单。

2）申请领用经核准后，向办公用品的保管者领用。

3）申请者需经单位主管签准后，可以向总务人员申领。

4）总务人员再依办公用品申请单，填入办公用品领用卡中，以便列账管理。

（七）公司办公秩序的维护和突发事件的处理

公司办公秩序和卫生的维护是行政工作的基本内容，关键是制定相应的规章制度并执行落实，同时行政部门的工作人员必须起到榜样作用。其实，对于特许企业而言，考验行政工作难度的关键是对各种突发事件处理的能力上。由于特许企业的门店众多、分布面广，经常会发生意想不到的事件。对于突发事件的处理非常重要的一点是建立突发事件处理机制，在突发事件发生时，马上启动事件处理方案，成立突发事件处理小组，借助集体的智慧来妥善处理。

（八）会议活动安排和后勤保障

会议和活动的安排以及各项后勤保障工作也是行政工作的重要组成部分，在特许企业中，经常会有各种会议和各种活动，这就要求行政部门合理利用各种资源妥善安排。

四、财务管理手册

特许总部财务管理手册主要是对特许人员财务管理的描述，应该包括：财务管理的内容、相关财务名词解释、财务管理组织结构、财务管理工作流程、财务管理制度、财务电算化及财务报表等内容。

1. 财务管理的内容

财务管理主要包括以下内容。

1）会计核算。它是以货币为主要计量单位，利用一系列的科学方法，对企业、事业和行政单位的经济活动，进行连续、系统、全面、综合的记录和计算，并据以编制会计报表。

2）会计检查。通过经常和定期的凭证检查、审核账目、财产清查等手段，对企业各种财产物资的收发和保管、资金的管理和使用、往来款项的收支和结算、收益的取得与分配、成本的开支和费用的报销等经济活动进行全面检查。

3）会计分析。根据会计报表、账簿、计划等有关资料，对企业的财务状况、经营过程及结果进行分析研究，总结经验，揭露矛盾，提出改进建议和措施，有利于改善经营管理。

4）会计监督。通过记录、计算、检查与分析，对单位的生产经营活动或预算执行情况进行监督，有利于提高企业的经济效益。

2. 现金管理

企业应该根据自身的情况制定符合自身情况的现金管理制度，对于公司的现金必须做到日清日结，企业内部不能留存大量的现金。

3. 费用报销管理

企业所有的费用报销实行一支笔负责制，即必须由公司总经理签字才能报销。报销人持有符合国家财务制度的凭证，在部门主管、主管副总签字确认之后，呈报公司总经理，由总经理确认签字并加盖公司的钢印并进行登记之后才能到公司出纳员处报销。费用报销签字人必须履行职责，在确定所发生费用符合公司要求的情况下才能签字，如果出现虚假签字，公司将追究所有签字人的责任，所有报销凭证上必须标明费用的用途。

4. 受许人应缴费用管理

受许人每月（或每年）向特许人缴纳一定比例的特许权使用费，财务部门对于这笔费用的收取情况必须全方面的掌握，如果发生受许人没有按照合同的约定按时缴纳这部分费用，那么财务部门必须第一时间向公司领导汇报，马上从受许人的信誉保证金中扣除，并同时通知受许人，此部分收入应视为公司的服务收入，按照国家规定的服务性质收入缴纳税费。

5. 营运资金管理

营运资金指的是公司所有的流动资产。具体地说，净营运资金等于流动资产减去流动负债（净营运资金=流动资产－流动负债）。财务部门必须通过财务报表的形式让公司的领导了解公司营运资金的情况，以供公司领导决策之用，以利于平衡公司的资金流入和资金流出，以便公司创造更大的效益。

6. 应收账款、存货和应付账款管理

很多特许经营企业的特许人是受许人的后勤保障部门，作为特许人而言，由于存在庞大的运营体系需要巨大的运营成本，为了保障特许人体系能掌握足够的运营资金，最佳的方式是受许人用现金的方式进货，杜绝应收账款的产生，可是由于很多货物事先集中到特许人处再由特许人统一配送的，这就涉及存货管理和应付账款管理的问题。由于存在很多的结款方式，这将涉及特许人和供应商之间的博弈问题。在现实中，双方通过妥协寻求共

赢，才是最佳的处理方法。

7. 国家相关各种税费的申报和缴纳

依法纳税是每一个企业应该履行的职责，这也是财务部门每月应做的基本事务之一，其中主要的一点是区分服务性质的纳税比例和增值税纳税比例的不同。财务部门应该按照国家的规定及时缴纳各种税费，并且及时向公司领导汇报。

五、商品管理手册

商品管理是特许总部经营管理的核心，也是特许体系利润来源的主要渠道。商品管理一般包括：商品开发与采购、商品运输和储存、商品验收与陈列、商品盘点与销售等几大环节。商品管理手册应该涉及商品规划与结构、采购管理、陈列管理、销售管理、存货管理、滞销品处理及附录等问题的细致描述。

1. 商品的分类管理

根据不同方法，可以划分出不同的商品类别。从商品营销学的角度看，有意义的分类主要包括以下几种。

1）按商品之间的销售关系，商品可分为独立品、互补品、条件品和替代品 4 种。

2）根据商品是否耐用和是否有形，商品可分为非耐用品、耐用品和服务。

3）根据消费者的购物习惯，商品（这里主要指消费品）可分为日用品、选购品、特殊品和非需品。

当然，商品还有其他一些分类方法。例如，按需求量与收入关系划分，可分为高档品和低档品；根据商品在商店销售中的作用分为主力商品、辅助性商品和关联性商品。

2. 商品的结构设计

由于特许经营企业的不同，商品结构肯定存在很大的差异，这主要取决于本企业的市场定位，在绝大多数的特许经营企业中，普遍的定位在中档价位水平，也就是说很多的特许经营企业是以广大的消费者普遍能接受的市场定位为主。此外，商品结构还必须结合该门店附近商圈的结构来确定。在所有商品结构中，必须考虑的一个问题就是商品的宽度和深度。商品的宽度即商品的种类；商品的深度即商品的品种。一个门店既要考虑从商品的宽度来满足消费者对商品种类的要求，也要从商圈的结构方面来确定特定品类商品所占的比重，从而设计出最适合该商圈的商品结构。

在商品结构的设计中，必须要注意价格带的问题，即同一类商品中，要有高、中、低 3 种价格的商品，这是为满足不同消费人群而设定的；同样，还要根据商圈的情况来设计高、中、低 3 种价格商品的比重。

除此以外，商品的结构设计还要考虑本土化的原则。

3. 商品的陈列管理

商品陈列是商家以商品本身为主题，通过视觉与顾客沟通，通过艺术造型陈列，向顾客展示商品特点，增强商品的感召力，从而加深顾客对商品的了解。商品陈列是一种无言的推销方式，一种传统的现场广告。

不同的特许经营企业，由于产品不同，所采取的陈列方式也不一样的。一般而言，商品陈列应该遵循以下几个原则。

1）一目了然原则。该原则是直接把商品展示给消费者。

2）高毛利率优先原则。对于任何门店，都存在毛利率不同的商品，应该把毛利率高的商品陈列在最佳位置。

3）品类集中原则。应该把品类一样的商品集中陈列，以方便消费者选择。

4）关联性原则。消费者会同时购买一些集中陈列的商品。

5）整齐协调原则。一些商品的大小规格差不多，就可以把这些商品集中陈列。

6）色彩搭配协调原则。把颜色类似的商品集中陈列，突出整体协调的感觉。

商品的陈列也是影响商品销售的一个关键环节。对于一个门店，商品的陈列要根据时间、季节气候的变化做出相应的调整，经常给消费者一种新鲜感，以提高消费者的消费欲望。

4. 商品的采购与销售

商品的采购与销售是商品管理的前提与主体，其目的是在适当的时候、以适当的价格，购买适当品质和数量的商品，并通过快捷的商品配送和有效的促销手段，将商品供应给顾客，从而获得经营利润。商品采购应遵循一定的原则，通过一定的采购渠道，组织好采购，进行配货、调货，然后上报费用进行结算。其中，最重要的是采购预算金额的确定和月份最佳库存量的确定。商品销售主要是采取一定的促销手段，向消费者推销商品，增加销售量。同时，还要对商品的存货进行有效的管理，包括库存控制存货盘点及滞销品处理等内容。

5. 附录

附录主要包括库存情况月统计报表、销售情况统计报表、商品采购订单、商品退货单、商品返库单、商品价格变更单、商品入库和出库单、商品盘点单、商品配送单等。

六、信息系统管理手册

信息系统管理手册是特许经营体系信息管理的支撑，主要描述信息系统架构、原则、操作程序、设备状况、运营流程及各部门职责等。

1. 信息系统的组成

特许经营企业的信息系统一般由直营店和加盟店系统、特许推广网站系统、特许总部办公系统、供应商管理系统等几个部分组成。

1）通过直营店和加盟店系统，特许人能够第一时间了解门店销售的所有状况，可以根据系统所提供的数据进行研究分析，对门店的销售作出适当的调整。
2）通过特许推广网站系统，能够发布公司最新的动态，能够增强潜在受许人对特许经营企业的了解；同时，通过该系统还能了解最新的潜在受许人对特许企业的意见和建议，从而推动特许经营企业的发展。
3）通过特许总部办公系统，首先，能够提高特许总部的办公效率，特别是使办公系统中的财务管理系统和人力资源系统的管理水平达到一个新的高度；其次，能够提高特许总部对受许人的控制力。
4）通过供应商管理系统，特许总部能够随时了解总部和门店商品的库存情况，能够了解并掌握商品销售的趋势，实现门店销售的自动补货。此外，通过供应商系统还能防止供应商在结款中出现的一些欺诈行为。

2. 信息数据的录入和网络维护

信息数据的录入和网络维护的主要工作如下。
1）信息数据的录入。它是特许经营企业每天都要做的事情。这些数据绝大多数是公司商品数据的录入。特别是一些大型特许经营企业，统一配送的数据量非常庞大，这就需要专门人员专心从事这份工作，在数据录入中，一定要强调一个“相互制约”的原则，网络部和物流中心以及财务部之间的数据必须吻合，这样才能真正起到科学管理的目的。这些数据必须做好日清，每天审核，出现不一致的情况必须追查根源所在，并且马上向公司领导汇报，经公司领导确认之后才能改动录入数据。
2）网络的维护。一般包括两个方面的内容：一是硬件的维护，即网络部门必须保障网络的时刻畅通，无论什么时候出现问题，必须在第一时间到达现场，并加以解决，特别是对于正在销售的直营店和加盟店，应随时排查，保持网络通畅更为重要；二是网络数据的维护，对于网络中任何数据的改变，必须有公司总经理的书面指示才能更改，并且所有更改的数据必须登记备案，绝对杜绝任何人擅自修改任何数据的现象发生。

3. 网站前台信息的发布和更新

网站前台信息的发布主要是指根据公司领导的要求，发布一些公司的新闻，如新开设的分支机构，公司领导人参与的一些活动等。同时，人力资源信息和特许推广信息的更改也可以在公司领导批准之后通过公司网站前台进行发布。

七、物流配送管理手册

物流配送是特许经营体系的重要环节，关乎企业规模的大小和实力的强弱，它是特许经营体系竞争力的集中表现。物流配送管理手册主要是描述特许人如何为各个加盟店进行商品配送的计划、内容、程序等问题的，包括物流的配送原则和方式、物流配送活动的内容、订货与进货作业管理、物流费用及分摊原则等内容。

1. 物流货品陈列管理

对于物流配送中心而言，商品的陈列是一个非常重要的问题，陈列是否科学会决定物流运作的整体效率。对于商品的陈列，物流中心一般会进行一些功能设计，具体来说就是商品和辅助用品都有一个固定的陈列位置和专门的区域。对于商品而言，一般会按照商品的性质分为几个特定的储存区域，并按照各级区域划分相应的专门人员进行管理，并且这些人员对于商品的丢失负有直接责任。货品一般会按照商品关联性进行相连陈列，同时考虑一些贵重物品的防损问题，会单独设立专门的陈列区域进行保管，这样有利于减少仓库的损耗。商品陈列的一个重要基础工作是设定商品相应的标签，对于物品必须要做到一品一签，而且要维护好标签，这样才能做到物品要货及时或减少物品种类丢失。

2. 物流订货和存货的管理

物流订货每天都要发生，是物流工作的一个重要组成部分。为了节省资金，又不影响门店销售，核心问题就是要随时了解仓库的情况和门店对货物需求的一般规律和特殊需求，还必须及时与供应商沟通，了解物品的供给情况。对于特许经营企业来说，依靠先进的网络系统，借助现代化手段是一个非常有效的措施，这也是一个特许总部能够完全对众多加盟体系控制的最核心手段。通过网络系统，物流中心能够及时了解仓库的库存情况，并且依照以往的销售规律，网络系统能够给出一个预估订货量，订货人员会结合门店的具体情况，特别是时节的变化和节假日特殊的需求迅速作出订货决定，很多物流中心都已经实现了网络订货的功能，通过邮件或特定的系统向供应商订货。物流订货和存货管理的科学性将决定一个企业的现金流的大小，这是任何一个特许经营企业都必须认真对待的问题。

3. 供应商送货、返货的管理

供应商的送货和返货管理是物流工作的主要内容。

（1）送货

对于供应商的送货，物流中心的工作人员应该注意以下几个核心内容。

1）所送货品是否和物流中心的要货单完全一致，是否会有一些滞销品混杂其中。

2）所送货品的日期是否为最新日期。

3）货品和送货单的规格和数量是否完全一致。

4）货品的包装是否有拆开过的痕迹。

5）必须要全面观察所有商品，看看是否在不易察觉的地方有不达标货品。此外，对于供应商票据的严格审查更是一个重要的环节，必须要求三方以上的利益制约人员在票据上签字，这样才能减少或避免腐败的产生。

（2）返货

对于供应商的返货，物流中心所要做的就是随时掌握货品的保质期，必须在规定的日期内把一些滞销货品返回供应商手中，不能让这些滞销货物损耗在公司手里。此外，必须严格检查返货的数量、规格和返货票据上的数目是否一致，这是最容易产生损耗的环节。

4. 物流损耗的管理

对于物流的损耗管理，建议从以下几个方面开展。

1）设立24小时的监控录像，多增加摄像头，对所有货品进行全方位的全天候监控。

2）对于每张票据实行相互制约三方的签名负责制，若出现问题应严格追究相关人员的责任。

3）设立审计人员，对所有票据随时进行搜查审核，若出现问题应马上解决。

4）随时关注库房管理人员的各种细微的变化，防止内外勾结现象的产生。

5）对于库房管理人员进行定期或不定期的换岗或更换。

6）每天对一小部分货品进行抽盘，若发现问题应追根问底。

7）每月必须对所有货品进行详细盘点。

5. 配送车辆路线安排

对于各个门店配送车辆路线的安排是物流节约成本和提高效率的一个关键环节。一般而言，特许经营企业的配送路线都是相对固定的，只要根据实际情况加以适当的调整即可。每当所配送门店确定之后，车队的管理者必须事先把车辆的行使路线明确出来，从而提高物流配送的整体效率并节约配送成本。

八、营销管理手册

总部营销管理手册主要是对如何销售商品和服务等方面进行总结和描述。包括市场定位、产品定位、市场定价、渠道分析、营销规划、客户关系管理等内容。

1. 商品市场定价管理

任何商品，在当今激烈的市场环境中，都会涉及市场定价问题，商品的定价取决于特许经营企业整体的市场定位和环境本身决定了商品的价值。多数情况下，对于特许经营企业而言，商品本身的价值并不由商品的自身成本因素来决定。对于大多数特许经营企业而言，中档的市场定位是最为普遍的，也是被广大消费人群都能接受的，这样才能具备大量发展加盟商或者是开拓市场的前提条件。以相近的价格来提供超值的商品和服务已成为绝大多数特许经营企业成功的共同特点。

2. 商品促销管理

在琳琅满目的商品世界里，促销已成为很多商品所必须具备的要素，促销的手段和形式已经非常丰富，最为常见的有打折、搭赠、品尝、抽奖、优惠券、积分、捆绑销售等，对于特许经营企业而言，促销也是必不可少的，但特许经营企业的促销应该把重点放在营造良好的氛围，拉近与消费者的距离，提高特许品牌的认可度等方面，尤其应该采取一些奇异的构想或创意，少用一些他人使用的方法或手段，才能实现少花钱多办事的目的。

3. 竞争对手管理

俗话说“知己知彼，百战不殆”，任何一个行业，对于竞争对手的时刻关注和了解已经成为日常工作。对于竞争对手的管理，实质上就是一个信息的收集和针对有价值信息采取针对性方针的问题。对于竞争对手管理的最高境界是和竞争对手共同成长，共同占领市场，形成实力相当的双寡头垄断市场的局面。例如，肯德基和麦当劳就是相互竞争，互相推动，最后双双都成为世界快餐领导品牌的最佳例子。信息已成为一种财富，一种能够产生强大威力的稀缺资源，所有企业应该重视竞争对手的信息收集，以便采取更好的策略来获得更大的发展。

4. 总部对门店的指导和监督

对于特许经营企业的营销管理而言，有别于其他企业的特点就是特许总部必须下大力气对门店进行指导和监督，特许经营企业由于门店众多，只有达到步伐一致，统一行动，才能真正起到发挥“整体”作用的效果。所以，特许经营企业的营销需要的是特许总部更多的沟通和指导，并且必须对营销过程进行监督检查，对于不配合公司统一规定运作的门店必须采取相应的严厉处罚，只有这样才能真正体现特许经营企业的品牌效力。

九、督导操作手册

在一个完善的特许经营体系中，对受许人管理的核心就是要对整个特许经营体系进行有效控制与支持。在这个以加盟为中心的特许经营体系里，对受许人的支持与控制是特许总部最重要的任务。整个管理机能需要特许总部的职能部门与其他各部门密切配合，针对受许人所开展的营运活动予以监测、检查和调整，并通过综合分析实现有效控制，最终通过督导员实施培训、指导和监督，以达到整个体系都高效平稳运转的管理目标。

（一）培训督导的内容要求

对特许经营企业而言，培训是最好的投资。对员工而言，培训是最大的福利。培训对于特许经营体系来说，不是单向的传播理念和知识，而是一种互动的沟通。培训者和被培训者在培训过程中互相学习和启发，从而达到团队共同提升的境界。培训督导工作的主要内容有：发现问题，解决问题；受许人与特许总部之间的沟通；帮助、指导受许人和门店提升和改进营业；对受许人经营行为进行有效监督等。在督导培训中，督导员的职业素质非常重要，他们必须具有特许经营方面的基本知识和基本管理才能，只有这样才能真正起到督导的作用。

（二）培训督导的工作流程

督导与培训工作具有非常重要的意义，整个督导任务的工作流程是制订工作计划，设定标准，执行监督，对受许人的咨询和信息收集，对存在的问题进行分析、培训、指导、解决等。

1. 督导计划的拟订

（1）督导培训计划

应从商品管理、店面形象管理、行销管理、渠道和地域管理、消费者服务管理、财务资信管理、特许经营合约执行管理、信息情报管理 8 个方面考虑督导培训计划。

（2）需要达到的目标

设定和检查，并根据检查内容确定培训计划和课程。核检标准为：A 级——合计 41 分以上为良好；B 级——合计 30～40 分应检讨；C 级——合计 30 分以下应改善。

（3）实现目标的方法

1）培训需求分析。首先，营运部主管根据业务需要，提出店铺及受许人培训需求；其次，营运部培训主管汇总各部门提出的店铺和受许人培训需求，结合公司实际培训需求进行分析并得出结论。

2）制订培训计划。营运部在对培训需求分析的基础上制订培训计划，培训计划应包括以下几个方面。

① 培训目的：根据培训需求确定培训目的。

② 培训目标：根据培训目的确定提高目标。

③ 培训对象：店面管理人员、潜在受许人、签约受许人。

④ 培训公共课程：企业经营理念与文化、企业历史与背景、企业规章制度、品德与公共道德训练、语言与口才训练、计算机知识与操作训练、基本礼仪训练、职业安全训练、时代文化与潮流。

⑤ 培训专业课程：企业经营战略知识、企业经营企划专业知识、人力资源开发专业知识等。

⑥ 新员工课程：企业历史、理念与文化、各项规章制度、环境熟悉与人际沟通。

⑦ 受许人课程：企业历史、发展战略与特许经营理念文化、特许经营业务、特许经营手册与合同、特许经营营运。

⑧ 培训时间：根据特许经营营运总部的要求做出时间计划，每年两次大型培训，每月组织不同形式的培训。

⑨ 培训场地：特许经营总部、店铺实地、受许人指定地点等。

⑩ 培训讲师：内部讲师，由各专业工作负责人担任，主要总结自己的工作知识和经验，偏重对员工进行经营理念和实际操作技能培训，讲授、示范承担的专业课程，编制讲义。

⑪ 外聘讲师：经总经理和特许总部营运部联合认定聘用。外聘讲师应具有丰富的企业管理、营销管理等理论知识和一定的实践经验；负责按公司要求定期将最新的企业管理理论、有关信息、其他企业成功或失败案例介绍给公司；同时参与有关课程设计，编制“教学讲义”通过培训解决企业实际问题。

⑫ 培训形式：特许经营培训将采用互动式、研讨式、案例分析等培训方式进行培训。

⑬ 组织实施：联系培训场地，确定培训时间，确定培训学员名单，发放《培训通知书》，培训现场组织与协调。

⑭ 培训评估：它包括对培训内容设置的评估，对培训方式的评估，对培训讲师的评估，对培训

组织工作的评估，对培训结果的评估，关于学员培训中考试成绩的评估，关于学员未来工作能力的评估等。学员培训成绩均记入档案，作为员工考评的依据。

（4）实现目标的时间和步骤

营运部下达培训任务→事前培训需求调查→到门店访谈→与店长沟通→现场经营情况调查→问题汇总→同店长确认培训内容和培训方法→人员培训→现场纠正→解决问题。

2. 培训督导员守则

1）遵守国家法令，遵守公司规章制度。

2）关心公司，热爱本职工作，讲究职业道德，维护公司声誉。

3）树立全新服务意识“客户永远是我们追求卓越的动力源泉及价值所在”。

4）服从上级领导的工作安排，按时完成上级下达的任务，准确、高效地执行管理者的指令。

5）一切要以公司的利益为重，不泄漏公司的内部机密。

6）仪容仪表整洁端庄，与人交谈说普通话（限于国内），语言要规范化，使用文明用语，言谈举止要大方、得体。

3. 培训督导管理制度

1）对于各个具体的受许人公司做出相应的核检标准。

2）每隔一段时间测评一次，测评结果记录备案，观察其进步或退步情况。

3）对成功的经验进行总结归纳，对不足之处加以分析进而提出改进方案，根据改进方案，制订培训计划，督导改进。

（三）培训督导工作的相关表格

见第七章第四节相关图表。

第三节　特许经营单店手册的构成及内容

单店手册是受许人按照特许人制定的标准单店运营管理规范进行加盟店建设和管理而使用的特许经营管理手册。它的作用包括两方面：一是作为加盟店的组织章程和行为准则；二是作为培训的最好教材。因为单店手册对每一个业务流程和操作细节都进行了精确的描述，可以指导相关当事人的操作实践，无论特许人、培训师还是受许人，都能从单店手册中受益。单店手册一般包括：门店营建手册、门店运营手册、店长手册和店员手册、收银手册、服务手册、安全手册等内容。

一、门店营建手册

门店营建手册应包括市场调研、商圈调查、单店选址、店面装修、人员聘用、开店准

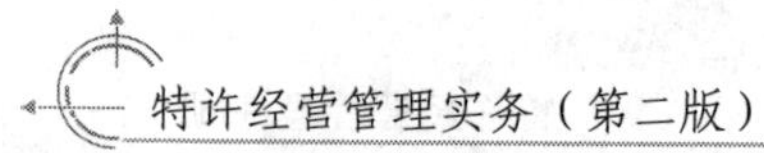

备、开业典礼等工作流程。

1. 店址的选择

对于绝大多数的特许经营企业而言，经营的商品与服务，很多时候都是通过单店来销售的，很多店铺的店址选择是所有特许人都应考虑的一个重要内容。有些行业，比如零售业，店址选择的成功与否，往往会起到80%的作用。由于行业的不同，店址选择的标准也存在着很多差异，绝大多数的门店店址选择，应该考虑以下几个问题。

1）门店租金确定。不同的行业特点决定了门店租金的承受范围各不相同，一般应着重考虑投资回报周期的问题，因为过高的租金会给经营者带来很大的经营压力。

2）商圈的调查。应从以下几个方面进行调查：门店辐射范围之内的住户和流动人口的消费能力、商圈内竞争对手的情况、商圈内未来的发展规划。掌握门店所辐射范围的各种情况非常必要，对于判断一个店址是否选择正确起到了宏观保证的作用。

3）商圈的评估。这是在调查掌握该地区能够开设门店的前提下，对具体门店店址的判断，主要从人员行走流动习惯，车辆流动性，门店视觉效果，车辆停靠的方便性等几个方面来确定待选店址的可行性。

4）店址的选定。通过商圈范围的划定和客流的分析，确定店址和开店的形式，是店中店还是独立专营店，在征询特许人意见后，进行店面的租赁和契约的签署。

2. 总部统一门店设计

在店址确定之后，很多特许经营企业的做法是拍摄门店的内外，一般都是把拍摄的相片送到特许总部（距离远的可能通过网络方式传送到特许总部），特许总部按照统一的企业识别系统要求对门店进行设计，设计效果图经过特许方领导认可之后送交专门的装修公司，进入门店的装修阶段。在装修过程中，特许总部一般会选派专业人员进行监督，严格按照效果图进行统一的装修，以保证特许经营企业的品牌形象。

3. 门店的功能设计

在店面装修时，从装修准备到装修流程和店内设施，都应按特许总部的规划去做。此外，特许总部还会对门店内部进行统一的功能设计，从装修风格到所用材料，从店内气氛到店面外观，特许总部一般都会进行严格的要求。在一个特许经营企业中往往都会体现一种特有的理念，有时受许人对于一些功能设计非常不认可，觉得没有那个必要，但是作为一个受许人，既然选择加盟，那么就应该按照特许总部的要求运营。应该说，对于已经存在达到5年以上的特许经营企业，很多理念和设计都是被市场所接受的，受许人开始理解不了也很正常，只要严格按照特许总部的要求去做，应该都能得到满意的结果。

4. 产品结构设计和价格设计

根据商圈的不同以及当地风土人情和消费习惯的不同，特许总部必须借助自身丰富的经验帮助受许人设计适当的产品结构，即设计出一套最适合当地商圈消费群体的产品结构，并根据自身企业的特点以及周围商圈竞争对手的情况进行商品的价格设计。在价格设计中必须考虑敏感商品价格绝对不能高这个原则，特别是在开业阶段必须设定一些敏感商品的超值回报，以此来增强与消费者之间的感情交流，达到培养忠诚消费者的目的。

5. 受许人及所聘员工的培训

对于特许经营企业而言，本质上就是要复制成功，那么对受许人的培训就成为最关键的环节。让受许人充分了解特许总部，并且严格按照特许总部的要求来运作，绝对不是一个简单的事情。很多特许总部往往花费很大的人力、财力进行受许人的培训，特别是一些餐饮企业，对于受许人的培训往往会持续很长的时间，现在很多餐饮企业为了保持产品的质量，还从特许总部选派专业的厨师到加盟店进行实际的操作，这对于门店品质的把握起到了关键性作用。经过对受许人和其所聘请人员培训考核合格之后，才能运作一个加盟门店。

6. 相关证照的办理与开业

应该说随着政府部门服务意识的日益加强，证照办理将更加简单和快捷，对于绝大多数没有多少经验的受许人来说，特许总部应该一步到位地提供相应的资料，并且协助受许人办理相关证照，使受许人能够把更多的精力用在研究门店的运作上，只有这样才能提高门店品质，获得更大的成功。同时，开业前的物品筹备和开业的具体仪式及注意事项等都要积极准备和解决。

7. 总部的验收

对于特许经营企业来说，如何保证“千店如一店”，是一个关系到整个特许品牌是否能延伸的重大问题，很多特许企业都有一整套管理方式来维持整个体系的统一化和标准化，其中加盟店开业之间的严格验收就是一个非常关键的环节。对于一个门店来说，打下什么样的底子将会产生什么样的结果，所以特许总部会派选专业人士从店面形象到内部功能设计都按照特许总部效果进行严格验收，不合格必须改正否则绝对不允许营业。有很多餐饮企业还进行餐饮食品的严格验收，只有全面符合特许总部的标准之后，才能正式开张营业。

二、门店运营手册

门店运营手册主要是单店各项运营管理流程和岗位职责的规范，是单店开业后的工作步骤和依据。它涉及营运计划、日常管理和业绩评估等动态管理内容，还涉及商品财管、服务、客户、促销、信息、设备、技术、人员及安全等静态管理内容。

1. 店面管理

特许企业一个非常重要的特点就是统一形象。对于门店而言，必须要注意遵循和维护特许企业统一形象的规定，必须要从牌匾、灯光、墙壁、颜色、外观饰品等各个环节加强对门店的管理，尤其是企业的形象在夜间通过明亮的灯光很明显地显示出来，因此对夜间灯光的管理更是一个关键的环节。对于店面管理的另一个关键环节是对店外标志的维护和更新，同时要保持店面的清洁，创造优美的店面环境。

2. 人员管理

门店人员管理主要从人力资源管理、人力资源培训、人员日常管理等几个方面进行。

1）单店人力资源管理。它包括人员招聘与任用、各个职位条件的确认、人员雇用的策略、人员考察与挑选方式、人员工作情况掌握、周期性工作计划的制订等。

2）单店人力资源培训。它包括人员教育培训种类与计划、人员教育培训内容与措施、人员教育培训方式与考核等。

3）单店人员日常管理。它包括人员班次的安排、人员交接班管理、人员出勤情况管理以及人员晋升绩效管理等几个方面。由于很多特许经营企业都属于服务性行业，基层员工的年龄相对比较年轻，那么门店人员管理的一个重要内容就是给员工创造一个良好的发展空间，帮助员工成长，以此来激发员工的工作热情，最终达到员工和门店共同成长的目的，这是门店提高销售收入以及吸引员工加盟的非常适用的方法。

3. 商品管理

商品管理包括商品计划流程、订购流程、销售管理流程等内容，涉及商品分类、商品陈列、商品装饰及库存管理等问题。主要体现为以下 3 点。

1）门店管理的重要环节是对门店商品的管理，主要是要保持商品美观及商品的卫生。

2）门店商品的质量也是一个非常重要的内容。很多特许企业属于餐饮类企业，特许人对于商品的运输以及保存都有一套严格的管理制度，门店必须严格按照特许总部的规章制度来运作，以此来保证门店商品的质量，达到特许经营企业出品品质一致的效果，这对于特许加盟企业的生存和发展是非常关键的环节。

3）门店管理的另一个重要环节是门店订货管理。如何做到门店商品的库存最优，尽可能少占用资金，同时又不出现缺货的现象，这需要对门店销售情况进行总结，摸索规律进行科学订货，做好进货、补货、调货及库存管理工作。同时，门店还需要对特殊时间或节日期间商品管理做出合理的安排与调整，以满足特殊时间或节日销售的需求。

4. 单店常规作业管理

单店常规作业管理主要涉及以下几个方面。

1）顾客管理。顾客管理包括顾客信息系统的建立与使用、固定顾客的培养、顾客服务流程、顾客投诉的处理等内容。

2）促销管理。促销管理主要包括促销计划、促销方法和促销技巧等。

3）竞争店调查。竞争店调查包括竞争调查项目、竞争店情报来源和竞争店调查方法等项内容。

4）营业管理。营业管理包括营业时间、营业前作业管理、营业中作业管理、营业后作业管理等内容。

5）设备管理。设备管理包括设备用具保养与维护、设备清单、维修电话等内容规范。

6）卫生与安全管理。卫生与安全管理包括个人、环境与设备卫生清洁工作内容规范、员工注意事项、紧急事件处理等内容。

5. 盘点管理

门店的盘点工作是门店工作的重要组成部分。一般而言，门店都实行每月一次的盘点制度，盘点工作需要成立专门的盘点小组，一般会有特许总部财务人员和网络人员参与，并由营运的负责人或者负责人指派的其他人员作为小组长进行监督门店的盘点工作。在盘点之前，必须设定盘点表格，并且进行明确分工，在盘点完成之前，小组长必须对盘点结果进行抽盘，如果发现出现和盘点数量不一致的情况，要加大抽盘的力度，如果出现个别人员结果误差多的情况，要对其负责的所有商品进行复盘，并追究相关人员的责任。在盘点结束之后，各方必须在盘点表上签字，对盘点的结果进行证实。

三、店长手册

店长手册主要是用来规范店长的工作职责和职业行为的准则，主要包括店长必备的基本素质、岗位职责、工作流程等内容。

1. 店长职责

门店店长是一个门店的全面负责人，门店的所有事情，即人、财、物都由店长负责管理，门店的成本控制和销售利润是考核店长的直接指标，对于特许经营企业的门店来说，店长必须严格按照特许总部的各项规章制度来开展门店的工作，同时还必须保持与特许总部的良好沟通，以保证特许总部对于特许门店的直接管理和控制，保证整个特许经营体系的良好运作。

店长的岗位职责包括计划管理、客户关系管理、员工管理、卖场管理、销售管理、财务管理、信息管理和行政事务管理等。

2. 员工日常管理

门店员工的日常管理是店长的日常工作的主要内容，很多特许经营企业的员工都是由特许总部统一招聘和培训之后才派遣到各个门店，店长需要负责对人员班次、出勤、请假、绩效等日常工作进行管理，对于员工的辞退，店长一般只具备建议权，但是很多特许经营企业原则上都会尊重店长的决定，作出同意辞退的决定。对门店员工工作积极性的调动，是店长对员工管理的难点，这方面店长需要注意以身作则，处事公平，塑造店长的人格魅力，从而形成一个积极向上的团队，这对于门店业绩的提升将会起到巨大的推动作用。

员工日常管理主要是通过相关流程和表格体现的，包括客户投诉处理流程、客户档案表格、员工工作考核记录与考勤表、订货单、退货单、销售日报表、库存记录、促销活动申请以及竞争店调查项目审核表等。

3. 财务管理

门店的财务管理主要涉及门店的现金管理、费用管理以及进、出、退货票据管理。对于很多特许经营企业而言，绝大多数门店都是特许总部领导之下进行财务做账，对于现金和费用账目必须做到日清日结，票据也必须当天做账，如果特许经营企业的门店较大，应该设立专门的财务人员进行做账及各种工商税务的申报。

4. 物品管理

物品管理主要包括订货管理、物品陈列管理、物品库存管理和物品品质管理几大方面的内容。对于物品管理，特许总部都有一套严格的规定，店长所要做的就是严格按照总部的规定执行即可。店长对于物品的各个环节可以有自己的创新，但是为了保持特许经营企业的统一性，店长没有随意改动特许总部规定的权利，只能向特许总部提出各种建议。

5. 损耗管理

损耗管理也是店长工作的一个重点，很多企业特别是零售企业的倒闭往往是损耗管理工作没有做好造成的，损耗管理的重心应该是防止内盗。内外勾结的情况在很多企业都发生过。

6. 突发事件处理

作为店长，应该积极主动地处理好与外界的各种关系，门店周围的邻里关系，所管辖范围内的工商税务关系，大型特许经营企业还必须处理好与当地政府和新闻媒体的关系，为门店的良好发展营造一个良好的外界环境。此外，店长还必须具备处理突发事件的能力，遇到突发事件必须保持头脑清醒、沉着冷静，妥善处理好随时可能发生的各种突发事件，保持门店业务的正常开展。同时，应与特许总部随时进行沟通与交流，店长处于特许经营企业的最前线，是特许总部获取各种信息的主要途径，同时也是特许总部种种决策的执行者。所以，店长必须保持和特许总部的良好沟通，以保证特许总部和门店之间信息的畅通。

四、店员手册

店员手册是规范单店店员工作职责和职业行为的准则，也是提供商品和服务知识操作技巧的必备手册。一般包括理念、服务、技能、纪律和励志等项内容。具体涉及品牌与经营理念、店员基本任职条件和岗位职责、服务态度、仪容仪表、行为举止、微笑服务、待客语言、服务方式、每日工作流程、商品与销售常识、商品陈列与分类常识、违纪处罚制度、员工考核奖励制度、员工晋升办法及员工座右铭等。

1. 形象管理

很多特许经营企业为了维护其统一的形象，除了对门店进行统一设计和装修之外，对于门店员工也规定了统一的着装。因为店员是直接和顾客打交道最多的店内员工，所以店员的形象最能代表公司的形象，对于店员形象的统一要从两个方面加以考虑：一方面是外

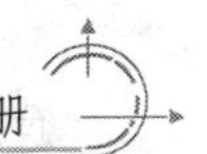

表形象，也就是统一的服装衣帽；另一方面是店员的言谈举止，店员的行走、站立和说话都必须通过公司的统一培训，并且在日常营业中必须按照公司的统一规定来开展公司的业务，从而体现一个品牌特许企业的优秀品质。

2. 客户管理

店员在门店中直接和客户打交道，店员给客户的印象其实就等同于门店给客户的印象，这对于门店的长远发展将起到极其关键的作用，特许企业对店员与客户接触的各个环节都有标准化的规定，店长应该严格约束店员接待客户的言行举止；同时，对于新店员，店长应该以教练的身份进行指导，以达到新店员快速适应岗位要求的目的。特别是门店收银员给客户的印象更为深刻，必须培训和要求收银员做到快速、准确收款，从而达到客户满意的效果，为客户下次光临做好铺垫。

3. 物品管理

对于店员而言，物品管理主要是保证物品的充足供应、干净卫生和陈列合理这几个方面。而对于像餐饮行业更主要的是维护餐厅的良好就餐环境，为顾客提供热情周到的服务。总而言之，为顾客创造优美的环境，提供高质量的客户所需要的物品，保障特许经营企业良好的品质是物品管理的主要内容，即店员的重要工作职能。

小　结

首先，介绍了特许经营管理手册的性质、编写原则和手册的基本分类，强调了手册是特许人提供给受许人使用的，用来规范受许人标准化营运管理的指导性文件，具有指导性、规范性、知识性等基本特征，手册编写和设计应遵循简明易懂、内容实用、加强保密等基本原则。

其次，着重分析了手册的构成与基本内容，从特许总部角度介绍招商手册、人力资源管理手册、行政管理手册、财务管理手册、商品管理手册、信息系统管理手册、物流配送管理手册、营销管理手册和督导操作手册等的构成及具体内容。

最后，从单店角度介绍了开店手册、运营管理手册、店长手册和店员手册等的构成与基本内容。

思 考 题

1．加盟手册的性质是什么？编写的基本原则是什么？
2．总部手册包括哪些分册？单店手册包括哪些分册？
3．招商手册有何特点？加盟申请表应包括哪些内容？

4．单店开店手册包括哪些业务流程？如何进行店址选择？

5．店长手册中强调店长的主要职责是什么？

6．运营手册中单店常规作业管理包括哪些内容？

案例分析

某企业特许总部加盟管理工作流程手册

工作流程

一、岗位说明书（略）

二、日常工作流程

1. 加盟店铺标准化、精细化的管理（见表 8-1）

表 8-1　加盟店铺标准化、精细化管理的内容、时间及注意事项

内　容	时　间	注意事项
加盟市场管理考核方案的修订	随机	准确性、适用性
加盟店铺员工月度考评表的修订	随机	
客户代表工作管理指南的修订	随机	
加盟店铺无线扫描盘点的引进	计划性	
加盟店铺防盗门系统的引进	计划性	
加盟市场支持方案的修订	随机	准确性、适用性
加盟市场季度、半年度、年度营运评奖	计划性	准确性
加盟市场借款情况跟进	计划性	准确性
店铺问题罗列、提出改善点、提出改善建议	计划或随机	根据考核情况
提供报告、供相关部门参考	计划或随机	听取相关部门的意见与建议
跟踪项目实施反馈情况	计划或随机	随时与 AD 人员销售公司沟通
下周项目工作进度安排	周五前	部门内讨论、与实施单位沟通

2. 每日工作流程（见表 8-2）

表 8-2　办公室每日工作流程

内容(按时间排序)	时　间	注意事项
查看 OA 以及公司相关政策	8:30	对重要的、紧急的事件做重点跟进
加盟借贷款数据的整理、汇总	8:45	准确性、及时性
与实施市场的沟通	9:00	效率性
协助规划实施批次计划	11:00	可行性

续表

内容(按时间排序)	时　间	注 意 事 项
所实施店铺各项数据收集	13:00	准确性
跟进项目实施进度	14:00	及时了解项目实施店铺状况、实施店铺意见反馈
经营分析会议营运部分数据准备	15:00	
接受销售单位的咨询	随机	指导性
学习陈列手册	随机	根据需要随时学习
学习店铺营运知识	随机	根据需要随时学习
项目实施评估	计划性	
撰写店铺各项流程	计划性	标准
上级交办任务	计划性	按时完成
其他日常事务的处理	计划或随机	

3. 每周工作流程（见表 8-3）

表 8-3　办公室每周工作流程

内容(按时间排序)	时　间	注 意 事 项
撰写经营分析会议营运部分报告	周一、周二	准确性
每周工作计划	周五前	
参与部门例会	周一	每周一次（由部门主管主持）
参与经营会议	周二	
撰写每批次推广培训报告	计划性	专业性
撰写培训评估报告	计划性	专业性
撰写营运评奖的报告	计划性	准确性
撰写试点店铺跟进评估报告	计划性	专业性
店铺问题罗列、提出改善点、提出改善建议	计划或随机	根据考核情况
提供报告，供相关部门参考	计划或随机	听取相关部门的意见与建议
跟踪项目实施反馈情况	计划或随机	随时与 AD 人员销售公司沟通
下周项目工作进度安排	周五前	部门内讨论、与实施单位沟通

4. 每月工作流程（见表 8-4）

表 8-4　办公室每月工作流程

营运评比结果撰写与下发	试点工作的总结	加盟借款情况月报	加盟市场管理方案的修订与完善	每月工作计划与总结
• 评奖数据最终核对（月度） • 评奖结果初稿 • 评奖结果通知	• 出差情况整理 • 本月项目回顾与整理 • 项目推进中的问题汇总解决	• 借款月报的完成 • 数据秉持专业性、 • 准确性，提供准确数据支持	• 加盟市场管理方案的市场调研 • 加盟市场管理方案的修订	• 月度工作总结 • 月度工作完成情况

续表

营运评比结果撰写与下发	试点工作的总结	加盟借款情况月报	加盟市场管理方案的修订与完善	每月工作计划与总结
• 获奖单位奖励	• 下月项目计划		• 修订后的加盟市场管理方案推行	• 规划次月工作计划

5. 每季工作流程（见表 8-5）

表 8-5　办公室每季工作流程

营运评比结果撰写与下发	试点工作的总结	加盟市场管理方案的修订与完善	各类报告档案的整理及更新	季度工作计划
• 评奖数据最终核对（季度） • 评奖结果初稿 • 评奖结果通知 • 获奖单位奖励	• 项目季度情况汇总报告 • 下季度项目推进安排 • 项目推进中的问题汇总解决 • 项目满意度调查	• 加盟市场管理方案的市场调研 • 加盟市场管理方案的修订 • 修订后的加盟市场管理方案推行	• 整理考核信息 • 资料归档 • 考核表更新	• 季度工作总结 • 季度工作完成情况 • 下季度工作计划的制定

6. 每年工作流程（见表 8-6）

表 8-6　办公室每年工作流程

营运评比结果撰写与下发	试点工作的总结	年度 KPI 考核	加盟市场管理方案的修订与完善	各类报告档案的整理及更新	年度工作计划与总结
• 评奖数据最终核对（年度） • 评奖结果初稿 • 评奖结果通知 • 获奖单位奖励	• 项目季度情况汇总报告 • 下季度项目推进安排 • 项目推进中的问题汇总解决 • 项目满意度调查	• KPI 自评 • 直属主管考评 • 部门主管考评 • 考评结果的公布 • 考评沟通	• 加盟市场管理方案的市场调研 • 加盟市场管理方案的修订 • 修订后的加盟市场管理方案推行	• 整理考核信息 • 资料归档 • 考核表更新	• 年度工作总结 • 下年市场规划 • 下年费用预算

三、项目实施流程

1. 项目实施前期准备流程

项目实施前期准备流程如图 8-2 所示。

2. 公司集中培训

公司集中培训流程如图 8-3 所示。

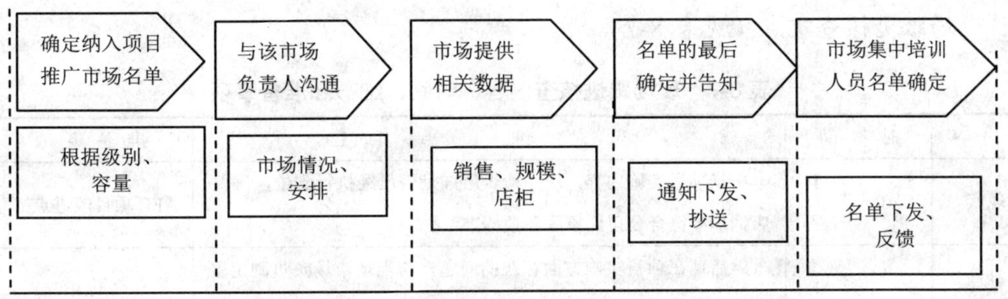

图 8-2　项目实施前期准备流程

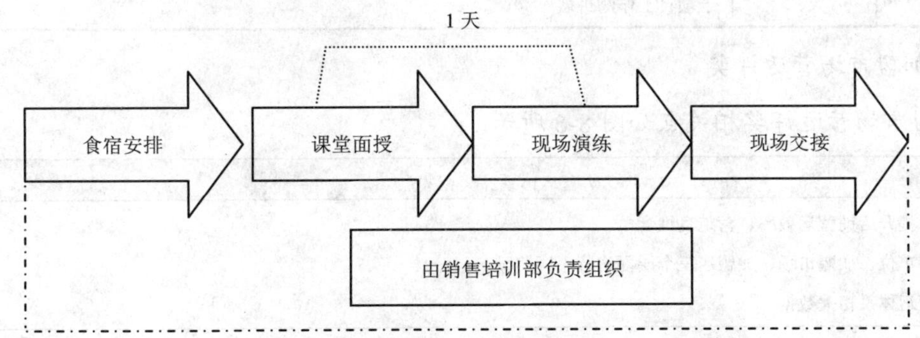

图 8-3　公司集中培训流程

3. 项目培训后现场实施流程

项目培训后现场实施流程如图 8-4 所示。

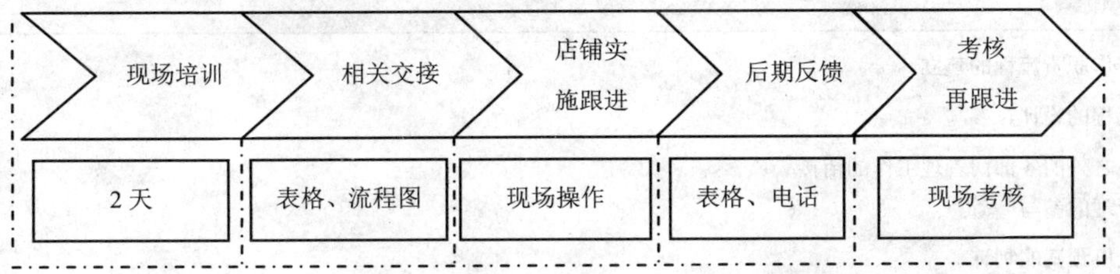

图 8-4　项目培训后现场实施流程

4. 实施市场的跟进前准备

实施市场的跟进准备工作如图 8-5 所示。

实施市场现场跟进准备工作
● 根据项目实施网点确定出差市场 ● 规划出差线路和时间 ● 考察辅助工具的准备（相机、考核表格、项目实施进度表等）

图 8-5　实施市场的跟进准备工作

5. 现场跟进核查重点（见表 8-7）

表 8-7　现场跟进核查内容、时间、细节和准备事项

核查内容	时间	细节	准备事项
检查现状	0.5 天	根据项目实施内容，现场检查店铺是否已经执行到位，确保店铺形象符合公司形象等各项标准	AFE 项目改进点
现场指导	1 天	就店铺在项目实施方面存在的问题，与当地市场负责制定整改计划，在事后做好跟进工作	
交流沟通	0.5 天	针对项目中有问题的地方，在现场做好沟通和解释工作，便于项目工作的进展	跟进安排表

6. 加盟市场营运评奖

加盟市场营运评奖相关点如图 8-6 所示。

营运体系评奖相关点

- 目的：提升店铺营运效率、营造良性竞争
- 对销售单位、加盟市场、加盟店三个层面进行不同奖励
- 提供营运体系相关数据

图 8-6　加盟市场营运评奖相关点

7. 营运销售体系

营运销售体系如图 8-7 所示。

营运销售体系整合工作

- 客户代表工作职责流程的建立
- 销售体系流程的设计、参与
- 与销售体系之外的各部门管理工作的衔接
- 相关项目管理的参与
- 营运体系危机预案的制订
- 其他营运相关工作的参与、处理

图 8-7　营运销售体系

四、订货会组织流程

《订货会组织流程规范》（略）

订货会关键流程节点如图 8-8 所示。

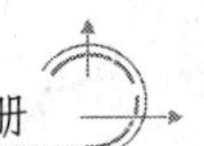

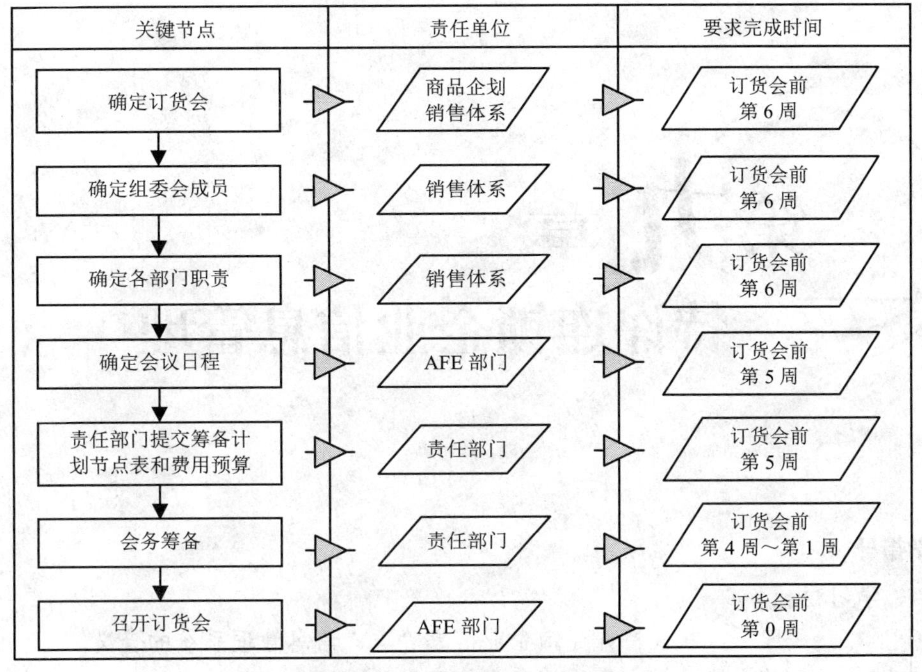

图 8-8　大型订货会关键流程时间节点

目前，公司订货会的组织工作由营销销售体系主导，其他各支持部门委派主管与主导部门责任人成为订货会组委会的事务执行人。

（资料来源：https://www.baidu.com/s?ie=utf-8&wd=加盟商管理手册）

案例解析　本案例是对加盟商管理的一个例子。对加盟商的管理讲求“3S”原则，必须统一化，而做到统一化的前提是必须标准化。而标准化的体现有 3 点：一是加强培训，熟悉基本要领；二是制定标准化手册，便于管理学习；三是进行检查督导。加盟商管理手册就是特许经营管理手册的核心之一。标准化的落实效果和图表化有直接关系。本案例的图表化就是个借鉴。

实 训 项 目

根据单店运营管理手册示例目录，选择一个熟悉的某行业特许经营单店，扩展手册内容，为加盟店撰写一本完整的单店运营管理手册（要求实地考察，获得第一手真实资料后撰写）。

第九章 特许连锁企业信息管理

教学指导☞

学习目标

- 理解、掌握特许连锁企业信息管理、信息管理系统的含义；
- 掌握信息的内容和信息系统开发的手段、途径；
- 掌握特许连锁企业总部信息系统的功能和工作流程，特许连锁企业物流配送中心信息管理系统的功能及其作业流程；
- 理解特许连锁企业中的网络支持，包括门店网络支持、配送中心网络支持及不同通信方式的技术支撑等。

技能要点

- 会计算机基本操作；
- 会进行ERP、POS、EOS系统管理软件的操作；
- 进行简单的信息系统维护；
- 利用信息系统进行经营指标的统计分析。

案例导入

广东OK便利店的信息系统

OK连锁便利店体系包含4个组成元素：EPOS系统、中央综合资讯系统、物流网络和经验丰富的管理人员。

OK便利店的每个门店均使用目前全国最先进的双面互动触屏EPOS系统。该系统的双面屏将顾客购买的每件商品的价格、数量及优惠信息等清晰地展示给顾客，使顾客一目了然，从而增加顾客到OK便利店购物的热情。该系统利用条码技术不仅大大加快了结账速度，同时还将涉及各商品

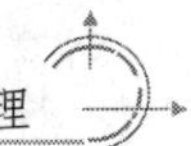

的销售数据记录下来，进而形成各商品的需求状况数据。由于 EPOS 系统能实时更新门店存货水平并提供商品自动补给建议，并为门店提供准确、及时的管理日结报告，从而减少员工在后台的操作时间，增加与顾客接触的时间，因此能更快地了解顾客的需求，为其提供更满意的服务。

设置在总部的中央综合资讯系统是整个 OK 便利店供应网络的核心。该系统 24 小时不间断地实时接收各分店、总部、中央分发中心、食品处理中心及供应商的有关数据资料，在对数据进行特定处理后，将相关信息传送到中央分发中心、财务系统、决策支援系统及相关供应商。例如，中央分发中心从中央资讯系统获取各门店的各商品存货数据和需求变化数据，协助门店对商品补给提出恰当及时的需求，从而优化门店存货。中央综合资讯系统可将全部门店的单品需求及库存数据进行综合处理，使之成为整个供应网络存货补给及相关物流程序的牵引基础。同时，将有关顾客消费的模式及趋势转化为品类管理和市场营销的基础资料。中央综合资讯系统还与供应商的信息系统对接、交换相关信息，协助供应商制订生产计划，并为供应商管理库存(VMI)提供信息依据。

（资料来源：http://www.linkshop.com.cn/web/）

案例解析　通过案例可以看出，高效、便捷，覆盖整个供应网络的信息系统是连锁便利店健康发展的保障。利用信息系统，连锁企业既能准确地把握顾客需求，又能有效地协调生产供应，实现整个系统低成本运营。

一个完整而高效的信息系统都需要一个类似中央综合资讯系统的核心进行统一的协调、指挥。在下游，它与门店的 POS 系统终端相连，掌握门店库存与需求变化；在上游，它还要与配送中心、供应商的信息系统对接，指挥配送和协调生产。

第一节　特许连锁企业管理信息系统

一、信息管理的含义

信息管理是指在整个管理过程中，人们收集、加工和输入、输出信息。信息管理的过程包括信息收集、信息传输、信息加工和信息储存。信息收集就是对原始信息的获取。信息传输是信息在时间和空间上的转移，因为信息只有及时准确地送到需要者手中才能发挥作用。信息加工包括信息形式的变换和信息内容的处理。

信息形式的变换是指在信息传输过程中，通过变换载体，使信息准确地传输给接收者。信息内容的处理是指对原始信息进行加工整理，深入揭示信息的内容。经过信息内容的处理，输入的信息才能变成所需要的信息，才能被适时有效地利用。信息送到使用者手中，有的并非使用完后就无用了，有的还需留做事后的参考和保留，这就是信息储存。通过信息的储存可以从中揭示出规律性的东西，也可以重复使用。

一般认为，根据信息管理的原则、策略和知识、设计程序处理大量信息以及分配各种可用资源，把许多知识纳入复杂的程序内，通过相互间的牵动，相互核对及比照，使程序能正确展现知识和策略，然后利用这些程序分析、组合、配合信息系统的功能，对整个组织或者制度进行管理的科学，称为信息管理。

信息管理有广义和狭义两种理解。广义的信息管理是指对涉及信息活动的各种要素，如信息、人、机器、机构等进行合理的组织和控制，以实现信息及有关资源的合理配置，从而有效地满足社会的信息要求。狭义的信息管理是指对信息本身的管理，为了一定的目标或要求采用各种技术方法和手段（如分类、主题、代码、计算机处理等）对信息进行组织、控制、存储、检索和规划等。

由于信息存在于人类社会生活的方方面面，信息管理这一社会活动也无处不在，可从不同的角度理解它。

从技术角度，当前主要是以计算机网络方式对信息进行收集、加工、处理和利用。这一直是信息管理研究的重点，人们也创造了许多卓有成效的方法，如分类、主题、代码、数据库、数据字典、数据挖掘、搜索引擎和各类信息系统、网络等，为信息管理提供了强有力的支持工具。长期以来，人们对这一领域的兴趣和研究有增无减。但人们发现，仅仅从技术角度展开研究，不能有效地克服人类面临的信息危机，实现信息管理的预定目标。这是因为人类社会信息运动是错综复杂的，还受许多非技术因素的干扰，于是人们采用经济方针、法律、人文的手段和方法研究信息管理。

从经济角度，主要研究以信息的生产、流通和利用为基础的信息市场、信息产业、信息经济的形成、发展、特征和运行模式，还要研究信息资源的优化配置、信息技术的评价选择及信息经济效益评价等方面的问题。

从行政和法律角度，立足于政府职能，运用行政手段（政策、计划、规划）和法律手段，对信息活动进行调节和控制，着眼于协调和解决信息化过程中出现的矛盾、冲突、利害关系，促进社会信息化的进程。

连锁企业的信息管理立足于连锁总部信息管理平台，根据企业内各级部门、各类人员对信息的需求，合理组织和开发信息，并向他们提供信息，以实现信息效用价值。它包括：信息需求分析、信息流通渠道分析、信息管理系统建设、评价信息管理系统等。

二、特许连锁企业管理信息系统的内容

特许连锁企业的信息管理就是利用网络、计算机等先进的信息技术对特许连锁企业进行运营管理，既包括总部职能信息的管理，也包括商品进销存信息的管理。现在特许连锁企业为了快速发展并掌控经营信息，在实践中必然建立信息管理系统，门店、配送中心、总部通过网络技术在信息系统之间通信，对整个特许连锁企业的资金流、物流、商流和信息流进行管理。

特许连锁企业的销售一般通过前台的 POS 系统来完成，POS 系统可以记录收银员在当班期间所有的操作（包括收银），并且所有收银信息都可以通过网络传到后台的信息管理系统。而对于进货和库存管理，主要在后台信息管理系统中进行，各个特许连锁企业都根据自己的实际情况建立相应的操作流程，如门店怎样向配送中心订货、进货，门店、配送中心怎样进行盘点等。

特许连锁企业的信息处理，除了应用前台的 POS 系统和后台的管理信息系统（MIS）外，可能还要用到电子数据交换系统（EDI）、电子订货系统（EOS）等。

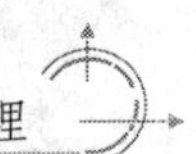

特许连锁企业需要收集的信息如下。

1）企业内部信息。它包括企业自身实力、财务统计、经营管理等方面的信息。

2）市场信息。即反映企业同供应商、消费者及其他支持方之间关系的信息，包括市场需求、市场供应、市场价格与支持等方面的信息。

3）竞争对手信息。它包括竞争对手及潜在竞争对手名单、竞争者信息（如竞争对手的战略、策略、实力、计划、动态等）、本企业参与竞争的条件等信息。

4）环境信息。即反映产、供、销及与消费者共处的社会经济、文化背景的信息，包括自然环境、社会环境、政策环境和国际环境等信息。

5）预测信息。包括社会、经济、科技的宏观预测、市场预测、企业发展预测以及未来发展机会和风险预测等信息。

6）反馈信息。企业的任何商业活动实施之后，都需要收集来自厂商、消费者、社会等各方面的反应，并加以分析。这种反馈信息的准确、及时能够使企业在市场竞争中处于有利地位。

三、特许连锁企业管理信息系统的开发

（一）自行开发

1. 自行开发信息系统的优点

1）自行开发是最省钱、最有效的方法。

2）开发人员要通晓自己的业务，了解自己的被特许人，给系统长期、持续的指导，成为特许人最宝贵的资产。

2. 自行开发信息的不足

1）寻找一个合适的人员不容易。一个合格的开发人员应是懂技术、有能力、了解特许双方、有事业心的人。

2）开发人员一旦退出，会出现设备维护的困难。开发人员经常退出是因为他们发现了事情超出了控制。项目失去控制，找不到出路，于是便选择退出。

自行开发最重要的条件是开发小组的寿命和技能。开发小组的寿命是首要的。自行开发最大的困难是找到开发人员完成最初的项目和持续升级。许多开发人员在部分完成项目后就退出了。请来新人，好长时间才弄懂前任想做什么。

开发人员的技能也很重要。找到好的开发人员与其说是科学不如说是艺术。但确信最重要的能力是从受许人的角度来看信息系统。如果开发人员能做到，他们就能创建可行的系统：直观、自然、易用。

（二）聘请专业开发公司

1. 外聘公司开发的优势

聘请专业开发公司花费大一些，但成功的可能性更高。一家专业开发公司比特许人自己雇人有优势。一家公司往往不止一个人做项目，这是一个优势，因为解决方案会更强大，考虑得更周到。

好的公司有对开发人员继续教育的计划，帮助他们学习最新的工具软件和技术。与个人相比，公司有更多资源以保证初始项目的完成和提供持续的支持。

2. 外聘开发的不足

外聘开发公司也会遭到失败。很多项目由有实力的公司着手去做，却没完成。原因有：

1）开发公司不了解特许行业的发展状况，开发的软件相对落后。

2）开发公司不了解开发企业的实际情况，在运用中不能整合有关资源。

3）开发公司人员的流动也会对软件开发造成影响。

4）不能随时随地进行设备的维护，软件在应用中出现问题，需等开发公司上门维护，影响开业运营。

（三）与软件开发商合伙开发

与软件开发商合伙开发不是法律意义上的合伙，而是特许人与开发商共同工作的一种关系。根据特许人的不同做法，会有以下多种形式。

1）特许人可以雇一个开发公司，商定佣金主要从受许人的使用费中提取，即特许人先付一个名义的前期金额，后续费用由每个使用系统的受许人支付。开发商作为回报继续开发这一系统。这是一个三赢的形式：开发商取得稳定的费用，特许人以少许前期成本获得系统，受许人获得一个不断改进的系统。特许人可以直接安排该公司做技术支持，也可以自己做支持，碰上难题或后续开发时再给开发商做。特许人做支持，就可以取得一部分使用费来补偿做支持的开支。

2）特许人可以安排一家公司做受许人的供应商。即供应商自费开发出系统，特许人允许他们将系统售给受许人。这种安排特许人无须支出，也能使大家都满意。

第二节　特许连锁企业总部管理信息系统

连锁企业是采取现代化商业经营方式的组织形式，它以现代化的大规模组织为原则，通过提高协调动作能力实现规模效益。商业连锁经营主要体现在统一名称、统一标识、统一商店格局、统一店员服装、统一设备、统一货源供应、统一价格、统一配送、统一核算、统一人员管理、统一监督、统一广告策略等。要达到以上几个统一并使连锁经营真正实现

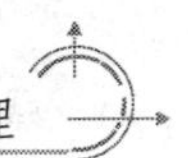

规模效益，用计算机来管理其采购、配送、零售是必不可少的。

以采用连锁模式的连锁经营组织为例，它由总部进行绝对的控制，配送中心负责商品配送，各个连锁门店负责商品的销售，实行分布式网络管理。对于中小型特许连锁企业的管理信息系统来说，应既保证系统的扩展性、可靠性、安全性符合国际标准，又要考虑资金的合理分配。

特许连锁企业总部是经营管理的决策部门，主要负责商品的采购、定价、财务等工作，并通过网络查询及汇总各门店的销售、库存情况以及配送中心的库存信息，系统应及时生成各种报表供最高领导层分析，以制订新的经营计划。

一、特许连锁总部管理信息系统的基本功能

1. 基本信息管理

基本信息管理应包括查询管理、商品价格管理、人员管理、供应商管理等基本信息管理，应可建立、修改并查询公司总部、各部门、各连锁门店的商品信息以及往来客商编码、员工档案、员工密码管理及权限限制。商品价格管理即商品的定价管理，可按加价率、加价额等定价算法由系统自动定价，并可按用户的需要生成报价单，以满足批发客户的需要。供应商管理能把供应商的情况如代码、邮编、地址、开户行、付款方式等信息录入查询打印。如图 9-1 所示。

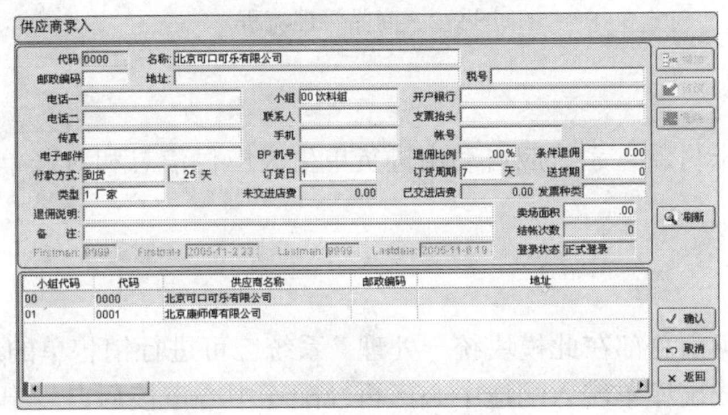

图 9-1　供应商资料的维护/审核

2. 合同管理

总部与供应商的合同管理，应可进行合同的录入、修改、查询，并可根据实际供货情况分期分次地管理合同的执行情况。

3. 进货（采购）管理

进货管理包括商品进货单的录入、修改、查询、打印，并通过审核自动生成入库单，转入配送中心，再经配送中心审核后自动入库。系统应可通过进货单的处理自动生成针对某一供应商的累计进货额、累计结款额、应付总金额等。此外，还应根据用户的退货情况录入退回单，系统进行相应的处理。商品管理流程如图 9-2 所示。

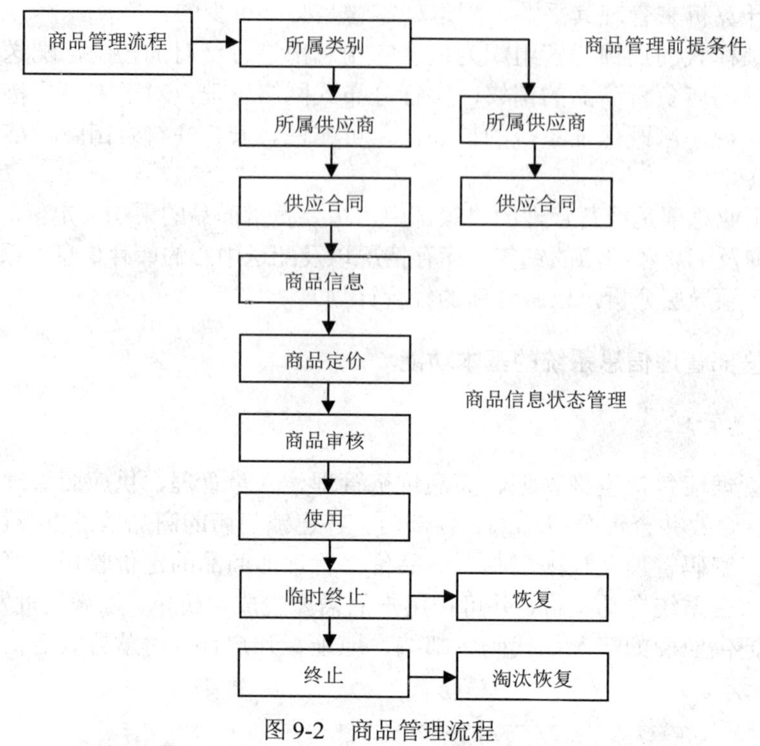

图 9-2　商品管理流程

4. 应付管理

若在进货中尚未付款，系统应自动由进货单生成应付信息和对账单，用户可随时查询应付明细。

5. 销售管理

批发销售功能可由总部在此模块统一处理。系统应可进行销售单的录入、修改、查询，并通过审核自动生成出库单转入配送中心，再经配送中心审核后自动出库。系统应可通过销售单的处理自动生成针对某一客户的累计销售额、累计结款额、应收总金额等。还应可自动计算销售单中任一商品的毛利及本单的总毛利，并通过万能查询使用户得到自己需要的各种报表，如任一时间段的销售情况报表、业务员的销售表等。系统还应可打印送货单（提货单）及一般纳税人清单等单据。

6. 应收管理

针对批发商品时用户尚未付款的情况，系统应自动由销售单生成应收信息和对账单，用户可随时查询应收明细并可跟踪处理应收及回款情况。

7. 财务管理

通过财务人员日常凭证的处理，系统应能自动生成明细账、总分类账、资产负债表、

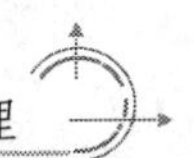

损益表等财务常用报表。

8. 信息流处理

信息流处理应包括处理连锁门店日常补货要求、连锁门店的退货要求、对配送中心生成商品配送单的通知、连锁门店之间的商品调配等。

9. 综合查询管理

该模块应可查询配送中心的库存情况、各门店的进销存及整个连锁店的销售情况、毛利情况、库存资金占压情况，以及应收款、应付款、综合性销售及回款报表等。该模块使管理人员及时把握经营状况，并通过系统自动生成的汇总分析报表帮助经营者作出相应的商业决策。

10. 数据传送管理

该模块应可向配送中心传送商品变动信息，如新增商品、商品价格调整、商品进货情况（要求其审核入库）、商品批发销售情况（要求其审核出库）、商品配送信息及连锁分店的退货信息等；接受配送中心向总部上传的信息，如进货入库验货信息、销售出库验货信息、库存商品盘点情况、报损情况以及各门店的配货、退货情况和配送中心发现商品积压或损坏时要求的退货单；接受连锁门店向总部上传信息，如补货信息、到货信息、销售信息、库存信息、退货信息等。

二、特许连锁总部业务流程

（一）新品引进作业流程

新品引进流程为：采购市场搜寻畅销品及新品信息→有目标拜访供应商→搜寻供应商基本资料→新品导入会审核→经新品导入会审核后，与供应商签订商品交易协议书及其他条件交易协议书→采购填写新品订货单→市调负责订售价→总部信息中心把货号手工填在新品订货单上→采购填写供货商信息档案和合同信息档案→总部信息中心录入商品资料及供货商信息档案→总部信息中心下传信息至配送中心和相关门店→门店试销→试销合格后→变更商品陈列表→发送文件到相关门店→门店进货陈列销售。新品引进流程如图 9-3 所示。

流程说明：

1）新品订货单一式三联，第一联总部信息中心录入计算机后保留、第二联市调保存、第三联供货商准备货源进行送货。

2）供货商信息档案和合同信息档案，共一联，采购填写完毕后交总部信息中心录入。

（二）商品变价流程

1）售价变价（或促销）流程为：对商品价格进行市调→判断门店售价是否需要调整→填写商品变价通知单→采购部经理进行审核→总部信息中心进行计算机售价调整

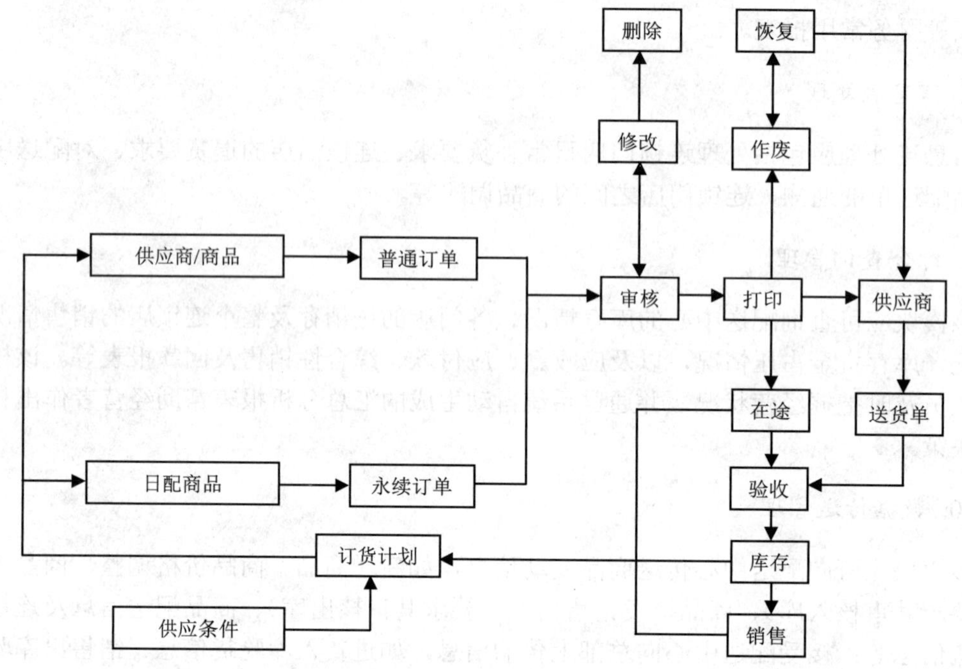

图 9-3　新品引进流程

→下传信息到门店→通知各门店更新数据、更换物价标签。

2）进价变价（或促销）流程为：采购或供货商提出变更进价申请→对商品价格进行市调→判断进价是否需要调整→填写商品变价通知单→采购部经理进行审核→总部信息中心进行计算机进价调整。

填写商品变价通知单一式三联，第一联交总部信息中心录入计算机后保留、第二联交市调、第三联交财务。

（三）采购部续订（订货）工作流程

采购部续订工作流程为：人工制定采购计划单→进行计算机录入→生成订货单→打印验货单→按需求与厂商联系→厂商送货→收货作业。

（四）财务结算流程

供货商的经营方式分为经销、代销、联营 3 种。

1. 经销

经销是指由供货商进货后，商品的所有权属于零售商，结算依据为验货单。经销又分为以下几种结算方式。

1）现结。上打下，货到付款，款到发货。

2）账期。即指定账期天数，进货时间大于账期进货单的可以结算。

3）月（20天、半月、10天、7天等）清。结上月进货的进货单。

2. 代销

代销是商品所有权属于供货商，但由于零售商进行统一进、销、存管理，结算的依据为销售（包括盘亏、报损）的商品。

1）实销实结。按指定的时间段内（一个月、20天、半个月、10天、7天等）实际销售额付款。

2）批交批结。进下一批商品时结算上一批进货款。

3. 联营

联营是指商品所有权属于供货商，总部提供一定的经营场地，由总部和供货方共同经营管理。商品库存由供货方自行管理，超市不管联营商品的库存。按照扣除联营费用后的销售额进行结算。

4. 经销结算流程

1）对单。可以手工对单，也可以自动对单。例如自动对单，计算机系统根据供货合同中的结算方式，自动挑拣可结的单据及应结金额。

2）付款。如定义了供货商合同收费条款，系统计算出本次应收费用，如有差异，结算人员可输入实际结算金额。结算人员输入支付方式后，确认，供货商往来账即刻发生变化。

3）说明。如有结算误差，可进行结算冲账。

5. 代销结算流程

1）生成结算单。系统根据代销商品的变动情况（包括商品零售、批发、报损、盘亏），生成各代销供货商的销货清单。

2）对单。如需调整，可调整商品的结算数量。如有差异，结算人员可输入实际结算金额。结算人员输入支付方式后，确认，供货商往来账即刻发生变化。

3）付款。如定义了供货商合同收费条款，系统计算出本次应收费用，如有差异，结算人员可输入实际结算金额。结算人员输入支付方式后，确认，供货商往来账即刻发生变化。

6. 联营结算流程

1）生成应付款。系统根据联营供货商商品的销售及付款率生成各联营供货商应付款。

2）对单。输入实际结算金额。

3）付款。如定义了供货商合同收费条款，系统计算出本次应收费用，如有差异，结算人员可输入实际结算金额。结算人员输入支付方式后，确认，供货商往来账即刻发生变化。

4）说明：

① 如果供货商有杂费从货款中扣除时，采购员填写抵款单，经采购部经理审核后，第一联交财务抵扣货款，第二联交供货商做账。

② 结账时，供货商先到采购部填写付款会签单，经财务对账审核后，采购部经理、总经理审核后，财务方可结账。

第三节 特许连锁企业配送中心信息管理

一、配送中心管理信息系统的基本概念

配送中心管理信息系统是以商品的物流管理为对象，以商品的到货、验货、库存、配货、出库为管理内容的管理信息系统。

1. 入库管理

入库分为以下 4 种方式。

1）总部进货部应将由进货单自动生成的入库单传入配送中心，配送中心在验货后将其审核确认。

2）总部销售部应将由销售退回单自动生成的入库单传入配送中心，配送中心在验货后将其审核确认。

3）各连锁门店的退货单传入配送中心，配送中心在验货后对其审核确认。

4）特殊情况下的入库管理，如赠入等。

2. 出库管理

1）总部销售部应将由销售单自动生成的出库单传入配送中心，配送中心在验货后对其审核确认。

2）总部进货部应将由进货退回单自动生成的出库单传入配送中心，配送中心在验货后对其审核确认。

3）总部传入的各连锁门店的配货单，配送中心在验货后将其审核确认。

4）特殊情况下的出库管理，如赠出等。

3. 盘点管理

1）盘点单的生成与打印。

2）盘点数量的录入。

3）盘点单的查询等工作。

4. 其他功能

1）报损、报残管理应包括报损、报残商品的录入和查询功能。

2）报警管理应包括库存商品上、下限的报警功能，含保质期的报警。

3）库存管理应包括货位的维护，可随时查询库存商品中的商品编码、名称、单位、库存单价、零售单价、库存数量、库存金额、售价金额、最高库存、最低库存、累入数量、累入金额、累出数量、累出金额、生产日期、有效期等。

4）调拨管理应包括商品在不同货位间的调拨管理。

5）条码打印管理应包括将本系统的自编商品条码转入条码打印机所自带的数据库，以方便打印条码。

6）查询管理应包括通过系统提供的万能查询器查询任意信息，如某一商品的入出库信息、某一段时间内所有的出入库明细、库存商品占压资金情况分析表等。

7）数据传送管理应包括接受总部传送的商品变动信息，如新增商品、商品价格调整等，还有商品进货、批发销售、商品配送及门店的退货信息等；向总部上传信息，如进货入库验货信息、销售出库验货信息、库存商品盘点情况、报损情况和向各门店的配货、退货情况及配送中心发现商品积压或损坏时要求的退货单。

二、特许连锁企业配送中心的作业流程

（一）配送中心收货流程

1. 基本流程

基本流程为：总部信息中心打印出验货单交给配送中心→供货商送货至配送中心→配送中心仓管人员进行数量点收、破损检查→签收验货单→商品按库位上架→供货商、财务签收单据流传表并领取验货单→总部信息中心按照验货单录入库存和生产日期保质期。

2. 注意事项

1）凡从生产日期算起保质期过了一半的商品拒收。

2）当实物数量＞订货数量时，供货商协调采购部，如果采购部不同意接受，则仓管员立即填写退货单；退货单一式二联，第一联仓管保存、第二联归配送中心防损保存。

3）当实物数量＞订货数量时，供货商协调采购部，如果采购部同意接受则采购重新修订验货单，然后总部信息中心打印出验货单交给配送中心进行验货。

4）促销品管理。

5）如果采购订货了但供货商没送货，则验货员要在实收数量的位置填写“零”。

6）验货时凡没有条码的商品，验货员要求供货商先到信息中心买超市打印的条码，完成贴码工作以后方可验货。

（二）配送中心退货流程

1. 基本流程

基本流程如下：配送中心提出退货申请→采购及财务审核批准→配送中心整理退货商品打包封存→填写退货单→配送中心仓管人员点数量→签收退货单→商品返还供货商→供货商、财务签收单据流转表并领取退货单→总部信息中心录入退货单。

2. 注意事项

1）退货单一式三联，第一联交财务，第二联交总部信息中心，第三联交供货商。
2）当配送中心提出退货申请时，采购审核是否符合退货标准，财务审核应付账款是否≥退货金额。
3）当配送中心提出退货申请时，采购可与供货商协商换货：换同等数量同样的商品，库存没发生变化；换不同商品同等金额的商品时，先退掉原有商品，然后再打验货单把这部分商品进来。
4）当配送中心提出退货申请时，采购可与供货商协商退货，当协商不成时，填写变价通知单作变价处理或当赠品赠出去。

（三）配送中心配送作业流程

1. 基本流程

基本流程如下：总部信息中心接受各门店的缺货单→确认后按门店打印配送单→配送中心仓管人员按门店分货→出货人送货人签字→出货→门店验货→跟催回单→门店录入实收数量→总部信息中心审核门店录入情况→配送单一联转交财务做账。

2. 注意事项

配送单一式三联，由配送中心机房打印，出货时仓管员、送货员签字，签字后配送中心机房先留一联，配送员持另外二联到门店送货，送货完毕后门店留一联录入库存上传总部，送货员把另外一联交配送中心机房，审核门店上传的库存，完毕后再传至财务做账。

（四）配送中心协调门店间商品调拨流程

调拨流程如下：配送中心协调双方门店→协调成功派出配送员→调出方填写调拨单→双方确认后签字→调出方录入调拨单→调拨单审核打印发送→配送员送货→调入店收货并签字→调入店下载单据并确认→配送员将一联单据带回。

（五）商品报废流程

1. 基本流程

基本流程如下：配送中心提出报废申请→经采购员总经理财务审核→配送中心填写商

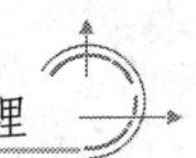

品报废单→配送中心留第三联录入报废单→第二联交总部信息中心审核配送中心录入的商品报废单→第一联交财务做账。

2. 注意事项

商品报废单一式三联，第一联财务做账、第二联总部信息中心审核配送中心录入的商品报废单、第三联配送中心录入商品报废单。

（六）配送中心盘点作业流程

1. 盘点前准备

（1）总部信息中心的准备

计算机操作人员核对各项单据录入是否完成，如有遗漏必须在盘点前录入完毕。有专人在做好有关盘点准备工作后，在计算机上设置商品盘点开始（复制当前库存账）。

（2）配送中心的准备

盘点前商品货位卡必须到位，商品要归位和整理，盘点人员进行分组安排。盘点所需盘点表及盘点用品的准备。手工盘点表的填写要以单个货架为一个盘点单元，使用单独盘点表。填写顺序应从左到右，从上到下。

2. 盘点中作业

1）每个货架为一个盘点单元，使用单独的盘点表。

2）盘点时，要顺便观察商品保质期，过期商品要随时记录。

3）盘点时发现与出盘时有差异，应填写差异单。

4）盘点时应注意，是否有意办理退货但厂商并未取走的商品，此商品不记入盘点。

3. 盘点后处理

1）商品的盘点表一式二份，盘点后由库管员在盘点表签字并按顺序装订，一份自留，一份交计算机操作人员录入。

2）盘点表录入时最好由实物负责人监督录入，未监督录入的录入人必须重新核对一次。

3）盘点表录入计算机后，打印商品的差异明细表，由实物负责人核实商品的差异，属录入或盘点错误的要及时更正。

4）对于盘盈商品，必须查找原因（真正的盘盈几乎是不存在的），最好找出互串的商品，将盘点数量合并录入，再事后调整。

5）对于盘亏金额，数量较大的商品必须查找原因，并采取措施。

6）要将盘亏、盘盈的绝对金额相加做盘点差异的考核指标。

7）盘点结果将有关领导签字确认后，计算机部方可结束商品盘点（更新计算机库存账）。

8）盘点结束后，财务依据实点金额做账务处理。

9）相关领导针对原因作出相应对策和解决办法。

第四节　特许连锁企业中的网络支持

特许连锁企业在实际运营中，各种数据的有效传输、信息的相互沟通和资源共享如何能够得以实现，取决于计算机网络的支持。

一、门店网络系统结构

特许连锁企业门店作为提供产品与服务的主要渠道，其经营状况的优劣直接决定企业经营业绩的好坏。

在零售门店中最常见的POS设备，已不再是简单的收款操作工具，除了服务于零售门店的日常运营，顾客在这里所享受的服务好坏，也将极大地影响他们的忠诚度。这就对零售硬件系统的灵活性、稳定性和易维护性提出了更高的要求。

门店计算机系统根据门店的实际规模分成两种布局结构：局域网系统和单POS系统，目前普遍使用的是局域网系统。POS-MIS系统网络结构图，如图9-4所示。

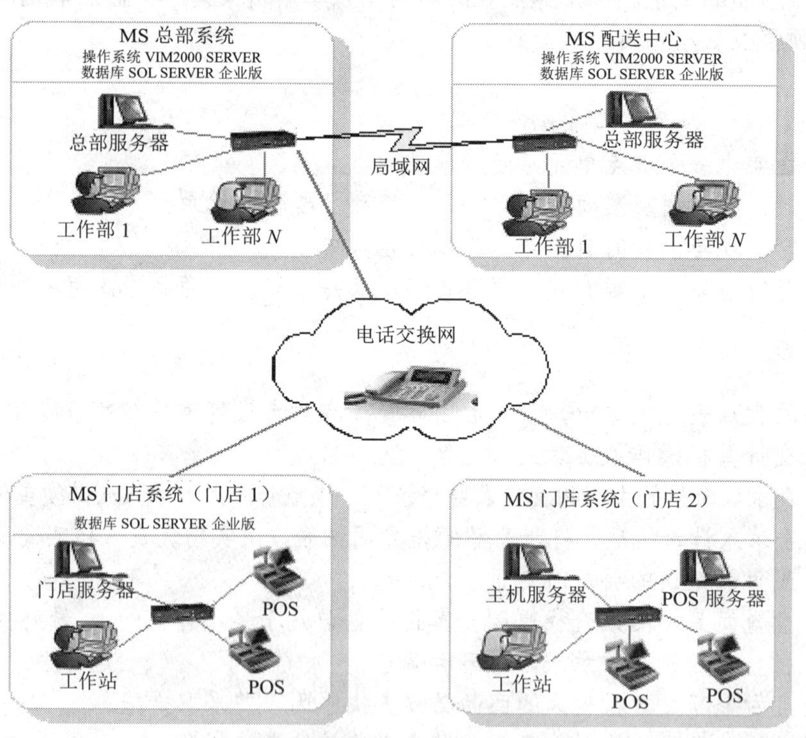

图9-4　POS-MIS系统网络结构

局域网是将较小范围内的各种计算机及相关设备连接到一起的通信网络，它最突出的特点是：覆盖范围较小，传输速率较高，误码率低。

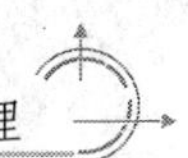

组成连锁门店局域网的硬件除了计算机、POS 机、打印机等设备外，还包括一些连接设备。

1）网络适配器。这是网络工作站与服务器之间或不同工作站之间的信息交换接口。计算机用的网络适配器又叫网卡，通常以插卡形式安装在计算机内部的扩展槽中。

2）网线。网线是局域网中的传输介质，多为双绞线。一根做好的网线两端都会有一个小小的连接头，一端插到网卡上，另一端与网络上的其他设备相连。

3）集线器与交换机。一般有 8～24 个接口。若干计算机通过网线等介质连接到集线器或交换机上，从而构成一个局域网。

一个局域网要正常工作，除了基本的物理连接外，还需要有相应的网络软件支持。一般应有网络通信软件、网络协议、网络应用系统、网络适配器驱动程序等软件。连锁门店网络结构如图 9-5 所示。

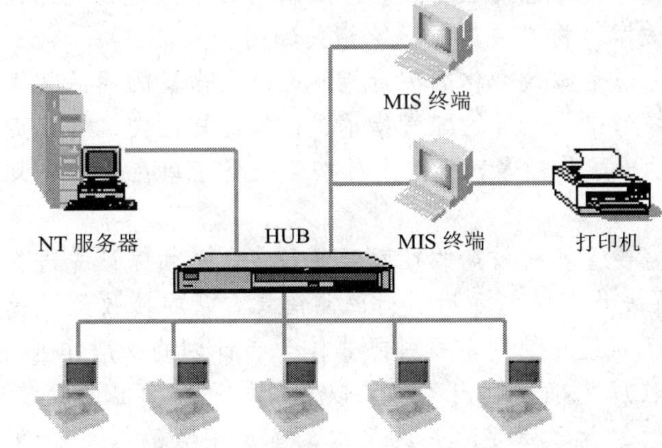

图 9-5　连锁门店网络结构

二、配送中心网络系统结构

连锁经营包括商流、物流、信息流、资金流 4 个方面，它们各成体系。信息流总是和物流联系在一起的。只有通过对物流信息的处理，才能获得其他的相关信息，为经营决策提供帮助。

配送中心管理信息系统是以商品的物流管理为对象，以商品的到货、验货、库存、配货、出库为管理内容的管理信息系统，高效的计算机网络系统，透过电子资料交换系统（EDI）、应用 Internet、条码的追踪，能够控制每一件货物载运的全过程，如图 9-6 所示。

图 9-6　配送中心网络结构

1. 配送中心网络的基础

从配送中心或总部上游的厂家或供应商到下游的零售店，信息交换的基础内容有 3 个方面：客户、配送中心或总部、供应商之间的及时和无距离感的网络；通过接收商品的订货了解客户需求的网络；从各个部门都可以了解商品情况的网络。

满足这些条件的前提是，除客户、配送中心或总部、供货商之间的联网，还必须建立起配送中心内部的信息交换系统。

2. 主要的联网业务

主要的联网业务包括以下几个方面。

1）接收订货业务。及时地处理从客户处发来的订单并进行数据处理，提高配货作业和配送作业的效率，将有关信息送给相关部门和人员。

2）配货作业。考虑全体效率化的配货指示，以及当日的商品在库情况、作业人员的条件等，作出每个作业人员的配货指示。在指定货区内，将配货商品的货架位置指示灯置亮，表示出配货数量，作业人员按照配货清单在不需要判断的情况下进行配货作业。

3）在库管理。需要管理有效期的在库商品较多，必须保证先进先出。对于保管商品的信息，可以在发出配货指示后进行商品信息更新或接收到配货结束信号后再进行商品的信息更新。经常使用前一种方式作为有计划的一般作业方法。

4）业务查询。在库的确认和出库确认以及价格和新商品的销售时期等是客户经常需要查询的内容。为了满足客户的需求，配送中心的信息必须实时进行更新，如果查询的在库数不正确，客户应该到货的商品未到或迟到，以及发生分批到货等，都会影响对配送中心的信任和导致管理水平下降，因此必须认真地对待业务查询系统。

三、通信方式

计算机通信技术层出不穷，国民经济的飞速发展，金融、证券、海关、外贸等集团用户和租用数据专线的部门、单位大幅度增加，数据库及其检索业务也迅速发展，现代社会对电信业务的依赖性越来越强。

（一）数字数据网简介

1. 概述

数字数据网（digital data network，DDN）就是适合这些业务发展的一种传输网络。它是将数万、数十万条以光缆为主体的数字电路，通过数字电路管理设备，构成一个传输速率高、质量好，网络时延小，全透明、高流量的数据传输基础网络。

DDN 是利用数字信道传输数据信号的数据传输网。它的主要作用是向用户提供永久性和半永久性连接的数字数据传输信道，既可用于计算机之间的通信，也可用于传送数字化

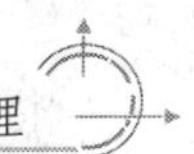

传真，数字话音、数字图像信号或其他数字化信号。永久性连接的数字数据传输信道是指用户间建立固定连接、传输速率不变的独占带宽电路。半永久性连接的数字数据传输信道对用户来说是非交换性的。但用户可提出申请，由网络管理人员对其提出的传输速率、传输数据的目的地和传输路由进行修改。网络经营者向广大用户提供了灵活方便的数字电路出租业务，供各行业构成自己的专用网。

2. DDN 网的特点

1）传输速率高。在 DDN 网内的数字交叉连接复用设备能提供 2Mb/s 或 N×64kb/s（≤2M）速率的数字传输信道。

2）传输质量较高。数字中继大量采用光纤传输系统，用户之间专有固定连接，网络时延小。

3）协议简单。采用交叉连接技术和时分复用技术，由智能化程度较高的用户端设备来完成协议的转换，本身不受任何规程的约束，是全透明网，面向各类数据用户。

4）连接方式灵活。可以支持数据、语音、图像传输等多种业务，它不仅可以和用户终端设备进行连接，也可以和用户网络连接，为用户提供灵活的组网环境。

5）电路可靠性高。采用路由迂回和备用方式，使电路安全可靠。

6）网络运行管理简便。采用网管对网络业务进行调度监控，业务的迅速生成。

（二）公共交换电话网络

公共交换电话网络（packet-switched data network，PSDN）是一种全球语音通信电路交换网络，包括商业的和政府拥有的。它也指简单老式电话业务（POTS）。它是自贝尔发明电话以来所有的电路交换式电话网络的集合。如今，除了使用者和本地电话总机之间的最后连接部分，PSDN 在技术上已经实现了完全的数字化。在和 Internet 的关系上，PSDN 提供了 Internet 相当一部分的长距离基础设施。Internet 服务供应商（ISP）为了使用 PSDN 的长距离基础设施，以及在众多使用者之间通过信息交换来共享电路，需要付给设备拥有者费用。这样 Internet 的用户就只需要对 Internet 服务供应商付费。

（三）综合业务数字网

综合业务数字网（integrated service digital network，ISDN），就是采用数字交换和数字传输的电信网的简称，中国电信将其俗称为“一线通”。

ISDN 是以电话综合数字网为基础发展而成的通信网，能提供端到端的数字连接，可承载话音和非话音业务，用户能够通过多用途用户——网络接口接入网络。ISDN 采用数字传输和数字交换技术，将电话、传真、数据、图像等多种业务综合在一个统一的数字网络进行传输和处理，向用户提供基本速率（2B+D，4kb/s）和一次群速率（30B+D，2Mb/s）两种接口。基本速率接口包括两个能独立工作的 B 信道（64kb/s）和一个 D 信道（16kb/s）。其中 B 信道一般用来传输话音、数据和图像，D 信道用来传输信令或分组信息。

ISDN 能够向用户提供 3 类业务：承载业务（与用户终端类型无关）；用户终端业务（如

数字电话、四类传真、数据通信、视频通信等）；丰富的补充业务（如主/被叫用户号码识别显示/限制、呼叫等待、呼叫转移、多用户号码、子地址、三方通信等）。

（四）非对称数字用户线路

非对称数字用户线路（asymmetric digital subscriber line，ADSL）被欧美等发达国家誉为“现代信息高速公路上的快车”，因具有下行速率高、频带宽、性能优等特点而深受广大用户的喜爱，成为继 Modem、ISDN 之后的一种全新更快捷、更高效的接入方式。

ADSL 是一种非对称的 DSL 技术，所谓非对称是指用户线的上行速率与下行速率不同，上行速率低，下行速率高，特别适合传输多媒体信息业务，如视频点播（VOD）、多媒体信息检索和其他交互式业务。ADSL 在一对铜线上支持上行速率 512 kb/s～1Mb/s，下行速率 1Mb/s～8Mb/s，有效传输距离在 3～5 km。

ADSL 是目前众多 DSL 技术中较为成熟的一种，其带宽较大、连接简单、投资较小，因此发展很快，目前国内广州、深圳、上海、北京、成都等地的电信部门已先后推出了 ADSL 宽带接入服务，而区域性应用更是发展快速，但从技术角度看，ADSL 对宽带业务来说只能作为一种过渡性方法。

ADSL 即非对称数字信号传送，它能够在现有的铜双绞线，即普通电话线上提供高达 8Mb/s 的高速下行速率（由于 ADSL 对距离和线路情况十分敏感，随着距离的增加和线路的恶化，速率会受到影响）远高于 ISDN 速率；而上行速率有 1Mb/s，传输距离达 3～5km。ADSL 技术的主要特点是可以充分利用现有的铜缆网络（电话线网络），在线路两端加装 ADSL 设备即可为用户提供高宽带服务。ADSL 的另外一个优点在于它可以与普通电话共存于一条电话线上，在一条普通电话线上接听、拨打电话的同时进行 ADSL 传输而又互不影响。用户通过 ADSL 接入宽带多媒体信息网与 Internet，同时可以收看影视节目，举行一个视频会议，还可以很高的速率下载数据文件。这还不是全部，还可以在这同一条电话线上使用电话而又不影响以上所说的其他活动。安装 ADSL 也极其方便快捷。在现有的电话线上安装 ADSL，除了在用户端安装 ADSL 通信终端外，不用对现有线路作任何改动。使用 ADSL 技术，通过一条电话线，以比普通 Modem 快一百倍浏览 Internet，通过网络学习、娱乐、购物，享受到先进的数据服务如视频会议、视频点播、网上音乐、网上电视、网上 MTV 的乐趣，已经成为现实。

（五）虚拟专用网络

虚拟专用网络（virtual private network，VPN）是一门网络新技术，提供了一种通过公用网络安全地对企业内部专用网络进行远程访问的连接方式。一个网络连接通常由 3 个部分组成：客户机、传输介质和服务器。VPN 同样也由这 3 部分组成，不同的是 VPN 连接使用隧道作为传输通道，这个隧道是建立在公共网络或专用网络基础之上的，如 Internet 或 Intranet。

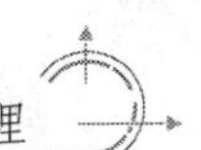

1. 什么是VPN技术

现在有很多连接都被称作VPN，用户经常分不清楚，那么一般所说的VPN到底是什么呢？顾名思义，虚拟专用网不是真的专用网络，但却能够实现专用网络的功能。虚拟专用网指的是依靠ISP（Internet服务提供商）和其他NSP（网络服务提供商），在公用网络中建立专用的数据通信网络的技术。

在虚拟专用网中，任意两个节点之间的连接并没有传统专网所需的端到端的物理链路，而是利用某种公众网的资源动态组成的。IETF草案理解基于IP的VPN为："使用IP机制仿真出一个私有的广域网"是通过私有的隧道技术在公共数据网络上仿真一条点到点的专线技术。所谓虚拟，是指用户不再需要拥有实际的长途数据线路，而是使用Internet公众数据网络的长途数据线路。所谓专用网络，是指用户可以为自己制定一个最符合自己需求的网络。

而在Internet上，VPN使用者可以控制自己与其他使用者的联系，同时支持拨号的用户。所以我们说的虚拟专用网一般指的是建筑在Internet上能够自我管理的专用网络，而不是Frame Relay或ATM等提供虚拟固定线路（PVC）服务的网络。以IP为主要通信协议的VPN，也可称之为IP-VPN。由于VPN是在Internet上临时建立的安全专用虚拟网络，用户就节省了租用专线的费用，在运行的资金支出上，除了购买VPN设备，企业所付出的仅仅是向企业所在地的ISP支付一定的上网费用，节省了长途电话费。这就是VPN价格低廉的原因。

2. VPN的特点

（1）安全保障

虽然实现VPN的技术和方式很多，但所有的VPN均应保证通过公用网络平台传输数据的专用性和安全性。在非面向连接的公用IP网络上建立一个逻辑的、点对点的连接，称之为建立一个隧道，可以利用加密技术对经过隧道传输的数据进行加密，以保证数据仅被指定的发送者和接收者了解，从而保证数据的私有性和安全性。

（2）服务质量保证

VPN网应当为企业数据提供不同等级的服务质量保证（QoS）。不同的用户和业务对服务质量保证的要求差别较大。例如，移动办公用户提供广泛的连接和覆盖性是保证VPN服务的一个主要因素；而对于拥有众多分支机构的专线VPN网络，交互式的内部企业网应用则要求网络能提供良好的稳定性。

在网络优化方面，构建VPN的另一个重要需求是充分有效地利用有限的广域网资源，为重要数据提供可靠的带宽，通过流量预测与流量控制策略，可以按照优先级分配带宽资源，实现带宽管理，使得各类数据能够被合理地先后发送，并预防阻塞的发生。

（3）可扩充性和灵活性

VPN必须能够支持通过Intranet和Extranet的任何类型的数据流，方便增加新的节点，支持多种类型的传输媒介，可以满足同时传输语音、图像和数据等新应用对高质量传输以及带宽增加的需求。

（4）可管理性

从用户角度和运营商角度应可方便地进行管理、维护。在 VPN 管理方面，VPN 要求企业将其网络管理功能从局域网无缝地延伸到公用网，甚至是客户和合作伙伴。虽然可以将一些次要的网络管理任务交给服务提供商去完成，企业自己仍需要完成许多网络管理任务。所以，一个完善的 VPN 管理系统是必不可少的。

小　结

本章介绍了特许连锁企业信息管理、信息管理系统、信息的含义、内容和信息系统开发的手段、途径。特许连锁企业总部信息系统的功能和工作流程，包括基本信息、应收管理、应付管理、销售信息、财务信息、数据流管理、综合查询、数据传输、新品引进、商品变价、采购续订、财务结算等；特许连锁企业物流配送中心信息管理系统的功能及其作业流程，包括货品的出库管理、入库管理、盘点管理、编码管理、其他信息等；特许连锁企业中的网络支持，包括门店网络支持、配送中心网络支持以及不同的通信方式的技术支撑等（包括 DDN、PSDN、ISDN、ADSL、VPN 等技术）。

思 考 题

1．什么是信息管理？
2．特许连锁企业信息系统的基本构架是什么？
3．特许连锁企业总部信息管理的系统架构是怎样的？
4．特许连锁企业配送中心信息管理的内容有哪些？
5．特许连锁企业中网络支持的内容有哪些？

案例分析

沃尔玛的大数据应用

曾创造了“啤酒与尿布”的经典商业案例的沃尔玛是最早开始投资和部署大数据应用的传统企业巨头之一。在大数据概念引爆流行产业界之前，沃尔玛已经开始了网站数据库整合迁移和 Hadoop 集群扩展工作，收购 Kosmix，在此基础上建立 Walmart Labs。Walmart Labs 成立于 2011 年，旨在通过深度挖掘消费者在社交网站上产生的峰值数据预测商品和消费需求，将这些数据转为有助于决策的信息，通过移动终端向用户进行精准推送，这就是沃尔玛大数据挖掘的开始。之后，沃尔玛又收购了专注于数据挖掘或移动社交的初创公

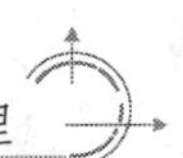

司，如（OneOps、Inkiru、Tasty Labs、OneRiot）进军互联网。通过自身数据积累整合及并购研发，沃尔玛已然拥有一个涵盖消费者线下交易数据、沃尔玛网络商城电子数据与社交媒体应用数据为一体的实时更新积累的大数据库，使沃尔玛在做出决策前，将执行成本降到最低，并且创造新的消费机会。

沃尔玛大数据包罗万象，可以细化到全球27个国家11457家门店任一时段的销售数据和销售细节。通过Walmart Labs工程师们的努力，这些数据会通过计算机系统，从扩散到集中，详尽地呈现顾客消费习惯的变化，通过数据挖掘和分析，得出不同地域、不同购物偏好，为采购、开店决策提供依据。他们开发的一个实验项目是门店定位、商品搜索功能，即帮助购物者更快、更省、更便捷地在店里找到他想购买的物品。Walmart Labs在大数据挖掘方面的成果，还包括提供语义搜索服务——加入社交媒体内容，扩大搜索引擎的知识储备，搜索引擎可以更好地决定用户所寻找的上下文；利用社交网络上的峰值数据，预测商品需求，将这些数据转为有助于决策的信息，并推送给沃尔玛的客户。

下面借助一个虚拟场景来讲沃尔玛的大数据应用。

Peter是沃尔玛的资深会员，其近五年来购买商品的品种、数量、型号、时间信息，支付方式信息，商品配送信息，会员卡信息，住址、联系方式，甚至包括Peter在沃尔玛的购物流程监控视频、门禁数据等线下消费信息都已被沃尔玛的信息系统详细记录。

当Peter近日再一次驱车来到最近的沃尔玛大卖场时，刚进入停车场，Peter的手机或者iPad等移动终端的沃尔玛App可能已经收到购物清单上百分之八十以上商品的推荐信息和电子优惠券信息，App上还按商场流程标注了每件商品的具体位置、型号信息，沃尔玛测试中的“Scan and Go”系统未来允许Peter用手机扫描商品，然后收银台手机扫描支付。而移动支付完成的瞬间，沃尔玛已经在数据端开始更新Peter的相关消费信息，并开始预判Peter下一次购买（如牛奶和啤酒等）商品的时间和数量，并提交数据给App推荐业务。

另外，Peter很喜欢一款899美元威尔逊网球拍但没有加入扫描清单，球拍旁边的塑胶运动模特脑袋里边的摄像头记录下了他的一举一动，包括Peter的停留时间，拿起网球拍的次数及观察端详球拍的视角，甚至他是左手握拍还是右手握拍等，而第二个月，Peter的手机推送信息中已经有了沃尔玛推荐的性价比更高的一款Babolat轻碳球拍。

月末，Peter的车被借走了，所以选择去沃尔玛的网上商城，cookie自动登录后显示自己上一次登录沃尔玛网店是在6个月前。Peter的首页推荐上有会员八折的罐装威尔逊网球，还有新款特价的全钢西门子榨汁机，Peter会心一笑：邻居Tom在Twitter上抱怨自家的榨汁机真垃圾，自己前天点了赞，沃尔玛竟然知道了。随后Peter发现自己的Facebook上的唯一关注音乐人Robbie Williams的新专辑就在眼前。

另外，自家附近的一家健身房年卡正在打折出售，Peter摸摸肚子上的赘肉一咬牙把年卡加入了购物车，心里还抱怨沃尔玛怎么知道这么多。

（资料来源：http://www.tuicool.com/articles/mUNr6n）

案例解析　在信息技术快速发展的今天，从经销商、供应商角度出发建立的以条码技术、射频技术、电子数据交换和数据库技术等为核心的信息管理系统已经趋于成熟。而从顾客角度出发，以互联网为基础的大数据技术的应用是未来信息技术发展的方向。作为资金流、物流、信息流高度复杂的连锁经营企业，应当跟上时代的步伐，关注消费需求，关注用户体验，努力探索符合自身特点的大数据技术的应用方法，强化企业的市场竞争力，促进企业的持续健康发展。

实训项目

实训 1　信息管理流程训练

1．目标

利用这一活动使学生熟悉连锁企业信息管理流程。

2．背景

连锁企业信息管理系统是连锁经营的三大支撑体系之一，连锁总部信息管理系统及运作方式的应用是连锁企业信息管理的中枢神经支撑，其系统管理的成功与否，在一定程度上决定了连锁企业现代化发展的进程。

3．实训方法

1）学生每 8 人一组，模拟连锁总部。

2）每组 8 人轮流扮演总部各部人员角色，重复上述过程。

3）两组谈谈在开发目标、设计步骤及相互配合的动作等方面有何不同？

实训 2　电子商务技术的应用训练

1．目标

让学生了解电子商务的基本常识，初步掌握网络交易的方式方法。

2．背景

在不远的将来，电子商务很有可能成为人们生活的主流，电子商务发展潜力巨大，具有诱人的发展前景，其完备的双向信息沟通、灵活的交易手段和快速的交货方式必将给电子商务参与者带来巨大的经济效益，同时也给广大的用户带来具体的经济实惠。

3．实训方法

1）模拟网上购物、网上缴费。

2）教师讲授和演示方法，学生观摩。

3）学生实际操作和小组讨论。

第十章 特许经营人力资源管理

教学指导☞

学习目标

- 理解和掌握特许经营人力资源管理的概念、特征、内容等;
- 理解特许门店主要岗位的人员职责和工作标准;
- 理解掌握特许经营人力资源培训的计划、内容、开发项目的依据和手段;
- 了解当今特许经营人力资源管理的问题。

技能要点

- 会制定特许门店主要岗位的职责;
- 会制订特许经营企业人力资源的培训计划;
- 能够根据特许经营企业的实际情况，开发初级特许培训项目。

案例导入

麦当劳的人力资源管理规划

1. 不用天才与花瓶

麦当劳不用所谓“天才”，因为“天才”是留不住的。在麦当劳取得成功的人，都得从零开始，脚踏实地地工作，炸薯条、做汉堡包，是在麦当劳走向成功的必经之路。这对那些不愿从小事做起，踌躇满志想要大展宏图的年轻人来说，是难以接受的。但是，他们必须懂得，麦当劳请的是最适合的人才，是愿意努力工作的人，脚踏实地从头做起才是在这一行业中成功的必要条件。

在麦当劳餐厅，女服务员的长相也大都是普通的，还可以看到既有年轻人也有年纪大的人。与其他公司不同，人才的多样化是麦当劳的一大特点。麦当劳的员工不是来自一个方面，而是从不同渠道

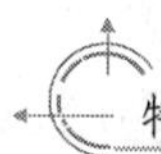

请人。麦当劳的人才组合是家庭式的，年纪大的可以把经验告诉年纪轻的人，同时又可被年轻人的活力所带动。因此，麦当劳请的人不一定都是大学生，而是什么人都有。麦当劳不讲求员工是否长得漂亮，只在乎她工作负责、待人热情，让顾客有宾至如归的感觉，如果只是个中看不中用的花瓶，是不可能在麦当劳待下去的。

2. 没有试用期

一般企业试用期要 3 个月，有的甚至 6 个月，但麦当劳 3 天就够了。麦当劳招工先由人力资源部门去面试，通过后再由各职能部门面试，合适则请来店里工作 3 天，这 3 天也给工资。麦当劳没有试用期，但有长期的考核目标。考核，不是一定要让你做什么。麦当劳有一个 360 度的评估制度，就是让周围的人都来评估某个员工：你的同事对你的感受怎么样？你的上司对你的感受怎么样？以此作为考核员工的一个重要标准。

3. 培训模式标准化

麦当劳的员工培训，也同样有一套标准化的管理模式，麦当劳的全部管理人员都要学习员工的基本工作程序。培训从一位新员工加入麦当劳的第一天起，与有些企业选择培训班的做法不同，麦当劳的新员工直接走向了工作岗位。每名新员工都由一名老员工带着，一对一地训练，直到新员工能在本岗位上独立操作。尤其重要的是，作为一名麦当劳新员工，从进店开始，就在日常的点滴工作中边工作边培训，在工作和培训合二为一中贯彻麦当劳 Q.S.C&V 黄金准则，Q.S.C&V 分别是质量（quality）、服务（service）、清洁（clean）和价值（value）。这就是麦当劳培训新员工的方式，在他们看来，边学边用比学后再用的效果更好，在工作、培训一体化中将企业文化逐渐融入麦当劳的每一位员工的日常行为中。

4. 晋升机会公平合理

在麦当劳，晋升对每个人都是公平合理的，适应快、能力强的人能迅速掌握各个阶段的技术，从而更快地得到晋升。面试合格的人先要做 4～6 个月的见习经理，其间他们以普通员工的身份投入到餐厅的各个基层工作岗位，如炸薯条、做汉堡包等，并参加 BOC 课程（基本营运课程）培训，经过考核的见习经理可以升迁为第二副理，负责餐厅的日常营运。之后还将参加 BMC（基本管理课程）和 IOC（中间管理课程）培训，经过这些培训后已能独立承担餐厅的订货、接待、训练等部分管理工作。表现优异的第二副理在进行完 IOC 课程培训之后，将接受培训部和营运部的考核，考核通过后，将被升迁为第一副理，即餐厅经理的助手。以后他们的培训，全部由设在美国及海外的汉堡大学完成，汉堡大学都配备有先进的教学设备及资深的具有麦当劳管理知识的教授，并提供两种课程的培训，一种是基本操作讲座课程；另一种是高级操作讲习课程（AOC）。美国的芝加哥汉堡大学是对来自全世界的麦当劳餐厅经理和重要职员进行培训的中心。另外，麦当劳还在我国香港等地建立了多所汉堡大学，负责各地重要职员的培训。一个有才华的年轻人升至餐厅经理后，麦当劳公司依然为其提供广阔的发展空间。经过下一阶段的培训，他们将成为总公司派驻其下属企业的代表，成为“麦当劳公司的外交官”。其主要职责是往返于麦当劳公司与各下属餐厅，沟通传递信息。同时，营运经理还肩负着诸如组织培训、提供建议之类的重要使命，成为总公司在这一地区的全权代表。

5. 培训成为一种激励

麦当劳的培训理念是：培训就是让员工得到尽快发展。麦当劳的管理人员都要从基层员工做起，升到餐厅经理这一层，就该知道怎样去培训自己的团队，从而对自己的团队不断进行打造。麦当劳公

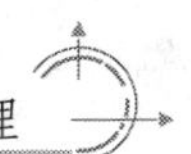

司的总经理每3个月就要给部门经理做一次绩效考核，考核之初，先给定工作目标，其中有两条必须写进目标中，那就是如何训练你的下属——什么课程在什么时候完成，并且明确告诉部门经理，一定要培训出能接替你的人，你才有机会升迁。如果事先未培养出自己的接班人，那么无论谁都不能提级晋升，这是麦当劳一项真正实用的原则。由于各个级别麦当劳的管理者，会在培训自己的继承人上花相当的智力和时间，麦当劳公司也因此成为一个发现和培养人才的大课堂，并使麦当劳在竞争中长盛不衰。

（资料来源：http://sh.yuloo.com/hr/knowledge/zlgh/92589.html）

案例解析 每个企业都有自己的人力资源战略，并形成自己的人力资源管理风格，麦当劳作为快餐企业，在用人上不用最优秀的，只用适合自己的，是很独到的举措。作为餐饮企业科技含量较少，而干的多是重复性劳动，所以对有创业思想的人未必合适，而对工匠型人才倒是很合适。这种经营业态和人才适配的策略值得借鉴。

第一节 特许经营人力资源管理概述

一、特许经营人力资源管理的概念

（一）人力资源管理

1. 人力资源的含义

人力资源是指一定范围内人口中所有具有劳动能力的人口总和，是能够推动经济和社会发展、具有智力劳动和体力劳动能力的人的总称。

2. 人力资源管理的概念

人力资源管理就是运用现代化的科学方法，对与一定物力相结合的人力进行合理的组织、培训和调配，使人力、物力经常保持最佳比例，同时对人的思想、心理和行为进行恰当的诱导、控制和协调，充分发挥人的主观能动性，使人尽其才、事得其人、人事相宜，以实现组织的目标。

具体地讲，就是制定人力资源规划、选人、育人、用人、留人的全过程，包括人力资源规划、人员招聘、员工培训、绩效考核、工资福利政策等内容。

3. 人力资源管理的内容

人力资源管理的内容纷繁复杂，彼此交叉，很难将人力资源管理内容分得清楚。笼统地讲，人力资源管理的主要内容是在人力资源战略、规划和岗位分析的基础上，对人力资源进行获取与配置、培训与开发、规范与约束、考核与激励、凝聚与整合、安全与保障。

小资料

人力资源管理的角色

戴维·乌尔奇指出：人力资源管理的角色是多重的，可以是战略性伙伴、人力资源方面的管理专家、企业变革的代理人、员工的激励者。还有一个角色是员工的代言人，类似于国内工会的角色。

实际上，这些人力资源管理的角色可以归为两大类：一是人力资源管理职能性角色；二是战略性人力资源传递机制的角色。人力资源管理职能性角色对应于股东来说，是付出成本的，被视为成本中心，其主要管理目标就是成本控制，要求削减人力资源管理职能的成本，提高人力资源管理职能的效率，通过人力资源管理活动，建立人力资源管理内部各个模块的一致性；战略性人力资源传递机制的角色对应于股东来说，是要求人力资源部门创造价值的，被视为利润中心，通过人力资源管理活动，保证人力资源管理内部各个模块一致性的基础上，通过系统规划的人力资源激活力，推动人力资源绩效驱动力产生作用，人力资源绩效驱动力又作用于战略绩效驱动力，从而促进战略目标的实现，体现人力资源管理的价值。

（资料来源：cho.hr.com.cn/html/50487.html）

任何组织都存在着人力资源管理的问题，有时组织小，不单独设置人力资源管理部门，其人力资源管理工作分散到其他部门。当组织规模一定大时，就要单独设置人力资源管理部门，此时的人力资源管理部门所充当的角色有 5 个：政策的制定者、业务的促成者、监控者、创新者和变革者。

1）政策的制定者。人力资源部门是组织决策的参与部门和信息提供部门，负责环境监测、上传员工的意见、下达领导的指示。当涉及员工管理政策时，其方案的制订往往是人力资源管理部门。

2）业务的促成者。人力资源管理的成功依赖于业务经理的经营活动，人力资源部门必须通过各种活动为业务经理的业务提供服务，促成完成经营任务。

3）监控者。人力资源部门通常将人力资源实施问题交给业务经理，但是人力资源部门必须承担活动公平性的监督工作。

4）创新者。人力资源部门是提供解决人力资源的新方法和新方式的主要部门。

5）变革者。为了适应环境，组织必须不断采用新技术、结构、工艺、文化及过程。组织要求人力资源部门变革人力资源的管理技巧，为组织配置合理的人力资源，保证组织变革的成功。

（二）特许经营的人力资源管理

特许经营的人力资源管理是指特许经营企业在特许经营活动中，运用现代化的科学方法，对特许经营体系中的人力进行合理的组织、培训和调配，使人力、物力经常保持最佳比例，同时对人的思想、心理和行为进行恰当的诱导、控制和协调，充分发挥人的主观能动性，使人尽其才、事得其人、人事相宜，以实现组织的目标。

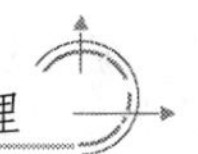

具体地讲，就是特许经营体系或企业制定人力资源规划、选人、育人、用人、留人的全过程。包括人力资源规划、人员招聘、员工培训、绩效考核、工资福利政策等内容。它既有人力资源管理的普遍特点，又有特许经营模式的特色。

二、特许经营人力资源管理的特色

特许经营企业规模大、店铺数量多、分布地域广，在运营中讲究标准化、专业化和简单化，所以其人力资源管理也具有特殊性。特许企业人力资源管理的特殊性表现在特许企业组织结构的复杂性、门店管理的可复制性、人力资源开发的超前性和管理技术的复合性等几个方面。

1. 组织结构的复杂性

特许经营企业的组织结构具有规模大、店铺数量多、分布地域范围广的特点，使人力资源管理的幅度和管理层次更加复杂。

2. 门店管理的可复制性

特许经营企业要求分店必须和总部高度保持一致，这是特许经营的本质要求。另外，许多特许经营企业的门店有几千家，每家必须派一名懂得现代商场经营管理，能按照总部的规章办事，理解企业理念、企业文化的店长。最后，特许经营企业品牌形象的最大特征是“一荣俱荣，一损俱损”，一旦某个分店发生问题，就很可能为整个特许经营企业带来灾难。所以，特许经营企业特别强调与总部保持一致性，以防经营的失败，这样特许经营企业新建分店就必须进行人力资源管理的复制，克隆、照搬总部或样板店的人力资源管理模式使用。

3. 人力资源开发的超前性

人才的培养到使用需要一定的时间，企业从招聘、培训到上岗不是短期内就能完成的。所以，人力资源的开发要有一定的超前性。伴随着特许经营企业规模的扩大和跨地区发展，人力资源管理已成为企业发展战略的重要组成部分。调查资料显示，人力资源管理在影响特许经营企业经营的主要因素当中位居第三，仅排在“提高业态竞争力”和“成本控制”之后。

4. 管理技术的复合性

现代特许经营企业与传统的零售业在管理上有很大的不同，对人才也提出了更高的要求。特许经营企业在技术上大量运用网络技术、电子保卫技术、冷冻技术等先进技术。在管理上从投资风险、选点布局、物流配送到每一家分店的货品陈列、顾客人流线路、商品促销策划等涉及多门学科知识。因此，作为现代特许经营企业的管理者，应当是高素质的复合型人才。同时，一线具体操作的中低层人员也要求具有一定程度的复合性。

5. 人员开发的多层次性

特许经营体系根据体系规模有不同的人才开发策略。其中包括：特许人人力资源开发、区域总部人力资源开发、受许人门店人力资源开发 3 个层面。其中，相对简单的是特许人人力资源开发、受许人门店人力资源开发，它们作为单一的实体，基本可以采取一个独立企业的人力资源开发战略，着重在本企业内部进行人力资源开发活动。而区域总部的人力资源活动是比较复杂的，由于本身处于承上启下的位置，所以在人力资源开发过程中，要特别强调人员的特许总部和门店运营的双重职业背景，既要理解特许总部的战略精神，又要理解特许门店的发展思路和操作规范。

6. 人力资源培训强调纵向性

人力资源的培训方向如图 10-1 所示。

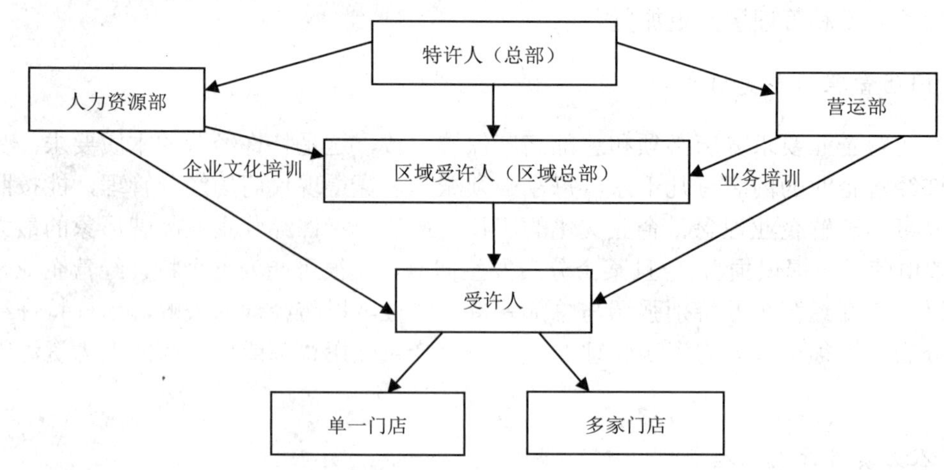

图 10-1　人力资源培训方向示意

从图 10-1 可以看出，特许经营体系的人力资源培训尤其强调培训的纵向性和培训内容的规范性。无论是总部决策层对受许人的战略培训，还是人力资源部、营运部对门店管理层、操作层业务、制度文化培训，培训的方向都是层层向下，没有横向联系。

7. 人力资源战略复制的困难性

特许经营企业所涉及的地域广，一般采用人才本土化的人力资源政策，其人力资源来源地域分布广，文化背景复杂，同总部保持一致的难度比较大。另外，许多特许经营企业的门店有几千家，每家派一名懂现代商场经营管理，能按照总部的规章办事，理解企业理念、企业文化的店长，不是一件简单的事情。最后，理念的复制是最难的复制。有经验的受许人，往往坚持自己的经营思路，只想借鉴别人的长处，如果特许人的经营战略、企业文化、经营理念在实践中没有取得非常好的效果，管理的复制就很麻烦，所以如何“克隆”总部的文化与理念，是个值得不懈研究的问题。

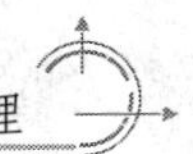

此外，特许总部要指导门店进行人力资源的规划，虽然受许人往往认为是企业内部的事情，问题不大。但人力资源规划的科学性如何，往往关系到受许人经营的成本和效率的问题，实际是个大问题，要高度重视。

三、特许经营人力资源管理的基本内容

（一）人力资源规划

特许连锁企业的发展除了经营策略、产品策略、营销策略等外，还有人力资源策略，而人力资源策略的制定就是人力资源规划。它同企业发展制定的长、中、短期发展规划一样，也分为长期、中期、短期 3 种规划。短期策略主要解决的是一年内立即性或短期性的人力资源需求及配置问题，作好基本的人事管理，如招聘、任用、考勤、升迁、奖惩等，以维持现有的运营为主。中期策略一般为 1～3 年，是配合特许连锁企业的中期发展计划，预测未来 3 年内人力供需状况而做的人力资源规划。长期规划策略一般为 3～5 年，企业长期发展需要一批人才，所以开发人才、留住人才、培养人才、发展所长是人力资源长期规划的重点。

（二）工作分析与企业岗位设立

工作分析是指对一个企业组织在营运过程中所发生的工作进行研究分析的活动，以确定各个环节工作的差异性或相似性，为职位的设定提供资料。

企业岗位设立（职位设定）就是企业在工作分析的基础上，对相同或相关的工作内容进行固定为一个职位的过程。职位设定应注意以下内容。

1）编制职位说明书。其内容包括职位名称、工作经验、专长技能、健康状况、工作职责、从属关系、学历要求、横向联系。

2）充分理解职务与职位的关系。职务就是工作，职务分析就是工作分析，一个职务可以有几个或十几个职位。职位所担负的任务就是职务。如某公司计算机操作员五名。可理解为职务：计算机操作员，职位是 5 个计算机操作职位。有多少员工就有多少职位，职务少于职位。这有利于企业组织机构职系、职级及职务、职位的设计。

（三）员工招聘与媒介

1. 特许连锁企业员工的需求预测

人力需求预测的目的，在于协助人力资源规划执行的正确性。通过预测把握人力供需未来的状况，避免出现人力过剩与不及。尤其是我国连锁业人力流动速度过快，对人力资源管理产生不小的压力。

人力需求预测应以现状盘点为前提。人力现状盘点的内容有：公司内现有各层人数；各部门内职务类别，编制人数、缺额；各部门的人力素质、年龄、年资等；各部门内人员的离职率、新进率、流动率等；各部门现有生产力指数。如每人服务店数，每人负担营业额，每工时创造的营业额等。人力需求预测的内容是：动态的应有人数、留任人数（现有

人数扣除人力损耗）、需求人数（应有人数减去留任人数）。

2. 特许连锁企业的用人政策

特许连锁企业用人政策包括以下内容。

1）职务的基本条件。这主要包括：性别、年龄、学历、经历、科系、语文能力、特长、心理素质、身体素质等。根据职务不同有一定的区别。这里必须强调用人时不要出现年龄、性别歧视等现象。

2）法令的规定要求。这主要包括企业是否履行国家的社会保险、最低基本工资、岗位要求必须具备的职业资格证书和职称要求。

3）潜力要求。这主要包括：工作经验能力、性格特征、种族民族、地方文化、敬业精神等。

4）人力来源。这主要包括：全职还是兼职，在校生还是应届生，退休人员还是失业人员等。

3. 招聘媒介和招聘方式

（1）招聘媒介

1）媒体广告。例如，报纸、杂志、电视、车厢广告、公司统一发票广告、购物袋广告、网络广告、灯箱广告等。

2）店头 POP。例如，店内招牌、门市橱窗、DM（直邮）传单。

3）招募传单。采用夹报或卖场柜台置放招募传单方式，适合特定地区人员招聘。

（2）招募方式

招募方式主要有：店内招聘、员工介绍、人才招聘会、校园招聘、求才说明会、离职员工复职、广告刊登、建教合作、其他方式（如通过中介）等。

四、特许连锁企业的人力资源培训

1. 特许连锁企业人力资源培训的特点

1）系统内克隆。在连锁系统内，对各分店店长和其他工作人员的工作范围、工作任务、工作技能等要求是一样的。培训人才的捷径就是将新员工送到各家分店顶岗见习，或者让老店有能力的员工到新店中，担任重要角色，指导、培训新员工。

2）周期性活动。因为特许连锁企业在经营过程中客流量不是平均分配，而是有高峰的。例如，大型连锁超市的高峰期为中午 11 点左右和下午 5 点左右，这就要求店面工作人员工作安排有一定的周期性。培训工作也必须适合这一特点。

3）层次差异性。特许连锁企业对不同职位的人才，其工作能力要求是有差异的，所以在员工培训时，不同层次的员工采取不同的培训方式。例如，理货员培训强调操作，店长培训强调管理，企业高层培训强调决策和行业动向研讨。

4）战略投资。培训工作不是短期的，是企业长期人才战略的重要内容。为了企业的长远利益，需进行持续培训和再培训工作。企业培训成功与否的标志，不是短期利益，而是最终效益，所以说企业培训是战略性投资。

2. 特许连锁企业培训的方法

培训基本上分为职前培训、在职培训、脱产培训、自我教育等4种方法。4种方法各有优缺点，适应不同的人员，它们之间不是完全孤立的，而是可交替使用。

五、特许连锁企业的薪酬制度

1. 薪资政策

薪酬制度是特许连锁企业人力资源管理的重要内容。作为一个有一定规模的企业，薪酬制度必须有明确可循的薪资政策，以作为给付依据。薪资政策包括国家的工资政策和企业的薪资制度两个层面。在具体操作上要考虑企业效益、地区水平、行业特点、个人情况等因素。判定薪资政策应考虑的因素如图10-2所示。

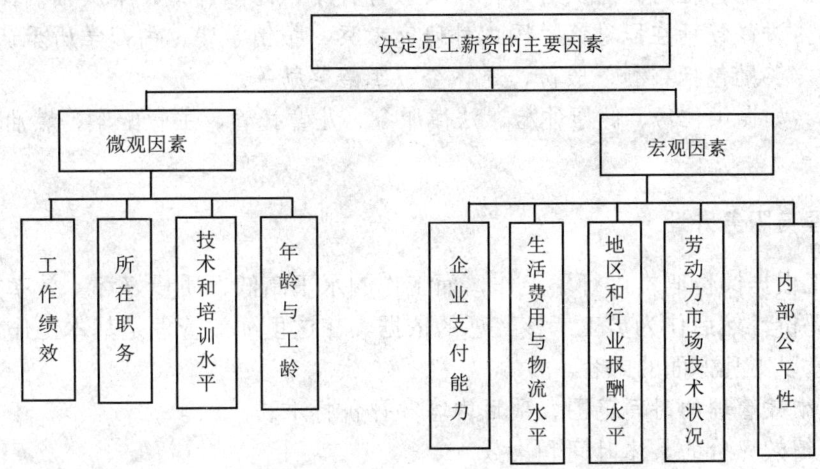

图10-2　员工薪酬影响因素

2. 薪资制度

特许连锁企业的薪资制度不是统一的，而是根据岗位的不同，大多数采用不同的薪资制度。薪资制度主要有以下几种类型。

1）固定薪资制。其特点是给薪固定但缺乏激励，适用于后勤正职人员。

2）薪资加奖金制。其特点是既有保底，还有一定程度的激励，较适用于店铺的营业人员。

3）奖金制。其特点是无保底工资，只有销售提成奖金，不确定性大，适用于敢于冒险、雄心勃勃的销售人员。

4）钟点计薪制。计算公式为

$$工资=工作时数\times 每小时薪资$$

其中：每小时薪资可变化也可不变。若变化可根据员工连续工作的时间，满足一定标准进行调整。钟点计薪制适用于兼职人员。

5）计件工资制。计算公式为

$$工资=生产件数\times 件工资额$$

计件工资制适用于物流系统的员工。

3. 福利制度

特许连锁企业的人力资源管理部门必须明确国家和企业的福利内容，依企业的财务能力决定福利的大小。福利主要包括以下几点。

1）社会保险。社会保险主要包括养老保险、失业保险、医疗保险、工伤保险、住房公积金。这是国家要求企业必须履行的职责。

2）休息。在我国，企业员工有权利享受国家规定的节假日。企业在这一时间要求员工上班，应给予不低于平时工资两倍的报酬。

3）休闲。休闲包括国内外旅游、社团活动、休闲俱乐部会员等。

4）补助。补助包括婚丧喜庆补助、子女教育补助、急难补助、节庆福利品等。

5）进修。进修包括在职进修、国内外研究考察、报销学费、内部学历承认。

6）奖励。奖励包括红利、股份、退休金、工龄奖励等。

7）其他。如提供住房、健康体检、法律服务、儿童托管、主管配车、燃油报销、员工餐厅等。

六、绩效管理与职务升迁

企业员工根据岗位职责进行了工作，而工作的水平高低、质量好坏、效率效益大小均需作出绩效评价，然后作为员工考核奖惩的依据。在这里绩效管理是基本工作，进行绩效管理必须注意以下几方面的内容。

1）确定绩效管理的时间范围、项目内容和评价标准。

2）确定绩效评价的具体时间和次数。

3）实施绩效评价。实施绩效评价应注意以下3点：把实际绩效与评价标准进行对比，以确定是否完成项目内容；分析被评价对象的工作态度；分析被评价对象的环境氛围和协作关系。如果后面两点不好，会有损于特许连锁企业的形象，使企业无形资产遭受损失。

4）绩效面谈。评价结果得到双方确认，才有助于后面的工作。

5）确定评价项目的权重及所占分数。评价后加以统计，做出排序。然后依据企业的调薪计划和升迁规划作出调薪和升迁决策。

有效公平的职务升迁对特许连锁企业来说也是至关重要的，尤其是当连锁店组织层次越来越庞大时。事实上，员工未来的发展性预期和升迁的公平性与否，常是造成员工离职的主要原因。因此，明确的升迁路线和公平的晋升原则，是特许连锁企业留住人才的有效方法之一。

1）明确的晋升路线要制度化。如晋升的资格限制、晋升时机、晋升人数、晋升方式应

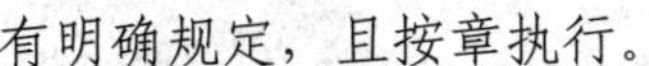

有明确规定，且按章执行。

2）公平的选拔方式要标准化。特许连锁企业经营的标准化、统一化深入人心。如果用人制度在公开选拔的基础上，操作规范化、标准化，必然有利于人才的选拔和升迁的顺利进行。一般认为，选拔的方式应有以下几个方面：笔试、面试、实操演示、主管会议评议、专家评议等。

第二节　特许门店主要岗位的人员职责

一、店长的素质与岗位职责

（一）店长的角色

1. 门店经营的代表人

连锁门店的店长对上直接隶属于总部管理，对下是门店的全面管理者，其管理能力直接影响门店的经营状况，对门店的整体经营效果及门店形象负全责。

2. 店铺经营目标的实现者

门店是利润单元，它在满足顾客需求的同时又必须为门店创造利润。店长必须根据总部制定的经营目标，合理利用门店的所有资源，有效组织门店的运营，发挥整体经营效率，提升业绩，确保公司经营目标的实现。

3. 卖场的指挥者

店长必须担负起对整个卖场的指挥责任，要将门店的经营目标分解到各部组，合理有效地利用人力资源，按照门店的经营计划来组织、指挥各部门的行动，控制卖场的整个布局和陈列效果，协调各方面的关系，及时解决运营过程中出现的问题，保障门店能够正常、有序地运行。

4. 员工的培训者

店长不但要提升自己的业务水平和业务技能，更要懂得不断地对员工进行在职培训，提高下属主管的管理能力和员工的服务能力，最大限度地开发和利用能力资源，使门店的服务水平和经营水平不断提高。

（二）店长素质与能力要求

店长作为门店的代表和指挥者，其素质的优劣和能力的强弱直接影响门店经营绩效的高低。成功的企业，对于店长的要求条件甚高，总部要给予一系列的培训，以保证他的服务绩效不断提升；而店长自身也要不断学习，使自身素质和能力不断提高。对店长素质和能力的要求主要有以下几个方面。

1. 身体素质

由于门店管理工作繁杂，长期面临激烈的竞争，工作压力大，良好的身体素质是店长能全身心投入工作的基本要求。门店店长最好是35～45岁的年轻力壮者，体力能承受得住长期疲劳的考验，能够承受满负荷的紧张工作所带来的压力。

2. 性格

（1）有积极的性格

面对问题和困难积极地去处理，不躲避；面对竞争，积极地面对市场的变化，勇于接受面临的任何挑战；对于日常工作，要勇于创新，不断提高服务水平和经营效益。

（2）有忍耐力

在门店的作业化管理过程中，往往能顺利进行的时候很短，而辛苦和枯燥的时候却很长。所以，对于店长来说，有忍耐力进行正常的活动是极其重要的。

（3）有开朗的性格

店长的情绪会直接影响下属及员工，也就影响了整个店的工作气氛。店长开朗的性格和良好的心情能有效地感染全体员工，营造一个愉快的工作环境，并将微笑和热情服务展现给顾客。

（4）有包容力

店长对门店运营中的问题要及时纠正，对同事、部下的失败或错误要教育和批评，但是店长的出发点应是关怀员工、帮助员工，同时要鼓励员工，激发员工的工作热情，从而有效地维护店长权威。

3. 知识

在学识方面，店长最应具备的基础主要包含以下几个方面：

1）了解零售业演变过程及发展趋势。

2）具有关于零售业经营及管理的知识。

3）具有洞察市场消费动向的知识。

4）具有关于经营企业的历史、制度组织、理念的知识。

5）熟悉公司各项规章制度和经营方针。

6）熟悉常用办公软件及商品进销存系统。

7）具有关于销售管理等方面的知识。

8）具有关于门店的计划决策方法的知识。

9）具有计算及理解门店内所统计数值的知识。

10）具有关于零售业的法律知识。

11）熟悉商品流转程序。

12）熟悉门店整体业务运作流程。

13）熟悉各职能部室与门店有关的业务运作情况。

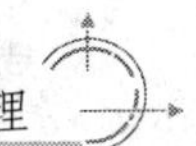

14）具有关于教育方法和技术的知识。

4. 店长应具备的能力

1）良好的商品销售技能。店长能对门店的布局和商品的陈列进行有效的管理，根据经营目标和市场变化适时调整商品结构和陈列，以保证商品的销售稳步上升。
2）敏锐的判断能力。店长能客观准确地判断经营管理中的问题和例外事件，并能迅速加以解决。
3）良好的处理人际关系的能力。店长能与下属及员工建立良好的人际关系，其亲和力有助于建立一个具有强大凝聚力的团队。
4）指导能力。店长能发现下属能力的不足，能拓展下属视野，帮助其成长与努力向上，并且指挥下属达到既定目标，从而促使下属提升业绩，使其发挥最大潜力。
5）数据管理能力。店长能全面地把握门店经营数据，通过数据的整理和分析及时了解门店的经营状况，并通过管理和各项措施不断改善数据指标。
6）目标完成能力。为了完成某一特定目标，能有效地调配门店内的资源，组织员工完成。
7）专业知识的学习能力。具有能不断学习掌握新的经营管理知识和相关知识及提升技能的能力。
8）卖场经营能力。能有效地组织门店的人、财、物，为顾客提供其需要的商品和满意的服务。
9）企划能力。能对门店的各项活动进行策划，具有较强的创新能力。
10）业务改善能力。改善服务品质并加以合理化的能力。
11）自我训练的能力。店长应以自我管理能力为前提，随着企业的成长，培育自我成长的能力，应该具有较强的自学能力，能从管理实践中不断总结经验，全方位地提升自己。

（三）店长岗位职责

连锁门店店长的具体职责主要包括以下几个方面。

1）制定经营目标与方针，主要是商品的促销计划，商品的定位和商品的组合，费用目标和利润目标等。
2）依据经营方针和目标来制订门店各个时段的计划，如日计划、周计划、月计划，并负责贯彻落实。
3）制定门店的各项规章制度并负责其贯彻、执行。
4）维持店内整齐生动的陈列和清洁舒适的购物环境。
5）监督检查各部门服务人员的日常工作情况，维持商场良好的顾客服务水平。
6）对门店员工进行业绩评估和岗位教育与培训，并向公司总部直属主管提供晋升建议；为公司的发展培训营运人才。
7）对销售情况做好分析、总结、预测，采取相应的经营对策，维持门店良好的销售业绩、毛利业绩。

8）审阅各种报表、单据、文稿。

9）负责门店的人员、商品、设备、现金、账务、安全等管理工作，使店铺业务能正常运行。

10）沟通门店和公司总部的关系，维护与供应商的关系。

11）迅速处理门店发生的各种紧急突发事件，如火灾、水灾、停电、抢劫、盗窃等。

（四）店长管理内容

店长管理的内容如下。

1）全面负责门店管理及运作，为所有的顾客提供优质超值的顾客服务。

2）根据总部的任务，负责制订月度、季度、年度销售计划、毛利计划，定量分解下发各部门，并督导落实。

3）负责与地区总部及其他业务部的联系沟通，传达并执行营运部的决策、计划。

4）加强员工培训和日常服务标准的检查，提高服务水平。

5）适时调整卖场布局和商品陈列，营造整洁、舒适、销售气氛浓的购物环境。

6）负责商品结构的调整、比重的调整、合作方式的调整。

7）组织市场调研，制定竞争策略，审批竞争商品品项。

8）指导商品促销、广告促销等活动的进展。

9）进行库存管理，保证充足的货品、准确的库存及订单的及时发放。

10）负责店内各项费用支出的标准制定、店内各项费用预算的审定和报批落实。

11）严格控制损耗率、人事成本、营运成本，贯彻“低成本”的经营策略。

12）负责员工业绩考评和审批工作，并在授权范围内核定员工的加薪、升职、调动、任免等，包括对管理人员的选拔和考评。

13）负责奖金提案的审核报批和分配方案的审定。

14）监督检查各部门执行岗位职责和行为运作规范。

15）保障营运安全，负责督导清洁、防火、防盗和设备的维修保养。

16）授权值班经理处理店内事务。

17）组织实施年度盘点。

（五）店长一天的管理流程

一般卖场的营业时间为9:00～22:00，为了确保门店开门正常营业，店长通常采取早班出勤方式，上班时间为8:00～18:30，通常一天还会安排一个值班店长换班。店长对卖场的检核项目以及检查时间见表10-1。

表10-1　店长卖场日常工作检查内容

时　间	工作要点
8:00～9:00	开店前的各项准备工作 1）监督早班员工到岗、刷卡情况 2）检查员工工卡、工服是否整齐、整洁

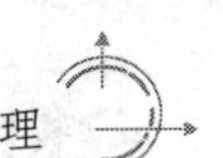

续表

时　　间	工 作 要 点
8:00～9:00	3）检查收货部员工是否已经做好收货准备 4）检查员工开店前卫生清洁作业、商品补货、理货作业状况，商品陈列是否排面丰满、整齐 5）检查各部门、部组负责人以及主管到岗情况 6）检查生鲜部门商品准备状况，自制商品开店前是否已经做好准备，开店后是否能够正常销售 7）检查营运部组开店前准备情况，检查、询问、督核各部组商品促销活动现场布置、变价、价签更换、POP 撤换等作业是否开店前全部完成 8）检查客服部门（服务中心/收银员）开店前工作准备状况，是否准时到位 9）检查防损部内保、外保各相关岗位人员是否已经准时到位，并准备迎接开店 10）检查、督核防损部门准时开店迎接顾客入店 11）巡视店铺人员工作状况以及全店卫生清洁状况 12）昨天营业情况确认：营业额、来客数、客单价、客品数、品单价等
9:00～9:30	主持召开当日主管晨会 1）通报前日销售额 2）通报昨日稽核检查记录 3）通报早晨巡检情况 4）确认部组计划重点，布置主要作业事项
9:30～10:00	营业问题点追踪 1）检查昨日经营中的问题，现场督促整改 2）对昨日营业额未达到目标的部门进行分析，提出改善建议 3）通过电脑数据报表的数据分析，提出改善建议和改善期限
10:00～12:00	1）检查正门以及门窗玻璃、主通道、门帘、卫生间等是否整洁、卫生，保洁人员是否已做完清洁作业 2）检查生鲜食品设施设备的运行状况、商品陈列方式 3）检查重点商品、季节商品、促销商品的陈列与展示 4）检查门店库房整齐、整洁状况，是否已安排人员进行整理 5）检查收货工作是否正常进行 6）检查各部门是否有缺岗现象 7）检查督核前台收银情况，收银台人力安排是否得当，并及时调整
12:00～13:30	早、晚班值班店长轮流午餐，并分别检查、督核各部组的员工换班午餐是否正常，是否存在脱岗现象、各部组、区域是否有人当值巡视
13:30～14:00	检查各部组主管是否准时回店，并且已经进入工作状态，同时检查各部组是否在进行商品整理作业
14:00～16:30	1. 竞争店调查分析比较竞争店与本店的活动和营业状况，提出应对对策 2. 部门会议 1）讨论各部门所需协调的事项 2）各部门计划执行情况，讨论如何实现经营目标 3）顾客意见通报与整改措施 4）经营计划讨论 3. 培训 1）新进人员的培训 2）在职人员的定期培训 3）节庆等特殊活动的培训 4. 各种计划、报告的撰写

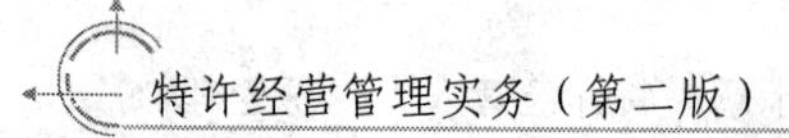

续表

时间	工作要点
16:00～18:30	1）各时段、各部门营业目标完成的情况 2）巡视、检查整个卖场的人员，对高峰期促销活动的人员和收银人员进行调配，保证有效运行 3）重点检查商品，保证商品的齐全和量感化 4）检查各部组是否在开交接班会，检查早晚班员工交接班情况 5）检查设施设备的运行，及环境的清洁、卫生、安全等的状况 6）专柜的运行和配合状况 7）指示副店长或值班店长接班注意事项

二、客服经理的岗位职责

1. 岗位职责

1）全面负责店内收货、收银、客服运作。
2）制订本部门工作计划并贯彻落实。
3）管理本部门员工，合理安排人力，保障服务正常运转。
4）监督各项营运程序、营运标准的正确执行。
5）保证收银机设备的正常运转。
6）保障现金室的正常运转和资金的安全收、发、存。
7）保障计算机中心办公室的正常运转。
8）处理好顾客投诉事件。
9）主持区域例会、班长例会。
10）审阅收银区域各种报表、单据、文稿。
11）控管本部门人事成本和营运费用。
12）负责本部门的人事管理。

2. 主要管理内容

1）全面负责收货、收银、客服工作，保证良好的服务形象。
2）组织本部门的会议，包括每日早会，传达、落实公司的政策，解决工作中遇到的难题。
3）负责所有现金报告、收银报告的审查，及时发现问题，制定解决问题的措施。
4）监督、检查服务流程和服务标准的执行情况，重点检查微笑服务和唱收唱付。
5）根据每日顾客流量的规律，合理安排收银人数，保持收银区正常的收银秩序和收银通道畅通，一般收银台前排队人数不超过 5 人。
6）加强收银过程中的损耗防止管理，包括商品损耗和现金损失。
7）保证现金的收发安全，监督现金室和收银岗位上人员的诚实。
8）检查整个服务区域，保证卖场环境的整洁、卫生。
9）检查客服退货程序是否正确。
10）检查顾客投诉记录的跟踪情况，处理比较棘手的顾客服务问题。

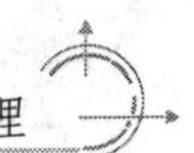

11）检查收货是否正常进行，巡查周转仓的整理和规范。
12）负责员工的培训、评估、升迁等工作，并指导主管助理和班长的日常工作。
13）严格执行培训计划，有针对性地组织对新近员工及在职人员的培训。
14）审批所有部门的日用品的申购，特别是控制收银部门的费用。
15）负责与其他部门及总公司的相关部门进行沟通协调。
16）正、副经理不在店内时，根据授权代理执行工作。

三、干货食品和百货楼面经理的岗位职责

1. 岗位职责

1）负责使本部门所有员工能为顾客提供优质的服务。
2）负责本部门员工的管理，保证并检查公司各项标准、规范的准确执行。
3）负责本部门的所有商品陈列的设计和实施。
4）负责本部门营运标准的维护，使商场保持安全、整洁、干净、舒适的购物环境。
5）负责执行全店的销售计划，保证本部门月度、年度销售业绩，毛利业绩达到公司指标。
6）负责商品的续订货和库存的管理，控制缺货。
7）负责促销计划的实施、竞争的市场调查和确定本部门的竞争品项。
8）负责控制本部门的损耗在公司的指标内。
9）提高劳动生产率，控制人事成本和运营成本。
10）负责本部门员工的培训、评估、升迁等事宜。
11）负责本部门的消防安全工作，避免工伤事故的发生。
12）组织实施周期盘点、年度盘点。

2. 主要管理内容

1）规范、监督员工服务行为，提高本部门顾客服务水平，保证优质、准确、快速的微笑服务。
2）组织本部门的早会、周会议等，传达公司的政策，通报每日销售状况和营运中的问题，提出整改要求。
3）巡视收货部，检查本日的进货、存货情况。
4）检查家电部、精品部和烟酒部的专柜的安全情况和台账记录。
5）检查家电的提货处，审核前一日所有的提货单。
6）检查本部门各个区域的补货、理货、陈列、价格标识、清洁卫生、安全等情况，确保公司运营规范的准确执行。
7）检查各部门商品的保质期和商品存放是否安全。
8）检查本部门每日零星散货的收回情况。
9）负责审核本部门各种报表的完成，根据每日各类报表有关销售额和利润的统计分析，及时调整陈列、制订促销方案。
10）审核系统订单和紧急订单。

11）负责本部门管理层的排班。
12）负责对本部门所有员工进行业绩考核、评估。
13）制订培训计划，有针对性地组织对新员工及在职人员的培训。
14）负责与其他部门及总公司的相关部门进行沟通协调。
15）店长不在店内时，根据授权代表店长做出决定，完成店长安排的工作，并在值班簿内登记报告给店长。

四、生鲜部经理的岗位职责

1. 岗位职责

1）使本部门能为顾客提供优质的商品和超值的服务。
2）保证公司各项标准、规范的准确执行。
3）负责本部门生鲜商品的质量和鲜度的管理，为顾客提供新鲜、干净、美味的食品。
4）负责本部门所有商品陈列的设计和实施。
5）负责维护本部门购物环境的安全、整洁、干净、舒适。
6）负责执行全店的销售计划，保证本部门月度、年度销售业绩，毛利业绩达到公司指标。
7）负责库存管理，控制缺货、库存周转期符合公司的标准。
8）负责促销计划的实施，确定竞争品项和开展各种促销活动以提高业绩。
9）负责控制本部门的损耗在公司规定的指标内。
10）负责保证所有的冷库、冷柜的温度保持正常，确保所有生鲜加工设备的正常运转。
11）负责本部门员工的培训、评估、升迁等事宜，提高劳动生产率，控制人事成本和营运成本。

2. 主要管理内容

1）关注顾客投诉、检查整个区域内的顾客服务情况，确保无顾客排队的情况。
2）组织本部门的会议，传达公司的政策，通报部门销售状况和每日营运中的问题。
3）检查整个部门的补货、理货、价格标识、陈列、安全生产情况。
4）检查所有陈列在销售区域内商品的陈列方式、陈列设施和商品质量情况。
5）检查加工区域的卫生是否达标，加工流程和操作是否规范。
6）巡视收货部，检查生鲜商品的收货、验货情况，审查供货商的资质。
7）检查销售区域的清洁卫生标准，检查个人卫生和着装标准。
8）检查每日变价是否100%正确。
9）检查商品的陈列是否先进先出。
10）审批竞争品项，批准降价和广告，监督促销计划的执行，确保完成公司指标。
11）检查冷库、冷柜温度是否在正确的温度范围内。
12）控制好库存、商品的陈列时间，检查商品的保质期和存放的标准是否符合公司的要求，缩短商品的周转期。
13）审查每日损耗登记表。

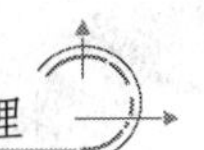

14）审核生鲜自用品的订购。
15）处理各种系统的报告。
16）检查零星散货的收回情况。
17）负责本部门管理层的排班。
18）安排部门员工的培训计划。
19）负责与其他部门及总公司的相关部门进行沟通协调。
20）店长不在店内时，根据授权代表店长做出决定，完成店长安排的工作，并在值班簿内登记报告给店长。

五、防损部经理的岗位职责

1. 岗位职责

1）认真完成店长交给的各项工作任务。
2）制订日常工作计划，指导、督促主管助理和班长的工作，使其提高工作能力。
3）负责门店的安全保卫，开展五防工作（防火、防盗、防暴、防破坏、防自然灾害），发现问题及时处理并上报。
4）分析商品流失情况，制定、实施防范措施，打击盗窃行为。
5）对盗窃事件进行处理，并向店长汇报。
6）组织开展军事演习和紧急事件的应急演练。
7）组织防损员参与对紧急事件的应急处理。
8）协助人力资源部对防损人员进行法律知识、消防知识、防盗技能、公司规定、相关商品业务流程等的培训、考核。
9）受理防损员的投诉，及时处理，并向店长汇报。
10）负责与相关政府部门的沟通协调工作。

2. 主要管理内容

1）落实国家有关消防安全法规，制定与实施公司的消防管理规定。
2）制订紧急方案，负责实施、处理紧急突发事件。
3）负责建立消防基层组织的，负责与驻场厂商、营运部门签订消防安全合同。
4）组织部门会议，传达、落实公司政策，总结工作业绩，解决工作中遇到的问题。
5）进行每日巡查，重点检查现金室、计算机中心、财务室、提货处有无异常，及时进行消防、安全隐患的检查和整改后结果的反馈等。
6）负责门店销售区、收货区域、收银区域、广场等处的正常秩序。
7）检查超市中的商品陈列是否有不安全因素，食品加工部门存在的安全、卫生隐患因素。
8）负责处理、调查超市有关内部人员、促销人员的诚实事件，对于盗窃员工依公司规定予以处置。

9）依法处理较大的顾客偷窃案件。

10）制订损耗防止计划，通过阅读超市的各种系统报告，重点跟进较大的库存更正、损耗更正等，堵塞管理漏洞，降低损耗。

11）督导安全教育、安全宣传、安全培训、安全活动的进行，定期进行消防知识考核和消防演习。

12）确保整个商场的消防、监控、防盗设施的正常运转。

13）指导部门档案资料整理、保存。

14）协助进行门店的年度盘点。

15）定期对本部门员工进行业绩考核、评估和升迁等事宜。

16）安排本部门管理层的排班、排岗。

17）协调与政府消防部门、治安部门之间的关系，取得他们的支持与帮助。

六、企划主管的岗位职责

1. 岗位职责

1）负责对超市进行节假日、店庆的门店装饰工作。

2）负责整个超市促销人员的培训、管理、奖惩等。

3）负责 DM 的制作和分发。

4）负责制作非标准、非规格的广告标识或通告、标牌等。

5）负责本部门设备的管理、维护和办公易耗品的申购。

6）负责与总部的相关部门，店内部门进行协调、沟通、合作等。

7）负责本部门员工的评估、业绩考核和专业培训。

2. 主要管理内容

1）检查店内所有的广告是否过期、损坏，悬挂是否正确，价格是否正确。

2）检查本期的 DM 是否在促销开始前已经完成内部分发。

3）检查所有促销员的出勤、到岗、顾客服务、区域整理等工作。

4）召开促销人员会议，传达公司政策和规章制度，表扬优秀的促销人员。

5）分享促销经验等。

6）制作广告，执行促销计划和装饰布置商场。

7）在商场内进行促销活动和娱乐活动，营造良好的购物气氛。

8）制作促销商品的报告，评估促销的效果。

9）整理赠品仓库，做好赠品进出账。

10）负责本部门人员的排班。

11）负责公司在门店的 CI 维护和统一公共形象的建立。

12）进行季节性销售的策划和服务社区的活动的举办。

七、财务主管的岗位责任

1）负责会计基础核算及财务管理工作。
2）制订财务工作计划，检查、督促、指导财务部人员的日常工作，保证财务工作的正常运转，及时汇报工作进度，反映日常工作中存在的问题及提出合理化建议。
3）明确各小组人员的岗位职责、工作权限、工作标准和考核办法，以及内部牵制制度和稽查制度，使财务人员分工合理、职责明确、互相制约，保证财务工作秩序化、规范化。
4）负责对商场（超市）人员有关财务知识的培训。
5）参与商品削价、报损、商品盘点等工作。
6）负责员工费用报销的审核工作。
7）负责商场（超市）出纳备用金、收银备用金、服务台定额储值卡和电话卡的监督和管理，不定期地进行抽查。
8）监督计算机三级账的有效运行。
9）加强沟通，协助解决营业中出现的有关财务问题。

八、理货区主管的岗位职责

1）对店长负责，在其指导下全面实施理货区管理工作。
2）切实保证商场（超市）各项规章制度在理货区得到贯彻落实。
3）对理货员验收的商品进行抽检，确保进场商品及理货区库存商品质量完好，数量准确。
4）确保理货区商品按类合理摆放，周转畅通，并保障商品安全。
5）参加商场（超市）例会并主持理货区例会、班长例会。
6）负责对理货员进行管理和培训，并指导助理和班长工作。
7）按商场（超市）商品流转程序要求审核各类单据，并审阅本区域各类报表、文稿。

第三节 特许经营人力资源培训

培训管理是任何成功特许企业的核心，是特许人发展计划的一个非常重要的组成部分。在某种意义上，特许经营可视为将成功模式或运营方法复制到其他地方的一种尝试，这在很大程度上依赖于从一处到另一处时知识和技能的有效传播。培训能够开发出受许人成功所需的心态和知识技能。

一、制订特许人力资源培训计划

1. 制订特许人力资源培训计划的前提

1）公司已经制订了特许经营的发展战略，对近一段时期的特许总部和门店发展有明确的计划。

2）有了明确的门店开发数目，并在不断进行中。
3）总部提出了人力资源的发展规划，并制订了相应的执行计划。
4）人力资源部制订了招聘计划，并在落实中。
5）受许人对门店开业的用人计划已经制订，并在落实中。
6）国际国内政治、经济有关企业经营的新形势、新趋向的变化。
7）国际新技术的发展或特许体系新技术、新设备的应用。
8）对人力资源的培训需求有了明确的分析。

2. 特许人力资源培训计划的内容

1）培训目的。根据培训需求确定培训目的。
2）培训目标。根据培训目的确定培训目标。
3）培训对象。签约受许人、潜在受许人、店长、门店管理人员、操作人员。
4）培训内容。确定培训项目，主要包括受许人课程、新员工课程、管理和操作技术课程。
5）培训时间。根据人力资源计划确定，每年两次大型培训，每月有不同形式的培训。培训计划因特许经营体系的不同而有很大差异。大多数的受许人培训项目要至少 5 天，多则可达两个月。培训项目会有不同的时间跨度、复杂程度和主题。
6）培训讲师。讲师分内部讲师和外部讲师。内部讲师由各个专业的负责人担任；外部讲师由门店总经理（或店长）和总部营运部联合认定聘用。培训讲师要求在特许经营企业的重要部门均有实践经验，可能原先是受训人员、助理经理、受许人、前合作者、竞争公司的经理；对执行培训这一重要职能的人员没有特定的职业发展模式，但是对负责受许人培训项目的人员仍有两个关键的要求：必须对有效的培训程序了如指掌；必须对特定行业进行特许经营确保成功的运作要求和特点有广泛深入的了解。
7）培训场地。特许总部、门店实地、加盟商地点。一些特许人，如麦当劳（芝加哥、伊利诺伊州）或多纳圈（麻省）选择集中培训，以加强对培训过程的控制，并确保主旨内容的讲授能保持一致性。假日酒店集团则在其田纳西州孟菲斯的假日酒店为新加盟的受许人提供课程培训。而 LJS（大个子约翰·西尔佛，Long John Silver）是在肯塔基州的列克星敦进行培训的。
8）培训组织。几乎每一个特许人都有原先设在特许组织内部的培训部或培训职能部门。
9）效果评估与考核。培训后必须对培训情况进行考核、验收、评估，确认培训效果，并颁发合格证书，并不时地进行跟踪。

二、开发特许经营培训项目

特许体系的培训主要包括 3 项措施：设计并建立培训部门或有此职能的部门；建立培训场地；开发培训项目，从内容上看，包括理念、学习、应掌握的技能以及提供培训所用的方法。从类型上说，包括受许人课程、新员工课程、管理和操作技术课程。

（一）受许人课程模块

1）特许企业与特许体系的历史。
2）特许经营的理念与企业文化。
3）特许企业的发展战略。
4）特许经营业务。
5）特许经营合同。
6）特许经营手册。
7）特许经营营运。

（二）新员工素质模块

1）特许企业与特许体系的历史。
2）特许经营的理念与企业文化。
3）特许企业各项规章制度。
4）特许企业经营环境。
5）人际交流与沟通。

（三）管理和操作技术课程模块

1. 管理知识模块

1）企业经营战略知识。
2）企业经营策划知识。
3）财务管理知识。
4）市场营销知识。
5）生产管理知识。
6）特许经营知识。
7）人力资源管理知识。
8）法律管理知识。

2. 操作技术模块

1）各类设备操作与保养技术。
2）市场调查与开店选址技术。
3）商品采购、运输、包装、加工、验收、接货技术。
4）商品上货、陈列、理货技术。
5）保洁卫生技术。
6）安全、防盗、防火技术。
7）客服中心服务技巧。
8）顾客服务技术。

9）现金、票据管理技术。

10）温度、湿度、亮度、响度、色彩、气味控制技术。

11）门店设备、货架布局技术。

3. 实操模块

把以上技术在总部、门店、物流中心进行实操练习。

培训使特许人得以在特许体系内向受许人及其雇员传授成功所必备的技能。

开发培训项目往往基于学习的理念，在培训中目标、需要学习的技能和使用的培训方法被精心地组织在一起。受许人需要学习商业运作，而不是简单地通过书本或手册来进行特许经营培训。在富有经验的培训人员指导下，通过讲座、小组讨论、情景问题分析和独立演习等混合方式学习商业运作，可以达到最佳效果。不管是在培训中心，还是在受许人自己的特许经营企业里，培训一般都重点强调通过采用特许经营体系中的必要运作方式来自我应用。

小资料

最受欢迎的十大培训

据零点调查公司的调查，目前最受欢迎的十大管理培训课程是：

1）高效培训。这是有关提高效率的培训课程，尽管费用高昂，但仍受到高层次职业人士的欢迎。

2）时间管理培训。此类课程传授的不仅是工作时间的管理方法，而且还包括生活时间的管理方法。

3）团队精神培训。受西方现代企业文化的影响，越来越多的中国企业意识到，员工整体协作对企业的发展将起重要作用。

4）营销技巧培训。随着市场竞争的日趋激烈，要求企业更加主动、积极地开拓市场。营销人员要想提高业绩，参加专业培训是非常重要的。

5）客户服务技巧培训。客户是上帝，只有充分满足客户的需要，才能实现企业的发展。因此，越来越多的企业把客户服务作为一种赢利的好方法。

6）沟通技巧培训。演讲技巧、谈话技巧、客户接待技巧都属于沟通技巧的范畴。

7）项目管理培训。项目管理包括对质量、时间、费用等几方面的管理，其在整个项目实施过程中起到科学协调的作用。

8）薪酬设计培训。市场经济要求企业实行市场化薪酬制度，薪酬已成为员工能力差异的一种重要表现。

9）领导艺术情景培训。此类培训形式灵活，内容实用，从日常工作中可能碰到的一些小案例出发，教给学员实用的处理问题的方法。

10）战略性人力资源管理培训。

（资料来源：www.manaren.com/news/1010001154）

三、受许人培训

在特许经营中，受许人一般都不具备特殊的技能或商业经验，但特许经营又涉及许多高度专业和范围广泛的知识与技能，所以特许人对受许人的培训非常重要。通过对受许人的培训，不但可以让受许人了解特许人的业务开展程序、运作方法等专业知识，更重要的是可以让受许人理解特许人的经营理念和发展目标。加强特许人与受许人之间的沟通，便于双方更好地合作。

（一）受许人培训方法

1. 利用资料说明

受许人提供公司有关资料是较好的培训方式，提供的资料一般包括以下内容。

1）企业介绍。

2）企业特许经营公开资料。

3）有关特许经营知识介绍的资料和书籍。

4）加盟招募的有关文件（加盟申请表、加盟指南、特许加盟意向书、特许经营合同、合同附件、特许经营授权书或其摘要部分）。

5）本企业行业和业务状况。

2. 咨询

特许人设立专门的招募热线电话、传真、E-mail、通信处等，并由经过培训的工作人员回复潜在受许人、新闻媒体及其他感兴趣的人士的咨询。

3. 招募说明会

招募说明会是招募受许人的重要环节，也是宣传推广特许经营体系的重要形式。

1）对象——经过资格审核的潜在受许人申请者。

2）时间——每月___次，每次___天，根据企业实际情况决定。

3）地点——特许经营总部、分部、样板店，或其余指定地区均可。

4）人数——10～20人。

5）费用——受许人自理。

招募说明会的内容主要有以下几方面。

1）公司介绍。

2）企业公开资料。

3）特许经营业务介绍（特许权、特许模型、加盟方式等）。

4）理念沟通。

5）特许经营知识咨询。

6）参观附近样板店。

7）特许经营合同主要条款解释。

8）答疑。

9）现场签约。

4. 全封闭培训班

对签约受许人可举行全封闭培训班，集中对他们进行有关特许经营、本企业、本行业、本特许经营体系加盟等方面的知识培训。

5. 现场指导

对正在运营中的受许人，派管理人员到其经营现场进行现场指导，也是对受许人培训的有效手段。

（二）受许人培训内容

培训内容因培训在加盟前、加盟中和加盟后而不同。

1. 签约前培训

培训内容主要有：什么是特许经营和加盟，加盟商素质及自我评估，如何选择盟主，企业的历史、成就与经营目标，企业的理念与文化，企业特许经营业务分析，企业特许经营财务分析，《特许经营合同》（标准版）分析，如何签约，如何筹备加盟事业，如何回避特许经营陷阱？案例分析与讨论。

2. 签约后培训

培训内容主要有加盟商的理念与文化，《特许经营合同》（加盟版）分析，特许经营加盟商手册分析，如何开始运作加盟事业？如何与盟主相处？

3. 运营中培训

运营中受许人培训一般分为 3 个主要部分：开业前培训、开业培训和后续（开业后）培训。

（1）开业前培训

开业前期基本上是培训密度最大的时期。大多数特许经营体系都要求开业前至少培训一周，有的则要求多达 300 小时。这种培训既有课堂教授，也有手把手演示。培训主题涉及特许经营企业规划、招聘、采购、销售规划、广告、企业管理、现金和库存控制，以及生产/运营方式等。

许多特许人都发现限制受训人数（如 3～12 人）可以取得更好的效果，因为这样既保证了足够的学员间交流，又保留了足够的个体性，以使每个人都能最大限度地获得参与的机会。无论是私下里还是共同参与企业经营时，受许人都有机会同其他受许人一起会晤、讨论各自的预期、愿望、优势和担忧。受许人在培训中相遇时，之间的交流非常有助于增强对特许经营体系的忠诚度，有助于培养个人在特许经营组织中的身份认同感，有助于学习或提高运作特许经营企业的技能。

受许人培训计划通常包括一份涵盖特许经营企业相关主题的培训手册。这些主题包括特许人采取的体系结构、融资、市场营销、运营、服务/产品以及管理/人事。培训手册（也可能包括录音磁带或录像带）一般包括所有特许人业务的介绍，还包括特许人建议或要求的经营程序的介绍。因此，手册对特许人和受许人都是重要的。对特许人来说，该手册不仅提供培训方法，而且如果对培训受许人方法的适用性有争议或疑问时，手册也可以提供保证。对受许人来说，该手册使其系统地了解在特许人的商业环境中有效运作所需的信息。因此，培训手册可以用来帮助记忆，也可以为解决每天工作中发生的某个具体问题提供参考。表 10-2 为麦当劳公司职员基本培训内容。

表 10-2　麦当劳公司职员基础培训课程

职位	营运课程	专业课程					
		财务部	人力资源部	设备维修中心	市场部	公共事务部	工程部
文员助理	沟通（BOC） 顾客满意（BOC） 食品安全与卫生消毒（BOC）	出纳 会计原理 电脑制表	餐厅实习 电脑学习 英文学习	识图、R.E.C.基本冷冻知识训练		电脑原理 公文写作 公共学基础	识图 装饰工程基本原理
专员	人员管理（BOC） 时间管理（BOC）	会计账务处理 会计电算化	《劳动法》及其相应法规	空调、炸炉、泰勒机和 CORMELIUS 课程	TAS 程序及结果汇总 TRAINING OF HER CITIES M.Q.M MIMI-HMU	法律有关常识 谈判技巧 公关学原理	供电、消防、环保规划手续程序 如何做 SITECHECK 报告
见习督导	领导风格（BMC） 辅导（BMC） 处理特殊状况（BMC） 认知与保留（BMC）	会计报表编制 财务分析 英语会计报表 英文财务分析	基本人力资源课程 MQM.TARGET SELECT-ION	厨房安排 冷冻安装 预算管理	PRE-PROMOTION ANALYSIS 赴香港麦当劳训练餐厅年会	M.Q.M. 政府有关法律	施工管理 控制成本技巧 SITECHECK 报告
高级督导部门主管	达到你的目标（BMC） 面试与甄选（BMC） 改进工作管理（IOC） 教练式经理（IOC）	成本控制、税法培训价格分析、审计培训 3-1-Q 计划编制	高级人力资源课程 P & L	D.H.C.	3-1-Q 去营运部训练 去采购部训练 ACCTG 训练	孙子兵法 “三十六计”	综合识图 概算定额 餐厅工程计划管理 控制造价成本

注：所有新进成员至少需在餐厅进行至少一周的实习，并进行英语培训。

（2）开业培训

大多数特许人在新加盟的受许人筹备开业时都会派出培训经理或培训部成员与之一起工作。规模小一些的服务导向型特许经营企业可能没有这样的服务。开业培训包括一至两周的详细准备，培训人员协助受许人筹备开业。培训人员独自或与受许人一起（后者较好）在经营程序上对员工进行培训，包括服务/生产、融资、市场营销和经营等。特许人代表在新开张的分店顺利运作起来之前，会经常和受许人待在一起，可能会在一起几天到几周不等。时间长短差别很大，这取决于开业时会遇到何种问题，是普通问题还是突如其来的问题、情况是否复杂等。一些服务导向型特许人从培训开始到受许人真正开业，会提供2～7周的培训。

这段时间中，有1～3周是在总部集中培训，有1～3周是为即将开业作现场培训。在开业运营的第一周，特许方代表会一直和新加盟的受许人在一起。大多数特许人认为应该由总部培训时的同一培训员一直跟踪到开业。这样的亲近感有助于特许人和受许人建立商业关系，显示特许人为受许人服务的承诺，并有希望赢得受许人的忠诚、热情和团队精神。

（3）后续培训

特许人在给受许人提供继续教育或培训时，不会遵循同样的方式。有些特许人在正式的开业前培训之后并无其他培训计划；有些在特许人和受许人季度会议、半年会议或年会之际进行培训；有些特许人则在需要时对受许人当前感兴趣的话题开研讨会。一些大型国内或国际特许体系在总部举行定期培训或在要求培训的受许人所在地对其培训。考虑到培训内容的广泛性，大多数特许人提供的培训或多或少都是非正式的，一般是一对一地讨论受许人的具体问题或要求。

许多特许人都向受许人及其员工提供后续培训。后续培训因特许人不同和行业不同而不同。受许人地区性或全国性会议经常有许多培训机会，诸如市场营销最新情况、行业趋势、新产品/服务开发、特许政策/程序变更、受许人之间或特许人和受许人之间的非正式思想交流等。许多特许人利用总部的培训设施来开展此类会议型培训项目，也针对新业务或财务会计程序对受许人或其员工集中培训、手把手培训。

当地代理在后续培训时扮演着重要角色。他们往往直接与受许人在一起工作，提供专家咨询，进行管理经营现场培训，提供教学视听材料，为特许体系新思想的共享提供渠道。

实时培训是大多数特许人在体系内推广新产品/服务的主要方式。特许人有责任通过采用最新最好的方式向消费者提供产品/服务，并不断改进经营程序。同时，特许人通常还负责开发新产品/服务或改良现有产品以满足消费者不断变化的需求。为使特许体系保持精简、新颖和有效，实时培训是传递所需知识技能的理想形式。

特许人提供了完全的培训。首先可以肯定的一点是，即便其培训是有一定水准的，任何特许人也都没有能力、财力、人力为受许人提供关于做生意的包罗万象的培训。而通常的情况是，特许人提供的培训更多的是关于自己生意在自己熟悉的环境中运作所需要的一些技术、知识和经验，至于这些在特定环境下可行的技术、知识和经验是否适用于受许人的特定地区和环境，则是没有保证或甚至没有经过论证的，往往更多地需要受许人自己而非特许人派来的帮助与指导人员灵活地把它们转变为受许人单店的运作实际。

小　结

明确特许经营人力资源管理的概念和内容特征等，理解特许经营体系的组织结构、人

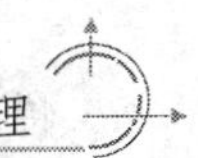

力资源规划、招聘、培训、绩效管理、薪酬体系等环节的基本知识，掌握常用的人力资源管理方法。

分析特许经营人力资源培训的运作和开发，并对制作培训计划和考核培训结果提出思路。

思考题

1．我国特许经营人力资源管理存在的主要问题是什么？
2．如何看待特许经营企业的员工培训？
3．简述如何招聘到合适的特许经营人才？
4．特许经营人力资源培训的内容有哪些？
5．特许经营人力资源管理同其他人力资源管理相比，有哪些特色？

案例分析

星巴克的人力资源管理

星巴克公司创建于1987年，1992年6月上市并成为当年首次上市最成功的企业。今天星巴克公司是北美地区一流的精制咖啡零售商、烘烤商及一流品牌的拥有者。它的扩张速度让《财富》《福布斯》等顶级刊物津津乐道。仅仅15年时间，就从小作坊变成在四大洲有5000多家连锁店的企业。星巴克之所以能在一个传统行业里，如此飞快地成长，得益于其别具一格的人力资源管理策略，使其成为投资于员工的品牌赢家。

一、星巴克的文化和价值观

星巴克总是把员工放在首位，并对员工进行大量的投资，这一切全出自于其董事长舒尔兹的价值观和信念。舒尔兹的管理作风与他的出身有关。他的父亲是货车司机，家境贫寒。所以他理解和同情生活在社会底层的人们。据说，他从小就有一个抱负——如果有一天他能说了算，他将不会遗弃任何人。舒尔茨的这种平民主义思想直接影响了星巴克的股权结构和企业文化。这种股权结构和企业文化又直接导致星巴克在商业上的成功。他坚信把员工利益放在第一位，尊重他们所做出的贡献，将会带来一流的顾客服务水平，自然会有良好的财务业绩。

二、投资于员工的品牌赢家

星巴克通过人力资源及全面薪酬体制来加强其文化和价值观，并且成为不靠广告而建立品牌的企业之一。《商业周刊》指出，星巴克建立品牌的方式是将广告费用到员工福利和培训上。

第一，薪酬福利制度。与零售业其他同行相比，星巴克雇员的工资和福利都是十分优厚的。星巴克每年都会在同业间做一个薪资调查。经过比较分析后，每年会有固定的调薪。

舒尔茨还给那些每周工作超过20小时的员工提供卫生用品、员工扶助方案、伤残保险。这在同行业中极为罕见。这种独特的福利计划使星巴克尽可能地照顾到员工的家庭，对员工家里的长辈、小孩在不同状况下都有不同的补贴办法。可能钱不是很多，但会让员工感到公司对他们非常关心。那些享受福利的员工对此心存感激，对顾客的服务就越周到。曾有媒体说“如果舒尔茨是这个咖啡帝国的国王，员工们就是他忠实的臣民。”

第二，股票期权。在星巴克公司，员工不叫员工，而叫“合作伙伴”。星巴克在1991年就设立了股票投资方案，允许以折扣价购买股票，所有员工都有机会成为公司的主人。由于公司股票价格不断上涨，给员工的期权价值很大。与此同时，配合公司对员工的思想教育，使得员工建立起自己是公司股东的想法。

第三，非常培训。对员工的栽培和辅导训练使他们得到可持续的成长发展空间，这是星巴克公司所看重的。对星巴克而言，每位员工都是构成品牌的一分子，在消费者心目中都代表着星巴克。因此，星巴克十分重视对员工的培训，所有招聘进来的员工在进入公司的第一个月内都能得到最少24小时的培训，包括对公司适应性的介绍、顾客服务技巧、店内工作技能等。另外，还有一个广泛的管理层培训计划，着重训练领导技能、顾客服务及职业发展。星巴克为员工提供了很多核心训练和技巧，希望他即使离开了，也同样能从星巴克的经历中受益。

星巴克的人力资源管理和薪酬一体化的结果提升了公司的文化和价值观，降低了员工的流失率，尤其是门店员工流失率远远低于同行业水平，约为同业水平一半到三分之一的样子。对员工的满意度调查表明：员工非常喜欢为星巴克工作。

三、星巴克构建全面的薪酬计划及人力资源体系

由于星巴克不是一家典型的企业，因而这也就不是一个典型的案例研究。本案例不是专注于某个单一的薪酬方案或整个薪酬体系，而是考察该公司的全部薪酬及人力资源体系是怎样和商业目标联系在一起，又是怎样加强公司的文化和价值观的。该公司的文化、价值观及人力资源系统相互支持业务的发展。最终，有助于创造成功的企业故事，使之不再依赖于传统的对待员工的理念。

1. 企业发展是根本

员工快乐工作的外在因素既然都是企业给予的，那么只有企业发展才能保证这些外在因素的完好。只有企业不断发展，才能提供更好的员工福利待遇，才能提供更多的员工培训，才能提供更多的空间，也才能谈论员工的个人成长感以及员工的事业成就感。人们在进入一个成长性企业时获得的机会更多，星巴克正是这样一个快速发展的企业，不停地开分店意味着公司需要更多的管理人员，这便是很多人的成长与发展机会。

2. 良好的激励措施

虽然很多公司无法采用期权激励的方式，但良好的激励措施仍是激发员工快乐工作的重要因子，当一个人的努力、一个人的价值被认可的时候或许是他一生中最幸福的时候。激励可以来自于简单的举动或语言。星巴克的谢海燕说，在星巴克的每一个分店的墙上，都贴着该店店长或是店员写的好评字条，还有每个月度销售庆功会上的一顿蛋糕和水果。除了以上这些“小恩小惠”，对员工最好的认可以及最好的激励措施最直接的就是规定明确

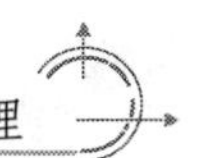

清晰的职位升迁制度以及各种奖励制度。

星巴克在全球都人手一本职业旅程手册，不论你是咖啡调理员、当班主管、副店经理，还是店经理、区域经理，你在手册上都能明确看到自己的工作职责、学习培训、晋升机会以及可预见的成就都包括什么内容，有了这个清晰的目标，大家十分确切知道自己该做什么、自己努力做可以做成什么。

3. “好薪情”方有好心情

最为现实的薪资也是员工快乐工作的一项重要因素。星巴克董事长舒尔兹的价值观和信念总是把员工放在首位，并乐意对员工进行大量的投资，他坚信把员工利益放在第一位，尊重他们所做出的贡献，将会带来一流的顾客服务水平，自然会取得良好的投资回报。“尊重员工使我们挣了很多钱，使公司更具竞争力，我们何乐而不为呢。”舒尔兹这样说。

在中国，他的这一理念被完好地贯彻执行。你会发现，星巴克从来不做广告，我们通过一杯杯的咖啡传递着我们的品牌文化。而要让伙伴能够将这一文化更好地传递出去，必须让他们先要感受到这样贴心的文化。因此，相对于同行，星巴克员工的工资和福利都是十分优厚的。星巴克考虑到早晚班员工上下班路途的辛苦，这些人员可以公费乘坐出租车。值得一提的是，除了国家规定之外的妊娠假，星巴克一线员工在 4 个月的时候就可开始带薪休假，前后一共可休假 10 个月左右。

4. 称谓的诀窍

听说过这样一个故事：一个门卫由于长年只干这一份工作而产生倦怠感，他变得应付、得过且过，不久同事们惊奇地发现他又恢复到曾经的勤快、热情了，后来才知道这个改变竟是公司新来的经理的一个简单不能再简单的举动——他将“门卫”称谓改成了“防卫工程师”。这就是称谓的诀窍，同一个称谓变换一个说法，给人产生的感觉截然不同。星巴克就倡导这样的文化，在这里，员工一律被称为“伙伴”，办公总部被称为“支援中心”。在星巴克，他们不称员工而称伙伴，是强调彼此之间相互合作的关系，强调共同努力才能做大事业，平日里，他们并不鼓励称谓，同事之间都是直呼其名。

5. 创新的刺激元素

星巴克倡导“以咖啡会友”，每星期两次的“咖啡品尝”时间，品尝的多是伙伴们从各地带来的口味各异的咖啡，带来咖啡的人就以咖啡为切入点，开始了自己的话题。

6. 价值驱动型企业

星巴克是一家价值驱动型的企业，公司内有一套被广泛接受的原则。这家公司总是把员工放在首位并对员工进行了大量的投资。这一切来得绝非偶然，全都出自于首席执行官的价值观和信念。舒尔兹曾说道：“我想建立的公司能给人们带来主人翁意识并能提供全面的医疗保险，最重要的是，工作能给他们带来自尊。人们普遍认为该公司是一家能给他们带来自尊的公司，能尊重他们所做的贡献，不管员工的教育程度差别以及工作地点在哪里。”

公司坚信若把员工放在第一位的话，将带来一流的顾客服务水平。换言之，有了对服务相当满意的顾客后，自然会有良好的财务业绩。

（资料来源：http://www.doc88.com/p-698272939080.html）

案例解析 企业经营其实是人才的经营，竞争也是人才的竞争。没有人才，再好的设计也是纸面的。

所以，如何识人、聘人、养人、用人、留人、去人等人力资源问题就成了关键。公司的制度都是为这些而服务的。而星巴克的文化价值观、对员工的培养投资、科学的薪酬设计就很关键，值得我们借鉴。

实训项目

重庆小天鹅餐饮有限责任公司计划于2011年上半年在河南郑州开3家特许加盟店，应加盟商的要求，作为总部支持的义务，总部人力资源部要为加盟商制定标准的人力资源发展规划，为开业做好人力资源准备。请完成以下问题：

1）假如你是人力资源主管，请为加盟商制定一份完备的人力资源规划。

2）假如你是培训主管，请制订加盟商培训计划。

3）假如你是工作分析和招聘主管，请拟订加盟商的用工计划和人员管理方式（人才引进或劳务派遣）。

参 考 文 献

安德鲁 • J. 谢尔曼. 2005. 特许经营手册. 北京：机械工业出版社.

陈阿兴，武云亮. 2006. 特许经营. 北京：中国商务出版社.

何森. 2005. 连锁为王. 北京：中国经济出版社.

贺昆. 2003. 克隆名店. 北京：新华出版社.

李维华. 2005. 特许经营理论与实务. 北京：机械工业出版社.

倪宁. 2004. 麦当劳餐饮攻略. 广州：南方日报出版社.

汪光宗. 2002. 成功加盟指南. 乌鲁木齐：新疆人民出版社.

王吉方. 2005. 连锁经营管理教程. 北京：中国经济出版社.

王吉方. 2013. 连锁经营管理：理论 • 案例 • 实务. 3 版. 北京：首都经济贸易大学出版社.

王吉方. 2013. 连锁企业门店开发与设计. 2 版. 北京：科学出版社.

王吉方. 2013. 连锁企业经营管理原理. 2 版. 北京：科学出版社.

杨波. 2006. 7-11 真经. 北京：北京工业大学出版社.

张凤珍. 2007. 特许加盟实务. 北京：电子工业出版社.

赵桂莲，王吉方. 2008. 特许经营法律实务. 北京：科学出版社.

赵涛. 2005. 特许经营. 北京：北京工业大学出版社.

朱甫. 2006. 沃尔玛渔家乐赋. 北京：中国经济出版社.

朱明侠. 2001. 特许经营. 北京：对外经济贸易大学出版社.

朱明侠. 2003. 特许经营案例集. 北京：经济科学出版社.

张琼，朱丽筠. 2015. 加盟与创业. 北京：高等教育出版社.

中国连锁经营协会. 2010. 中国连锁经营年鉴. 北京：中国商业出版社.

中国连锁经营协会. 2011. 中国连锁经营年鉴. 北京：中国商业出版社.

中国连锁经营协会. 2012. 特许加盟成功之路. 北京：经济日报出版社.

中国连锁经营协会. 2013. 中国连锁经营年鉴. 北京：中国商业出版社.

中国连锁经营协会. 2014. 中国连锁经营年鉴. 北京：中国商业出版社.

附　　录

附录一　商业特许经营管理条例

2007年1月31日，国务院常务会议第167次会议通过。

第一章　总　则

第一条　为规范商业特许经营活动，促进商业特许经营健康、有序发展，维护市场秩序，制定本条例。

第二条　在中华人民共和国境内从事商业特许经营活动，应当遵守本条例。

第三条　本条例所称商业特许经营（以下简称特许经营），是指拥有注册商标、企业标志、专利、专有技术等经营资源的企业（以下称特许人），以合同形式将其拥有的经营资源许可其他经营者（以下称被特许人）使用，被特许人按照合同约定在统一的经营模式下开展经营，并向特许人支付特许经营费用的经营活动。

企业以外的其他单位和个人不得作为特许人从事特许经营活动。

第四条　从事特许经营活动，应当遵循自愿、公平、诚实信用的原则。

第五条　国务院商务主管部门依照本条例规定，负责对全国范围内的特许经营活动实施监督管理。省、自治区、直辖市人民政府商务主管部门和设区的市级人民政府商务主管部门依照本条例规定，负责对本行政区域内的特许经营活动实施监督管理。

第六条　任何单位或者个人对违反本条例规定的行为，有权向商务主管部门举报。商务主管部门接到举报后应当依法及时处理。

第二章　特许经营活动

第七条　特许人从事特许经营活动应当拥有成熟的经营模式，并具备为被特许人持续提供经营指导、技术支持和业务培训等服务的能力。

特许人从事特许经营活动应当拥有至少 2 个直营店，并且经营时间超过 1 年。

第八条　特许人应当自首次订立特许经营合同之日起 15 日内，依照本条例的规定向商务主管部门备案。在省、自治区、直辖市范围内从事特许经营活动的，应当向所在地省、自治区、直辖市人民政府商务主管部门备案；跨省、自治区、直辖市范围从事特许经营活动的，应当向国务院商务主管部门备案。

特许人向商务主管部门备案，应当提交下列文件、资料：

（一）营业执照复印件或者企业登记（注册）证书复印件；

（二）特许经营合同样本；

（三）特许经营操作手册；

（四）市场计划书；

（五）表明其符合本条例第七条规定的书面承诺及相关证明材料；

（六）国务院商务主管部门规定的其他文件、资料。

特许经营的产品或者服务，依法应当经批准方可经营的，特许人还应当提交有关批准文件。

第九条　商务主管部门应当自收到特许人提交的符合本条例第八条规定的文件、资料之日起 10 日内予以备案，并通知特许人。特许人提交的文件、资料不完备的，商务主管部门可以要求其在 7 日内补充提交文件、资料。

第十条　商务主管部门应当将备案的特许人名单在政府网站上公布，并及时更新。

第十一条　从事特许经营活动，特许人和被特许人应当采用书面形式订立特许经营合同。

特许经营合同应当包括下列主要内容：

（一）特许人、被特许人的基本情况；

（二）特许经营的内容、期限；

（三）特许经营费用的种类、金额及其支付方式；

（四）经营指导、技术支持以及业务培训等服务的具体内容和提供方式；

（五）产品或者服务的质量、标准要求和保证措施；

（六）产品或者服务的促销与广告宣传；

（七）特许经营中的消费者权益保护和赔偿责任的承担；

（八）特许经营合同的变更、解除和终止；

（九）违约责任；

（十）争议的解决方式；

（十一）特许人与被特许人约定的其他事项。

第十二条　特许人和被特许人应当在特许经营合同中约定，被特许人在特许经营合同订立后一定期限内，可以单方解除合同。

第十三条　特许经营合同约定的特许经营期限应当不少于 3 年。但是，被特许人同意的除外。

特许人和被特许人续签特许经营合同的，不适用前款规定。

第十四条　特许人应当向被特许人提供特许经营操作手册，并按照约定的内容和方式为被特许人持续提供经营指导、技术支持、业务培训等服务。

第十五条 特许经营的产品或者服务的质量、标准应当符合法律、行政法规和国家有关规定的要求。

第十六条 特许人要求被特许人在订立特许经营合同前支付费用的，应当以书面形式向被特许人说明该部分费用的用途以及退还的条件、方式。

第十七条 特许人向被特许人收取的推广、宣传费用，应当按照合同约定的用途使用。推广、宣传费用的使用情况应当及时向被特许人披露。特许人在推广、宣传活动中，不得有欺骗、误导的行为，其发布的广告中不得含有宣传被特许人从事特许经营活动收益的内容。

第十八条 未经特许人同意，被特许人不得向他人转让特许经营权。被特许人不得向他人泄露或者允许他人使用其所掌握的特许人的商业秘密。

第十九条 特许人应当在每年第一季度将其上一年度订立特许经营合同的情况向商务主管部门报告。

第三章 信息披露

第二十条 特许人应当依照国务院商务主管部门的规定，建立并实行完备的信息披露制度。

第二十一条 特许人应当在订立特许经营合同之日前至少30日，以书面形式向被特许人提供本条例第二十二条规定的信息，并提供特许经营合同文本

第二十二条 特许人应当向被特许人提供以下信息：

（一）特许人的名称、住所、法定代表人、注册资本额、经营范围以及从事特许经营活动的基本情况；

（二）特许人的注册商标、企业标志、专利、专有技术和经营模式的基本情况；

（三）特许经营费用的种类、金额和支付方式（包括是否收取保证金以及保证金的返还条件和返还方式）；

（四）向被特许人提供产品、服务、设备的价格和条件；

（五）为被特许人持续提供经营指导、技术支持、业务培训等服务的具体内容、提供方式和实施计划；

（六）对被特许人的经营活动进行指导、监督的具体办法；

（七）特许经营网点投资预算；

（八）在中国境内现有的被特许人的数量、分布地域以及经营状况评估；

（九）最近2年的经会计师事务所审计的财务会计报告摘要和审计报告摘要；

（十）最近5年内与特许经营相关的诉讼和仲裁情况；

（十一）特许人及其法定代表人是否有重大违法经营记录；

（十二）国务院商务主管部门规定的其他信息。

第二十三条 特许人向被特许人提供的信息应当真实、准确、完整，不得隐瞒有关信息，或者提供虚假信息。

特许人向被特许人提供的信息发生重大变更的，应当及时通知被特许人。

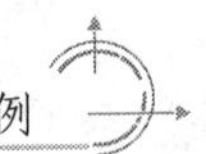

特许人隐瞒有关信息或者提供虚假信息的，被特许人可以解除特许经营合同。

第四章　法律责任

第二十四条　特许人不具备本条例第七条第二款规定的条件，从事特许经营活动的，由商务主管部门责令改正，没收违法所得，处 10 万元以上 50 万元以下的罚款，并予以公告。

企业以外的其他单位和个人作为特许人从事特许经营活动的，由商务主管部门责令停止非法经营活动，没收违法所得，并处 10 万元以上 50 万元以下的罚款。

第二十五条　特许人未依照本条例第八条的规定向商务主管部门备案的，由商务主管部门责令限期备案，处 1 万元以上 5 万元以下的罚款；逾期仍不备案的，处 5 万元以上 10 万元以下的罚款，并予以公告。

第二十六条　特许人违反本条例第十六条、第十九条规定的，由商务主管部门责令改正，可以处 1 万元以下的罚款；情节严重的，处 1 万元以上 5 万元以下的罚款，并予以公告。

第二十七条　特许人违反本条例第十七条第二款规定的，由工商行政管理部门责令改正，处 3 万元以上 10 万元以下的罚款；情节严重的，处 10 万元以上 30 万元以下的罚款，并予以公告；构成犯罪的，依法追究刑事责任。

特许人利用广告实施欺骗、误导行为的，依照广告法的有关规定予以处罚。

第二十八条　特许人违反本条例第二十一条、第二十三条规定，被特许人向商务主管部门举报并经查实的，由商务主管部门责令改正，处 1 万元以上 5 万元以下的罚款；情节严重的，处 5 万元以上 10 万元以下的罚款，并予以公告。

第二十九条　以特许经营名义骗取他人财物，构成犯罪的，依法追究刑事责任；尚不构成犯罪的，由公安机关依照《中华人民共和国治安管理处罚法》的规定予以处罚。

以特许经营名义从事传销行为的，依照《禁止传销条例》的有关规定予以处罚。

第三十条　商务主管部门的工作人员滥用职权、玩忽职守、徇私舞弊，构成犯罪的，依法追究刑事责任；尚不构成犯罪的，依法给予处分。

第五章　附　则

第三十一条　特许经营活动中涉及商标许可、专利许可的，依照有关商标、专利的法律、行政法规的规定办理。

第三十二条　有关协会组织在国务院商务主管部门指导下，依照本条例的规定制定特许经营活动规范，加强行业自律，为特许经营活动当事人提供相关服务。

第三十三条　本条例施行前已经从事特许经营活动的特许人，应当自本条例施行之日起 1 年内，依照本条例的规定向商务主管部门备案；逾期不备案的，依照本条例第二十五条的规定处罚。前款规定的特许人，不适用本条例第七条第二款的规定。

第三十四条　本条例自 2007 年 5 月 1 日起施行。

附录二　国际商会标准特许经营合同

公司注册地：____________________________________
公司在此由_________________________________代表
以下称“特许人”与____________________________________公司
公司注册地：____________________________________
公司在此由___________________________________代表
以下称“受许人”

第一部分　序言

各方对下列事项达成一致：

第 1 条　宗旨

特许人授予受许人在特许经营下商品化经营（制造）下述产品（服务）之权，或者接受根据本合同条款在该建筑物内和在第 4 条所规定的区域执行特许经营协定。

第 2 条　受许人的法律地位

2.1　受许人以自身名义，自付费用，作为单独的商人进行其活动。因此，他须尊重对所有商人共同的法律要求，特别是有关资格的规则以社会的、财务的和商业的要求。

作为一个独立的商人，受许人应就其活动自负一切风险和从一切赢利中获利。

2.2　受许人不是特许人的代理人、买卖代表，也不是他的雇员或合伙人。

受许人不是特许人的代理人，受许人无权以特许人的名义签订合同，使特许人在任何方面对第三人承担责任，或由特许人负担费用，承担任何义务。

第 3 条　授予的各项权利

为了使受许人正当经营，特许人授予受许人下列各项权利：

a. 使用代表____________（中以描述）的式样的权利，经依照____________登记为产品（服务）的商标（使用登记为……专利的制造技术的权利）；

b. 使用______________名字/标志的权利；

c. 查阅并使用作为本协议附件，称作______________文件所规定专有技术的权利；

d. 在引进以及经营过程中协助受许人从技术、商业、法律和经营受益的权利，第 5 部分和第 6 部分中有规定；

e. 出售和使用特许制造的产品（由指定的供应商）意即……

第 4 条　区域

使用授予受许人特许经营的权利应在本协议附件 3 所载地区和建筑物中行使。

受许人未经特许人事前和书面许可不应变更其建筑物地址。

第 5 条　专属性

5.1　在本合同期间，在第 4 条所载区域中，特许人承诺：

——不将本特许经营的全部或部分授予第三者；

——本身不从事全部或部分的特许经营，也不以相似的方法出售本特许经营范围内的产品（服务）；

——不向任何第三者供应全部或部分、本特许经营范围内的产品（服务）；

所有在法律上或在事实上控制特许人所控制或与其共同受到控制的人或公司，均认为是第三者。

5.2　在本协议期间，特许人应：

——在第 1 条所载的建筑物内独自经营特许经营；

——不得在第 4 条规定的地域之之外与特许经营范围内的产品（服务）寻求客户。

第 6 条　期间

本协议在签字之日生效，为期____________年。

本合同自动延长连续的____________年期，除非特许人或受许人在第一个期限届满前或每一个延期届满前至少____________月发出通知。

用挂号信或任何其他书面传递手段，可借以准确确定收到通知的日期（该日期可用计算通知期间）。本协议在签字日生效，期间可不确定。

各方不发出____________月通知将止本合同，用挂号信或任何其他书面传递手段，可代理以确定收到通知的日期（该日期是该通知期间的起始日）。

第二部分　总则

第 7 条　善意

各方应本着善意和履行本合同，特别应当尽其全力，彼此应表明其谨慎、忠实和合作。各方同意，在合同的范围之内，倔们的关系确定为合作关系。上述条款是一项实质责任。

第 8 条　遵守国家法律

受许人遵守适用的法律，并应有必要的授权。

第 9 条　特许人的质量标准

受许人如第 1 条所载出售（制造）产品（服务），在特许人网络的牌号商标形象方面，与这些条件方面保证完善的和谐和组织。

为此，受许人特别应遵守下列规定：

9.1　建筑物

9.1.1　受许人在装修和建设物装饰以及产品（服务）的展示方面都应严格遵守本协议附件 4 所列特许经营人规格所规定的条件。

至迟本协议签字之日特许人应对装修费用给受许人一个粗略估算。此项粗略估算费用由受许人负担。

在本协议履行期间，特许人对于上述规定所作的任何重大修改，例如补充安装、改造……其费用均由特许人负担。

9.1.2　受许人在遵照本协议附件 4 所列特许人指示的同时应自负费用，保证完全维修建筑物。

9.2 授予的各项权利

9.2.1 受许人应该按照所列条款，并在其界限内，使用第 3 条所规定的工业和知识产权。受许人除了出售第 1 条所列产品（服务）外，不得为了别的目的，使用这些权利。也不得在本合同终止后以任何理由使用这些权利。

9.2.2 受许人应自负费用，在建筑物内外添附特许经营的明显的标志，包括特许人允许受许人使用的店铺标志。未经特许人事前书面同意，受许人不得添附其他明显万分，不论 9.2.3 第 2 项如何适用。

费用由受许人负担，连同保险费用、维修费用以及有关的税款（如果有的话）。

9.2.3 受许人应在一切通信、发票以及在从事活动中用的商业和广告文件，在商业与东西和在建筑物上使用“______________”名称。

受许人也可标出其公司的名称，以及任何其他法律身份，但特许人与受许人之间不可能发生混淆，受许的身份不损害特许人名称、标记或标志的形象。

9.3 关于客户的形象

为了尊重客户关于网络牌号和商标的形象，受许人应当：

——按照适用于特许经营活动的商业习惯从事特许经营；

——不影响第 26.1 条规定，保持第 1 条所载商品足够的库存量以立即满足客户的需要；

——在数量上和质量上聘用必要的职工，并保证这些职工在仪表和与客户的关系方面能符合特许人的规格，这些规格载于手册，作为本合同的附件 2；

——严格认真地尊重他对货物（服务）供应商的承诺，特别是，在规定的时间内向供应人支付应付金额。

——不影响第 11 条规定，不得出售可能损害网络牌号形象的任何产品（服务）；

——将自行制定的广告计划事先提交特许人书面同意，同意只限于广告的性质，而不涉及销售条件，例如广告的价格；

——对于供应的不符合本协议附件 2 规定的质量标准和所有物品（服务）保证立即替换或给予补偿；

——受许人对顾客的投诉应当正确和勤勉地对待。

9.4 商业方法

9.4.1 从第五节和第六节所述的技术、商业和管理角度看，受许人应适应特许所确立的商业方法。

受许人除为出售第 1 条所指商业（服务）外不得为任何目的使用这些方法，也不得在本合同终止后使用它们。

9.4.2 为了维护网络的共同身份和名誉，受许人应就可能发生的不在第 9.4.1 范围内扔任何问题，要求特许给予帮助和建议。

9.4.3 受许人应按第 16.3 条规定的条件举办广告和促销活动。

9.5 监督程序

9.5.1 特许人每季度……次，最少事前 48 小时书面通知（选定日），于正常的工作日和工作时间充分进行受许人的建筑物，使特许人得以确保受许人符合本合同各项条件。

为此，在特许人的要求和专家（公司审计、律师……）协助下，可对受许人的状态进行财务和法律审计。

此项费用应由特许人负担。

在受许人方面，在回答特许人（或任何其他经授权的人）提出的问题和自发地提交所有有用的资料时，向特许人提供完全的和忠实的合作。

9.5.2　受许人应向特人尽可能快地提供有关企业商务、财务或技术状态的全部要求的资料。

每______________（年、季度等等）受许人都应向特许人提交下列文件：会计报表。

对其余的资料，受许人应在每月最后一天向特许人提交有关会计文件以便特许人确定第 14 条所规定的定期费用。

第 10 条　保护特许人的各项权利

10.1　受许人承担义务应立即将侵犯或滥用商标，商业名称或者其他简称以及任何侵权或不正当竞争情况通知特许人。

10.2　受许人应就法律程序向特许人提供必要的帮助以便在诉讼中成功地得出结论。此项帮助引起的费用应由受许人（或特许人）负担。

在事前书面通知后，受许人如果在法律上能这样做时，应进入任何有用的法律程序，以便特许人的权利得到确认。诉讼程序费用应由特许人（或受许人）承担。

第 11 条　不允许竞争

11.1　受许人不得在本合同第 4 条所规定的地区内：

——直接或间接地、独立的或作为一雇员，代表他自己或者使用任何其他人的名义，进行具有类似性质的任何商业活动，从而按本协议所述条款销售产品（提供服务）。

——给予金融援助或投资于一家竞争者公司，而此类援助或投资使他能对公司的经济活动产生任何影响。

如果受许人不遵守上述 11.1 条中规定的义务，他应依法支付合同赔偿____金，无须任何事先通知。

11.2　如果受许人决定开发一家非竞争性的公司，他必须事先用书面通知特许人。

11.3　本合同无论以何种理由终止后，第 1 条内容继续适用一年。

第 12 条　秘密

12.1　受许人在其与特许人的来往关系中所获得的一切信息，无论此种信息的形式和目的为何，均视为秘密。但是，对秘密信息的表述不适用于：

——本合同签字之日已是众所周知的信息或者并非由于受许人未尽义务而导致众所周知的信息。

当特许人传达信息给受许人之日，后者早已持有该项信息并能证明其本人确已持有的信息。——由有权透露的第三方透露给受许人的信息。

12.2　受许人承担义务不直接或间接地把从特许人获得的秘密信息传达给任何第三者，但工作人员或任何其他人履行本协议所列义务必须的信息除外。

12.3　特许人保证他本人或下属任何工作人员或履行本协议义务的任何其他人不使用

秘密信息于本协议规定的使用范围之外。

12.4　按法律或事实上控制了受许人或受到受许人单独或联合控制的任何个人或公司被视为履行本协议义务的人。

12.5　履行本合同的工作人员按上述 12.2 条搜集信息时应认识到本合同的存在和所传达的信息的秘密性质。

受许人保证履行本合同义务的工作人员在接受信息之前就应该遵守秘密信息的机密性和禁用的义务，如同本合同所规定的义务一样。他们的就职合同应该包括如下条款：保密规定未得遵守时，特许人有权对工作人员其他有关人员采取直接行动。

在任何情况下，特许人对其工作人员透露或使用秘密信息完全负责，(甚至在他们的就职合同终止以后或这些雇员离职以后)。

12.6　只要秘密信息尚未公开，受许人不应透露或使用秘密信息于任何其他目的，在合同有效期间和终止后均如此，不论终止的原因是什么。本条亦适用于第 28 条所述转让的情况。

第三部分　特许使用费/价格

第 13 条　初始费用

为了获得其受许人的身份和加入的权利，受许人必须付给特许人一笔_____金额的特许使用费。

特许使用费在本协议签字时以支票支付。这一笔一次总付的总金额包括特许人为执行特许（协助、培训等）而给予受许人的所有好处，不包括第 1 条所述商品（服务）的供应和第 9.1.1 条所述受许人的费用。

第 14 条　分期支付

14.1　为了回报他在本合同中所接受的好处，受许人应当每月（或每季）付给特许人相当于上月营业额的____________%，营业额的计算系参照受许人开给客户的账单总额，无论是否已两讫。

账单金额即实际价格(已扣除不包括现金折扣在内的所有折扣)，包括一切附加费用(例如包装、运输、保险等等）和进口关税或其他税，这些费用、关税或其他税在发票中分别提及。

营业额是特许人开给受许人的账单金额，无论是否付讫，不包括进口关税或其他税。

14.2　特许人按第 9.5.2 条规定在从受许人获得的信息的基础上应在每月（季）末开出天内应付的发票。

以特许人特定的货币开出的发票须用同一货币支付，并按开票当日取最高汇率计算。

在特许人的总部由____________办理支付事宜。

14.3　任何六个月期限（年）的特许使用费总额不得少于____________法郎。

此最低金额将于每年在签订本合同的周年时按下列指数予以调整，无需事先通知。

如有必要，特许人每六个月开具一张规范化发票，按第 14.2 条规定支付。

14.4　如遇不付情况，对所欠款项应罚付利息每月___________，不需事先书面通知。

14.5　受许人应从由特许人指定的一家银行，即＿＿＿＿＿＿（享有国际声誉的银行）取得对受许人可按本合同规定应予支储的全部金额的一项联合责任担保，最高金额限为＿＿＿＿＿。最迟于本合同签字后＿＿＿＿＿＿天，受许人应向特许人提交全部银行单据。

第四部分　品牌、商标（专利）

第15条　独家（非独家）使用权

特许人按本合同第3条的规定和第4条关于地区的规定授予受许人以使用品牌、商标（专利）的独家权利[非独家权利]……但此种使用权限第1条所规定的对产品（服务）之销售。

第16条　特许人义务

16.1　特许人保证：

——第3条所述之品牌和商标已按本合同附件5关于登记的规定在指定地区内合法登记在案，此项登记将在及时支付所有特许合作费和及时续登的情况下继续有效。

——他是品牌、商标持有人（有使用权）；因而有资格授予人使用的权利。

——受许人对这些权利的使用并不妨碍任何第三方的抱怨和声称对品牌或商标拥有权利的行动或者未来有任何可以预见的行为。

16.2　特许人同意在本协议期间和直到特许经营终止前暂借给：

——使用品牌或商标招牌或标志、尺寸＿＿＿＿＿＿，按附件4规定的条款竖立在办公楼外面。

——显示品牌或商标的内部招牌。

16.3　特许人应在国外宣传品牌或商标。

特许人将全力保证使受许人提供他的宣传中得到，特别是他对受许人的业务予以认定。

特许人应每年一次向受许人提供他的宣传计划和广告运动，并要求后者提出必要的建议或意见，以保证此一运动卓有成效。

一旦每次言行运动开始，特许人应尽快向受许人提供必要的资料（招牌、小册子、标语牌、小纪念品、样本、样品等），费用由前者负担。

第17条　受许人义务

受许人应根据本协议第9.3条在规定的地区内宣传品牌和商标并在年度预算中至少拨出＿＿＿＿＿＿以完成此项任务。

第18条　协作

双方同意相互协商和合作，以便操作提高品牌和商标在公众中的知名度。

第五部分　专有技术（技术决窍）

第19条　非独家使用权

根据本协议附件2所述“＿＿＿＿＿＿”之规定，特许人给予受许人获得并使用有关技术的权利。

第 20 条　特许人的义务

20.1　特许人应保证受许人的初始的和后续的培训：

a．在任何活动开始前，特许人应对受许人及其职工培训，使他们熟悉各种条款以及网络的技术、金融、商务和管理程序。培训共______天，由特许人通知日期和地点。组织培训的费用由特许人负责，但差旅费和食住费由受许人负担。

b．在本特许有效期间，特许人应在年度基础上在______月份内组织一次______天的培训研究会，由受许人及其雇员中的有关人员参加。

研讨会将按特许人择定的日期和地点举行。

组织此类培训的费用由特许人负责；但差旅费和食住费由受许人负担。

c．特许人应根据受许人的要求并由受许人负担费用的情况下组织课题研讨班，日期和地点由受许人确定。

20.2　在初始培训计划期间，特许人应向受许人提供一份"______"的全套文件，以及特许人认为有必要的其他培训资料。

受许人应保证勤奋地使用这些资料和文件。

在特许合同期间，至少每月______次(每季)特许人应向受许人提供"______"中不同方面问题的解说，费用由前者负担，以保证对某些问题的解释清晰无误，并介绍特许人和其他受许人的经验。

受许人可以参加编写上述解说或提供经历到的任何信息。

20.3　如果特许人决定改变某些实施的方法，他必须立即书面通知受许人。

因此，特许人应当经常地、每年不少于______次地向受许人提供"______"手册的任何修订并向他提供新版的手册，费用由他负担，以保证受许人能始终保有最新版的手册。

第 21 条　受许人的义务

21.1　受许人应进一步发展他按第 20.1 和 20.2 条规定从特许人那里获得的专有技术以及按 20.3 条的革新。

21.2　受许人及其职工应参加按第 20 条规定组织的必要的初始训练班。

21.3　受许人应向特许人提供一切能改善网络的建议和他从经营特许活动中获得的经验。

受许人同意为了特许网络的利益向特许人提供关于这于一专有技术的使用情况。

第 12 条的规定的条款，包括必要的改动，均适用于特许人。

特许人应保证，特别是向受许人提供专有技术时，通知他们此种信息的秘密性质，因而要保证使他们保守秘密和遵守不使用信息的义务。特许人也须保证在出现违反秘密协议时，受许人享有采取直接行动的好处。

第六部分　协助

第 22 条　协助

特许人应按照下述各条受许人提供第 3 条规定的商业、法律、管理和技术协助。

第 23 条　特许人的义务

23.1 特许人同意在任何特许经营开始之前向受许人提供下列服务：

——建立特许业务之前的市场研究；

——向受许人提供包括安排、场地装修和产品（服务）展示标准在内的说明；发展业务所需准备的清单；向受许人提供一名装修人员以实现此安排；

——向受许人提供最低有______________预算的场地开业广告宣传；就受许人为其开展特许经营而进行的任何广告宣传活动提出建议；

23.2 为达到本合同条款之目的，特许人应当：

——满足受许人有关商务、法律、技术、管理方面的任何要求；

——根据受许人的要求向其提供关于其他受许人在上一年所获结果及其预计销售的任何资料；

——至少每隔一年（每隔两年）进行一次市场研究；

——根据受许人的要求，自负费用派一人负责特许活动，以便在一年最多_______天内向受许人提供任何必要的协助。

第七部分 供应产品

第 24 条 供应的义务

为特许经营之目的，特许人应按照下述各条规定向受许人提供第 1 条所述的产品。

第 25 条 特许人的义务

25.1 特许人应当在收到订单之日起最多_______天内实现受许人的产品订单。

25.2 供应第 1 条所列货物应受下列约束：

a. 销售条款（指明适用的贸易术语通则）其内容和为本合同的附件 6 附后，由国际商会定义和解释。

b. 特许人的一般销售条款，其内容见附件 7，但不得背离上述 a 款及本合同的规定。

第 26 条 受许人的义务

26.1 受许人应当从特许人（或从特定的供应商，即______________）排他性地获得产品。

为了满足客户的需要，受许人应当设立和维护其固定价值最少不低于法郎（每一年，以后每年按第 14.1 条规定的年产值______________%计）的存货。该价值参照受许的购货总值在扣除、增值税、回扣和特许人给予的折扣后的价值来确定。

26.2 受许人应向特许人购买产品，其最低总值应为：

第一年______________法郎；

第二年______________法郎；

这些数量应参照特许人的发票来确定，不包括增值税，并应扣除任何奖项，回扣和折扣。

26.3 受许人应确保最低有 14.1 条所规定的第一年产值的__________ %，以后每年增长_____________ %。

（如果受许人在相应的年份超过这个最低百分比，受许人有权享有超过部分

_______%的折扣，该折扣应由特许人在财务年度结束之日起_______天内给予受许人）。

26.4　受许人应最迟在每季度的最后一个工作日，向特许人提供下三个月的预计订单。

特许人无义务实现与预计数有至少 30%不同的任何订单并且不因此对任何损害承担责任。

26.5　作为一个独立的商人，受许人自由确定销售产品的转售价格。

受许人应通知特许人准备采用的价格以及有关确定价格的任何变化（折扣，回扣……）。特许人要应向受许人提供一个推荐性的转售价格。受许人若不按此推荐行事，不构成违约。但是，按照合作的精神，受许人应努力尊重此推荐以便确保在市场政策和广告宣传方面的一定协调。因此，受许人不应给予可能损害特许网络形象的回扣和折扣。

26.6　受许人可以自由决定产品转售条件，但他有义务保证向其客户提供本协议附件 2 手册中描述的特许人的担保。

26.7　受许人应自负费用，按照附件 8 规定，取得附件 8_____________手册规定的有关金额的保险单。

在签署本合同后最迟_____________天内受许人应向特许人提供保险单及已付保险费的证明。在任何时候，特许人可以要求保险费的支付证明。

受许人应要求在保险单中订立一个条款，由保险公司通知特许人任何未付保险费情况。

第八部分　合同的转让——分包公司

第 27 条　特许人转让和分包公司

特许人可以转让或分包本协议中的任何或所有义务。

有不迟于___________天内，他应当通过挂号回执信将转让或分包通知给受许人。

除非有受许人的事先明确同意，特许人和受许人应当对通知日（挂号信的收到日期应予考虑）存在的所有义务承担连带责任。

第 28 条　受许人转让和分包公司

28.1　本合同是在考虑了受许人的本人情况后订立的，因此，没有特许人事先书面同意，受许人不得免费或以其他方式向任何第三方转让或分包本协议规定的全部或部分权利和义务。

如果考虑第三人，则该是第三人应当是控制受许人或者被受许人共同控制下的任何人或公司。

28.2　受许人必须向特许人提供候选人的完整地址、交易条件以及特许人要求的任何进一步信息。特许人应当在收到受许人转让请求后不迟于_______几个月以挂号回执信向受许人通知其决定。

28.3　考虑到本合同的性质，特许人在考虑提议的候选人和交易条件时有全权。

转让要约中不得以任何方式提出候选人自负费用承担受许人过去或将来的所有权利和义务。

在分包要约中，必须要求候选人明确同意遵守第 12 条所述的保密条款。

28.4　如果特许人同意转让，受许人应当：

——在协议订立后_______天内，向特许人支付固定数额__________法郎，以补偿对受让人进行培训和协助的费用。

——在转让之日起一年期间内，在第4条规定的区域内遵守第11条不得竞争条款。

——与受让人一起对特许人同意转让通知（收到日期应予考虑）之前的所有义务承担连带责任。

第九部分　合同的终止

第29条　不可抗力

29.1　如果特许人和受许人由于他们不能控制的情况而不能履行其义务，本协议的履行可以终止。

不能控制的情况应理解为任何一方不应负责的事件造成，而从商业或生产的观点看任何一方当事人均不可能履行其义务或者该事件可能使得该履行不现实。

该事件直接影响一方当事人履行其义务的能力，包括战争、自然灾难、政府行为、社会骚乱（罢工、封锁……）。

29.2　如果发生不可抗力的事件，援引不可抗力的当事人必须在__________天内以书面的方式，立即通知另一方当事人该事件的发生，除非特许人和受许人国家间的所有通讯方式均受影响。在此情况下，该当事人应当尽可能通知另一方当事人。如果他在上述期限内未能这样做，他将不能继续从本条规定中获益。

声称不可抗力的当事人应当采取一切必要步骤以便限制由于不可预见事件可能造成的所有损害。

29.3　如果不可预见的事件持续一个月以上，另一方当事人可能通过挂号回执信在天的通知终止本合同，并且不承担赔偿责任。

第30条　提前终止

30.1　如果特许人或受许人任何一方严重违反合同，另一方当事人可以通过挂号信回执，不经任何必要通知，终止本合同。终止合同的决定在收到挂号信时立即生效，但不妨碍索赔进一步的损害赔偿的权利。

严重违约是指……

30.2　如果特许人或受许人任何一方已有无偿付能力的风险，例如产生了主张的债务，扣押令、欠税、公司债务、银行账号冻结以及破产、因破产而欠债务、法院临管或者任何其他形式的自愿或强制清盘，终止本合同。终止决定在收到挂号信时立即生效，但不妨碍索赔进一步损害赔偿的权利。

第31条　股权变化

如果特许人或受许人的股东有重要变化，本合同应终止。

重要变化是指影响代表公司资本的多数股票持有情况的任何变化或者附属于该股票的投票权的任何变化。

本合同不因特许人或受许人股东有重要变化而终止。

第 32 条　效力

32.1　如果本合同终止，不论终止理由如何，受许人应当：

——在收到特许人书面要求______________天内，返还特许人为履行本合同而提供的所有物品，包括文件及其副本，不管物品的形式或目的（手册、小册子、标志、样品……）如何。

——消除可能提醒客户其以前特许的所有直接或间接的引用之处。

——按照第 23.2 条规定移走终止时存在的所有存货。

32.2　如果本合同终止，不论终止理由如何，特许人应取回终止之日存在的所有存货，交换原来的售价。如果本合同终止，不论终止理由如何，特许人应当保证在同一地域内指定的新的受许人取走终止之日存在的所有存货，交换已支付给特许人的原来的售价。

第十部分　杂项规定

第 33 条　某条文的无效

如果某个条文被认为是无效的，该无效不应影响整个协议。

双方当事人同意，如果可能，将根据当事人之间存在的基本关系尽可能客观和诚信地用能够反映他们愿意的条文替换被宣告无效的条文。

第 34 条　合同的范围

34.1　本协议产生当事人的全部权利和义务，并且替代此存在的任何合同。

34.2　本协议仅可通过双方当事人签字和写明日期的附加书面条文来更改和修正。

第 35 条　放弃

本协议中一条或其他条款的不适用具体而明确的背离不应解释受许人放弃了其他条款。

第 36 条　适用法律

本协议受　　　　　　　　法律管辖。

第 37 条　争议

任何直接或间接因本合同而引起的争议应明确地按照国际商会调解和仲裁规则，由指定的仲秋裁员解决。

仲裁地点应该______________，程序应以______________语言进行。

如果产生有关本协议的存在、效力、履行、解释、终止的争议，仅有登记地法院有管辖权。

本条也适用于第三人和人数众多被告的合并审理、附带请求和司法追加。正本两份，各方当事人承认已收妥了自己的一份。

注释：

有序言中，各方应准确叙述其自身情况，并写明他们合作的理由。他们应当坚持做到：

a．关于特许人，说明特许经营的网络（声誉、商品质量）和所包括的工业产权（商标，专有技术……）；

b．关于受许人：它将特许经营网络和寻求实现合同目标结合起来的能力，它对有关市场的知识，它的商誉。

各方还应一般地表明他们在签订合同前互相通报的资料，包括特许人销售网组织的资料，应包括尽可能准确的资料以及特许人转交给受许人的文件详情。为了帮助各方，应将需要转交的资料清单在第______________号简介中说明。各方十分注意某些国家的立法（包括法国的立法和美国的立法），他们责成特许人将详尽的资料通报受许人，有时需要在确定签订特许经营合同之前许多星期。因此，各方很有必要从当地法律顾问得到确认，为特许经营生效地国家的法律以及为多方所选择的法律要求的全部资料确实已在法律规定的时间转交。

绝对的专属地域并不是特许经营协议的本质。如果特许人向任何第三者授予目前的特许经营协议，本身也不从事特许经营，这并不影响特许人在类似特许经营的供销网络之外向第三者供应该产品或服务的可能性。本公式及其适用频率应根据第 36 条的适用法律来制订。

此项选择视第 5.1 条中的选择而定。

选择仲裁程序是较好的做法，但有的国家立法（例如在中东和近东）认为他们国家法院的司法管辖权是重要原则问题，不承认援引外国法律管辖的条款。

签约双方分别为：

特许人：××公司，总部设于____________________________（地址）；

受许人：____________________________商业机构设于（地址）。

（资料来源：management.bosslink.com/htmlnews/2007/01/18/668530_0.htm）